कैसे भूलें आपातकाल का दंश

शुभ्र ज्योत्स्ना

AF539114

कैसे भूलें आपातकाल का दंश

शुभ्र ज्योत्स्ना

आपातकाल (26 जून, 1975 से 21 मार्च, 1977) के अंधेरे के खिलाफ संघर्ष गाथा

संपादक मंडल

डॉ. चंद्र त्रिखा • डॉ. अशोक गर्ग • सुभाष आहूजा

प्रभात प्रकाशन

प्रकाशक • **प्रभात प्रकाशन प्रा. लि.**
4/19 आसफ अली रोड,
नई दिल्ली-110002
सर्वाधिकार • सुरक्षित
संस्करण • 2025
मूल्य • एक हजार दो सौ रुपए
मुद्रक • नरुला प्रिंटर्स, दिल्ली

KAISE BHOOLEN AAPATKAL KA DANSH (SHUBHRA JOYTSNA)
Ed Dr. Chandra Trikha/Dr. Ashok Garg/Subhash Ahuja ₹ 1200.00
Published by Prabhat Prakashan, 4/19 Asaf Ali Road, New Delhi-2
e-mail: prabhatbooks@gmail.com ISBN 978-93-5266-461-0

अनुक्रमांक

शुभ्र ज्योत्स्ना

25 जून, 1975 की शाम का धुंधलका, इतना लंबा चलेगा, किसी को भी आशंका नहीं थी। उसी रात 11.45 बजे राष्ट्रपति ने जिस अध्यादेश पर हस्ताखर किए, उसका अंधेरा लगभग 21 माह तक, विश्व के सबसे बड़े लोकतंत्र पर छाया रहा। सर्ज्योदय भी हुए और सर्ज्यास्त भी। मगर धुंधलका निरंतर बना रहा। उन दिनों 'वंदे मारतम्', केवल सरकारी समारोहों के मध्य ही सुनाई देता। 21 माह बाद अँधेरा छँटा। एक लंबे अंतराल के बाद करोड़ों भारतीयों ने शुभ्र ज्योत्स्ना को आत्मसात् किया और सस्वर गाया :

वन्दे मातरम्!

सुजलम् सुफलम् मलयज शीतलाम्,
शस्यश्यामलाम् मातरम्। वन्दे मातरम्।। 1।।

शुभ्रज्योत्स्ना पुलकितयामिनीम्,
फुल्लकुसुमित द्रुमदलशोभिनीम्,
सुहासिनीम् सुमधुरभाषिणीम्,
सुखदाम् वरदाम् मातरम्। वन्दे मातरम्।। 2।।

कोटि-कोटि कण्ठ कल-कल निनाद कराले,
कोटि-कोटि भुजैर्धृत खरकरवाले,
के बोले माँ तुमि अबले,
बहुबलधारिणीं नमामि तारिणीम्,
रिपुदलवारिणीं मातरम्। वन्दे मातरम्।। 3।।

तुमि विद्या तुमि धर्म,
तुमि हृदि तुमि मर्म,
त्वं हि प्राणाः शरीरे,
बाहुते तुमि माँ शक्ति,
हृदये तुमि माँ भक्ति,
तोमारेई प्रतिमा गड़ि मंदिरे-मंदिरे। वन्दे मातरम्।। 4।।

त्वम् हि दुर्गा दशप्रहरणधारिणी,
कमला कमलदलविहारिणी,
वाणी विद्यादायिनी, नमामि त्वाम्,
नमामि कमलाम् अमलाम् अतुलाम्,
सुजलां सुफलां मातरम्। वन्दे मातरम्।। 5।।

श्यामलाम् सरलाम् सुस्मिताम् भूषिताम्,
धरणीम् भरणीम् मातरम्। वन्दे मातरम्।। 6।।

सिंहासन
भ्रष्टाचार समाप्त करो

काला कानून
वापस ले
PRESS IN CHAINS
NEVER! NEVER!

INDIAN HERALD

NATIONAL ENGLISH DAILY

Founder & Editor : THAKUR V. HARI PRASAD

SPECIAL SUPPLEMENT

HYDERABAD, Thursday, June 26, 1975

EMERGENCY DECLARED

JP, Morarji, Advani, Asoka Mehta & Vajpayee arrested

Raj Narain, Mody &

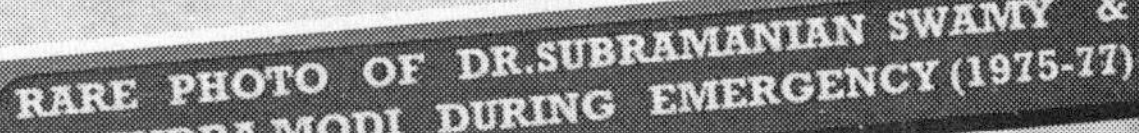

Dr.Subramanian Swamy & Narendra Modi disguised as "SIKH" and were underground, when then the PM Indira Gandhi declared EMERGENCY between the year 1975-77.

भूमिका

काला अध्याय बनाम शुभ्र ज्योत्स्ना

स्वतंत्र भारत के इतिहास में आपातकाल एक काले अध्याय के रूप में जाना जाएगा। तत्कालीन शासकों ने लोकतंत्र के उच्च मूल्यों, परंपराओं, आदर्शों एवं मर्यादा को न केवल पैरों तले रौंदा, बल्कि लोगों के मूलभूत अधिकारों को ध्वस्त करने का दुस्साहस भी किया। उस समय देश में खौफ की काली चादर और आतंक का साम्राज्य था। अपवादों को छोड़कर न्यायपालिका भी कुछ सहम सी गई थी। अधिकतर लोग घरों में दुबककर रह गए थे। शीर्ष राजनेताओं, बुद्धिजीवियों, चिंतकों, पत्रकारों, समाजसेवियों एवं आध्यात्मिक महापुरुषों को बंदीगृह भेज दिया गया था। कमोबेश सारा देश जेलखाने में परिवर्तित कर दिया गया था। एकबारगी लगा, जैसे लोकतंत्र मृतप्रायः होकर सरकारी आतंक के आगे नतमस्तक हो गया हो।

परंतु धरातल पर वस्तुस्थिति ऐसी नहीं थी। अलग-अलग जगहों पर मुखर विरोध की चिनगारी नजर आने लगी। दूसरी ओर सरकारी क्रूरता के खिलाफ भारत माँ के सपूत सिर पर कफन बाँधकर 'भारतमाता की जय' का उद्घोष करते सड़कों पर निकल पड़े। लोकतंत्र के वीर प्रहरियों की काया को तो सरकारी लाठियाँ लहूलुहान करने में सफल रहीं, परंतु मातृभूमि के समर्पित साहित्यकारों, पत्रकारों एवं लेखकों की खून से लिखी इबारतों ने देशभक्ति का ऐसा ज्वार खड़ा किया कि देशभर की जेलें देशभक्तों से लबालब भर गईं। अंत में लोकतंत्र के इन्हीं रणबाँकुरे साहित्यकारों एवं पत्रकारों ने निरंकुश सरकार को परास्त कर देश को लोकतंत्र के जयघोष का उपहार दिया।

आपातकाल के निरंकुश अत्याचारों ने देश की आत्मा को कभी न भरनेवाले गहरे जख्म दिए। इसने तत्कालीन युवा पीढ़ी की आत्मा को झकझोर दिया।

असंख्य युवाओं की तरह हमारा युवा मन भी उद्वेलित एवं आक्रोशित था।

आपातकाल में रचित साहित्य न केवल अब दुर्लभ होता जा रहा है, बल्कि उसके अनेक अछूते प्रेरणादायक प्रसंग भी धीरे-धीरे हाशिए पर सरकते जा रहे हैं। आपातकाल की अंधी सुरंग के अंत में ज्योतित, शुभ्र ज्योत्स्ना के रूप में इस पुस्तक की प्रस्तुति गौरव की अनुभूति देती है। इसके लिए प्रभात प्रकाशन और श्री प्रशांत भारद्वाज के प्रति भी विशेष आभार, जिनके विशेष प्रयासों से यह दस्तावेज प्रकाशित हो पाया है।

—संपादक मंडल

संपादकीय

लोकतंत्र की अग्नि-परीक्षा के दिन

वे भारतीय लोकतंत्र की बड़ी परीक्षा के दिन थे। 1971 के भारत-पाक युद्ध एवं बांग्लादेश के नाम से नए राष्ट्र के निर्माण ने तत्कालीन प्रधानमंत्री श्रीमती इंदिरा गांधी की छवि को एक नया शिखर प्रदान किया था। एक ऐसा शिखर, जहाँ पहुँचकर, संतुलन बनाए रखना आसान नहीं होता।

युद्धोपरांत जय घोषों ने तत्कालीन प्रधानमंत्री की मानसिकता में 'अजेयता' के भ्रम का ऐसा बीज बोया, जिसकी परिणति अधिनायकवादी मनोवृत्ति के निर्माण में हुई।

इसके तत्काल बाद मार्च 1972 विधानसभा चुनावों में मिली विशाल विजय ने उस मनोवृत्ति को थोड़ा और बल दिया। उस काल में महान् समाजवादी चिंतक एवं विचारक जयप्रकाश नारायण ने अधिनायकवाद की पृष्ठभूमि में तेजी के साथ पनपते भ्रष्टाचार के विरुद्ध एक राष्ट्रव्यापी आंदोलन का आह्वान किया। उस आंदोलन के मध्य देश की जड़ों तक व्याप्त असंतोष को नई आवाज मिली। यह वह समय था, जब राष्ट्रव्यापी जनाक्रोश के बावजूद राजनैतिक क्षेत्र में ऐसा कोई ध्रुवीकरण नहीं हो पा रहा था, जिसके गिर्द लोकतांत्रिक शक्तियाँ लामबंद हो पातीं।

यह वह समय था, जब राष्ट्रव्यापी जनाक्रोश के बावजूद राजनैतिक क्षेत्र में ऐसा कोई ध्रुवीकरण नहीं हो पा रहा था, जिसके गिर्द लोकतांत्रिक शक्तियाँ लामबंद हो पातीं।

सत्तापक्ष उन दिनों इस जनाक्रोश को कोई महत्त्व नहीं दे रहा था। प्रतिपक्ष से जब भी कोई आवाज उठती, उस पर 'सीआईए की साजिश' का ठप्पा लगाकर हाशिए पर सरका दिया जाता। पीलू मोदी सरीखे सांसद को 'आइ एम.ए.सी. आई.ए. एजेंट' का बैज लगाकर घूमते हुए देखा गया। पूरा प्रतिपक्ष क्षोभ व आक्रोश से भरा था, लेकिन किसी एक ध्रुव के गिर्द लामबंद होने की चुनौती सामने थी।

भ्रष्टाचार के विरुद्ध एक आवाज को पूरी गंभीरता के साथ लिया जाता था। वह आवाज श्री जयप्रकाश नारायण की थी।

जे.पी. ज्यादातर पटना में रहते थे। वे न तो सांसद थे, न ही दिल्ली या दिल्ली के आसपास उनका कोई राजनैतिक ठिकाना था। वे एक ऐसे शख्स थे, जिन्होंने प्रथम प्रधानमंत्री जवाहरलाल नेहरू के निमंत्रण के बावजूद सत्ता के गलियारे में प्रवेश से इनकार कर दिया था। वह पूर्णतया गांधीवादी थे। मगर उन्हें भी अब तीव्रता से आभास हो गया था कि यदि देश भर में फैले अवाम के आक्रोश को आवाज न मिली तो पूरा देश निरंकुशता के दलदल में धँस सकता था। ये वे दिन थे, जब सरकारी तंत्र एवं सत्ता तंत्र भ्रष्टाचार के मामले में निरंकुश हो चुका था। सामान्य जनों का धैर्य जवाब देने लगा था। तत्कालीन प्रधानमंत्री उन दिनों भ्रष्टाचार की संरक्षक समझी जा रही थीं। वह अपने संगठन में फैले भीतरी असंतोष को भी कुचल रही थीं और प्रतिपक्षी आवाजों की भी घोर उपेक्षा कर रही थीं।

सन् 1973 में पटना विश्वविद्यालय के सीनेट हॉल में छात्र संघ की एक सभा में पहली बार जे.पी. ने युवाओं को नए बदलाव की तैयारी का सूत्र दिया। अगले ही दिन पटना के ही गांधी मैदान में एक विशाल जनसभा आयोजित थी। इस सभा में जे.पी. ने पहली बार 'बदलाव' का खुला आह्वान किया और घोषणा की कि वे इस 'बदलाव' के लिए नए लोगों पर आधारित एक विकल्प तैयार करेंगे। इस विकल्प को उन्होंने 'जनता' का पहला नाम दिया।

इसके साथ ही गुजरात में युवा आंदोलन बल पकड़ने लगा था। वहाँ जाकर जे.पी. ने 'नव निर्माण-आंदोलन' को अपना समर्थन दिया। वह आंदोलन इतना प्रचंड व सशक्त था कि उस समय की चिमन भाई पटेल की सरकार को त्याग-पत्र देना पड़ा था। गुजरात में मिली अपूर्व सफलता से जे.पी. उत्साहित थे। पूरे देश में बदलाव की एक लहर सी चलने लगी थी, तत्कालीन प्रधानमंत्री श्रीमती इंदिरा गांधी के विरुद्ध आक्रोश चरम पर था।

इसके साथ ही गुजरात में युवा आंदोलन बल पकड़ने लगा था। वहाँ जाकर जे.पी. ने 'नव निर्माण-आंदोलन' को अपना समर्थन दिया। वह आंदोलन इतना प्रचंड व सशक्त था कि उस समय की चिमन भाई पटेल की सरकार को त्याग-पत्र देना पड़ा था।

सन् 1971 में श्रीमती गांधी को भारत-पाक युद्ध के परिणामों ने जिस चरम शिखर पर पहुँचा दिया था, वहाँ पर गरिमापूर्ण ढंग से बने रहना उनकी अधिनायकवादी शख्सियत के लिए संभव नहीं था। उन दिनों सत्तारूढ़ दल कांग्रेस पर भी श्रीमती गांधी का एकछत्र आधिपत्य था। दूसरी ओर पूरी केंद्र सरकार की समूची शक्तियाँ सिर्फ प्रधानमंत्री सचिवालय तक सीमित होकर रह गई थीं। केंद्रीय मंत्रिमंडल के सदस्यों का एक बड़ा वर्ग, जिनमें कुछ कद्दावर नेता भी थे, स्वयं को असहाय महसूस करने लगे थे।

श्रीमती गांधी उन दिनों अपने प्रधान सचिव पी.एन. हक्सर के अलावा किसी अन्य पर भरोसा नहीं करती थीं। हक्सर ने उन दिनों 'कमिटेड ब्यूरोक्रेसी' अर्थात् सत्तापक्ष से पूरी तरह 'प्रतिबद्ध अफसरशाही' की परिकल्पना दी थी। सरदार पटेल के समय प्रशासन का 'स्टील फ्रेम' मानी जाने वाली ब्यूरोक्रेसी के एक बड़े वर्ग से सिर्फ यही अपेक्षा की जाती थी कि सत्तापक्ष से जो भी निर्देश मिलें, उन्हें बिना विचारे या मीन-मेख निकाले, ज्यों का त्यों अविलंब लागू कर दिया जाए।

1969 में श्रीमती गांधी अपनी पार्टी में अपने विरोधियों को पहले ही बाहर का रास्ता दिखा चुकी थीं। जो शेष बचे थे, उन पर भी यह स्पष्ट हो गया था कि श्रीमती गांधी व उनके परिवार के प्रति पूर्ण वफादारी ही उनके लिए राजनैतिक रूप से जिंदा रहने का एकमात्र मार्ग था। ऐसे माहौल में 'चाटुकारिता' व 'जी हजूरी' सत्ता-गलियारे के मूलमंत्र बन गए थे। प्रदेशों में भी चुने हुए विधायकों के स्थान पर 'ऊपर' से मुख्यमंत्री थोपने की परंपरा बन गई थी।

वस्तुतः 1969 के बैंक राष्ट्रीयकरण, 1970 के प्रिवीपर्स-उन्मूलन और 1971 के 'गरीबी हटाओ' के नारे ने श्रीमती इंदिरा गांधी को अकूत शक्तियाँ दे दी थीं। ऐसे माहौल में लोकतंत्र का हाशिए पर सरकना स्वाभाविक था। ऐसे माहौल का एक जोखिम यह भी था कि सरकारी तंत्र को जमीनी धरातल की प्रामाणिक सूचनाएँ भी नहीं मिल पाती थीं। सत्ता के केंद्र तक सिर्फ वही सूचनाएँ पहुँचती थीं, जो सत्ता-केंद्र सुनना पसंद करता था।

गुजरात-आंदोलन के बाद देश के अनेक अन्य प्रांतों में युवा एवं छात्र आंदोलनों का सिलसिला बल पकड़ने लगा। 1973 में प्रतिपक्षी दलों ने देश के विभिन्न प्रदेशों में आम हड़ताल का आह्वान किया। 17 अगस्त, 1973 को भोपाल में युवाओं का प्रदर्शन इतना उग्र हो गया कि 8 प्रदर्शनकारी छात्र पुलिस-फायरिंग में मारे गए।

18 फरवरी, 1974 को पटना विश्वविद्यालय छात्र संघ ने एक विशाल सम्मेलन आयोजित किया, जिसमें बिहार छात्र संघर्ष समिति का गठन किया गया। उस समिति में रामविलास पासवान, भीष्म नारायण सिंह, लालू प्रसाद यादव, सुशील कुमार मोदी, नरेंद्र सिंह आदि समकालीन छात्र-नेता भी शामिल हुए। समिति ने विधानसभा के बजट-सत्र के मध्य 'घेराव' का आह्वान किया। तत्कालीन मुख्यमंत्री अब्दुल गफ्फूर के भरसक दबावों एवं अपीलों के बावजूद पटना में उग्र प्रदर्शन हुए, जिनमें 3 छात्र मारे गए। सैकड़ों घायल हुए और हजारों धर दबोचे गए।

5 जून, 1974 को पटना रैली में जे.पी. ने 'संपूर्ण क्रांति' का नारा दिया।

श्रीमती गांधी व उनके परिवार के प्रति पूर्ण वफादारी ही उनके लिए राजनैतिक रूप से जिंदा रहने का एकमात्र मार्ग था। ऐसे माहौल में 'चाटुकारिता' व 'जी हजूरी' सत्ता-गलियारे के मूलमंत्र बन गए थे। प्रदेशों में भी चुने हुए विधायकों के स्थान पर 'ऊपर' से मुख्यमंत्री थोपने की परंपरा बन गई थी।

उन्होंने उस वर्ष यह भी आह्वान किया कि छात्र उस वर्ष परीक्षाओं का भी बहिष्कार करें। उन्होंने विधायकों से भी अपना पद त्यागने की अपील की। लेकिन 318 में से 42 विधायकों ने ही अपने त्याग-पत्र की घोषणा की। इनमें से भी 33 विधायक प्रतिपक्ष में से थे, जबकि शेष निर्दलीय थे।

उसके पश्चात् जे.पी. देश भर में नवनिर्माण और संपूर्ण क्रांति की अलख जगाने निकल पड़े। उन्हीं दिनों उन्होंने महसूस किया कि लोकतांत्रिक बदलाव के लिए आवश्यक था कि सभी प्रतिपक्षी दल एक रूप हों।

8 मार्च, 1974 को समाजवादी नेता जार्ज फर्नांडिज ने राष्ट्रव्यापी रेल-हड़ताल का आह्वान किया। यह हड़ताल लगभग तीन सप्ताह तक जारी रही। आखिर केंद्र सरकार की दमनकारी नीति के समक्ष हड़ताली थक गए।

सितंबर 1974 को पांडिचेरी-लाइसैंस स्कैंडल को लेकर प्रतिपक्षी दलों ने श्रीमती गांधी को प्रखरता से घेरा। इस स्कैंडल में कांग्रेसी सांसद तुलमोहन राम पर पांडिचेरी के एक व्यवसायी को विदेश व्यापार का लाइसेंस दिलवाने के लिए 21 सांसदों के फर्जी हस्ताक्षर जुटाने का आरोप था।

नवंबर 1974 में जे.पी. और श्रीमती गांधी के मध्य डी.पी. धर के माध्यम से बातचीत आयोजित हुई। मुख्य माँग बिहार विधानसभा को भंग करने से जुड़ी थी। लेकिन श्रीमती गांधी ने यह माँग सिरे से खारिज कर दी।

31 जनवरी, 1975 को रेल मंत्री ललित नारायण मिश्र का समस्तीपुर (बिहार) में एक बम-विस्फोट में निधन हो गया। श्रीमती गांधी के समीपस्थों को इस दुर्घटना में भी प्रतिपक्षी भूमिका दिखाई दी। जबकि प्रतिपक्ष का आरोप था कि उस बम-विस्फोट में श्रीमती गांधी के ही कुछ विश्वस्तों का हाथ था।

उसके पश्चात् जे.पी. देश भर में नवनिर्माण और संपूर्ण क्रांति की अलख जगाने निकल पड़े। उन्हीं दिनों उन्होंने महसूस किया कि लोकतांत्रिक बदलाव के लिए आवश्यक था कि सभी प्रतिपक्षी दल एक रूप हों।

8 जनवरी, 1975 को पहली बार देश में आंतरिक आपातकाल लगाने का सुझाव सामने आया। यह सुझाव पश्चिमी बंगाल के मुख्यमंत्री एवं श्रीमती गांधी के करीबी सिद्धार्थ शंकर रे ने श्रीमती गांधी को लिखे गए एक पत्र में औपचारिक रूप से दिया था। श्रीमती गांधी की एक विशेषता यह भी थी कि यदि कोई समीपस्थ व्यक्ति या नेता उनके ध्यान में कोई दमनचक्र से जुड़ी घटना लाता तो वह प्रायः अपनी पूरी अनभिज्ञता जाहिर कर डालतीं। इस दौरे में उनके कुछ खास चहेतों एवं 'दरबारी' मनोवृत्ति वाले नेताओं ने श्रीमती गांधी व उनके बेटे से भी थोड़ा आगे जाकर लंबे-चौड़े सुझाव देने आरंभ किए।

मसलन देवकांत बरुआ (तत्कालीन पार्टी अध्यक्ष) ने देश की सभी कपड़ा मिलों व चीनी मिलों के राष्ट्रीयकरण की माँग कर डाली। श्रीमती गांधी नहीं चाहती थीं कि उद्योगपति-वर्ग भी क्षुब्ध हो उठे और प्रतिपक्ष के साथ खड़ा हो

जाए। उन्होंने तत्काल इस माँग को रद्द करने की घोषणा कर डाली। 'मीसा' के अंतर्गत तस्करों के खिलाफ चलाए गए अभियान ने जरूर कुछ सकारात्मक प्रभाव छोड़े। लेकिन लोग अब भी यही मानते थे कि वह सब राजनैतिक स्टंट था। ऐसे लोग अपनी दलील के पक्ष में एक पूर्व वित्त राज्य मंत्री के.आर. गणेश का उल्लेख करते, जिन्हें इसी सवाल पर कुछ साफगोई व बेबाक बयानबाजी के लिए 1974 में श्रीमती गांधी ने मंत्रिमंडल से निकाल बाहर किया था कि देश के कुछ शीर्षस्थ तस्करों के कुछ बड़े राजनीतिज्ञों से भी संबंध हैं और कुछेक ने तो श्रीमती गांधी व कुछ मुख्यमंत्रियों के साथ अपने फोटो भी खिंचवा रखे थे। सदन में इस बात पर उन दिनों खूब हंगामा हुआ। संसोपा (संयुक्त सोशलिस्ट पार्टी) के नेता श्री मधु लिमये ने बार-बार यह माँग उठाई कि उन तस्करों के नाम सदन के पटल पर रखे जाएँ।

'काले धन' के आरोपी आर्थिक अपराधियों पर छापे मारे गए। मीसा के अधीन नजरबंदियों का एक तूफान खड़ा किया गया। लेकिन ऐसे भी सैकड़ों मामले उजागर हुए जिनके अंतर्गत तत्कालीन सत्ता-तंत्र से जुड़े कुछ राजनीतिज्ञों ने करोड़ों की राशि लेकर कुछ नजरबंदों को रिहाई भी दिला दी। बदलाव का एक बड़ा नाटक रचा गया, मगर आँकड़ों ने पुष्टि की कि बदलाव के स्थान पर परिस्थितियाँ बदतर हो चली थीं। 1964-74 के दशक में गरीबी की रेखा से नीचे जीने वाले भारतीयों की संख्या 48 प्रतिशत से बढ़ कर 66 प्रतिशत हो गई थी। उधर जार्ज फर्नांडीज और नानाजी देशमुख ने भूमिगत रहते हुए सरकारी दमन तंत्र के विरुद्ध इश्तहारों व पोस्टरों के माध्यम से अपना संघर्ष जारी रखा। जे.पी. के सचिव राधाकृष्ण ने भी विभिन्न भूमिगत नेताओं के बीच तालमेल का प्रयास किया। लेकिन वह भी धर दबोचे गए। बाद में नानाजी देशमुख को भी नई दिल्ली के एक आवास से गिरफ्तार कर लिया गया।

श्रीमती गांधी की एक विशेषता यह भी थी कि यदि कोई समीपस्थ व्यक्ति या नेता उनके ध्यान में कोई दमनचक्र से जुड़ी घटना लाता तो वह प्रायः अपनी पूरी अनभिज्ञता जाहिर कर डालतीं। इस दौर में उनके कुछ खास चहेतों एवं 'दरबारी' मनोवृत्ति वाले नेताओं ने श्रीमती गांधी व उनके बेटे से भी थोड़ा आगे जाकर लंबे-चौड़े सुझाव देने आरंभ किए।

आश्चर्य इस बात का था कि आपात काल के उस दौर में हुई 60 हजार गिरफ्तारियों में जयपुर की शालीन राजमाता गायत्री देवी व ग्वालियर की राजमाता विजयाराजे सिंधिया भी शामिल थीं।

पंजाब में अकालियों ने मोर्चा खोल दिया। लगभग हजारों अकाली कार्यकर्ता व नेता, जिनमें श्री प्रकाश सिंह बादल व श्री गुरचरण सिंह टोहड़ा भी शामिल थे, गिरफ्तार कर लिये गए। पंजाब के एक पूर्व मुख्यमंत्री एवं गांधीवादी नेता भीमसेन सच्चर, पत्रकार कुलदीप नैयर, लाला जगतनारायण, श्री रमेश चंद्र, श्री वीरेंद्र व श्री श्याम खोसला आदि अनेक पत्रकार व संवाददाता भी गिरफ्तार कर लिये गए थे। इस संघर्ष में सर्वोदय समाज व राष्ट्रीय स्वयंसेवक संघ, कुछ पुराने

निष्ठावान एवं गांधीवादी कांग्रेसियों और समाजवादियों की भूमिका विशेष रूप से महत्त्वपूर्ण रही। अपने समर्पित नेताओं व कार्यकर्ताओं के बल पर संघ ने देश भर में भूमिगत आंदोलन, जन-जागरण एवं अहिंसक सत्याग्रह की जो इबारत दर्ज की, वह ऐतिहासिक थी।

अन्य दलों के नेताओं को जेल में डालने के बाद उनके दलों का ताना-बाना प्रभावित हो गया था। जेलों में भी ज्यादातर लोग संघ के थे और सत्याग्रह में भी संघ की महत्त्वपूर्ण सहभागिता थी। अधिकांश विश्लेषक यह मानते हैं कि अगर संघ की सहभागिता नहीं होती तो संभवतः आंदोलन हिंसक हो सकता था और शायद सरकार को उसे कुचलने में कामयाबी मिल जाती तथा देश को तानाशाही और कई वर्षों तक झेलनी पड़ती।

उस समय की सरकार के खिलाफ समाज में गंभीर वैचारिक आक्रोश जाग्रत् करने और बाद में चुनाव की सारी व्यवस्था सँभालने में भी संघ के स्वयंसेवकों ने प्रमुख भूमिका निभाई। इस सारे घटनाक्रम में कई ऐसे गुमनाम कार्यकर्ताओं को अपने जीवन तक गँवाने पड़े। उनके अमूल्य बलिदान को कभी भी भुलाया नहीं जा सकता। यह शुभ्र ज्योत्स्ना उन सब हुतात्माओं को विनम्र श्रद्धासुमन अर्पित करती है। सभी प्रेरणाप्रद संस्मरणों को शुभ्र ज्योत्स्ना की शृंखला में लाना संभव नहीं था, अतः जिनके संस्मरण नहीं आ पाए, उनके हम क्षमाप्रार्थी हैं। इस समूचे घटनाक्रम की प्रस्तुति उस काल-खंड के संदेश एवं निष्कर्षों के विवेचन के रूप में यह विनम्र प्रस्तुति की गई है। इसके प्रेरक बिंदु के रूप में ग्रंथ अकादमी के अध्यक्ष एवं माननीय मुख्यमंत्री श्री मनोहर लाल की विशिष्ट भूमिका रही है।

इस पुस्तक की सामग्री के संकलन एवं समन्वय में जिन विद्वानों का सक्रिय सहयोग मिला, उनमें प्रो. हरबंस सिंह, डॉ. विजेंद्र कुमार, प्रो. मोहन मैत्रेय व मोनिका के अतिरिक्त श्री सुरेंद्र बंसल के नाम विशेष रूप से उल्लेखनीय हैं। इन सब के प्रति संपादन-मंडल का आभार।

—संपादक मंडल

उधर जार्ज फर्नांडीज और नानाजी देशमुख ने भूमिगत रहते हुए सरकारी दमन तंत्र के विरुद्ध इश्तहारों व पोस्टरों के माध्यम से अपना संघर्ष जारी रखा। जे.पी. के सचिव राधाकृष्ण ने भी विभिन्न भूमिगत नेताओं के बीच तालमेल का प्रयास किया। लेकिन वह भी धर दबोचे गए। बाद में नानाजी देशमुख को भी नई दिल्ली के एक आवास से गिरफ्तार कर लिया गया।

अध्याय-1

आपातकाल की इबारत

पृष्ठभूमि एवं इतिहास

आपातकाल की इबारत की पृष्ठभूमि में 12 जून, 1975 की एक महत्त्वपूर्ण घटना थी। उस दिन इलाहाबाद हाई कोर्ट के न्यायाधीश न्यायमूर्ति जगमोहन सिन्हा ने श्री राजनारायण द्वारा चुनाव याचिका पर अपना ऐतिहासिक निर्णय सुनाते हुए श्रीमती गांधी को चुनावी अनियमितता के आरोप में संसद् की सदस्यता के अयोग्य घोषित कर दिया।

उन्हें छह वर्ष के लिए किसी भी संवैधानिक पद के अयोग्य भी घोषित कर दिया गया था।

यह याचिका 1971 में श्रीमती गांधी द्वारा पराजित प्रत्याशी एवं समाजवादी नेता राजनारायण द्वारा दायर की गई थी। याचिका दो आधारों पर स्वीकार की गई थी। पहला आधार यह था कि श्रीमती गांधी ने प्रधानमंत्री सचिवालय से जुड़े एक 'ओएसडी' (ऑफिसर ऑन स्पेशल ड्यूटी) यशपाल कपूर की सेवाओं को 'चुनावी संभावनाएँ' बढ़ाने के लिए प्रयोग किया था।

दूसरा आधार यह था कि श्रीमती गांधी ने अपनी चुनावी रैलियों के लिए पंडाल इत्यादि बनाने के लिए उत्तर प्रदेश की सरकारी मशीनरी की सहायता ली थी।

श्रीमती गांधी ने ऐसे न्यायिक निर्णय की कभी कल्पना भी नहीं की थी।

उस समय सत्तापक्ष की कार्यशैली का एक नमूना इस याचिका व सुनाए जाने वाले निर्णय के दिनों में आम जनता के सामने विकृत से रूप में उजागर होने लगा। न्यायमूर्ति सिन्हा को रिश्वत देने, बाद में उच्चतम न्यायालय में नियुक्ति देने

उस दिन इलाहाबाद हाई कोर्ट के न्यायाधीश न्यायमूर्ति जगमोहन सिन्हा ने श्री राजनारायण द्वारा चुनाव याचिका पर अपना ऐतिहासिक निर्णय सुनाते हुए श्रीमती गांधी को चुनावी अनियमितता के आरोप में संसद् की सदस्यता के अयोग्य घोषित कर दिया।

और तरह-तरह के अन्य प्रलोभनों की चर्चाओं ने तत्कालीन सत्तातंत्र के खिलाफ आक्रोश को ज्यादा विद्रूप शक्ल दे डाली थी।

न्यायमूर्ति सिन्हा ने निर्णय सुनाने से पूर्व जिस तरह स्वयं अपने को व अपने सचिव को भूमिगत-सा कर लिया था, उससे आशंकाएँ बलवती होने लगी थीं कि संभावित निर्णय श्रीमती गांधी को करारा झटका दे सकता है। अपने 258 पृष्ठ के निर्णय में न्यायमूर्ति ने श्रीमती गांधी का चुनाव अवैध घोषित करते हुए उन्हें छह वर्ष तक किसी भी पद के अयोग्य करार दिया। देश भर में श्रीमती गांधी के त्याग-पत्र की माँग उठने लगी।

तत्कालीन सत्ता पक्ष व प्रधानमंत्री श्रीमती गांधी के लिए संभवतः राजनैतिक जीवन की यह सबसे बड़ी चुनौती थी। वैसे श्रीमती गांधी स्वातंत्र्योत्तर भारत की संभवतः एकमात्र ऐसी प्रधानमंत्री एवं राजनीतिज्ञ थीं, जिन्हें अपनी पूरी राजनैतिक जिंदगी में बेहद गंभीर चुनौतियों का सामना करना पड़ा था। नेहरू के बाद के भारत में जोखिम उठाना व जूझते रहना संभवतः उनकी नियति थी। विपरीत परिस्थितियों में भी बखूबी केंद्र में बने रहने की रणनीति उनकी नियमित जीवन शैली में शुमार हो गई थी। प्रधानमंत्री लाल बहादुर शास्त्री के निधन के पश्चात् उन्हें कद्दावर एवं गुलीवराना कांग्रेसी दिग्गजों से जूझना था।

तत्कालीन सत्ता पक्ष व प्रधानमंत्री श्रीमती गांधी के लिए संभवतः राजनैतिक जीवन की यह सबसे बड़ी चुनौती थी। वैसे श्रीमती गांधी स्वातंत्र्योत्तर भारत की संभवतः एकमात्र ऐसी प्रधानमंत्री एवं राजनीतिज्ञ थीं, जिन्हें अपनी पूरी राजनैतिक जिंदगी में बेहद गंभीर चुनौतियों का सामना करना पड़ा था। नेहरू के बाद के भारत में जोखिम उठाना व जूझते रहना संभवतः उनकी नियति थी।

अपनी कुशल रणनीति व परिस्थिति जन्य जुझारूपन के बूते श्रीमती गांधी अपने विरोधियों को हाशिए पर डालने में सफल रहीं, मगर सत्ता के वैयक्तिक केंद्रीकरण ने उनके विरुद्ध लामबंद होने वालों को काफी मजबूती प्रदान की। यही कारण था कि बैंकों का राष्ट्रीयकरण, प्रिवीपर्स-समाप्ति बांग्लादेश का 1971 में भारत-पाक युद्ध की परिणति के रूप में अस्तित्व में आने के बावजूद श्रीमती गांधी अपनी स्थिति को चुनौती-विहीन नहीं बना पाईं।

अपनी कथित 'किचन-कैबिनेट', जिसमें पश्चिमी बंगाल के पूर्व मुख्यमंत्री, बाद में पंजाब के राज्यपाल श्री सिद्धार्थ शंकर रे, संजय गांधी व उनकी ब्रिगेड के सदस्य श्री वी.सी. शुक्ला, श्री बंसीलाल व श्रीमती अंबिका सोनी, डी.पी. धर व देवकांत बरुआ, यशपाल कपूर व धवन शामिल थे, की बदौलत श्रीमती गांधी अपने जनाधार व तथ्यों पर आधारित 'फीड बैक' से कट गईं। 'देश की नेता श्रीमती इंदिरा गांधी', 'इंदिरा जी संघर्ष करो, हम तुम्हारे साथ हैं' और 'इंदिरा इज इंडिया' (देवकांत बरुआ की बहुचर्चित टिप्पणी) जैसे नारों के शोर में श्रीमती गांधी जनाक्रोश की सुगबुगाहट से भी कट गईं।

मगर प्रतिपक्ष के पास सर्वमान्य नेतृत्व का अभाव था। तत्कालीन लोकसभा में केवल पाँच दर्जन सीटें समूचे प्रतिपक्ष के खाते में दर्ज थीं। राष्ट्रीय स्तर पर मुद्दा

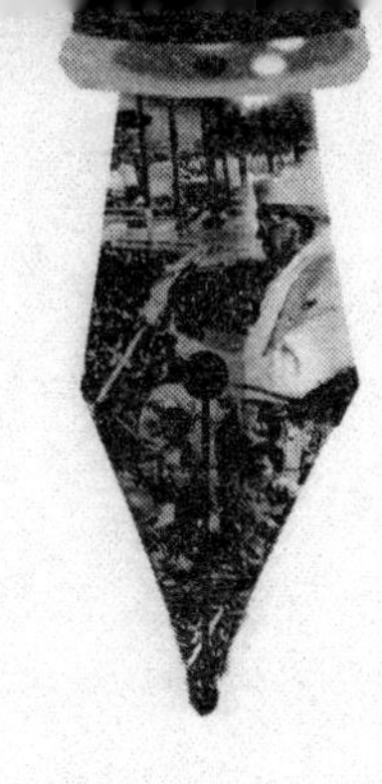

नैतिक मूल्यों का था। सिर्फ इसी मुद्दे पर समूचे प्रतिपक्ष के सामने नेतृत्व के लिए एक ही नाम उभरकर सामने आ रहा था और वह नाम था जयप्रकाश नारायण का।

तत्कालीन सोवियत संघ के नेताओं के साथ श्रीमती गांधी के संबंधों के दृष्टिगत भारतीय कम्युनिस्ट पार्टी (सीपीआई) इस बार श्रीमती गांधी का साथ दे रही थी। उनके अलावा शेष सभी बड़े दलों भारतीय जनसंघ, मार्क्सवादी कम्युनिस्ट पार्टी, संयुक्त सोशलिस्ट पार्टी व अन्य अनेक छोटे-छोटे दलों ने अपना पूर्ण समर्थन 'इंदिरा हटाओ' अभियान के पक्ष में दर्ज कराया। 1974 में जे.पी. ने इन सभी प्रतिपक्षी दलों को एक दल के रूप में विलीन होने का आह्वान किया, लेकिन तब इनमें से कोई भी अपनी अहंमन्यता या स्वतंत्र अस्तित्व त्यागने को तैयार नहीं था। जे.पी. बेदाग छवि व सार्वजनिक जीवन में पारदर्शी जिंदगी के प्रतीक बने हुए थे। उनके वैचारिक विरोधी भी इस विशेषता को स्वीकार करते थे।

श्रीमती गांधी भी इस तथ्य से बखूबी वाकिफ थीं कि जे.पी. का प्रभामंडल व जनाधार काफी व्यापक था। शायद इसी तथ्य के मद्देनजर नवंबर 1974 को उन्होंने अपने चहेते कूटनीतिज्ञ डी.पी. धर के माध्यम से जे.पी. से भेंट की और बिहार विधानसभा भंग करने की उनकी माँग इस शर्त पर स्वीकार कर ली कि अब उस मुद्दे पर जे.पी. समर्थक आंदोलन नहीं करेंगे।

गुजरात में जे.पी. की लोकप्रियता ने कांग्रेस को पहला झटका दिया। वहाँ 12 जून, 1975 को चुनावों के परिणामों में नवगठित जनता फ्रंट को 93 स्थान मिले। कांग्रेस 140 स्थानों से लुढ़क कर 74 स्थानों पर जा टिकी। जे.पी. की इच्छा थी कि गुजरात सरीखा प्रयोग पूरे देश में हो। यहीं पर संपूर्ण क्रांति की परिकल्पना पहली बार उपजी।

गुजरात में जे.पी. की लोकप्रियता ने कांग्रेस को पहला झटका दिया। वहाँ नवगठित जनता फ्रंट को 93 स्थान मिले। कांग्रेस 140 स्थानों से लुढ़क कर 74 स्थानों पर जा टिकी। जे.पी. की इच्छा थी कि गुजरात सरीखा प्रयोग पूरे देश में हो। यहीं पर संपूर्ण क्रांति की परिकल्पना पहली बार उपजी।

उन दिनों श्रीमती गांधी का व्यवहार बेहद कटु व अधिनायकवादी हो गया थ। उन्हीं दिनों एक अवसर ऐसा भी आया, जब श्री मोरारजी देसाई ने एक सांसद तुलमोहन राम के विरुद्ध भ्रष्टाचार के आरोपों की सीबीआई जाँच रपट संसद् में पेश न किए जाने पर सत्याग्रह की धमकी दे डाली। श्रीमती गांधी ने इस पर तत्कालीन लोकसभा अध्यक्ष श्री गुरदयाल सिंह ढिल्लों से यह माँग भी कर डाली कि श्री मोरारजी को सदन से बाहर निकाला जाए। मगर हतप्रभ लोकसभा अध्यक्ष ने वयोवृद्ध एवं वरिष्ठ नेता को इस तरह अपमानित करने के स्थान पर श्रीमती गांधी व श्री देसाई दोनों को ही अपने चैंबर में बुला लिया। श्रीमती गांधी इस पर भी तमतमा उठीं और उन्होंने श्री ढिल्लों को अलग से उनके चैंबर में मिलकर उनके निर्णय पर अपनी सख्त नाराजगी जाहिर कर दी थी। श्री ढिल्लों ने बाद में पंजाब के एक कांग्रेसी नेता श्री वीरेंद्र कटारिया के अबोहर-आवास पर बातचीत के

मध्य मुझे बताया कि उन्होंने तब अपना इस्तीफा देने का मन बना लिया था और इस संकल्प से श्रीमती गांधी को श्री जगजीवन राम के माध्यम से सूचित भी कर दिया। इस पर श्रीमती गांधी ने अपने बरताव पर परोक्ष रूप से खेद व्यक्त करते हुए श्री ढिल्लों को त्याग-पत्र न देने का आग्रह तत्कालीन विदेश मंत्री श्री स्वर्ण सिंह के माध्यम से किया था।

वस्तुतः श्री जगजीवन राम और श्रीमती गांधी के बीच रिश्तों में खटास उन्हीं दिनों पैदा हो सकती थी, मगर महत्त्वाकांक्षी श्री जगजीवन राम जल्दबाजी में कोई जोखिम उठकर हाशिए पर जाने के मूड में नहीं थे।

संपादन-मंडल के एक सदस्य को मोरारजी देसाई की जीवनी हिंदी में पहली बार लिखने का अवसर 1967 में मिला था। जीवनी-लेखन के सिलसिले में 'दि ट्रिब्यून' के एक पूर्व संपादक श्री नटराजन की मदद से उस सदस्य ने श्री देसाई से सात साक्षात्कार भी लिये। संपर्क सधा हुआ था, इसलिए 1977 में जब श्री देसाई प्रधानमंत्री बने, तब उनसे एक बार अनौपचारिक बातचीत के मध्य श्री जगजीवन राम की राजनैतिक रणनीति व कार्यशैली के बारे में बात हुई।

उन्होंने भी इस बात की पुष्टि की कि श्री जगजीवन राम ने उस समय श्रीमती गांधी के कुछ निकटस्थ सलाहकारों के माध्यम से यह मशविरा भिजवाया था कि यदि सुप्रीम कोर्ट में अपील के निर्णय आने तक श्रीमती गांधी स्वयं त्याग-पत्र देकर उन्हें एक बार प्रधानमंत्री बना दें तो वे उनकी प्रतिष्ठा की बहाली के लिए समुचित माहौल बना सकेंगे। मगर श्रीमती गांधी को श्री जगजीवन राम पर अधिक भरोसा नहीं था। इस 'मशविरे' के बाद तो श्रीमती गांधी का भरोसा और भी ज यादा हिल गया था।

श्रीमती गांधी को श्री जगजीवन राम के माध्यम से सूचित भी कर दिया। इस पर श्रीमती गांधी ने अपने बरताव पर परोक्ष रूप से खेद व्यक्त करते हुए श्री ढिल्लों को त्याग-पत्र न देने का आग्रह तत्कालीन विदेश मंत्री श्री स्वर्ण सिंह के माध्यम से किया था।

श्री देसाई ने बताया कि श्रीमती गांधी प्रायः यह कहती थीं कि उन्होंने न केवल आयकर रिटर्न न भरने के मामले में श्री जगजीवन राम को अभयदान दिया था, बल्कि श्री जाकिर हुसैन के निधन के बाद उन्हें राष्ट्रपति पद देने की पेशकश भी कर डाली थी। मगर महत्त्वाकांक्षी श्री जगजीवन राम ने 'कभी भी पूरे मन से मेरा साथ नहीं दिया', यह कहना था श्रीमती गांधी का।

लेकिन तब एक ऐसा अवसर आया, जब सुगबुगाहट हुई कि यदि श्रीमती गांधी को अस्थायी रूप से त्याग-पत्र देना भी पड़ा तो वे श्री स्वर्णसिंह को प्रधानमंत्री का पद देना पसंद करेंगी, क्योंकि श्री स्वर्णसिंह बाद में उनके पक्ष में पद त्याग से संकोच नहीं करेंगे।

उन्हीं दिनों जे.पी. ने अपने कुछेक सार्वजनिक वक्तव्यों में इस बात के संकेत दे डाले कि श्रीमती गांधी अपने स्थान पर यदि श्री जगजीवन राम को प्रधानमंत्री

बना दें तो प्रतिपक्ष अपने आक्रोशपूर्ण आंदोलन को आगामी जनादेश तक संयमित बनाए रखेगा।

इस माहौल में अन्य उभरे वैकल्पिक नामों में सिद्धार्थ शंकर रे का नाम भी था। इसी बीच कांग्रेस शासित राज्यों के मुख्यमंत्रियों, प्रदेशाध्यक्षों व केंद्रीय मंत्रिमंडल के सभी सदस्यों से एक ज्ञापन पर हस्ताक्षर कराए गए, जिसमें कहा गया था कि श्रीमती गांधी को सुप्रीम कोर्ट के निर्णय तक अपने पद पर बने रहने का नैतिक एवं वैधानिक अधिकार है और यही स्थिति राष्ट्रहित में है।

ऐसे अवसर पर एक विलक्षण घटना यह भी घटी कि श्री स्वर्ण सिंह ने इस ज्ञापन पर कई बार बुलाने के बाद हिचकिचाहट के साथ हस्ताक्षर किए और इसके बाद वह भी श्रीमती गांधी के विश्वस्तों की सूची से कटकर संदिग्धों की सूची में आ गए। कांग्रेस के केंद्रीय नेतृत्व के निर्देश पर देश भर में व्यापक प्रदर्शनों का आयोजन हुआ। प्रदर्शनों में न्यायपालिका के फैसले को जनाधार द्वारा रद्द करने की बात कही गई और हर मंच से यह दोहराया गया कि 'जनता' न्यायपालिका के किसी भी ऐसे निर्णय को स्वीकार नहीं करेगी, जो 'जन भावनाओं' के अनुकूल नहीं होगा।

राजनीति में कब, किस बहाव में, कौन-सी पतवार, राजनेता अपनी नौका खेने के लिए प्रयोग करेगा, कुछ तय नहीं होता। इस अवसर पर श्रीमती गांधी ने अपने पक्ष की कानूनी लड़ाई के लिए उस न्यायविद् नानी पालकीवाला को बुला भेजा, जिसे पहले कई न्यायिक लड़ाइयों में उन्होंने स्वयं ही प्रतिक्रियावादियों का वकील घोषित किया था।

श्री पालकीवाला ने श्रीमती गांधी को यह विश्वास तो दिलाया कि कानूनी नुक्तों के आधार पर सुप्रीम कोर्ट में वह याचिका की वकालत में सफलता प्राप्त कर लेंगे, लेकिन उनका यह भी मशविरा था कि 'नैतिक औचित्य' के प्रश्न पर पहले श्रीमती गांधी स्वयं आश्वस्त हो लें, क्योंकि यह प्रश्न सुप्रीम कोर्ट में बहस के समय प्रतिपक्षी वकील उठा सकते थे।

उधर 'इंटैलिजेंस ब्यूरो' की रिपोर्ट भी यही थी कि कांग्रेस के कई वरिष्ठ नेता श्रीमती गांधी के अस्थायी रूप से त्याग-पत्र के पक्ष में थे। पार्टी में युवा तुर्क के नाम से चर्चित मोहन धारिया, चंद्रशेखर, रामधन आदि तो सार्वजनिक रूप से सुझाव देने लगे कि श्रीमती गांधी को सुप्रीम कोर्ट के निर्णय तक श्री जगजीवन राम या श्री स्वर्णसिंह को प्रधानमंत्री का पद सौंप देना चाहिए। मगर पूरा घटनाक्रम इस बात का गवाह था कि श्रीमती गांधी को अपने किसी भी वरिष्ठ सहयोगी पर भरोसा नहीं था। वैसे भी उन दिनों उनके स्वभाव में एकाएक चिड़चिड़ापन, क्षोभ व कुंठा बढ़

कांग्रेस के केंद्रीय नेतृत्व के निर्देश पर देश भर में व्यापक प्रदर्शनों का आयोजन हुआ। प्रदर्शनों में न्यायपालिका के फैसले को जनाधार द्वारा रद्द करने की बात कही गई और हर मंच से यह दोहराया गया कि 'जनता' न्यायपालिका के किसी भी ऐसे निर्णय को स्वीकार नहीं करेगी, जो 'जन भावनाओं' के अनुकूल नहीं होगा।

गई थी। उन्होंने अपनी रैलियों में प्रतिपक्ष के साथ-साथ न्यायपालिका के विरुद्ध भी तीखे तेवर दिखाने शुरू कर दिए। प्रतिपक्षी नेताओं को वह प्रायः 'देशद्रोही' करार देने लगी थीं। उदाहरण के तौर पर वे 1974 की रेल हड़ताल, बार-बार के 'भारत-बंद' के आह्वान के निरंतर प्रदर्शनों एवं घटनाओं का जिक्र करतीं।

उधर जे.पी. ने भी आलोचना के तेवर तीखे कर लिए थे। वे अकसर अपने बयानों में तत्कालीन सरकार को 'एक महिला की सरकार, जो लोकतंत्र का लबादा ओढ़कर तानाशाह (श्रीमती तानाशाह) बन चुकी है' करार दे रहे थे।

न्यायपालिका के तेवर भी उत्साहजनक नहीं थे और 'प्रेस' पर श्रीमती गांधी को अब कतई भरोसा नहीं रह गया था। उन्हीं दिनों संपादकों की एक बैठक को संबोधित करते हुए उन्होंने यह भी कह डाला, 'मैं आजकल अखबार नहीं पढ़ती, क्योंकि मुझे मालूम है कि किस अखबार ने क्या लिखा होगा।'

उन्हीं दिनों दो शख्स श्रीमती गांधी के ज्यादा करीब रहते थे। दोनों की लोकतांत्रिक तौर-तरीकों में आस्था लगभग नहीं के बराबर थी। एक थे श्री बंसीलाल और दूसरे संजय गांधी।

उन दिनों प्रधानमंत्री सचिवालय में कार्यरत एक उच्चाधिकारी ने बताया कि एक बार तो श्री बंसीलाल ने यह भी कह डाला, ''बहिनजी, इन सब विरोधियों को आप मेरे सुपुर्द करो। मैं सबको 'ठीक' कर दूंगा। दरअसल आप कुछ ज्यादा ही भली और विनम्र हैं। ये लोग सिर्फ 'स्ट्रांग' का ही सम्मान करते हैं। मैंने अपने प्रदेश में अपनी कार्यशैली से सबको 'ठीक' कर दिया है।''

20 जून को दिल्ली में श्रीमती गांधी के समर्थन में एक विशाल रैली आयोजित की गई। लाखों लोग आए एवं लाए गए। मगर उस दिन व्यक्ति-पूजा की पराकाष्ठा उस समय हुई, जब देवकांत बरुआ (तत्कालीन कांग्रेसाध्यक्ष) ने एक शे'र पढ़ा, 'इंदिरा तेरी सुबह की जय, इंदिरा तेरी शाम की जय, इंदिरा तेरे काम की जय, इंदिरा तेरे नाम की जय'। रैली में सभी केंद्रीय कांग्रेस नेताओं के अलावा 13 राज्यों के मुख्यमंत्री भी शामिल हुए।

उन्हीं दिनों दो शख्स श्रीमती गांधी के ज्यादा करीब रहते थे। दोनों की लोकतांत्रिक तौर-तरीकों में आस्था लगभग नहीं के बराबर थी। एक थे श्री बंसीलाल और दूसरे संजय गांधी।

23 जून को सुप्रीम कोर्ट के न्यायमूर्ति कृष्णा अय्यर ने श्रीमती गांधी की याचिका पर आंशिक स्थगनादेश जारी कर दिया। उन्हें तब तक प्रधानमंत्री पद पर सशर्त बने रहने का अधिकार दे दिया, जब तक उनकी याचिका पर सुनवाई पूरी नहीं हो जाती। मगर शर्त यह लगाई गई कि वह संसद् की कारवाई में भाग तो ले सकेंगी, लेकिन उन्हें वोट देने का अधिकार नहीं होगा।

इस निर्णय को कांग्रेस व प्रतिपक्ष ने अपने अपने ढंग से व्याख्यायित किया। श्रीमती गांधी व उनके सहयोगियों के लिए यह राहत भरा निर्णय था, जबकि प्रतिपक्ष

का कहना था, जिस प्रधानमंत्री को वोट देने के अधिकार से भी वंचित रख दिया गया, उसे पद पर बने रहने का कोई नैतिक अधिकार नहीं रह जाता।

जे.पी. के नेतृत्व में राष्ट्रव्यापी आंदोलन छेड़ने का निर्णय ले लिया गया। माकपा ने प्रतिपक्ष को समर्थन दिया, मगर भाकपा ने श्रीमती गांधी का पक्ष लिया। सर्वाधिक रोचक वक्तव्य श्री जगजीवन राम का था। वे उस समय श्रीमती गांधी के सर्वोच्च मुखर हिमायती बन गए।

उन्होंने यहाँ तक कह डाला कि 'नैतिकता के आधार पर श्रीमती गांधी की विजय हुई है।' श्री चंद्रशेखर, मोहन धारिया, कृष्णकांत व लक्ष्मीकांतम्मा (युवा तुर्क) सहित तीस युवा अडिग रहे। उन्हें इस बात का भरोसा था कि कुछ और सांसद भी किसी निर्णायक चरण पर उन्हीं का साथ देंगे। इन लोगों की एक विशेषता यह भी कि इन्होंने विशेष रूप से चंद्रशेखर, कृष्णकांत व मोहन धारिया के साथ सार्वजनिक रूप से व निजी मुलाकातों में जे.पी. के साथ बातचीत का मशविरा दिया और टकराव के स्थान पर लोकतांत्रिक मर्यादाओं की रक्षा पर बल दिया।

24 जून को उसी वर्ष चंद्रशेखर ने जे.पी. के सम्मान में एक रात्रिभोज रखा। आईबी के अनुसार यद्यपि 80 सांसदों ने अपने संदेश लिखित रूप में भेजकर शेखर के प्रयासों को सराहा, लेकिन सभी लोग भोज में शिरकत नहीं कर पाए।

उसी दिन सिद्धार्थ शंकर रे ने श्रीमती गांधी को एक प्रारूप सौंपा, जिसमें संविधान की धारा 352 के तहत आंतरिक आपात स्थिति लागू करने का प्रस्ताव था। इसके बाद जो कुछ घटा, वह इतिहास के पन्नों में दर्ज है।

लोकतंत्र का काला दिन

तारीख 25 जून, 1975 की शाम। स्थान–रामलीला मैदान, नई दिल्ली। जे.पी. उस समय मंच से प्रख्यात हिंदी कवि रामधारी सिंह 'दिनकर' की एक कविता पढ़ रहे थे। 'सिंहासन खाली करो/कि जनता आती है।' मंच पर कांग्रेस के वरिष्ठ नेता मोरारजी देसाई, राष्ट्रीय स्वयंसेवक संघ के नेता नानाजी देशमुख, दिल्ली जनसंघ के नेता मदनलाल खुराना, रायबरेली से श्रीमती गांधी को चुनावी चुनौती देने वाले और बाद में सफल चुनावी याचिका दायर करने वाले समाजवादी नेता राजनारायण मौजूद थे।

जे.पी. के नेतृत्व में राष्ट्रव्यापी आंदोलन छेड़ने का निर्णय ले लिया गया। माकपा ने प्रतिपक्ष को समर्थन दिया, मगर भाकपा ने श्रीमती गांधी का पक्ष लिया। सर्वाधिक रोचक वक्तव्य श्री जगजीवन राम का था। वे उस समय श्रीमती गांधी के सर्वोच्च मुखर हिमायती बन गए।

लाखों की संख्या में तने हुए चेहरे एवं क्षुब्ध जन इस ऐतिहासिक क्षण की गवाही के लिए वहाँ मौजूद थे।

कुछ समय पहले ही मुखर जनसंघ नेता एवं हार्वर्ड से कुछ समय पूर्व ही स्वदेश लौटे डॉ. सुब्रह्मण्यम स्वामी गांधी शांति प्रतिष्ठान से जे.पी. को साथ लाने

के लिए गए थे। रास्ते में स्वामी ने जे.पी. से पूछा, 'यदि श्रीमती गांधी 'मार्शल लॉ' लागू कर दें तो क्या होगा?'

जे.पी. हँस पड़े। 'तुम कुछ ज्यादा ही 'अमेरिकन' हो गए हो। यदि वाकई वैसा हुआ तो देश की जनता विद्रोह कर देगी।'

जनसभा के मंच पर पहुँचते ही जे.पी. को एहसास हो गया कि वह गलत नहीं थे। लाखों लोग 'इंदिरा गांधी मुर्दाबाद' के नारे लगा रहे थे। दूसरा नारा था, 'जे.पी. तुम संघर्ष करो, हम तुम्हारे साथ हैं।' जे.पी. ने थोड़ा आश्वस्त भाव से डॉ. स्वामी की ओर देखा और हल्का सा मुसकराए। मानो कह रहे हों, 'देखो, मैंने गलत तो नहीं कहा था।'

जे.पी. ने अपने भाषण और श्री रामधारी सिंह 'दिनकर' की चर्चित कविता दोहराने के बाद घोषणा की कि श्रीमती गांधी को त्याग-पत्र के लिए मजबूर किया जाएगा। उसके लिए आंदोलन और सत्याग्रह तब तक चलेगा, जब तक वह त्याग-पत्र नहीं देती। उन्होंने जनसभा में मौजूद जनसमूह से पूछा, 'क्या इस लक्ष्य की प्राप्ति के लिए जेल जाने को तैयार हो?' लाखों हाथ खड़े हो गए। जे.पी. ने उस समय पाँच सदस्यीय 'लोक संघर्ष समिति' का गठन किया। इसके अध्यक्ष मोरारजी देसाई बनाए गए, महासचिव के रूप में नानाजी देखमुख का नाम घोषित किया गया और अशोक मेहता इसके कोषाध्यक्ष बनाए गए।

अपने उसी दिन के भाषण में जयप्रकाश नारायण ने पुलिस बलों व सशस्त्र बलों का भी आह्वान किया कि यदि उन्हें 'असंवैधानिक और अवैधानिक तरीके से कोई भी निर्देश मिले तो वे ऐसा निर्देश मानने से इनकार कर दें।'

जे.पी. ने अपने भाषण और श्री रामधारी सिंह 'दिनकर' की चर्चित कविता दोहराने के बाद घोषणा की कि श्रीमती गांधी को त्याग-पत्र के लिए मजबूर किया जाएगा। उसके लिए आंदोलन और सत्याग्रह तब तक चलेगा, जब तक वह त्याग-पत्र नहीं देती।

बाद में जे.पी. के इस आह्वान को श्रीमती गांधी व उनके सहयोगियों ने 'आपातकाल' के पक्ष में अपनी दलील के रूप में इस्तेमाल भी किया।

रामलीला मैदान की रैली 23 जून के लिए तय थी। लेकिन उसे दो दिन बाद के लिए स्थगित किया गया। जे.पी. कुछ तैयारी करना चाहते थे। प्रस्तावित 'लोक संघर्ष समिति' का स्वरूप तय करना आसान नहीं था। जे.पी. किसी भी रूप में आंदोलन को अहिंसक ही रखना चाहते थे। इसीलिए उन्होंने सिद्धांतवादी मोरारजी देसाई और पूर्णतया निष्ठावान राष्ट्रवादी नानाजी देशमुख के हाथों में आंदोलन के सूत्र थमाने का निर्णय लिया।

उधर सरकारी स्तर पर भी षड्यंत्रों का सिलसिला जारी था।

हरियाणा में उन दिनों चौ. बंसीलाल मुख्यमंत्री थे। वह पहले ही संजय गांधी के विश्वस्तों की पहली कतार में शामिल हो चुके थे। गुड़गाँव में संजय की मारुति कार फैक्टरी के लिए उन्होंने 290 एकड़ भूमि अधिग्रहीत की थी और उसे मारुति

के लिए बेहद सस्ती दरों पर आवंटित कर दिया था। फैक्टरी के लिए सरकारी ऋण की व्यवस्था भी उन्होंने ही की थी। उन्होंने प्रतिपक्षी आक्रमण को कुचलने के लिए सबसे ज्यादा उत्साह दिखाया।

उत्तर प्रदेश के मुख्यमंत्री हेमवती नंदन बहुगुणा को छोड़कर शेष लगभग सभी कांग्रेसी मुख्यमंत्री विश्वास में ले लिये गए। सामूहिक गिरफ्तारियों के लिए सूचियाँ बनने लगीं। सर्वाधिक गाज गिराने के लिए राष्ट्रीय स्वयंसेवक संघ व भारतीय जनसंघ को पहले स्थान पर रखा गया। उसके बाद समाजवादियों व पुराने कांग्रेस नेताओं एवं प्रमुख कार्यकर्ताओं के नाम थे।

दिल्ली में पूरी मशीनरी गिरफ्तारियों के लिए सूचियाँ बनाने व दमनचक्र का प्रारूप बनाने में लगी थी। संवैधानिक पक्ष का पूरा मोर्चा सिद्धार्थ शंकर रे, देवकांत बरुआ, एच.आर. गोखले व पटेल ने सँभाला हुआ था। प्रशासन तंत्र के वरिष्ठ पुर्जे सीधे संजय गांधी से निर्देश ले रहे थे। अन्य सलाहकारों में बंसीलाल, यशपाल कपूर, आर.के. धवन, योगी धीरेंद्र ब्रह्मचारी, ओम मेहता आदि शामिल थे।

संजय गांधी की उम्र उस समय सिर्फ 28 वर्ष थी। उसकी छवि उस समय के प्रबुद्ध वर्ग में विशेष अच्छी नहीं थी। लेकिन वह महत्त्वाकांक्षी था। ब्रिटेन की रोल्स रायल फैक्टरी से अप्रैंटिसशिप बीच में ही छोड़कर स्वदेश लौटने के बाद संजय ने मारुति कार का सपना बुना था। इस सपने का जिन-जिन लोगों ने विरोध किया, संजय को उनसे भी हिसाब चुकाना था। नई सूचियों में वे सब नाम भी दर्ज हो रहे थे। संजय में कुछ विशिष्ट बातें भी थीं। मसलन उसे वामपंथियों पर कभी भरोसा नहीं था। वह वैचारिक स्तर पर भी पूँजीवादी व्यवस्था का पक्षधर था। वह सदा यह एहसास देता था, जैसे जल्दी में हो। उसके करीबी लोगों में यूटी केडर के आई.ए.एस. अधिकारी नवीन चावला, दिल्ली के उप राज्यपाल किशन चंद (रिटायर्ड आई.सी.एस.), म्युनिसिपल कमिश्नर बी.आर. टमटा, नई दिल्ली नगरपालिका के मुख्य अधिकारी पी.एन. बहल और जगमोहन (डीडीए प्रमुख) शामिल थे। दिल्ली पुलिस के डीआईजी पी.एस. भिंडर भी इसी में शामिल थे। उन्हें गुड़गाँव का पुलिस प्रमुख यही सोचकर बनाया गया था कि वह संजय की 'मारुति कार योजना' के रास्ते में आने वाली सभी 'बाधाएँ' दूर करेंगे।

प्रशासन तंत्र के वरिष्ठ पुर्जे सीधे संजय गांधी से निर्देश ले रहे थे। अन्य सलाहकारों में बंसीलाल, यशपाल कपूर, आर.के. धवन, योगी धीरेंद्र ब्रह्मचारी, ओम मेहता आदि शामिल थे।

इन सब में सर्वाधिक शक्तिशाली थे आर.के. धवन, जोकि उस समय श्रीमती गांधी के अतिरिक्त निजी सचिव थे। धवन उन दिनों सर्वेसर्वा थे। प्रधानमंत्री के वरिष्ठ सचिव पी.एन. धर धवन की हर बैठक में मौजूदगी पसंद नहीं करते थे। इलाहाबाद-निर्णय वाले दिन वरिष्ठ कांग्रेसी सांसदों, मुख्यमंत्रियों और मंत्रियों की एक बैठक हुई, जिसमें श्रीमती गांधी को पूर्ण समर्थन देने की घोषणा की गई।

विरोध में केवल एक स्वर था मोहन धारिया का। मोहन धारिया को तीन माह पूर्व ही सिर्फ इसलिए मंत्री पद से हटा दिया गया था, क्योंकि उन्होंने तब जे.पी. के साथ संवाद स्थापित करने की वकालत की थी। शेष अन्य कुछ वरिष्ठ नेता मुखर तो नहीं हो पा रहे थे, मगर उनका भी निजी मत था कि श्रीमती गांधी को एक बार तो त्याग-पत्र देना ही चाहिए। ऐसे लोगों में डॉ. कर्ण सिंह, जगजीवन राम, आंध्र के मुख्यमंत्री वेंगलराव और कर्नाटक के मुख्यमंत्री देवराज अर्स शामिल थे। मगर खुलकर बोलने का साहस नहीं दिखाया गया।

18 जून को एक प्रस्ताव पारित हुआ, जिसे जगजीवन राम ने रखा और यशवंत राव चव्हाण ने उसका समर्थन किया। इन दोनों को भी इस आशय के परोक्ष निर्देश दिए गए थे, क्योंकि दोनों पर संदेह था कि यदि श्रीमती गांधी को इस्तीफा देना पड़ा तो दोनों नेता पद पर अपनी-अपनी दावेदारी ठोंक सकते थे। पाँच वरिष्ठ नेता इस बैठक से अनुपस्थित रहे थे। इनमें चंद्रशेखर, कृष्णकांत, मोहन धारिया, रामधन और लक्ष्मी कांतम्मा शामिल थे। डी.के. बरुआ ने संभवतः इसी बैठक में 'इंदिरा इज इंडिया' सरीखे गैर-लोकतांत्रिक नारे को गुँजाने का प्रयास किया।

उन दिनों एक वर्ग में अपने आपको श्रीमती गांधी के वफादारों की सूची में दर्ज कराने की एक होड़ भी थी। वफादारी के इस प्रारूप को श्रीमती गांधी के पूर्व प्रधान सचिव पी.एन. हक्सर ने तैयार किया था। राष्ट्रहित के गंभीर मसलों को हाशिए पर सरकाया गया था। लोकतंत्र की जड़ों को एक तरफ रखकर सिर्फ एक शख्सियत की जड़ें न उखड़ने देने के लिए होड़ सी लगी थी। उन दिनों सभी यह महसूस करने लगे थे कि श्रीमती गांधी का चिड़चिड़ापन निरंतर बढ़ता जा रहा था। लगभग हर रोज, समर्थक व वफादार नेता लोग अपने-अपने संसाधनों से सैकड़ों, हजारों की भीड़ जुटाकर सफदरजंग रोड के बाहर ले आते। नारे गुँजाए जाते, 'इंदिरा तुम संघर्ष करो, हम तुम्हारे साथ हैं।'

श्रीमती गांधी बार-बार कुछ पलों के लिए घर से बाहर निकलतीं। हाथ हिलातीं/हाथ जोड़तीं और कभी-कभी दो शब्द बोलतीं भी। फिर बार-बार हाथ हिलाकर अभिवादन स्वीकार करती हुई भीतर चली जातीं। इस दौरान वे अपना सिर साड़ी के पल्लू से ढाँपकर रखतीं। कई बार जोश में आ जातीं और 'खून की आखिरी बूँद तक जनता की सेवा का संकल्प' दोहरातीं।

इसी क्रम में जुटाई गई भीड़ का सबसे बड़ा प्रदर्शन 20 जून को बोट-क्लब पर आयोजित किया गया। इसमें सर्वाधिक योगदान हरियाणा के मुख्यमंत्री बंसीलाल

मोहन धारिया को तीन माह पूर्व ही सिर्फ इसलिए मंत्री पद से हटा दिया गया था, क्योंकि उन्होंने तब जे.पी. के साथ संवाद स्थापित करने की वकालत की थी। शेष अन्य कुछ वरिष्ठ नेता मुखर तो नहीं हो पा रहे थे, मगर उनका भी निजी मत था कि श्रीमती गांधी को एक बार तो त्याग-पत्र देना ही चाहिए।

का था। उन्होंने पूरे राज्य की बसों व ट्रकों के काफिले उस दिन 'बोट क्लब' की ओर मोड़ दिए थे।

दोपहर बाद

25 जून की दोपहर के बाद तक लगभग सभी वे सूचियाँ तैयार कर ली गई थीं, जिनके अनुसार गिरफ्तारियाँ की जानी थीं। आर.के. धवन के कार्यालय में उस समय ओम मेहता, बंसीलाल, के.एस. बाजवा व कुछ अन्य वरिष्ठ पुलिस अधिकारी इन सूचियों को अंतिम रूप दे रहे थे। दिल्ली प्रशासन के मुख्य सचिव तिहाड़ जेल का निरीक्षण करने में लगे थे। वे नई गिरफ्तारियों के लिए समुचित व्यवस्था देख रहे थे।

उधर संजय अपने कमरे से सभी मुख्यमंत्रियों को आवश्यक निर्देश देने में व्यस्त थे।

इधर श्रीमती इंदिरा गांधी, सिद्धार्थ शंकर रे से अपने भावी कार्यक्रम के वैधानिक पक्ष पर विस्तृत चर्चा करने में लगी थीं। उन्हें इस बात की आशंका होने लगी थी कि उसी दिन जे.पी. रामलीला मैदान में अपने राष्ट्रव्यापी संघर्ष एवं आंदोलन की रूपरेखा घोषित कर सकते थे।

रे व कुछ अन्य करीबी न्यायविदों का मत था कि यद्यपि देश में पहले से ही 1971 के भारत-पाक युद्ध के समय लागू आपातकाल जारी था, लेकिन उस आपातकाल का संबंध बाहरी आक्रमण के खतरे से था। करीबियों ने सुझाव दिया कि संविधान की धारा 352 के तहत भीतरी खतरे से निपटने के लिए आंतरिक आपातकाल लागू हो सकता है।

इस बात के पक्ष में सिद्धार्थ शंकर रे ने आईबी की रिपोर्ट्स का भी हवाला दिया, मगर आईबी के एक तत्कालीन वरिष्ठ अधिकारी ने बताया कि 12 और 25 जून, 1975 के मध्य 'इंटैलिजेंस ब्यूरो' ने कभी इस आशय की कोई रिपोर्ट नहीं भेजी थी।

रे ने प्रधानमंत्री को यह भी परामर्श दिया था कि यदि वह चाहें तो मंत्रिमंडल से मुहर लगवाए बिना भी सीधे राष्ट्रपति से अपनी सिफारिश कर सकती हैं।

इसी बीच केंद्रीय गृह राज्यमंत्री ओम मेहता सभी अखबारों के बिजली कनेक्शन काटने और सभी उच्च न्यायालयों को रात के समय किसी भी सूरत में न खोलने संबंधी आदेश जारी कर चुके थे। 'रे' चाहते थे कि ऐसे आदेशों

इसी क्रम में जुटाई गई भीड़ का सबसे बड़ा प्रदर्शन 20 जून को बोट-क्लब पर आयोजित किया गया। इसमें सर्वाधिक योगदान हरियाणा के मुख्यमंत्री बंसीलाल का था। उन्होंने पूरे राज्य की बसों व ट्रकों के काफिले उस दिन 'बोट क्लब' की ओर मोड़ दिए थे।

से पहले कुछ नियम तय हो जाएँ, मगर संजय गांधी इसी बात पर 'रे' पर ही बरस पड़े थे। उस समय केंद्रीय गृहमंत्री पद पर ब्रह्मानंद रेड्डी आसीन थे। लेकिन इस मामले में उन्हें किसी भी स्तर पर विश्वास में नहीं लिया गया। उन्हें रात को 10.15 बजे प्रधानमंत्री आवास पर बुलाया गया। उन्हें बताया गया कि देश में निरंतर बिगड़ती हुई कानून व्यवस्था के कारण आंतरिक आपातकाल लागू करने का निर्णय लिया गया है।

उन्होंने दबी जुबान से कहा कि बाहरी आपातकाल में ही इतने प्रावधान मौजूद हैं, जिनसे भीतरी असंतोष से भी निपटा जा सकता है तो श्रीमती गांधी ने कहा कि इसके बावजूद यह जरूरी लगा है कि आंतरिक आपातकाल लागू किया जाए। रेड्डी खामोश हो गए। उन्होंने इस संबंध में राष्ट्रपति को भेजे जाने वाले औपचारिक पत्र पर गृहमंत्री के रूप में चुपचाप हस्ताक्षर कर दिए। यह पत्र गृहमंत्री के अधिकृत 'लैटर पैड' पर भी नहीं था।

राष्ट्रपति के पास उक्त पत्र रात्रि 10.30 बजे पहुँच गया। इससे पहले, दिन में श्रीमती गांधी राष्ट्रपति फखरुद्दीन अली अहमद से मिल भी चुकी थीं और उन्हें ऐसी किसी संभावना के संकेत भी दे चुकी थीं। आंतरिक सूत्रों के अनुसार राष्ट्रपति के सचिव के. बालाचंद्रन ने आरंभिक स्तर पर कुछ कानूनी आपत्तियाँ राष्ट्रपति के सामने रखीं।

राष्ट्रपति ने उन्हीं आपत्तियों से श्रीमती गांधी को फोन पर अवगत भी कराया, मगर श्रीमती गांधी के 'दो टूक' उत्तर के बाद उन्होंने रात 11.45 बजे उस अधिसूचना पर हस्ताक्षर कर दिए, जिसमें लिखा था–'संविधान की धारा 352 की उपधारा-1 में प्रदत्त अधिकारों के तहत मैं फखरूद्दीन अली अहमद, राष्ट्रपति भारत, इस उद्घोषणा के तहत घोषणा करता हूँ देश में, भीतरी गड़बड़ियों के कारण उत्पन्न खतरे से 'आपातकाल' अपरिहार्य है।'

उस समय केंद्रीय गृहमंत्री पद पर ब्रह्मानंद रेड्डी आसीन थे। लेकिन इस मामले में उन्हें किसी भी स्तर पर विश्वास में नहीं लिया गया। उन्हें रात को 10.15 बजे प्रधानमंत्री आवास पर बुलाया गया।

इसके बाद ही राष्ट्रव्यापी गिरफ्तारियों का सिलसिला शुरू हो गया। राजधानी में प्रतिपक्षी राजनेताओं को आधी रात को ही जगाकर गिरफ्तार कर लिया।

घोषणा से पहले ही अमल

(कालरात्रि, काल कोठरी, काला कानून)

कुल मिलाकर 676 राष्ट्रीय व प्रादेशिक नेता गिरफ्तार किए गए, इनमें अटल

बिहारी वाजपेयी, लालकृष्ण आडवाणी, बालासाहेब देवरस, हरकिशन सिंह सुरजीत, चंद्रशेखर, कृष्णकांत, मोहन धारिया, रामधन, ज्योति बसु, पटनायक, मदन लाल खुराना, चौधरी देवीलाल, प्रकाश सिंह बादल, ओमप्रकाश चौटाला, भैरों सिंह शेखावत आदि शामिल थे। नानाजी देशमुख, जार्ज फर्नांडीज व सुब्रह्मण्यम स्वामी भूमिगत हो गए थे।

लगभग 2.30 बजे जनसंघ नेता डॉ. भाई महावीर को भी पुलिस ले आई। उन्हें वहाँ से डिफेंस कॉलोनी थाने ले जाया गया। उधर पुरानी दिल्ली के सिविल लाइंस पुलिस मुख्यालय में जिन नेताओं को पुलिस लाई, उनमें चंद्रशेखर, राजनारायण, पीलू मोदी, समर गुहा, रामधन और सिकंदर बख्त भी शामिल थे। इन सबको रोहतक जेल ले जाया जाना था।

जे.पी. उन दिनों गांधी शांति प्रतिष्ठान में ठहरे हुए थे। गांधी शांति प्रतिष्ठान में लगभग 1.30 बजे विशेष गहमागहमी थी। पुलिस के तीन ट्रकों ने पूरे परिसर को घेर लिया था। जे.पी. को वहाँ से प्रातः 3 बजे, पार्लियामेंट पुलिस स्टेशन ले जाया गया। उस समय जे.पी. के मुख से यही निकला, 'विनाश काले विपरीत बुद्धि'। चंद्रशेखर भी वहीं गिरफ्तार किए गए थे। आडवाणी भी शुरुआत में उसी जेल में बंद थे, जिसमें देसाई थे। पहले-पहल उन लोगों को परस्पर बात करने की भी अनुमति नहीं थी, लेकिन धीरे-धीरे थोड़ी राहत मिली। श्री आडवाणी, श्री वाजपेयी व मधु दंडवते को बाद में बंगलौर ले जाया गया।

26 जून को प्रातः 6 बजे प्रधानमंत्री ने मंत्रिमंडल की एक विशेष बैठक बुलाई। बैठक में जगजीवन राम व चव्हाण के चेहरों पर तनाव था, मगर वे खामोश रहे। श्री स्वर्ण सिंह विनम्रतापूर्वक सिर्फ इतना बोले कि 'आपातकाल की घोषणा के बिना भी शायद काम चल सकता था।' मगर इस पर न तो श्रीमती गांधी ने कोई टिप्पणी की और न ही कोई चर्चा ही आगे बढ़ी।

प्रेस पर सेंसरशिप के सख्ती से पालन के लिए सूचना व प्रसारण मंत्रालय इंद्रकुमार गुजराल से लेकर विद्याचरण शुक्ला को सौंप दिया गया। अनेक समाचार-पत्रों ने विरोध स्वरूप संपादकीय कॉलम पर स्थान खाली छोड़ा। अनेक पत्रकारों को भी 'मीसा', 'आंतरिक सुरक्षा कानून' व 'डीआईआर' (डिफेंस ऑफ इंडिया रूल्स) के तहत गिरफ्तार किया गया।

पहला विद्रोही तेवर महाराष्ट्र की बार एसोसिएशन ने दिखाया। बाद में ऑल इंडिया बार एसोसिएशन ने भी इसमें शिरकत कर ली। सबसे तीखी प्रतिक्रिया

चन्द्रशेखर भी वहीं गिरफ्तार किए गए थे। आडवाणी भी शुरुआत में उसी जेल में बंद थे, जिसमें देसाई थे। पहले पहल उन लोगों को परस्पर बात करने की भी अनुमति नहीं थी, लेकिन धीरे-धीरे थोड़ी राहत मिली। श्री आडवाणी, श्री वाजपेयी व मधु दंडवते को बाद में बंगलौर ले जाया गया।

प्रख्यात कानूनविद् राम जेठमलानी की थी।

गुजरात में संयुक्त मोर्चे की सरकार थी। मुख्यमंत्री बाबूभाई पटेल ने केंद्रीय गृह मंत्रालय के निर्देशों के बावजूद प्रदेश के जनसंघ नेताओं की गिरफ्तारी के लिए कोई भी काररवाई करने से इनकार कर दिया। प्रदेश भर में आपातकाल विरोधी रैलियों व प्रदर्शनों का क्रम आरंभ हो गया। तमिलनाडु में करूणानिधि ने 'आपातकाल' पर अपनी असहमति तो जताई, मगर उन्होंने केंद्र के निर्देशों का विरोध न करने की भी घोषणा की। बिहार में दुतरफा प्रतिक्रिया हुई। माफिया तर्ज के लोगों ने मीसा की आड़ में अवैध कब्जों की झड़ी लगा दी, जबकि प्रतिपक्ष की ओर से जेलों में व जेलों के बाहर विरोध प्रदर्शन का क्रम जारी रखा गया।

आपातकाल की घोषणा पर राष्ट्रपति के हस्ताक्षर भले ही रात 11.45 पर हुए, लेकिन उक्त अधिसूचना पर अमल का सिलसिला साँझ ढलते ही शुरू हो गया था। श्रीमती गांधी ने अपने इस बेहद महत्त्वपूर्ण फैसले के बारे में अपने वरिष्ठ मंत्रिमंडलीय सहयोगियों को भी विश्वास में लेना उचित नहीं समझा। जगजीवन राम ने यद्यपि कांग्रेस के भीतरी विभाजन के समय उनका पूरा साथ दिया था, मगर उन पर श्रीमती गांधी को फिर भी भरोसा नहीं था। जगजीवन राम के पास लगभग 80 सांसदों का समर्थन भी था। आई.बी. की सूचना के अनुसार वह, चंद्रशेखर और रामधन (दोनों उस समय के 'युवा तुर्क' नेता) के संपर्क में भी थे। जे.पी. स्वयं भी अपनी एक सभा में जगजीवन राम की परोक्ष तारीफ कर चुके थे।

26 जून की सुबह जब एक वरिष्ठ पत्रकार कुलदीप नैयर ने उनसे भेंट की तो उन्होंने बताया कि वह स्वयं को भी पूरी तरह असुरक्षित मान रहे है। एक अन्य मंत्री वाई.बी. चव्हाण भी असंतुष्ट थे। मगर उनमें इतना साहस नहीं था कि वे खुलकर अपनी बात भी कह सकते।

प्रतिरक्षा मंत्री स्वर्ण सिंह ने सुबह-सुबह अपनी विनम्र असहमति अवश्य जता दी थी, मगर श्रीमती गांधी ने उन्हें परोक्ष रूप से झिड़क दिया था। उन्हें बताया गया था कि 'वह ऐसे सवाल पूछने से अच्छा था, स्थितियों को सही ढंग से समझने का प्रयास करते।' बाद में उन्हें प्रतिरक्षा मंत्री के पद से भी हटा दिया गया था।

आपातकाल की घोषणा पर राष्ट्रपति के हस्ताक्षर भले ही रात 11.45 पर हुए, लेकिन उक्त अधिसूचना पर अमल का सिलसिला साँझ ढलते ही शुरू हो गया था।

सुबह-सुबह हुई 15 मिनट की मंत्रिमंडलीय बैठक में श्रीमती गांधी ने अपने सहयोगियों को सिर्फ इतना ही बताया था, 'जे.पी. के विस्फोटक भाषणों से हालात बेकाबू हो चले थे, इसलिए आपातकाल लागू करना जरूरी हो गया था।'

सूचना एवं प्रसारण मंत्री इंद्र कुमार गुजराल को संजय गांधी ने फोन पर 'प्रेस

को दुरुस्त करने' के आदेश दिए। कुलदीप नैयर के अनुसार, 'गुजराल अपना आपा खो बैठे थे।' उन्होंने फोन पर जवाब दिया, 'मैं आपकी माँ का सहयोगी हूँ, न कि आपका नौकर।' 28 जून को ही उन्हें योजना मंत्रालय में भेज दिया गया। उनका विभाग विद्याचरण शुक्ला को दे दिया गया।

मगर प्रेस के मामले में अभी भी सरकार आश्वस्त नहीं थी। बहादुर शाह जफर मार्ग, दिल्ली स्थित अखबारों के दफ्तरों की बिजली उसी शाम काट दी गई थी। थोड़ी देर बाद ही बिजली कुछ समय के लिए बहाल की गई। स्टेट्समैन ने अगले दिन 'सेंसर' की नजर से बचते हुए चर्चित छाया-पत्रकार रघु राय का एक चित्र छापा था। इस चित्र में एक आदमी दो बच्चों के साथ साइकिल पर जाते हुए दिखाई दे रहा था। पीछे-पीछे एक औरत पैदल चल रही थी। हर तरफ पुलिस ही पुलिस दिखाई दे रही थी। नीचे 'कैप्शन' दिया गया था, 'चाँदनी चौक में जनजीवन बिल्कुल सामान्य'।

अगले दिन उस सेंसर अधिकारी को निलंबित कर दिया गया, जो इस फोटो का मर्म भाँप नहीं पाया था। बेहतर यही सोचा गया कि अखबारों का मुद्रण ही ठप्प किया जाए।

उधर 'मीसा' के तहत गिरफ्तारियों के लिए निर्धारित प्रपत्र की प्रतियाँ साइक्लोस्टाइल कराकर जिला अधिकारियों को भेज दी गईं, ताकि वे प्रतिपक्षी राजनेताओं को बिना कारण बताए गिरफ्तार कर सकें। सूचियाँ पहले ही तैयार हो चुकी थीं। मगर ये सूचियाँ भी ऐसी हड़बड़ी में तैयार हुई थीं कि सूची में दर्ज एक सक्रिय राजनैतिक प्रतिपक्षी कार्यकर्ता को गिरफ्तार करने (आगरा की घटना) जब पुलिस गई तो पता चला कि वह तो 1968 में ही मर चुका था।

विरोध के स्वर भी उठ रहे थे। मगर उन्हें 'मीडिया' में 'कवरेज' नहीं मिल पा रही थी। ऑल इंडिया बार एसोसिएशन के अध्यक्ष राम जेठमलानी ने श्रीमती गांधी को मुसोलिनी व हिटलर का दूसरा रूप बता डाला। श्रीमती गांधी की बुआ श्रीमती विजय लक्ष्मी पंडित अपनी भतीजी से आपातकाल को लेकर झड़प कर चुकी थीं। उनकी बेटी नयनतारा सहगल खुलकर विरोध कर रही थीं। उन्हें श्रीमती गांधी के आवास पर वैसे भी पसंद नहीं किया जाता था।

विरोध के स्वर भी उठ रहे थे। मगर उन्हें 'मीडिया' में 'कवरेज' नहीं मिल पा रही थी। ऑल इंडिया बार एसोसिएशन के अध्यक्ष राम जेठमलानी ने श्रीमती गांधी को मुसोलिनी व हिटलर का दूसरा रूप बता डाला।

गुजरात में केंद्र के निर्देशों का सिर्फ उतना ही पालन हुआ, जितना नितांत आवश्यक था। अनेक नेता व कार्यकर्ता उन दिनों वहीं पनाह लिये हुए थे।

तमिलनाडु में करुणानिधि आपातकाल के विरुद्ध थे, मगर वे सीधे टकराव से

बचते थे। पंजाब, हरियाणा में स्थिति अच्छी नहीं थी। हरियाणा तो मानो अधिकांश वरिष्ठ नेताओं के लिए एक बड़ी जेल बन गया था।

बाद में आपातकाल की ज्यादतियों की जाँच करने वाले न्यायमूर्ति जे.पी. शाह ने अपनी रिपोर्ट में कहा था, 'एडहॉक अधिकारों वाले मौखिक आदेशों के साथ प्रेस की आजादी के अभाव और कड़ी सेंसरशिप ने उपमहाद्वीप के संचार माध्यमों को भी अवरुद्ध व भ्रष्ट कर दिया था।' न्यायमूर्ति ने अपनी इस रिपोर्ट में चेतावनी भी दी थी कि 'देश की वर्तमान और भविष्य में आने वाली पीढ़ियों की यह जिम्मेदारी है कि भविष्य में कभी भी प्रशासन तंत्र को इस तरह ध्वस्त न किया जा सके कि वह किसी एक व्यक्ति या व्यक्ति-समूह, वह सरकार में हो या सरकार के समीप, के व्यक्तिगत हितों को साधने का साधन बनकर रह जाए।'

परिवार नियोजन के नाम पर

उन दिनों जो भी घटा, यह देश उसका अभ्यस्त न था। संजय गांधी ने अपनी कार्यप्रणाली को पाँच सूत्रों पर केंद्रित किया। पहला सूत्र था–परिवार नियोजन। केंद्रीय स्वास्थ्य मंत्री डॉ. कर्णसिंह इस कार्यक्रम को प्रेरक बिंदुओं से लागू करने के पक्षधर थे। उनका कहना था, पूरी गंभीरता के साथ जागरूकता अभियान चले और जमकर प्रचार हो, तभी परिवार-नियोजन प्रभावी व स्थायी ढंग से लागू हो सकता है। मगर संजय को ये तौर-तरीके पसंद नहीं थे।

उसने सीधे रूप से मुख्यमंत्रियों को इस मामले में कठोरता दिखाने के निर्देश दिए। जबरन नसबंदी और एक तयशुदा समय-सीमा के भीतर ही तयशुदा लक्ष्यों की प्राप्ति का निर्देश सभी के लिए था। 1975-76 के मध्य निर्धारित लक्ष्यों को 107 प्रतिशत पूरा किया गया। 1976-77 में यह प्रतिशत 190 तक पहुँचाया गया। 1975-76 में 26.24 लाख नसबंदी ऑपरेशन हुए, जबकि 1976-77 में यह आँकड़ा 81.32 लाख तक पहुँच गया।

हरियाणा इस संबंध में शिखर पर रहा। राज्य में निर्धारित लक्ष्य से चार गुणा अधिक उपलब्धि दर्ज की गई, जबकि मध्य प्रदेश ने अपने निर्धारित लक्ष्य 2.675 लाख में साढ़े तीन गुणा की वृद्धि दर्ज कराई। उ.प्र. में लक्ष्य से दो गुणा अधिक की उपलब्धि दिखाई गई। बाद में जाँच में यह भी पता चला कि इसी लक्ष्य प्राप्ति के पागलपन में 164 अविवाहित की भी नसबंदी कर दी गई थी।

उन दिनों जो भी घटा, यह देश उसका अभ्यस्त न था। संजय गांधी ने अपनी कार्यप्रणाली को पाँच सूत्रों पर केंद्रित किया। पहला सूत्र था—परिवार नियोजन।

दिल्ली को 29000 का लक्ष्य मिला था, मगर इसे 1.30 लाख तक ले जाया गया। जिला स्तर पर अधिकारियों के निर्देश थे कि जिस उपमंडल में लक्ष्यों की प्राप्ति न हो, वहाँ नियुक्त सरकारी कर्मियों के वेतन रोक लिये जाएँ और ज्यादा ही ढिलाई दिखे तो दोषी कर्मियों को निलंबित कर दिया जाए। वेतन-अदायगी के लिए पाँच-पाँच नसबंदी-केस लाना अनिवार्य बना दिया गया। कई मामलों में सरकारी कर्मचारी नसबंदी के लिए लोगों को अपने वेतन का कुछ भाग भी देने लगे।

स्कूलों में परिवारों के तीसरे या चौथे बच्चे का प्रवेश तब तक वर्जित कर दिया गया जब तक परिवार के मुखिया नसबंदी नहीं करा लेते। उन दिनों दिल्ली प्रशासन में नौकरी सिर्फ उन्हें मिलती थी, जिनके दो बच्चे या जो आवेदन के साथ नसबंदी का प्रमाणपत्र लगाते थे। उद्योगपतियों पर भी दबाव डाला गया। उनके खिलाफ विशेष रूप से किसी-न-किसी वैधानिक धारा के तहत छापे मारे गए, जो अपने उद्योग में तयशुदा नसबंदी ऑपरेशन लागू नहीं करवा पाए।

संजय गांधी उस दिन शिमला में थे। हिंसा की खबरें पहुँचीं तो वह भी अगले दिन लौट आए। लौटने के बाद वह उस अस्पताल तो गए, जहाँ कुछ घायल पुलिसकर्मी दाखिल थे, मगर उपद्रव ग्रस्त क्षेत्रों में नहीं गए। उस दिन जारी सरकारी प्रेस विज्ञप्ति में सारी हिंसा के लिए जमायते-इसलामी और मुस्लिम लीग को दोषी ठहराया गया।

उधर मुस्लिम समुदाय में व्यग्रता बढ़ती जा रही थी। स्वयं राष्ट्रपति फखरुद्दीन अहमद भी बेचैन थे। उन्होंने अपनी पत्नी को उन क्षेत्रों का दौरा करने के लिए भेजा। कश्मीर के मुख्यमंत्री शेख अब्दुल्ला भी मुहम्मद यूनस के साथ इन क्षेत्रों में गए। उनका प्रयास था कि क्षुब्ध लोगों को सांत्वना दी जाए, ताकि स्थितियाँ नियंत्रण में लाई जा सकें।

सत्तापक्ष बनाम राजघराने

श्रीमती गांधी अपने सहयोगियों के साथ मिलकर यह सुनिश्चित करने में लगी थीं कि जेलों में बंद व भूमिगत प्रतिपक्षी नेताओं में कोई भी बातचीत न हो पाए। उनके निशाने पर जे.पी., वाजपेयी, आडवाणी, चंद्रशेखर, नानाजी देशमुख, राजनारायण आदि के अलावा दो प्रमुख महिलाएँ भी थीं। ये थीं राजमाता विजयाराजे सिंधिया और जयपुर की महारानी गायत्री देवी। इन दोनों का व्यापक

उधर मुस्लिम समुदाय में व्यग्रता बढ़ती जा रही थी। स्वयं राष्ट्रपति फखरुद्दीन अहमद भी बेचैन थे। उन्होंने अपनी पत्नी को उन क्षेत्रों का दौरा करने के लिए भेजा।

जनाधार था और अपना सियासी प्रभामंडल भी। वैसे भी गायत्री देवी के संपर्क विश्व भर के राजतंत्रों व प्रमुख राजनीतिज्ञों से थे। श्रीमती गांधी को लगता था कि दोनों महिला नेत्रियाँ, वरिष्ठ राजनीतिज्ञों की अनुपस्थिति में अपने-अपने प्रदेश व विश्व के अन्य देशों में भी आपातकाल-विरोधी लहर चला सकती थीं। वैसे भी मध्य प्रदेश व राजस्थान में दोनों का अपना ठोस जनाधार भी था। उनके एक इशारे पर हजारों लोग सड़कों पर निकल सकते थे।

जयपुर राजघराना वैसे श्रीमँती गांधी को निजी रूप में भी पसंद नहीं था। आपातकाल से पहले भी इस घराने के राजकोष पर वित्त मंत्रालय के छापे पड़ चुके थे। स्वतंत्र पार्टी की स्थापना में भी गायत्री देवी का मुख्य योगदान था। उन्हें जुलाई 1975 में उस समय 'कौफे पोसा' के तहत गिरफ्तार किया गया, जब वे संसद् के अधिवेशन में भाग लेने दिल्ली आई थीं।

जयपुर व उसके आसपास के क्षेत्रों में महारानी की गिरफ्तारी पर गहरा आक्रोश फैल गया। लेकिन राजपरिवार के परंपरागत पूर्व सामंतों ने लोगों को समझाया कि यदि हिंसा हुई तो 'महारानी' पर और भी ज्यादा कड़ी काररवाई हो सकती है। उधर ब्रिटेन में राजपरिवार के पुराने मित्र व भारत के पूर्व गवर्नर जनरल लार्ड माउंटबेटन ने निजी रूप से प्रधानमंत्री को पत्र लिखकर महारानी गायत्री देवी से बेहतर व्यवहार का आग्रह किया। महारानी का स्वास्थ्य गिरने लगा था। उन्हें जीबी पंत अस्पताल में दाखिल करवाया गया। लेकिन वहाँ की अव्यवस्था से बौखलाकर गायत्री देवी ने श्रीमती गांधी को सीधे पत्र लिखा कि यदि उन्हें रिहा कर दिया जाए तो वह राजनीति से ही संन्यास ले लेंगी, क्योंकि उनका स्वास्थ्य इस सक्रियता की अनुमति नहीं देता।

स्वतंत्र पार्टी की स्थापना में भी गायत्री देवी का मुख्य योगदान था। उन्हें जुलाई 1975 में उस समय 'कौफे पोसा' के तहत गिरफ्तार किया गया, जब वे संसद् के अधिवेशन में भाग लेने दिल्ली आई थीं।

आखिर 9 जनवरी, 1975 को स्वास्थ्य के आधार पर गायत्री देवी को पैरोल दे दी गई। उनसे कुछ अन्य कागजों पर भी हस्ताक्षर कराए गए थे, जिनमें 20 सूत्री कार्यक्रम के समर्थन की बात थी। महारानी ने बाद में स्पष्ट किया कि उस समय मानसिक एवं स्वास्थ्यगत दबावों के कारण वह ऐसे पत्रों को ठीक से पढ़ भी नहीं पाईं। उन्होंने अपने वकील से अवश्य पूछा था कि किसी ऐसे पत्र पर तो हस्ताक्षर नहीं लिये गए, जिस के लिए शर्मिंदा होना पड़े। उसके बाद उन्हें जयपुर के राजमहल में ही सीमित कर दिया गया और सार्वजनिक जीवन से लगभग दूर रखा गया।

उधर ग्वालियर एवं मध्य प्रदेश में राजमाता विजयाराजे सिंधिया का जनाधार काफी व्यापक था। वे भारतीय जनसंघ की वरिष्ठ नेता मानी जाती थीं। 1967 में

द्वारिका प्रसाद मिश्रा के नेतृत्व वाली कांग्रेस सरकार के पतन में उन्हीं की विशेष भूमिका थी। जिस दिन आपातकाल की घोषणा हुई, उस दिन वह दिल्ली में ही थीं। उनके प्रमुख सलाहकार सरदार आंग्रे भूमिगत हो गए थे। पुत्र माधवराव सिंधिया सपरिवार नेपाल चले गए थे, जहाँ उनकी ससुराल थी। उन्होंने राजमाता को भी नेपाल लाने का प्रयास किया, लेकिन वह न तो भूमिगत होने के पक्ष में थीं, न ही अपने दल के अन्य वरिष्ठ नेताओं को बीच भँवर में छोड़ने के।

वह दिल्ली से ग्वालियर पहुँचीं और अपने जयविलास पैलेस से स्वयं मुख्यमंत्री पीसी सेठी को फोन किया, ताकि स्वयं को गिरफ्तारी के लिए प्रस्तुत कर सकें। राजमाता को उनके व्यापक जनाधार के मद्‌देनजर पचमढ़ी के एक बँगले में रखा गया। मगर उन्होंने सरकार को पत्र लिखकर आग्रह किया कि उन्हें सामान्य जेल में ही रखा जाए।

राजमाता व राजमहल के सभी बैंक खाते 'सील' कर दिए गए। पुणे, ग्वालियर व मुंबई स्थित सभी संपत्तियों पर आयकर के छापे डाले गए। उनकी 21 वर्षीय बेटी यशोधरा राजमहल में अकेली ही इन सब परिस्थितियों का सामना कर रही थी। पिछले 15 वर्ष के आय कर खाते खँगाले गए। नई दिल्ली, 37 राजपुर रोड का राज-निवास भी अधिगृहीत कर लिया गया। वहाँ 20 सूत्री कार्यक्रम के क्रियान्वयन का कार्यालय बना दिया गया।

उधर माधवराव सिंधिया ने नेपाल से श्रीमती गांधी को पत्र लिखकर उनके 20 सूत्री कार्यक्रम में आस्था व्यक्त की और आपातकाल को भी समर्थन दे डाला। आखिर सरकार ने माधवराव के विरुद्ध सभी आदेश निरस्त किए और उन्हें स्वदेश लौटने की अनुमति दे दी गई।

राजमाता के विरुद्ध ज्यादातर मामले 'तस्करी' सरीखे आरोपों में दर्ज किए गए। उनके पिता ठाकुर महेंद्र सिंह पर भी दबाव डाला गया कि वे अपनी बेटी को जनसंघ छोड़ने व आपातकाल का समर्थन करने के लिए मनाएँ। इसी काम के लिए ध्रागंध्रा के महाराजा पर भी दबाव बनाया गया।

राजमाता व राजमहल के सभी बैंक खाते 'सील' कर दिए गए। पुणे, ग्वालियर व मुंबई स्थित सभी संपत्तियों पर आयकर के छापे डाले गए। उनकी 21 वर्षीय बेटी यशोधरा राजमहल में अकेली ही इन सब परिस्थितियों का सामना कर रही थी। पिछले 15 वर्ष के आय कर खाते खँगाले गए।

नैतिक अधोपतन

उन दिनों राजनैतिक क्षेत्र में 'चाटुकारिता का चरम' था। राज्यों के मुख्यमंत्री, केंद्रीय मंत्रिमंडल के अधिकांश सदस्य (बाबू जगजीवन राम सरीखे वरिष्ठों को

छोड़कर) व वरिष्ठ ब्यूरोक्रेट्स, सभी एक ही व्यक्ति की मुसकान जीतने के लिए व्याकुल रहते थे।

इस दिशा में सर्वाधिक अग्रणी थे कांग्रेसाध्यक्ष डी.के. बरुआ। बरुआ ने सभी मुख्यमंत्रियों व प्रदेशों के कांग्रेसाध्यक्ष को औपचारिक पत्र भी लिखे थे, जिनमें उन्हें निर्देश दिए गए थे कि संजय गांधी व उनकी धर्मपत्नी श्रीमती मेनका को पूरा-पूरा सम्मान दिया जाए और उनके निर्देशों व पाँच सूत्री कार्यक्रम की रिपोर्ट भी उन्हें नियमित रूप से भेजी जाए। यह भी निर्देश दिया गया कि उनके प्रादेशिक दौरों के मध्य उन्हें वही सम्मान दिया जाए, जो सामान्यतः कांग्रेसाध्यक्ष अथवा प्रधानमंत्री को मिलता था।

बरुआ उस समय सारी सीमाएँ लाँघ गए थे, जब उन्होंने अपने एक वक्तव्य में संजय गांधी की तुलना 'स्वामी विवेकानंद' से कर डाली और उन्हें 'दूसरा शंकराचार्य' तक बता दिया था। एक अन्य स्थल पर उन्होंने संजय गांधी को विवेकानंद, शंकराचार्य और सम्राट् अकबर का मिश्रित स्वरूप घोषित कर दिया था। प्रादेशिक स्तर पर संजय के अविश्वास के खाते में सिद्धार्थ शंकर 'रे' व नंदिनी सत्पथी शामिल थे। उन दोनों के वामपंथी झुकाव से संजय को चिढ़ होती थी। उन दिनों मुख्यमंत्रियों में होड़ लगी थी कि कौन कितना पैसा 'केंद्र' में पहुँचाता है। इसी मनोवृत्ति के कारण अनेक 'अदना' किस्म के लोग सत्ता के गलियारे में दनदनाने लगे। लोकतंत्र का सैद्धांतिक स्वरूप व नैतिक मान्यताएँ हाशिए पर बुहार दी गईं।

संजय गांधी अराजकता का प्रतीक बन गए। उनके पाँच सूत्री कार्यक्रम व श्रीमती गांधी के बीस सूत्री कार्यक्रम की सारी अच्छाइयाँ, क्रियान्वयन के लिए हुई ज्यादतियों के कारण लोकतांत्रिक व्यवस्था को चिढ़ाने लगीं। 'परिवार-नियोजन' के खिलाफ भड़की असंतोष की आग छोटे-छोटे कस्बों व शहरों में अपना असर दिखाने लगी।

उन दिनों मुख्यमंत्रियों में होड़ लगी थी कि कौन कितना पैसा 'केंद्र' में पहुँचाता है। इसी मनोवृत्ति के कारण अनेक 'अदना' किस्म के लोग सत्ता के गलियारे में दनदनाने लगे। लोकतंत्र का सैद्धांतिक स्वरूप व नैतिक मान्यताएँ हाशिए पर बुहार दी गईं।

इधर राजनैतिक वर्ग, जिसका अधिकांश भाग जेलों में ठूस दिया गया था, भी खामोश नहीं था। उधर श्रीमती गांधी का प्रयास था कि गुजरात और तमिलनाडु में प्रतिपक्ष का शासन समाप्त हो। इन दोनों राज्यों में सरकारी ढील के कारण भूमिगत विपक्षी नेता अपनी गतिविधियों व मेल-मुलाकातों का सिलसिला जारी रखे हुए थे।

तामिलनाडु में द्रमुक की सरकार के विरुद्ध कानूनी नुक्तों की तलाश का काम गृह राज्यमंत्री ओम मेहता को सौंपा गया। इस काम में सीबीआई के निदेशक

और केंद्रीय प्रत्यक्ष कर बोर्ड के अधिकारियों को भी आवश्यक निर्देश जारी कर दिए गए। राज्य सरकार के मुख्यमंत्री करुणानिधि, उनके मंत्रियों व अन्य समर्थक उद्योगपतियों आदि के विरुद्ध अनेक आरोप तय हुए।

राज्य के राज्यपाल के.के. शाह पर राज्य में 'प्रशासनिक मशीनरी' के संबंध में ऐसी रिपोर्ट तैयार कराई गई, जिसके आधार पर राज्य-मंत्रिमंडल को बरखास्त किया जा सके। आखिर वहाँ राष्ट्रपति शासन लागू कर दिया गया। लगभग 8 हजार द्रमुक कार्यकर्ताओं ने गिरफ्तारियाँ भी दीं, मगर प्रतिरोध के स्वर शीघ्र ही शांत हो गए। श्रीमती गांधी ने उन दिनों मद्रास (अब चेन्नई) में एक जनसभा को संबोधित करते हुए यह भी कह डाला था कि द्रमुक के नेता राज्य में सशस्त्र बगावत की तैयारी कर रहे थे।

गुजरात में बाबूभाई पटेल की सरकार भी चरमराने लगी थी। अनेक विधायकों को दलबदल के माध्यम से इंदिरा कांग्रेस में खींच लिया गया। इस काम में क्षत्रिय नेता चिमन भाई पटेल की मदद ली गई। आखिर वहाँ भी राष्ट्रपति-शासन लागू हुआ और 6 माह के बाद वहाँ श्री माधव सिंह सोलंकी के नेतृत्व में इंदिरा कांग्रेस की सरकार स्थापित हो गई। इस काम में संजय गांधी व ओम मेहता ने सारी रणनीति तैयार की थी।

उधर उत्तर भारत में श्रीमती गांधी व संजय गांधी की आँख भारतीय लोकदल के जाट नेता चौधरी चरणसिंह पर टिकी थी। चौधरी चरणसिंह यद्यपि जे.पी. आंदोलन के समर्थक थे, लेकिन वे एक अति महत्त्वाकांक्षी नेता के रूप में जाने जाते थे। 1971 के चुनावों के बाद उत्तर प्रदेश में इंदिरा-कांग्रेस के साथ मिलकर सरकार भी बना चुके थे।

मगर चौधरी चरणसिंह थोड़े दुखी भी थे। उन्हें लगता था कि उनकी गिरफ्तारी पर हंगामा होगा। उनके समर्थक जाट वर्ग एवं किसान सड़कों पर निकल आएँगे। मगर ऐसा कुछ नहीं हुआ। वस्तुतः जो भी विरोधी स्वर मुखर हुए वे अकाली दल, राष्ट्रीय स्वयंसेवक संघ एवं जनसंघ के ही थे। भारतीय लोकदल के भी कुछ लोगों ने गिरफ्तारियाँ तो दीं, मगर चौ. चरणसिंह के नाम पर नहीं।

चौ. चरणसिंह व श्रीमती गांधी के मध्य निकटता के सूत्रधार की भूमिका उन दिनों श्री सत्यपाल मलिक व तत्कालीन केंद्रीय राज्यमंत्री एच.के.एल. भगत निभा रहे थे। चौधरी चरणसिंह कुछ शर्तों के साथ सहयोग के लिए तैयार भी थे, मगर

चौधरी चरणसिंह यद्यपि जे.पी. आंदोलन के समर्थक थे, लेकिन वे एक अति महत्त्वाकांक्षी नेता के रूप में जाने जाते थे। 1971 के चुनावों के बाद उत्तर प्रदेश में इंदिरा-कांग्रेस के साथ मिलकर सरकार भी बना चुके थे।

वे यह भी नहीं चाहते थे कि उन्हें शेष विपक्षी दल 'गद्दार' मानें। उन्होंने संकेत दिया कि वे अपनी रिहाई अन्य नेताओं के साथ ही चाहेंगे।

चौधरी चरणसिंह चाहते थे कि उनके साथ ही साथ अशोक मेहता, बीजू पटनायक, पीलू मोदी, राधाकृष्ण और मधु दंडवते को भी रिहा किया जाए। लेकिन जनसंघ नेताओं के बारे में उनका कोई विशेष आग्रह नहीं था। श्रीमती गांधी, बीजू पटनायक, अशोक मेहता और पीलू मोदी पर अपने सूत्रों से दबाव बना रही थी। इसके लिए सीबीआई व वित्त मंत्रालय की मदद भी ली जा रही थी। बीजू पटनायक व पीलू मोदी की कंपनियों पर छापों में तेजी लाई गई।

उधर जे.पी. इस बात के लिए प्रयासशील थे कि एक नया दल बने, जिसमें सभी विलीन हों। इसके लिए जनसंघ के ओ.पी. त्यागी, भालोद के एच.एम. पटेल व सोशलिस्ट नेता एन.जी. गोरे व शांति भूषण पर आधारित एक उपसमिति बनाई गई। मगर कुछ ठोस उभर नहीं पाया। जे.पी. ने मई, 1975 को बंबई में एक बैठक बुलाकर स्पष्ट बताया कि उनके मत के अनुसार अगर एक पार्टी के रूप में सभी दल एकत्र न हुए तो विपक्ष के सदा के लिए हाशिए पर जाने का खतरा है। चौधरी चरणसिंह इस बात से भी कुछ क्षुब्ध थे कि जे.पी. ने प्रस्तावित नए दल के संयोजक के रूप में उनका नाम आगे नहीं बढ़ाया।

इनकी यह नाराजगी भालोद की कार्यकारिणी के एक प्रस्ताव में झलकी। कार्यकारिणी ने अपने प्रस्ताव में स्पष्ट कर दिया था कि पार्टी प्रस्तावित नए संगठन यानी जनता पार्टी का अंग नहीं बनेगी। बाद में पार्टी के एक प्रवक्ता ने यह भी स्पष्ट किया था कि इस बारे में कोई भी पुनर्विचार तभी संभव होगा, जब राष्ट्रीय स्वयंसेवक संघ के लोगों को नए दल का अंग न बनने दिया जाए।

इसी बीच एक और घटनाक्रम चर्चा का विषय बना। भूदान आंदोलन के जनक आचार्य विनोबा भावे ने पहले-पहल आपातकाल को 'अनुशासन पर्व' करार दे डाला था। जाहिर था कि सर्वोदय के संगठन में दो शिविर बन गए थे। एक शिविर जे.पी. के पक्ष में था तो दूसरा विनोबा के पक्ष में। उन दिनों जे.पी. के कुछ समर्थकों ने विनोबा को 'सरकारी संत' तक कह डाला था। दरअसल विनोबा का पक्ष भी पूरी तरह प्रस्तुत नहीं हो पाया था। विनोबा ने अपने वक्तव्य में जे.पी. की गिरफ्तारी को भी अनुचित ठहराया था और यह भी कहा था कि 'आपातकाल' को थोड़े समय के लिए ही जारी रखा जाए।

इसी बीच एक और घटनाक्रम चर्चा का विषय बना। भूदान आंदोलन के जनक आचार्य विनोबा भावे ने पहले-पहल आपातकाल को 'अनुशासन पर्व' करार दे डाला था।

विनोबा ने सर्वोदयी नेता श्रीमन्नारायण के माध्यम से बुद्धिजीवियों की एक बैठक भी आयोजित कराई। इस बैठक में व्यापक स्तर पर राजनेताओं की गिरफ्तारी, सेंसरशिप व अन्य अनेक मुद्दों पर गंभीर विचार-विमर्श हुआ। सरकार इस बैठके कारण भी क्षुब्ध थी।

विनोबा उन दिनों इतने उदासीन हो चले थे कि उन्होंने अपना ध्यान गोरक्षा आंदोलन की ओर उन्मुख कर लिया। केंद्र सरकार के निर्देशों पर पवनार आश्रम को भी पुलिस ने घेरा और वहाँ से प्रकाशित होने वाली पत्रिका 'मैत्री' की प्रतियाँ भी जब्त कर ली गईं। हताश विनोबा भावे ने दिसंबर 1976 में सार्वजनिक जीवन से ही संन्यास लेने का निश्चय कर लिया।

वामपंथी दलों के लिए श्रीमती गांधी व संजय गांधी के विचार भी अलग-अलग थे। श्रीमती गांधी उनसे तालमेल बनाए रखने के पक्ष में थीं, जबकि संजय गांधी उनके सख्त विरुद्ध थे। उधर चौधरी चरणसिंह, बीजू पटनायक व अशोक मेहता ने एक अलग बैठक कर बीच का रास्ता ढूँढ़ने के लिए मशक्कत आरंभ कर दी। वैकल्पिक कार्यक्रम के रूप में एक ओर सरकार से आग्रह किया गया कि 'आपातकाल' समाप्त किया जाए और सभी गिरफ्तार राजनेता रिहा किए जाएँ, ताकि संवाद का माहौल पैदा हो। दूसरी ओर विपक्षी नेताओं से भी आग्रह किया गया कि वे 'सीधी काररवाई' जैसा कोई आह्वान न करें, ताकि कानून व्यवस्था बनी रहे।

जार्ज फर्नांडीज ने ऐसे प्रयासों को 'विश्वासघात' की संज्ञा दी। श्री लालकृष्ण आडवाणी ने भी ऐसी पहलकदमी का विरोध किया। श्रीमती गांधी का प्रयास था कि किसी भी तरह समूचे प्रतिपक्ष को एक रूप में संगठित होने से रोका जाए, ताकि नए आम चुनावों में वे कांग्रेस का सामना न कर पाएँ। उनके कुछ समर्थकों ने उन दिनों तत्कालीन संसद् को संविधान सभा के रूप में बदलकर संविधान में ऐसे संशोधन लाने का भी प्रस्ताव रखा, जिनसे देश में 'राष्ट्रपति-शासन प्रणाली' लागू की जा सके।

श्रीमती गांधी का प्रयास था कि किसी भी तरह समूचे प्रतिपक्ष को एक रूप में संगठित होने से रोका जाए, ताकि नए आम चुनावों में वे कांग्रेस का सामना न कर पाएँ।

यह प्रस्ताव सब से पहले श्री बी.के. नेहरू की ओर से आया। उन्हें पंजाब के मुख्यमंत्री ज्ञानी जैलसिंह व हरियाणा के मुख्यमंत्री श्री बंसीलाल का समर्थन मिला। सरकार की इस सोच को सबसे पहले 'मेनस्ट्रीम' के संपादक एवं प्रख्यात पत्रकार निखिल चक्रवर्ती ने उजागर किया। वामपंथी दलों ने इस प्रस्ताव का कड़ा

विरोध किया। अभी यह सारी कवायद चल ही रही थी कि 5 नवंबर, 1976 को जारी एक अधिसूचना के अनुसार तत्कालीन लोकसभा की अवधि फरवरी 1978 तक बढ़ा दी गई। प्रतिपक्ष के लिए यह भी एक गंभीर चुनौती थी। श्रीमती गांधी के आसपास के लोगों का मत था कि श्री संजय गांधी राजनैतिक रूप से परिपक्व नहीं थे।

उन्होंने परामर्श दिया कि श्रीमती गांधी यथाशीघ्र चुनावों की घोषणा करें, ताकि 'पक्ष में बने माहौल' और 'प्रतिपक्ष के बिखराव' को भुनाया जा सके। संजय व उसके साथियों के विरोध के बावजूद श्रीमती गांधी ने आखिर 18 जनवरी, 1977 को घोषणा कर दी कि लोकसभा-चुनाव मार्च 1977 में कराए जाएँगे। उन्हें यह भी भय था कि यदि इस मामले को ज्यादा खींचा गया तो व्यापक असंतोष खतरनाक रूप भी ले सकता है।

वैसे भी सरकार को रपटें यही मिली थीं कि विदेशों में, विशेष रूप से पश्चिमी देशों में श्रीमती गांधी की साख निरंतर गिरती जा रही है। इधर केंद्र की गुप्तचर एजेंसियाँ श्रीमती गांधी को आकलन दे रही थीं कि यदि तत्काल चुनाव हों तो कांग्रेस 300 सीटें आसानी से जीत सकती है, क्योंकि प्रतिपक्ष संगठित नहीं है। मगर यह कई बार प्रमाणित हो चुका है कि गुप्तचर एजेंसियाँ प्रायः ऐसी ही रिपोर्ट देती हैं, जैसी कि सत्तापक्ष सुनना पसंद करता है।

कुल मिलाकर एक अनजाना भय व संशय भी श्रीमती गांधी पर हावी होने लगा था कि यदि 'तानाशाही प्रवृत्तियाँ' कुछ समय और जारी रहीं तो इतिहास में उनका नाम एक 'खलनायक' का दर्जा भी पा सकता है। चुनावों की घोषणा तो कर दी गई, लेकिन दमन का सिलसिला नहीं थमा। जार्ज फर्नांडीज तब भी जेल में थे। उन्होंने अपने वकीलों श्रीमती सुषमा स्वराज (वर्तमान विदेश मंत्री) और श्री स्वराज कौशल के माध्यम से प्रतिपक्षी नेताओं को एक पत्र भी भिजवाया, जिसमें आशंका व्यक्त की गई थी कि चुनाव निष्पक्ष व स्वतंत्र नहीं होंगे।

उन्होंने अपने वकीलों श्रीमती सुषमा स्वराज (वर्तमान विदेश मंत्री) और श्री स्वराज कौशल के माध्यम से प्रतिपक्षी नेताओं को एक पत्र भी भिजवाया, जिसमें आशंका व्यक्त की गई थी कि चुनाव निष्पक्ष व स्वतंत्र नहीं होंगे।

उधर श्री जय प्रकाश नारायण ने जार्ज फर्नांडीज को मुजफ्फरपुर (बिहार) से प्रतिपक्षी प्रत्याशी बनाने की घोषणा कर दी। श्री मोरारजी देसाई उन दिनों सोहना (हरियाणा) के एक सरकारी विश्राम गृह में नजरबंद थे। उन्हें 19 माह तक अपने परिजनों के अलावा किसी से नहीं मिलने दिया गया था। श्री आडवाणी को 18 जनवरी, 1977 को बंगलौर जेल से रिहा किया गया था। तब एक वक्तव्य में श्री आडवाणी ने इस बात पर गहरा दुख व्यक्त किया कि उनके साथ, जेल में नजरबंद संघ कार्यकर्ताओं व अन्य नेताओं को रिहा नहीं किया जा रहा है।

अगले ही दिन नई दिल्ली में सभी प्रमुख प्रतिपक्षी नेता मिले और इस बात पर विचार करने की बात चली कि भारतीय लोकदल, संगठन कांग्रेस, भारतीय जनसंघ और सोशलिस्ट पार्टी को विलीन करके नया दल बनाया जाए। चौधरी चरणसिंह का तर्क था कि चूँकि श्रीमती गांधी ने चुनावी तैयारियों के लिए वक्त बहुत कम दिया था, इसलिए 'विलय' का समय नहीं बचा है। वे चाहते थे कि गठबंधन हो जाए और उनकी तत्कालीन सांसद-क्षमता के आधार पर उन्हें गठबंधन का नेता चुना जाए।

लेकिन अन्य दल व प्रमुख विपक्षी नेता श्री देसाई की वरिष्ठता व राष्ट्रीय स्तर पर पहचान के दृष्टिगत उन्हें ही नेता चुने जाने के पक्षधर थे। आखिर परिस्थितियों के मद्देनजर चौ. चरणसिंह ने उपनेता का पद स्वीकार कर लिया।

श्रीमती गांधी हैरान थीं कि प्रतिपक्षी दल इतने कम समय में एकता के सूत्र में कैसे बँध गए। उन्हें लगता था कि पार्टियों को विघटित करने और फिर नई पार्टी का वैधानिक ढाँचा खड़ा करने के लिए कुछ लंबा समय लगना था।

मगर वह भूल गईं कि जब संकट अथवा चुनौतियाँ सामने हों तो सभी विकल्प एवं समाधान निर्धारित समय-सीमा में ही निकल आते हैं। चुनाव-चिह्न के मामले में उत्पन्न संकट को भी हल कर लिया गया और निर्णय यही हुआ कि एकीकृत नए दल के सभी प्रत्याशी फिलहाल भालोद के चुनाव चिह्न का ही प्रयोग करेंगे। इसी प्रयास में माकपा, अकाली दल व द्रमुक को भी जोड़ लिया गया।

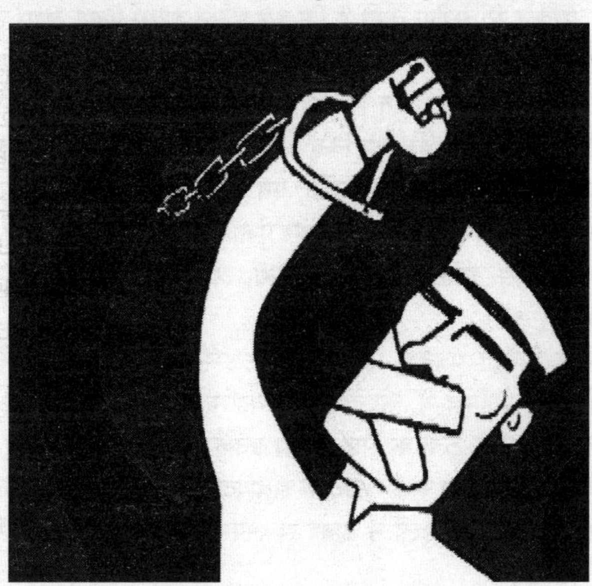

श्रीमती गांधी हैरान थीं कि प्रतिपक्षी दल इतने कम समय में एकता के सूत्र में कैसे बँध गए। उन्हें लगता था कि पार्टियों को विघटित करने और फिर नई पार्टी का वैधानिक ढाँचा खड़ा करने के लिए कुछ लंबा समय लगना था।

अध्याय-2

मीडिया का परिदृश्य

प्रेस की स्थिति उस काल में ज्यादा अच्छी नहीं रही। यह बात कम तकलीफदेह नहीं थी कि कुछेक वरिष्ठ संपादक श्रीमती गांधी को आपातकाल की बधाई देने भी पहुँच गए थे। मगर कुछ ऐसे भी थे, जो आपातकाल के विरुद्ध तो थे, मगर खुलकर विरोध का साहस नहीं जुटा पा रहे थे।

28 जून, 1975 को सुबह प्रेस क्लब में 100 के लगभग पत्रकार एकत्र हुए थे। वहाँ पर वरिष्ठ पत्रकार कुलदीप नैयर ने एक प्रस्ताव प्रस्तुत किया, जिसमें कहा था, 'यहाँ पर एकत्र हम सभी पत्रकार सेंसरशिप लागू करने की निंदा करते हैं और सरकार से अपील करते हैं कि इसे फौरन वापस लिया जाए। हम माँग करते हैं कि पिछले दो दिनों में गिरफ्तार सभी पत्रकारों को रिहा किया जाए।' यह प्रस्ताव ध्वनिमत से तो पारित हो गया, लेकिन वहाँ मौजूद 100 में से केवल 27 पत्रकारों ने उस पर हस्ताक्षर किए और शेष धीरे-धीरे खिसक गए। हस्ताक्षर करने वालों में प्रभाष जोशी, ए. माणि, एन. मुखर्जी, वी. राघवन, वीरेंद्र कपूर, एस.सी. राजे, सुभाष किरपेकर, बलवीर पुंज, विजय क्रांति, वेद प्रताप वैदिक, चाँद जोशी, एस. भटनागर, अषीम चौधरी, आनंदवर्द्धन, इरफान खान आदि शामिल थे।

प्रेस की स्थिति उस काल में ज्यादा अच्छी नहीं रही। यह बात कम तकलीफदेह नहीं थी कि कुछेक वरिष्ठ संपादक श्रीमती गांधी को आपातकाल की बधाई देने भी पहुँच गए थे।

अनेक विदेशी पत्रकार, जिनमें 'दी टाइम्स' के मुख्य प्रतिनिधि पीटर हेजलहर्स्ट भी शामिल थे, को देश से निष्कासित कर दिया गया। यही बरताव बी.बी.सी. के मार्क टुली के साथ हुआ। इनके अतिरिक्त 'वाशिंगटन पोस्ट', 'गार्जियन', 'बाल्टीमोर सन' आदि के संवाददाता भी देश से निकाले गए। उस पूरे कार्यकाल में मार्क टुली ने ढाका से अपनी रिपोर्टिंग का क्रम जारी रखा।

वरिष्ठ पत्रकार कुलदीप नैयर पर 'जामा मस्जिद जाकर मुसलमानों को सरकार के खिलाफ भड़काने की कोशिश' का आरोप लगाया गया था। आई.बी. के अनुसार नैयर ने एक बार शाही इमाम के साथ दावत में भी शिरकत की थी।

के.आर. मलकानी को 26 जून को प्रातः 1 बजे, यानी आधी रात के समय उनके राजेंद्र नगर स्थित आवास से उठाया गया था। उनके आवास को चारों तरफ से घेर लिया गया। गिरफ्तारी से पूर्व मलकानी ने अपने कार्यालय व अन्य मीडिया-मित्रों को फोन पर सूचित कर दिया। उस सूचना का एक लाभ यह हुआ कि अन्य कई नेता समय रहते भूमिगत हो गए और वे सरकार विरोधी गतिविधियों को तीखी धार देने में भी समर्थ रहे।

दमन के उन दिनों में कुछ पत्रकारों ने परोक्ष रूप से अपने आक्रोश की अभिव्यक्ति का प्रयास अपनी मौलिक शैली में किया। 'टाइम्स ऑफ इंडिया' ने अपने 'आबिच्युरी' (शोक समाचार/श्रद्धांजलि) स्तंभ में एक 'बॉक्स' छापा, जो इस प्रकार था

We regret the demise of 'D'oracy, DEM beloved husband of T.Ruth, loving father of L.I Bertie, brother of Faith, HOPE, Justice, who expired on 26th June.

यह शोक समाचार उन दिनों 'आपातकाल' का एक लतीफा बन गया था।

यह भी गौरतलब है कि आपातकाल की घोषणा भारतीय प्रैस में 27 जून को प्रकाशित हुई क्योंकि अधिकांश अखबारों की बिजली 25 जून को ही काट दी गई थी। प्रधानमंत्री श्रीमती गांधी ने 26 जून को प्रातः आकाशवाणी से अपने राष्ट्रीय प्रसारण में देश को बताया कि 'आंतरिक आपातकाल' लागू हो गया है। प्रतिष्ठित स्वाधीनता सेनानी डॉ. सुशीला नायर, आचार्य कृपलानी और समाजवादी नेता एच.वी. कामथ राजघाट से गिरफ्तार किए गए।

'टाइम्स ऑफ लंदन' और 'न्यूयॉर्क टाइम्स' में 'फ्री जे.पी.' के बैनर से एक हस्ताक्षर अभियान विज्ञापन की शक्ल में कई दिन तक छापा गया। भारतीय मीडिया पर पड़े प्रभावों का अध्ययन बताता है कि 'इंडियन एक्सप्रेस' और स्टेट्समैन को छोड़कर शेष लगभग अधिकांश अखबार सरकारी निर्देशों के अनुसार चलने लगे। 'सेमिनार', 'हिम्मत', 'मेन राष्ट्रीय', 'जनता', 'क्वैस्ट', 'फ्रंटीयर', 'तुगलक', 'स्वराज्य', 'निरीक्षक' सरीखी प्रगतिशील पत्रिकाएँ या तो बंद कर दी गईं या 'सेंसर' के सुपुर्द कर दी गईं।

मलकानी को 26 जून को प्रातः 1 बजे, यानी आधी रात के समय उनके राजेंद्र नगर स्थित आवास से उठाया गया था। उनके आवास को चारों तरफ से घेर लिया गया। गिरफ्तारी से पूर्व मलकानी ने अपने कार्यालय व अन्य मीडिया-मित्रों को फोन पर सूचित कर दिया।

गृह मंत्रालय की ओर से मई 1976 से संसद् में प्रस्तुत एक बयान में बताया गया कि लगभग 7000 लोग आपत्तिजनक साहित्य व प्रकाशन सामग्री बाँटते

हुए गिरफ्तार किए गए।

पंजाब में अखबारों ने संपादकीय स्तंभों में पहले कुछ शेर छापने आरंभ किए। इनमें से अधिकांश शेर फैज अहमद फैज, इकबाल व दिनकर की लंबी कविताओं में से लिए जाते थे। कुछ दिन बाद ऐसे 'शेर' छापने या संपादकीय स्तंभ वाला स्थान खाली छोड़ने पर भी पाबंदी लगा दी गई। जालंधर के प्रमुख पत्रकार लाला जगत नारायण, वीरेंद्र, साधू सिंह हमदर्द आदि पहले ही गिरफ्तार कर लिये गए थे।

आपातकाल की समाप्ति के तत्काल बाद अनेक चर्चित लेखकों की पुस्तकें प्रकाशित हुईं। जाहिर था इनमें से अधिकांश आपातकाल के दौर में ही लिखी गई थीं। इनमें सलमान रश्दी की 'मिडनाइट चिल्ड्रन', वी.एस. नायपाल की 'इंडिया ए वूडंड कंट्री' आदि भी शामिल थीं। बहुचर्चित 'आँधी' फिल्म 1975 में आपातकाल से पहले ही प्रदर्शित हो चुकी थी, मगर उस पर प्रतिबंध लगा दिया गया। 'किस्सा कुरसी का' व 'नसबंदी' सरीखी फिल्मों में भी उसी काल का चित्रण था।

'द हिंदू' के प्रधान संपादक जी. कस्तूरी को नई 'सरकारी' समाचार एजेंसी 'सरकार' का प्रमुख बनाया गया, क्योंकि उस समाचार-पत्र ने उन दिनों सरकारी निर्देशों का पूरा पालन किया था। 'समाचार' नाम से उक्त एजेंसी का गठन, पी.टी.आई., यू.एन.आई., समाचार भारती व हिंदुस्तान समाचार समाचार एजेंसियों को भंग करके किया गया था।

हिंदुस्तान टाइम्स के मालिक के.के. बिरला को 'इंडियन एक्सप्रेस' का भी चेयरमैन बनाया गया। बिरला के पद सँभालते ही एस. मुलगाँवकर व वी.के. नरसिंहम को संपादक पद से हटा दिया गया। एक्सप्रेस के मालिक रामनाथ गोयनका को जेल में डाल दिया गया।

हिंदुस्तान टाइम्स के मालिक के.के. बिरला को 'इंडियन एक्सप्रेस' का भी चेयरमैन बनाया गया। बिरला के पद सँभालते ही एस. मुलगाँवकर व वी.के. नरसिंहम को संपादक पद से हटा दिया गया। एक्सप्रेस के मालिक रामनाथ गोयनका को जेल में डाल दिया गया।

'ईन्ननाडू' के मालिक रामोजी राव भी आपातकाल के विरुद्ध थे, लेकिन उन्होंने सेंसर के दायरे में रहकर प्रकाशन जारी रखने व जहाँ कहीं संभव हो, दमनचक्र के खिलाफ भी दबे शब्दों में अभिव्यक्ति का स्वर बनाए रखा।

मीडिया ट्रायल/श्वेत-पत्र

आपातकाल में मीडिया के विरुद्ध की गई दमन-काररवाई की जाँच के लिए, जनता पार्टी को सरकार ने सत्ता में आने के कुछ समय बाद ही सूचना एवं प्रसारण मंत्रालय के पूर्व सचिव के.के. दास (आरसीएस) के नेतृत्व में एक

सदस्यीय समिति गठित की, जिसने पूरी मुस्तैदी के साथ जाँच की और श्वेत-पत्र जारी किया, जिसके कुछ अंश प्रसंगानुसार इस प्रकार हैं :

आपातकाल की घोषणा के तुरंत बाद विद्याचरण शुक्ल को इंद्र कुमार गुजराल की जगह सूचना एवं प्रसारण मंत्री बनाया गया। नए मंत्री ने मंत्रालय की मीडिया इकाइयों के कामकाज पर व्यक्तिगत नियंत्रण कायम कर लिया। उन्होंने अपनी पसंद के दो या तीन अफसरों को मंत्रालय में शामिल कर लिया। तत्कालीन प्रधानमंत्री श्रीमती इंदिरा गांधी ने 26 जून, 1975 को संपन्न एक बैठक में मीडिया के संबंध में स्वयं एक व्यापक नीति निर्धारित की।

उस बैठक में प्रस्ताव लाया गया कि प्रेस काउंसिल को समाप्त किया जाए, संवाद समितियों को मिलाकर एक संवाद समिति बनाई जाए, विज्ञापन नीति की समीक्षा की जाए, पत्रकारों को दी गई आवास सुविधा वापस ली जाए और उन विदेशी संवाददाताओं को, जो सरकारी नीति पर चलने को तैयार न हों, देश से निर्वासित कर दिया जाए।

फिल्मों सहित उन संपर्क साधनों के दुरुपयोग की विशिष्ट श्रेणियों में आने वाले उत्पीड़न व्यक्तियों और अन्य से शिकायतें आमंत्रित की गई थीं। निर्धारित अंतिम तिथि 5 जून, 1977 तक कुल मिलाकर 1037 शिकायतें प्राप्त हुईं। इनमें भरमार (820) आपातकाल की ज्यादतियों और संबद्ध मामलों की शिकायतों की थी, जो दास समिति के अध्ययन के दायरे में नहीं आती थीं। दास समिति ने जायज शिकायतों को पाँच श्रेणियों में विभाजित किया, यथा–(1) सेंसरशिप प्रावधानों का दुरुपयोग, (2) पत्रकारों का उत्पीड़न, (3) फिल्मों को सर्टिफिकेट देने में धाँधली, (4) संवाद समितियों समेत जन संपर्क साधनों के साथ चालबाजी और (5) इनसे संबद्ध अन्य मामले। श्रेणी एक, दो और चार सिंहावलोकन के लिए प्रासंगिक हैं। उनमें से ज्यादातर संख्या (103) पत्रकारों के उत्पीड़न के बारे में थी। रिपोर्ट के अनुसार प्राप्त शिकायतों में सर्वाधिक संख्या दिल्ली की रही। उसके बाद उत्तर प्रदेश, महाराष्ट्र और मध्य प्रदेश का नंबर आता है। शिकायतें ऐसे पत्रकारों, संपादकों तथा समाचार-पत्रों/पत्रिकाओं के प्रकाशकों और मुद्रकों, फिल्म जगत् के लोगों और सरकारी कर्मचारियों से मिलीं, जो या तो इनके भुक्तभोगी रहे या जिन्हें जन संपर्क साधनों के दुरुपयोग के मामलों की जानकारी रही थी। शिकायतकर्ताओं में निखिल चक्रवर्ती, बी.जी. वर्गीज, चंचल सरकार और कुलदीप नैयर के अलावा पत्रकारों की आई.एफ.डब्ल्यू.जे. (इंडियन फेडरेशन ऑफ वर्किंग जर्नलिस्ट्स) और एन.यू.जे. (नेशनल यूनियन ऑफ जर्नलिस्ट्स) जैसी एसोसिएशन भी शामिल थीं।

उस बैठक में प्रस्ताव लाया गया कि प्रेस काउंसिल को समाप्त किया जाए, संवाद समितियों को मिलाकर एक संवाद समिति बनाई जाए, विज्ञापन नीति की समीक्षा की जाए, पत्रकारों को दी गई आवास सुविधा वापस ली जाए और उन विदेशी संवाददाताओं को, जो सरकारी नीति पर चलने को तैयार न हों, देश से निर्वासित कर दिया जाए।

वास्तव में दास समिति के गठन के साथ ही मुख्य सचिवों और केंद्र शासित क्षेत्रों के प्रशासकों से निम्न मुद्दों पर जानकारी प्रदान करने का सामान्य अनुरोध किया गया था–(अ) पत्रकारों की गिरफ्तारी और नजरबंदी, (ब) प्रेसों की जब्ती और उनके कारण, (स) समाचार-पत्रों/पत्रिकाओं की जब्ती और (द) समिति की जाँच के दायरे में आने वाला कोई और प्रासंगिक मामला। समिति ने लिखा कि ज्यादातर लोगों से प्रत्युत्तर निराशाजनक ही मिला।

इसी प्रकार केंद्र और राज्य सरकारों द्वारा सेंसरशिप प्रावधानों के दुरुपयोग के मामलों में भी राज्य प्रशासन उन आँकड़ों को प्रदान करने में सुस्त ही रहे, जो शिकायतों की जाँच के लिए आवश्यक थे। जैसा कि पहले ही कहा गया है कि ऐसी शिकायतों की संख्या 45 थी। यही हाल पत्रकारों, संपादकों और समाचार-पत्र एवं पत्रिकाओं के प्रकाशकों और मुद्रकों के खिलाफ ज्यादतियों के उपलब्ध प्रथम दृष्टया साक्ष्यों का रहा, जिनका राज्य सरकारों से टिप्पणियों के अभाव में सत्यापन नहीं हो सका।

इस संदर्भ में रिपोर्ट में 'फ्रीडम फर्स्ट' (बंबई) के संपादक एम.आर. मसानी, 'हिंदुस्तान टाइम्स' के पूर्व मुख्य संपादक बी.जी. वर्गीज, 'द ट्रिब्यून' के महाप्रबंधक आर.आर. शर्मा, 'स्वतंत्र भारत' (हिंदी) के अशोकजी, 'संदेश' (गुजराती) के संपादक चिमनभाई सोमाभाई पटेल, 'द इंडियन एक्सप्रेस' के वी.के. नरसिम्हन और 'द मेनस्ट्रीम' के संपादक निखिल चक्रवर्ती की विशेष शिकायतों का उल्लेख किया गया।

'फ्रीडम फर्स्ट' (बंबई) के संपादक एम.आर. मसानी, 'हिंदुस्तान टाइम्स' के पूर्व मुख्य संपादक बी.जी. वर्गीज, 'द ट्रिब्यून' के महाप्रबंधक आर.आर. शर्मा, 'स्वतंत्र भारत' (हिंदी) के अशोकजी, 'संदेश' (गुजराती) के संपादक चिमनभाई सोमाभाई पटेल, 'द इंडियन एक्सप्रेस' के वी.के. नरसिम्हन और 'द मेनस्ट्रीम' के संपादक निखिल चक्रवर्ती की विशेष शिकायतों का उल्लेख किया गया।

श्वेत-पत्र में इसी मुद्दे पर आगे कहा गया :

यह पाया गया है कि सेंसरशिप लागू करने में एकरूपता का अभाव था। सेंसर द्वारा एक स्थान पर स्वीकृत समाचार दूसरे क्षेत्रों में आपत्तिजनक पाए गए और दंड दिया गया। मगर उच्च न्यायालयों ने अपने आदेशों में गैर-कानूनी तरीके से सेंसर की गई सामग्री के प्रकाशन को मंजूरी दे दी थी। अदालतों की काररवाईयों के प्रकाशन पर प्री-सेंसरशिप थोप दी गई और सेंसरशिप प्रावधानों के ऐसे गैरकानूनी इस्तेमाल के खिलाफ शिकायतों पर विचार नहीं किया जाता था। ऐसे संपादकों को, जो सरकारी नीति का समर्थन नहीं करते थे, तंग करने के लिए प्रायः प्री-सेंसरशिप का इस्तेमाल किया जाता था, ताकि उन्हें पटरी पर लाया जा सके।

मारुति और संजय गांधी के बारे में आलोचनात्मक समाचार पर विशेष रूप से सख्त रुख अपनाया गया। इसी प्रकार अपराध रिपोर्टिंग से जुड़ी खबरों

और ऐसी खबरों को, जो आर्थिक मोर्चे पर विफलता चित्रित करती थीं, सेंसर किया जाता था तथा प्रकाशकों को प्रायः दंडात्मक काररवाई, जैसे मीसा के तहत नजरबंदी, प्रेस की जब्ती, घोषणा-पत्र निरस्त करने, मान्यता संबंधी सुविधाएँ छीनने, सरकारी विज्ञापनों पर रोक और ज्यादा प्रतिभूति जमा कराने का शिकार बनाया जाता था।

वृहद स्तर पर श्वेत-पत्र में जो दर्शाया गया, उनके अनुसार 253 पत्रकारों/संपादकों को गिरफ्तार किया गया, जिनमें से 110 को कम-से-कम एक वर्ष के लिए मीसा (मेंटिनेंस ऑफ इंटर्नल सिक्योरिटी ऐक्ट) के तहत नजरबंद रखा गया, जबकि 60 अन्य को डी.आई.एस.आई.आर. (डिफेंस ऐंड इंटर्नल सिक्योरिटी ऑफ इंडिया रूल्स) के अंतर्गत जेल में रखा गया। सात विदेशी संवाददाताओं के प्रवेश पर प्रतिबंध लगा दिया गया। 51 भारतीय संवाददाताओं/पत्रकारों की मान्यता समाप्त की गई। श्वेत-पत्र में आपातकाल का प्रतिरोध करने वाले पत्रकारों के उत्पीड़न के मामलों की विस्तार से जानकारी देने के अलावा आपातकाल की घोषणा के अगले दिन की गई छापेमारी की पृष्ठभूमि का भी चित्रण किया गया।

विडंबना यह थी कि जहाँ सरकार का उद्देश्य स्वतंत्र सोच वाले संपादकों को तंग करना और धमकाना था, वहीं कुछ मामलों में अंतिम निर्णय अधिकारियों एवं सेंसर स्टाफ को ही लेना होता था। कलकत्ता से प्रकाशित माकपा के दैनिक अखबार 'गणशक्ति' ने कांग्रेस नेता सिद्धार्थ शंकर रे के नेतृत्व वाली राज्य सरकार के संबद्ध अधिकारी द्वारा जारी सेंसरशिप के गैरकानूनी आदेशों के खिलाफ कलकत्ता उच्च न्यायालय में अपील कर दी थी। इस स्थिति के दो रोचक पहलू थे। प्रथम, माकपा आपातकाल के मुखर आलोचकों में शामिल नहीं थी, यद्यपि ज्योतिर्मय बसु जैसे इसके सांसद, हालात पर उनकी निष्कपट राय के कारण नजरबंद कर दिए गए थे। द्वितीय, आपातकाल थोपे जाने के बाद राज्य सरकारों को स्थानीय सेंसर के रूप में अपने अधिकारी नियुक्त करने को कहा गया था। केवल गुजरात और तमिलनाडु के मामलों में ही, जहाँ क्रमशः कांग्रेस (ओ) और डी.एम.के. की सरकारें थीं, सेंसरशिप लागू करने का जिम्मा केंद्रीय अधिकारियों को सौंपा गया था। इसका कारण अगर दृढ़ विश्वास नहीं तो यह आशंका अवश्य थी कि गैर-कांग्रेस शासित राज्य की सरकार आपातकाल को लागू करने में केंद्र का सहयोग नहीं करेगी।

श्वेत-पत्र में आपातकाल का प्रतिरोध करने वाले पत्रकारों के उत्पीड़न के मामलों की विस्तार से जानकारी देने के अलावा आपातकाल की घोषणा के अगले दिन की गई छापेमारी की पृष्ठभूमि का भी चित्रण किया गया।

यह विशेषकर इस कारण भी था कि राज्य स्तरीय अधिकारी अखबारों और पत्रकारों से टकराव मोल लेना नहीं चाहते थे। इसके इलावा पश्चिम बंगाल की

सरकार माकपा को लेकर सहनशील थी, क्योंकि माकपा का आपातकाल के प्रति रुख अपेक्षाकृत नरम था, लेकिन इसी काल में दमन की प्रक्रिया में अनेक युवाओं को झजी भिड़ंतों में मारा गया था। भाकपा और इसके कुछ वामपंथी सहयोगी आपातकाल के समर्थक थे और विरोधियों को कुचलने में सरकार की सहायता कर रहे थे।

यथार्थ में भाकपा ने स्थानीय कांग्रेस सरकार के साथ मिलकर पटना में 'फासीवाद विरोधी' रैलियाँ आयोजित की थीं। इनमें से एक रैली में जयप्रकाश नारायण के पुतले को फाँसी पर लटकाया गया था, क्योंकि उन्हें फासीवादी ताकतों की रहनुमाई करने वाला माना जा रहा था। 'गणशक्ति' मामले पर वापस आते हैं। कलकत्ता उच्च न्यायालय ने अखबार की शिकायत को उचित मानते हुए स्थानीय सेंसर के खिलाफ फैसला सुनाया। मुख्यतः बंबई और गुजरात उच्च न्यायालयों ने भी इसी तरह स्थानीय अधिकारियों की सेंसरशिप काररवाइयों को निरस्त किया। अतः शुक्ला ने अपने अधिकारियों एवं मीडिया प्रमुखों को ऐसी काररवाइयों को लेकर चेताया, जिनसे उच्च न्यायालयों के हरकत में आने से सरकार परेशानी में पड़ सकती थी।

दिलचस्प बात यह थी कि सर्वोच्च न्यायालय ने राजनीतिक नेताओं और पत्रकारों की नजरबंदी के मामलों में इस आधार पर हस्तक्षेप करने से इनकार कर दिया कि संविधान में उल्लिखित मौलिक अधिकारों के खत्म होने से न्यायालय हस्तक्षेप करने में असमर्थ है। परंतु प्रेस की आजादी की गारंटी देने वाले मौलिक अधिकारों के गुल हो जाने के बावजूद उच्च न्यायालय प्रायः उत्पीड़ित अखबारों और पत्रकारों के पक्ष में खड़े हो जाते थे।

मौलिक अधिकारों के खत्म होने से न्यायालय हस्तक्षेप करने में असमर्थ है। परंतु प्रेस की आजादी की गारंटी देने वाले मौलिक अधिकारों के गुल हो जाने के बावजूद उच्च न्यायालय प्रायः उत्पीड़ित अखबारों और पत्रकारों के पक्ष में खड़े हो जाते थे।

उदाहरण के लिए बंबई उच्च न्यायालय ने उस प्रेस की जब्ती के खिलाफ हस्तक्षेप किया, जहाँ ए.डी. गोरवाला का अखबार 'इंडियन ऑपिनियन' प्रकाशित होता था। गोरवाला संयोगवश एक आई.सी.एस. अधिकारी थे, जिन्होंने खाद्यान्नों की किल्लत के संदर्भ में खाद्यान्न मूल्यों के विनियंत्रण के गांधीजी के विचार का विरोध किया था।

सरकार में सचिव के पद से त्याग-पत्र देकर उन्होंने अपने स्वतंत्र विचारों को स्वर देने के लिए 'इंडियन ऑपिनियन' प्रारंभ किया था। लोकनीति के दूसरे मामलों में भी वे प्रायः सरकारी रुख के विपरीत असहमति वाला दृष्टिकोण अपनाते थे। वे स्वाभाविक ही आपातकाल के घोर आलोचक थे और सरकार ने उनके प्रकाशन को प्रतिबंधित करने में देर नहीं लगाई।

गोरवाला ने प्रतिबंध की धज्जियाँ उड़ाते हुए 'इंडियन ऑपिनियन' का साइक्लोस्टाइल्ड संस्करण निकालने की कोशिश की। सरकार को लगता था कि यह उस प्रेस में तैयार हो रहा है। जब सरकार ने प्रेस जब्त कर ली तो उच्च न्यायालय ने सरकार की इस काररवाई के खिलाफ गोरवाला की याचिका के पक्ष में निर्णय दिया।

इसी प्रकार उच्च न्यायालय से राहत पाने के बाद एम.आर. मसानी के अखबार 'फ्रीडम फर्स्ट' की भी आवाज बंद करने की कोशिश की गई। इसी क्रम में सरकार ने गांधी जी द्वारा अहमदाबाद में शुरू की गई 'नवजीवन प्रेस' को भी सील कर दिया। इस प्रेस में 'हरिजन' प्रकाशित हो रहा था। गुजरात उच्च न्यायालय ने पीड़ित व्यक्ति द्वारा दायर याचिका पर सरकारी काररवाई को निरस्त कर दिया। इसके ठीक बाद सरकार ने बहुत से उच्च न्यायालयों के मुख्य न्यायाधीशों, जिनमें सिक्किम उच्च न्यायालय के राजिंदर सच्चर भी शामिल थे, के तबादलों द्वारा आघात पहुँचाने वाले उच्च न्यायालयों को दंडित किया।

गुजरात में भी क्रमबद्ध प्रतिक्रिया के असामान्य मामले सामने आए। भावनगर की मासिक पत्रिका 'मिलाप' ने अगस्त 1976 के अपने अंक में 'भूमिपुत्र' (गुजराती) से एक समाचार को पुनर्प्रकाशित किया, जो दूसरे अखबार 'मैत्री' की जब्ती से संबंधित था। विनोबा भावे के एक निश्चित समयावधि के भीतर गौ-हत्या पर प्रतिबंध के समर्थन में अनिश्चितकालीन भूख हड़ताल पर जाने के फैसले की खबर छापने पर 'मैत्री' के खिलाफ कदम उठाया गया था।

प्रेस का दम घोंटने के लिए जो विधायी उपाय किए गए, उनमें सर्वाधिक महत्त्वपूर्ण संसद् द्वारा पारित 'आपत्तिजनक सामग्री प्रकाशन अधिनियम' रहा है। यह अधिनियम आंतरिक आपातकाल की घोषणा के बाद वास्तव में प्रेस को इसके अधिकारों को प्राप्त संवैधानिक सुरक्षा से वंचित किए जाने के साथ ही निष्क्रिय हो गया था।

विधि विशेषज्ञों द्वारा इसे उन कानूनों से ज्यादा कठोर बताया गया था, जो 1939 में प्रेस पर ब्रिटिश सरकार के प्रहार के समय लागू थे। अठारह प्रकाशनों को, जिनमें अनेक साप्ताहिक भी थे, सीधे-सीधे प्रतिबंधित कर दिया गया।

इनमें बंबई का उर्दू दैनिक 'हयात-ए-मिल्लत', मद्रास का तमिल दैनिक 'नथिगम' (जिसकी द्रविड़ आंदोलन के संस्थापक ई.वी. रामास्वामी नैकर पेरियार द्वारा शुरुआत की गई थी)। त्रिवेंद्रम से प्रकाशित मलयालम दैनिक 'थानिनीरम', आर.एस.एस. का अंग्रेजी अखबार 'ऑर्गेनाइजर' और हिंदी

इसी क्रम में सरकार ने गांधीजी द्वारा अहमदाबाद में शुरू की गई 'नवजीवन प्रेस' को भी सील कर दिया। इस प्रेस में 'हरिजन' प्रकाशित हो रहा था।

अखबार 'पाञ्चजन्य', बाबू राव पटेल का लोकप्रिय फिल्मी प्रकाशन 'मदर इंडिया', बाल ठाकरे का 'मार्मिक' (मराठी साप्ताहिक), दुर्लभ सिंह की अश्लील मासिक पत्रिका 'कॉनफिडेंशियल एडवाइजर' भी शामिल थे।

इसके अलावा कुछ गुजराती, मराठी, हिंदी एवं तमिल प्रकाशनों पर भी रोक लगाई गई। इनमें हिंदी और अंग्रेजी दोनों भाषाओं में प्रकाशित होने वाला औरंगाबाद का साप्ताहिक 'मराठवाड़ा टाइम्स' भी शामिल था।

'आपातकाल' का प्रमुख निशाना 'द इंडियन एक्सप्रेस' एवं 'द स्टेट्समैन' थे। इन दोनों दैनिक समाचार-पत्रों के संपादक वी.के. नरसिम्हन और सुरेंदर सिंह, जिन्हें एस. निहाल सिंह के नाम से ज्यादा माना जाता था, ऐसे पेशेवर पत्रकार थे, जिन्होंने 'आपातकाल' का निरंतर परंतु बिना किसी तड़क-भड़क के विरोध किया था। इन दोनों समाचार-पत्रों को कई तरह के प्रहारों का शिकार बनाया गया। इसके विरुद्ध सूई चुभाने से लेकर प्री-सेंसरशिप तक सरकार के अखबार विरोधी शस्त्रागार में मौजूद हर तरह के हथियार का इस्तेमाल किया गया। पी.आई.बी. ने भी 'द इंडियन एक्सप्रेस' प्रबंधन के खिलाफ कथित गलत हरकतों के आरोप लगाए थे। इसी प्रकार 'द स्टेट्समैन' को भी दबाने की कोशिशें की गईं।

अंततः आपातकाल की ध्वनियों ने एक अभिनव विचार की शक्ल में अंग्रेजी समेत विभिन्न भारतीय भाषाओं में 'विरोध-कविता' को जन्म दिया। इन कवियों में शामिल थे–दिलीप चित्रे, गौरकिशोर घोष, विट्ठल राव गद्दार, जया मेहता, नईम हसन, मंगेश पड़गाँवकर, के. सच्चिदानंदन, वसंत बापट, धीरेन भट्ट, निस्सिम एजेकियल, कवि के रूप में श्री अटल बिहारी वाजपेयी, अयप्पा पणिकर, श्री एवं श्रीमती पी. लाल, विलियम मौल्डर, मीनाक्षी मुखर्जी, मृणाल पांडे, बी.जी. एवं अमिया राव, दनाइनेश्वर नादकर्णी, सोफिया वाडिया, नीरजा चौधरी, पी.जी. मावलंकर, उषा मेहता, के.एस. नारायण पिल्लई, नारायण देसाई, नागभूषण पटनायक, जी.पी. प्रधान, वी.एम. तारकुंडे, राज थापर, अरुण शौरी, कल्पना शर्मा, डॉ. कलीम-उर्र-रहमान (कराची), जहूर सिद्दीकी, ओ. वी. विजयन, अबुबकर सी.पी., भवानी प्रसाद मिश्र, धर्मवीर भारती, दुष्यंत कुमार, जी.डी. सेठी, रती बारथोलोमेव, केशव मलिक और यू.आर. अनंतमूर्ति। प्रोफेसर आलू दस्तूर की पुस्तक 'एन ओवरव्यू ऑफ ऑफिशियल मैयर्स ऐंड इफेक्ट्स' इस विलक्षण संकलन के शीर्ष नाम हैं।

इसके अलावा कुछ गुजराती, मराठी, हिंदी एवं तमिल प्रकाशनों पर भी रोक लगाई गई। इनमें हिंदी और अंग्रेजी दोनों भाषाओं में प्रकाशित होने वाला औरंगाबाद का सासाहिक 'मराठवाड़ा टाइम्स' भी शामिल था।

अध्याय -3

हरियाणा में समानांतर प्रचार व्यवस्था

प्रेस एवं समाचार-पत्रों की स्वतंत्रता तथा तानाशाही व्यवस्था में एक स्वाभाविक विरोध होता है। विश्वभर के इतिहास में जब भी किसी देश में तानाशाह का जन्म हुआ है तो उस तानाशाह ने सर्वप्रथम प्रचार के सभी साधनों को अपने नियंत्रण में किया है। हिटलर, मुसोलिनी, नेपोलियन तथा श्रीमती इंदिरा गांधी भी इसका अपवाद नहीं हैं।

भारत में आपातकाल की घोषणा वस्तुतः अधिनायकवाद की घोषणा ही थी। रेडियो तथा दूरदर्शन तो पहले से ही सरकारी नियंत्रण के प्रचार संस्थान थे। प्रेस सेंसरशिप द्वारा देशभर के सभी समाचार-पत्रों को भी अपने शिकंजे में कस लिया गया था।

तत्कालीन शासन के लिए आपातकाल की घोषणा के औचित्य को सिद्ध करने के लिए जमीन आसमान एक करने वाले झूठे प्रचार तथा अनेक कल्पित लाभों की तथा देशहित की नीतियाँ तथा सूत्रों के प्रचार के लिए यह अनिवार्य भी था। दूसरी ओर देशभर में कहीं भी अभिव्यक्ति पर होने वाले विरोध, विक्षोभ तथा प्रतिकार की कोई भी आवाज जन-सामान्य तक न पहुँच सके, इसके लिए भी प्रेस सेंसरशिप अत्यंत आवश्यक थी, इस कारण आपात-स्थिति, प्रेस सेंसरशिप दोनों की घोषणा एक साथ हुई थी।

भारत के बारे में बाहर की जिन पत्र-पत्रिकाओं में जो छपता था, उनका भारत में प्रवेश बंद कर दिया गया तथा राजनीतिक स्तर पर भी इसके बारे में प्रयत्न किए गए।

जनता को वास्तविकता से अनभिज्ञ रखने के लिए, किसी भी सूरत में सरकार के काले कारनामों को कभी भी जनता के सामने प्रकाश में न आने देने के लिए यह जरूरी था। इंदिरा गांधी की सरकार ने इस हेतु पूरी मोर्चेबंदी की थी। विदेशी संवाददाताओं पर भी कड़ी नजर थी, इधर-उधर की खबरें खोजकर वे बाहर भेजते थे।

अतः इसे बंद करने के लिए सरकार ने उन्हें भी लगभग देश निकाला दे दिया। इस तरह से भारत की वास्तविक आंतरिक स्थिति की जानकारी बाहर न जा सके, इसका पूरा प्रबंध किया गया। भारत के बारे में बाहर की जिन पत्र-पत्रिकाओं में जो छपता था, उनका भारत में प्रवेश बंद कर दिया गया तथा राजनीतिक स्तर पर भी इसके बारे में प्रयत्न किए गए।

इस सब का परिणाम यह हुआ कि सभी समाचार-पत्र सरकार या सरकारी समाचार एजेंसी 'समाचार' द्वारा दिए गए समाचारों को ही अपने पृष्ठों पर छाप सके थे। इधर-उधर से बटोरकर दी गई कोई खबर यदि आपातकाल की प्रकृति के अनुकूल न होती तो सेंसर के पेट में चली जाती थी, और कभी भी जनता के सामने प्रकट नहीं होती थी। समाचार-पत्र पूर्णतया नीरस हो गए थे, सरकारी एकतरफा पक्ष को बार-बार प्रस्तुत किए जाने के कारण वे हास्यास्पद हो गए थे, आकाशवाणी तो आम लोगों की भाषा में 'इंदिरा वाणी' हो गई थी और इन सबकी विश्वसनीयता समाप्त हो चुकी थी।

ग्रामीण-अनपढ़ लोग भी गाँव की चौपल में बी.बी.सी. लंदन प्रतिदिन सुनते थे, जो भारत संबंधी किसी भी समाचार को बड़े प्रामाणिक रूप में प्रचारित करता था। ऐसी स्थिति में एक तो तत्कालीन सरकारी झूठे प्रचार के खंडन के लिए, दूसरे जनता तक सच्चे समाचार, असंतोष तथा प्रतिकार की आवाज को बुलंद करने के लिए एवं जनता के मनोबल को बनाए रखकर उसे आतंक एवं 'दम घोंटू' वातावरण से मुक्ति दिलाने के लिए एक समानांतर प्रचार व्यवस्था की बहुत आवश्यकता थी।

भूमिगत आंदोलनों में भूमिगत प्रचार-तंत्र राजनीति का एक मुख्य पहलू होता है। हरियाणा में भी इस दृष्टि से श्रीमान प्रेमचंद गोयल, श्री दीनानाथ बत्रा, श्री बजरंगलाल गुप्ता आदि ने बैठकर विचार किया और बड़े क्रमबद्ध रूप में इस पक्ष को गठित किया। समानांतर प्रचार व्यवस्था को नियमित साप्ताहिक बुलेटिन, पैंफलेट, हैंड बिल तथा बाल, राइटिंग (दीवार-लेखन) तथा मौखिक एवं सजीव समाचार विनिमय-सभी संभव साधनों में लिया जाना तय किया गया।

समानांतर प्रचार व्यवस्था को नियमित साप्ताहिक बुलेटिन, पैंफलेट, हैंड बिल तथा बाल, राइटिंग (दीवार-लेखन) तथा मौखिक एवं सजीव समाचार विनिमय-सभी संभव साधनों में लिया जाना तय किया गया।

नियमित साप्ताहिक बुलेटिन

प्रारंभ में हरियाणा के छह विभिन्न केंद्रों (रोहतक, फरीदाबाद, हिसार, अंबाला, रिवाड़ी और सिरसा) में 'साइक्लोस्टाइल मशीनें' स्थापित की गईं। स्थानीय उत्साही युवकों, विश्वसनीय कार्यकर्ताओं के बल पर यह काम

चलना प्रारंभ हुआ। इनके क्रियास्थल कहीं शहर के बाहरी क्षेत्रों में टूटे-फूटे खँडहर या मस्जिदें होती थीं और कहीं शोर मचाती मशीनों से घिरा कोई कारखाना होता था, कहीं-कहीं कुछ स्वयंसेवकों ने घरों का भी इस रूप में उपयोग किया।

इस हेतु करनाल जनसंघ कार्यालय में 'साइक्लोस्टाइल' और उसे सँभालने का दायित्व श्री गुलशनजी को एक स्थान पर सौंपा गया, ऐसे ही हिंदू कॉलेज, रोहतक के टाइप तथा साक्लोस्टाइल का उपयोग कॉलेज समय के पश्चात् दो व्यक्ति अत्यंत गोपनीयता से करते थे।

कई नए-पुराने साइक्लोस्टाइल खरीदे भी गए। साइक्लोस्टाइल समाचार-पत्रों का स्वरूप, उनका स्तर बढ़िया न होने पर भी लोगों द्वारा वे प्रतीक्षित तथा प्रशंसित होते थे। 'बिगुल', 'शंखनाद', 'ललकार', 'ढोल की पोल' शीर्षकों से ये समाचार अपना कार्य करने लगे।

दर्पण का मुद्रण

साइक्लोस्टाइल पर यह कार्य अत्यंत दुष्कर तथा खतरों भरा होता था। स्टेंसिल, कागज, स्याही का खरीदा जाना, स्टेंसिलों का टाइप अथवा हाथ से लिखा जाना तथा समाचार बनाने का काम काफी कठिनाई के होते थे। अतः फैसला किया गया कि इस कार्य को केंद्रीयकृत किया जाए। यह निर्णय हुआ कि किसी एक स्थान से संपूर्ण हरियाणा के लिए साप्ताहिक समाचार बुलेटिन छापा जाए और उसके वितरण की प्रदेश भर में व्यवस्था की जाए। इसके संपादन, मुद्रण तथा वितरण के कार्यों का जिम्मा अलग-अलग व्यक्तियों को दिया जाना आवश्यक था। व्यवस्था का संपूर्ण भार श्रीमान प्रेमचंद गोयल तथा बजरंग लालजी पर ही था, इनके अतिरिक्त सुखनंदन सिंहजी, एडवोकेट अंबाला, मदनलाल गुप्ता, विभाग प्रचारक, देशभक्तजी पलवल, तिलकराज इन विविध कामों के लिए जुटाए गए।

हरियाणा के लिए साप्ताहिक समाचार बुलेटिन छापा जाए और उसके वितरण की प्रदेश भर में व्यवस्था की जाए। इसके संपादन, मुद्रण तथा वितरण के कार्यों का जिम्मा अलग-अलग व्यक्तियों को दिया जाना आवश्यक था।

'दर्पण' नाम का यह पत्र हरियाणा में तत्कालीन शासन, पुलिस सी.आई. डी. को अँगूठा दिखता हुआ तथा उनके झूठे प्रचार का पर्दाफाश करता हुआ सत्य का साक्षात्कार कराने वाले 'दर्पण' के रूप में अस्तित्व में आया। इसका पहला अंक 7 नवंबर, 1975 को निकला और इसके पहले संपादक सरदार सुखनंदन सिंह जी थे। प्रारंभ में इसकी तीन हजार प्रतियाँ निकलनी शुरू हुई थीं और इसका मुद्रण दिल्ली से करवाया गया। अशोक विहार, दिल्ली में

किराए के एक स्थान पर इसका कार्यालय रखा गया। वहीं से जिला स्थानों के लिए श्री तिलकराज प्रचारक सारी प्रतियाँ ट्रकों में भरकर वितरण के लिए जाते थे।

धीरे-धीरे दर्पण का स्वरूप निखरने लगा। संपादकीय, हरियाणा के समाचार, देश के अन्य भागों से मिलने वाले समाचार तथा विदेशों में भारत की या भारत संबंधी गतिविधियों की भी चर्चा इनमें होने लगी। कार्यालय तथा संपादक के दिल्ली स्थित होने के कारण केंद्रीय नेताओं से समाचार प्राप्त होने में कठिनाई नहीं होती थी। अन्य स्थानों से प्रकाशित होने वाले सहयोगी समानधर्मी समाचार-पत्रों से भी अनेक समाचार मिल जाते थे। वर्ष के अंत तक तो केंद्र ने न्यूज एजेंसी की तरह कार्य करना शुरू कर दिया था तथा देश-विदेश के सभी स्थानों के समाचार दिल्ली में 'पूल' होने लगे थे, परिणामस्वरूप अब 'दर्पण' हरियाणा का साप्ताहिक समाचार बुलेटिन होने पर भी अपने स्वरूप में हर दृष्टि से अत्यंत समृद्ध पत्र बन गया था।

यद्यपि हर संभव सावधानी रखी गई थी, किंतु अंबाला से एक प्रमुख कार्यकर्ता सरदार सुखनंदन सिंहजी का गायब रहना पुलिस तथा सी.आई.डी. के लिए शक का कारण बना, लगातार पूछताछ होने लगी थी। घर पर अनेक बहाने बनाकर उनकी अनुपस्थिति का औचित्य पुलिस को अब बहला न सका था। 'नारायण' नाम से संपादन करने वाले सरदारजी अन्य प्रकार की जिम्मेदारियाँ लेकर अंबाला लौटे। अब संपादन का कार्य रोहतक निवासी प्रो. प्रेमसागरजी को दिया गया।

'दर्पण' अब तक हरियाणा में एक ऐसे पत्र के रूप में प्रतिष्ठित हो चुका था, जिसकी प्रतीक्षा लाखों लोगों को रहने लगी। विद्यार्थी, कर्मचारी, रेलों में प्रतिदिन यात्रा करने वाले यात्री और बाजारों में सब्जी बेचने वाले से लेकर बड़े प्रतिष्ठानों के व्यक्तियों तक सब सप्ताह भर इस 'एटमबमब' की बड़ी आतुरता से प्रतीक्षा करते।

'नारद' के नए नाम से संपादन शुरू हुआ। केंद्र दिल्ली न रहने के कारण समाचारों तथा अन्य सामग्री के वितरण की समस्या सामने आई। डाक सेंसर की आशंका के कारण उनके नाम-पते पर डाक मँगवाना उचित न था। एक अत्यंत विश्वसनीय मित्र, जो एक स्कूल चलाते थे, उनके पते पर देश-विदेश के समाचार तथा पत्र-पत्रक आने शुरू हो गए और दर्पण निर्विघ्न चलता रहा। श्री मदनलाल गुप्ता गोपनीयता की दृष्टि से 'शीशा' नाम से पुकारे जाने वाले दर्पण के प्रकाशन एवं वितरण के साथ गहरे रूप से संबद्ध थे। अंबाला, कुरुक्षेत्र, करनाल आदि के क्षेत्र में उसके वितरणादि की जिम्मेदारी भी उन्हीं की थी। वे 5 जनवरी, 1976 को कैथल बस अड्डे पर पुलिस द्वारा पकड़ लिये गए।

इधर-उधर से कुछ सुराग मिल जाने के कारण सरकार ने जुलाई '76 में दोनों संपादकों, सरदार सुखनंदन सिंहजी, अंबाला तथा प्रो. प्रेमचंदजी, रोहतक

को मीसा बंदी बना लिया। तदुपरांत संपादन-भार डॉ. अशोक गर्ग तथा उनके पश्चात् डॉ. हिम्मत सिंह सिन्हा ने सँभाला।

'दर्पण' अब तक हरियाणा में एक ऐसे पत्र के रूप में प्रतिष्ठित हो चुका था, जिसकी प्रतीक्षा लाखों लोगों को रहने लगी। विद्यार्थी, कर्मचारी, रेलों में प्रतिदिन यात्रा करने वाले यात्री और बाजारों में सब्जी बेचने वाले से लेकर बड़े प्रतिष्ठानों के व्यक्तियों तक सब सप्ताह भर इस 'एटमबमब' की बड़ी आतुरता से प्रतीक्षा करते।

'दर्पण' पढ़े जाने के कुछ निश्चित अड्डे भी थे। जैसे कुछ विश्वसनीय··· वालों के पास यह पड़ा रहता था, पान-सिग्रेट लेने के बहाने अनेक लोग पढ़ जाते 'शीशा या एटमबमब' नाम से उसे माँगते और पढ़कर चलते बनते। क्षण भर में हजारों मौखिक दर्पणों का वितरण मानो हो जाता। दर्पण पढ़कर आने वाले लोग बड़े गर्व के साथ अपने अनेक मित्रों-परिचितों को उन नवीनतम सूचनाओं को सुनाते।

फरीदाबाद की एक बहुत बड़ी फैक्टरी (भारत सरकार मुद्रणालय) में एक प्रति नियमित रूप से जाती थी और एक निश्चित स्थान पर रखा रहता। प्रायः एक-एक, दो-दो करके कर्मचारी आते रहते और दर्पण को पढ़कर पुनः यथास्थान रखकर चले जाते और उनके जाते ही अन्य कर्मचारी उनका स्थान ले लेते। दर्पण की लोकप्रियता और उसके प्रभाव का प्रमाण भी साक्षात् देखने को मिलने लगा।

प्रायः एक-एक, दो-दो करके कर्मचारी आते रहते और दर्पण को पढ़कर पुनः यथास्थान रखकर चले जाते और उनके जाते ही अन्य कर्मचारी उनका स्थान ले लेते। दर्पण की लोकप्रियता और उसके प्रभाव का प्रमाण भी साक्षात् देखने को मिलने लगा।

मुद्रण

उन दिनों ऐसे किसी भी भूमिगत पत्र का प्रकाशन एवं मुद्रण बहुत कठिनाई तथा जोखिम भरा काम था। प्रायः हर छापेखाने पर सी.आई.डी. की नजर रहती थी। सामान्यतः कोई भी मुद्रक इस प्रकार का कार्य करने के लिए तैयार न होता। 'दर्पण' के प्रारंभिक अंक इसी कारण दिल्ली से ही मुद्रित हो पाए, छपाई भी सामान्य दर से कहीं अधिक देनी पड़ती थी।

ऐसे समय में पलवल के एक देशप्रेमी श्री प्रह्लाद राय ने अपनी प्रेस में 'दर्पण' को छापने का बीड़ा उठाया। तानाशाह के विरुद्ध देश ने जो संघर्ष किया, उसमें 'धर्मेंद्र प्रेस' का योगदान सदैव स्मरणीय रहेगा।

मुद्रणालय के स्वामी ने अक्षरों का दुहरा टाईप खरीदा, एक दुकान पर रख दिया और दूसरा घर पर। स्वयं कंपोजिंग का काम जानने के कारण किसी अन्य को दर्पण की कंपोजिंग का काम न देकर वे स्वयं तथा उनकी पुत्रियाँ ही

रातभर जागकर कंपोजिंग करते तथा मशीन पर प्रिंटिंग का काम करते। बंडल बनाकर रख दिए जाते, जिन्हें वितरण प्रमुख श्री तिलकराजजी ले जाते थे।

स्वाधीनता के इस भूमिगत संघर्ष में 'धर्मेंद्र प्रेस' के स्वामियों की महत्त्वपूर्ण भूमिका भी भूमिगत ढंग की ही थी। प्रेस के भवन पर हर समय दो-दो तिरंगे लगे रहते थे। सामान्य बातचीत में वे आपातकाल के समर्थक लगा करते थे।

जब कभी पुलिस या सी.आई.डी. वाले आते तो बड़े तपाक से मिलते, खूब 'चाय-पानी' होता, इंदिरा समर्थक अपने विचार उनके सामने प्रकट करते, सरकारी नियमों की भूरि-भूरि प्रशंसा करते तथा किसी प्रकार के भी शक की कोई गुंजाइश नहीं छोड़ते थे। 'दर्पण' की छपाई के इस काम में अपने पुत्र तथा घर की महिलाओं के अतिरिक्त अन्य किसी को भी सहायक न बनाकर इसकी गोपनीयता को अंत तक नष्ट नहीं होने दिया।

यह उनकी कार्यकुशलता ही थी कि इतनी लंबी अवधि तक बिना किसी संकोच के कार्य करते रहे। सावधानी लेने के विविध उपायों में से एक की चर्चा काफी रोचक लगेगी। ऊपर बताया गया है कि सारे छापेखाने में से केवल पुत्र तथा घर की महिलाओं से अन्य किसी को इस काम की जानकारी न थी। नीचे ऑफिस में खतरे की घंटी का एक बटन था, जो ऊपर बजती थी, पिता या पुत्र में से किसी द्वारा भी बजाए जाने की दिशा में दर्पण की पूरी सामग्री, छपा हुआ माल जला देने की व्यवस्था थी। इस पूरे समय में दो बार दर्पण की संपूर्ण प्रतियाँ ऐसे ही जला देनी पड़ीं। दर्पण के लगातार छपते रहने के कारण हरियाणा की हर प्रेस को पुलिस सी.आई.डी. ने छान मारा, न उसके छापने वाले का पता चला, न प्रेस मिली और न उसका छपना तथा वितरण ही खत्म हुआ।

दर्पण के वितरण तथा लाने-ले जाने का कार्य शायद सबसे जोखिम भरा था। अधिकांश कार्यकर्ता इन कार्यों को करते हुए गिरफ्तार हुए। वास्तव में पूरी सावधानी रखते हुए भी इस काम में अनेक संयोग घटित हो जाते थे, परिणामस्वरूप किसी-न-किसी कार्यकर्ता की गिरफ्तारी और उसको दी जाने वाली यातना होता था। ऐसे अवसर भी आए, जिस समय साहसी तथा निर्भीक कार्यकर्ता अपनी बुद्धिमत्ता तथा समय की पहचान शक्ति के बल पर पुलिस आदि की आँखों में धूल झोंककर अपने लक्ष्य तक पहुँचने में पूर्णतया सफल होते थे।

वितरण कार्य में लगे अनेक व्यक्तियों में से थे—50 वर्षीय 'जवान' संघ के प्रचारक श्री तिलकराजजी। चौड़ी छाती, भूरा-पूरा डील-डौल, बड़ी-बड़ी मूँछें एवं चोटी, भगवा दुपट्टा ओढ़े बाबा बिशनदास उर्फ बाबा नाम से विख्यात थे, इस काम में विशेष निपुण थे।

वितरण कार्य में लगे अनेक व्यक्तियों में से थे–50 वर्षीय 'जवान' संघ के प्रचारक श्री तिलकराजजी। चौड़ी छाती, भूरा-पूरा डील-डौल, बड़ी-बड़ी मूँछें

एवं चोटी, भगवा दुपट्टा ओढ़े बाबा बिशनदास उर्फ बाबा नाम से विख्यात थे, इस काम में विशेष निपुण थे।

ये बाबा बिशनदास ब्रह्ममुहूर्त में उठकर छापेखाने से दर्पण की गड्डियाँ ट्रंकों में भरकर तथा उनके ऊपर वस्त्र आदि डालकर हरियाणा के प्रमुख केंद्रों को चल देते थे। इसके अतिरिक्त कभी सब्जी की पेटियों और कभी कपड़ों के गट्ठर के रूप में दर्पण हरियाणा के गाँव-गाँव में पहुँच जाता था। सरकार दर्पण की निर्भीकता से परेशान हो चुकी थी। कोई भी ठोस आधार न मिलने के कारण बौखलाहट में और अपने वरिष्ठ अधिकारियों एवं नेताओं को कार्य-प्रगति दिखाने के लिए बिल्कुल असंबद्ध लोगों को पकड़ लेती।

तिलकराजजी के साथ कई रोचक अनुभव आए। एक बार रोहतक चुंगी पर मुहर्रिर द्वारा रोके जाने और ट्रंक खोलकर दिखाने के लिए कहने पर बड़ी स्वाभाविकता एवं लापरवाही से ट्रंक की ओर इशारा कर कहने लगे–'स्वयं ही देख लें, कपड़े-लत्ते हैं।' उनकी लापरवाही ही रंग लाई। मुहर्रिर और चुंगी पर बैठे सिपाहियों ने कहा, 'ठीक है, उठाओ और चलते बनो।' और बाबा दर्पण के साथ चलते बने। कई बार छोटी-सी असावधानी भी कैसी घातक हो जाती है, इसका उदाहरण तिलकराजजी की गिरफ्तारी की घटना है।

दर्पण वितरण के दौरान एक रात्रि एक छोटे कस्बे में रहने का अवसर आया। अपनी योजनानुसार दूसरे दिन बहुत शीघ्र मुँह अँधेरे ही दूसरे स्थान के लिए चल दिए। मार्ग में गुजरते सूझा कि बाजार खाली पड़ा है, क्यों न कुछ दर्पण कुछ दुकानों में फेंकता चलूँ। ज्यों ही एक दुकान के दरवाजे से अंदर डालने के लिए रुके, गश्ती पुलिस और चौकीदार ने चोर समझकर पूछताछ करनी चाही, तलाशी में वे उस बाजार या नगर के तो नहीं, इंदिरा गांधी के चोर निकले, परिणामस्वरूप पिटाई, पूछताछ और अंत में झूठे मुकदमे में जेल जाना पड़ा।

चुंगी पर बैठे सिपाहियाँ ने कहा—'ठीक है उठाओ और चलते बनो' और बाबा दर्पण के साथ चलते बने। कई बार छोटी-सी असावधानी भी कैसी घातक हो जाती है इसका उदाहरण तिलकराज जी की गिरफ्तारी की घटना है।

केंद्र स्थानों पर पहुँचने के पश्चात् दर्पण को व्यक्तियों तक पहुँचाने, बाँटने का काम और जोखिम भरा किंतु थ्रिल भरा कार्य शुरू होता। यह कार्य प्रायः बाल एवं तरुण स्वयंसवेक किया करते थे। शायद स्वाभाविक भी था, क्योंकि अधिक-से-अधिक खतरा मोल ले सकना किशोर एवं तरुण अवस्था की ही विशेषता है। दर्पण की वितरण व्यवस्था का यह दूसरा अंग अत्यंत सुनियोजित था।

कुछ दर्पण विश्वस्त स्वयंसेवकों, कार्यकर्ताओं को दिए जाते, ताकि वे पढ़ें

और अन्य लोगों को भी पढ़वाएँ। विद्यार्थी वर्ग, अध्यापक-प्राध्यापक, स्कूल कॉलेजों के पुस्तकालय, इसकी प्राप्ति के दूसरे महत्त्वपूर्ण स्थान थे। अनेक सरकारी उच्च अधिकारियों (डी.सी., एस.डी.एम., पुलिस अधीक्षक, अनेक मजिस्ट्रेटों, स्कूल, कॉलेजों के मुख्याध्यापक एवं प्राचार्यों आदि) को दर्पण की प्रतियाँ सामान्यतः डाक द्वारा भेजी जाती थीं। व्यापक चर्चा के लिए मुख्य बाजारों की दुकानों में अथवा कई घरों में रात को, मुँह अँधेरे में दर्पण फेंके जाने का कार्य भी किया जाता था।

दर्पण वितरण के रोहतक का अनुभव भी कुछ कम रोचक नहीं है। जिले भर के लिए इकट्ठी संख्या में दर्पण पहले एक कार्यकर्ता (कृष्ण गाबा) के घर पहुँच जाते थे, वहाँ से आगे प्रेषित किए जाते थे। मेडिकल कॉलेज, रोहतक के स्वयंसेवकों का संपूर्ण संघर्ष में इस दृष्टि से भी अद्वितीय योगदान रहा है। दर्पण का डाक द्वारा प्रेषित किए जाने का सारा कार्य-पते लिखने से लेकर उन्हें पोस्ट करने तक का कार्य विद्यार्थी किया करते थे। अपनी-अपनी पुस्तकों में दर्पण तह लगाकर रखते, अपने सहपाठियों तथा अन्य सीनियर डॉक्टरों के माँगने पर बड़ी तत्परता से उन्हें दे दिया जाता। इनके अतिरिक्त अभय सिंह तथा रविंद्रजी के जिम्मे भी डाक द्वारा तथा व्यक्तिगत रूप से वितरण का कार्य था।

3 जनवरी, 1976 को रात्रि में बाजार-दुकानों में दर्पण वितरण का कार्य दो बाल स्वयंसेवक (दोनों नाम नरेंद्र थे) कर रहे थे। पुलिस की नजर पड़ गई। भागने का प्रयत्न करने पर भी एक बालक पकड़ लिया गया। दूसरा गलियों में से होता हुआ उनकी पहुँच से बाहर हो गया। किंतु छोटे नरेंद्र की पूछताछ और पिटाई की बात सुनकर उसका साथ देने के लिए वह स्वयं उपस्थित हो गया। फिर क्या था, एक और एक ग्यारह हो गए। पुलिस के हजार पूछने पर, पिटाई करने पर भी इससे अधिक कुछ नहीं बताया कि हमें तो यह काम करने के लिए पाँच-पाँच रुपए दिए गए थे। प्रेमचंद गोयल तथा राष्ट्रीय स्वयंसेवक संघ क्या है, हम तो जानते ही नहीं। थक-हारकर, चालान पेश कर जेल भेज दिया गया। माता-पिता तथा रिश्तेदारों को इन बालकों को बहकाने-फुसलाने के लिए बाधित किया गया, पर वे तो किसी और ही मिट्टी के बने हुए थे।

मेडिकल कॉलेज, रोहतक के स्वयंसेवकों का संपूर्ण संघर्ष में इस दृष्टि से भी अद्वितीय योगदान रहा है। दर्पण का डाक द्वारा प्रेषित किए जाने का सारा कार्य-पते लिखने से लेकर उन्हें पोस्ट करने तक का कार्य विद्यार्थी किया करते थे।

अंबाला जिले का कोई भी गाँव, उसके पंच-सरपंच दर्पण पहुँचने से वंचित नहीं रहे। वहाँ श्री नरदेव शर्मा, श्री अमृतलाल, राममूर्ति (जोशी बुक डिपो) दर्पण के मुख्य वितरक थे। कुरुक्षेत्र जिले के प्रत्येक गाँव के मुखिया

को दर्पण पहुँचा करता था। दर्पण से संबद्ध कई घटनाओं के वर्णन के बिना शायद यह ब्योरा अधूरा ही कहा जाएगा।

ये परचे कौन, कब, कैसे फेंके या चिपका जाता है? यह गुत्थी हरियाणा पुलिस संपूर्ण आपातकाल में नहीं सुलझा सकी। यद्यपि उसने भी तीर-तुक्के सैकड़ों चलाए। इस प्रसंग में एक उल्लेखनीय घटना सिरसा डबवाली शहर की है, वहाँ कई सिनेमा हॉल का उद्घाटन करने के लिए केंद्र सरकार के राज्यमंत्री श्री दलवीर सिंह आ रहे थे। नवयुवकों ने सभा में पहुँच कर बड़ी मुस्तैदी से वहाँ मौजूद हर व्यक्ति को दर्पण की प्रतियाँ बाँट दीं। मंत्री के पहुँचने से पहले ही भीड़ के हाथों में सरकार के कुकृत्यों का पर्दाफाश करने वाली पत्रिका थी।

दर्पण के विशेषांक अपना महत्त्व रखते थे। 26 जून, 1976 को 'काला दिवस विशेषांक' निकाला गया। काले हाशिये में निकले इस अंक में आपात स्थिति की एक वर्ष की अवधि के काले कारनामे का लेखा-जोखा, देश की उदात्त परंपराओं को नष्ट करने के षड्यंत्रों तथा तानाशाह के उद्देश्य को स्पष्ट कर जनता के मनोबल को बनाए रखने वाली पूरी सामग्री उपलब्ध थी।

ऐसे ही 'यातना विशेषांक' में हरियाणा में पुलिस के अमानवीय अत्याचारों के भोगी श्री रामविलास शर्मा, श्री ओमप्रकाश, डॉ. गौरी नाथ रस्तोगी (यमुनानगर) श्री जयप्रकाश (अंबाला) आदि की दर्द भरी आत्मकथाएँ हरियाणा की जनता तक पहुँचाई गईं। डॉ. सुब्रह्मण्यम स्वामी की विदेश यात्रा तथा विदेशों में भारत संबंधी संपूर्ण गतिविधियों का एक विशेषांक अपने आप में एक अनजी उपलब्धि थी। अपनी इन विशेषताओं के कारण 'दर्पण' हरियाणा में भूमिगत संघर्ष का प्रमुख समाचार-वाहक बना रहा और जनता से मिलने वाले विश्वास के कारण आपातकाल के अंत तक निर्विघ्न रूप से छपता रहा।

समानांतर प्रचार-तंत्र के अन्य माध्यम पैंफलेट्स, हैंडबिल्ज, पोस्टर, दीवार पर लेखन तथा 'मौखिक समाचार' थे। झूठे प्रचार तथा जनसाधारण के लिए चलने वाले संघर्ष में प्रतिस्पर्धा चल रही थी। यद्यपि सरकारी माध्यम झज को बार-बार दोहराकर सच्चा बनाने के प्रयत्न में थे तो वहीं पर अनेक पैंफलेट्स, पोस्टर के माध्यम से इन झजों का पर्दाफाश करने वाले तथा सत्य को उजागर करते रहने का काम भी उतने ही जोर से चलता रहता था। पुलिस की आँखों में धूल झोंक इन्हें बाँटने, दीवारों पर चिपकाने तथा स्याही से दीवारों पर लिखने का काम हरियाणा भर में सैकड़ों युवकों ने किया। दीवार लेखन में व्यस्त

नवयुवकों ने सभा में पहुँच कर बड़ी मुस्तैदी से वहाँ मौजूद हर व्यक्ति को दर्पण की प्रतियाँ बाँट दीं। मंत्री के पहुँचने से पहले ही भीड़ के हाथों में सरकार के कुकृत्यों का पर्दाफाश करने वाली पत्रिका थी।

कभी-कभी किसी मसखरे श्याम पाराशर को श्री बंसीलाल के ही घर में उसके चेहरे उनके काले कृत्यों के अनुरूप लगने पर रातोरात उनके चेहरों पर कालिख (काला पेंट) पोतने का अभूतपूर्व विचार आ जाता, तो दूसरे दिन सारे नगर में इसी को लेकर सनसनी फैल जाती। निजी बातचीत में लोग इस काम को करने वाले की निर्भीकता तथा कुशाग्र बुद्धि की प्रशंसा किए बिना नहीं रहते।

किंतु दूसरी ओर जिला प्रशासन तथा पुलिस को एक नया काम मिल जाता था। अपनी नौकरी पर बन आई आफत के इस नए रूप को वे बड़ी गंभीरता से लेते। नगर भर के सभी पेंट विक्रेताओं को अपने हफ्ते भर के कैश-मीमो को लेकर उपस्थित होने का हुक्म दिया गया। जिस-जिस व्यक्ति को भी काला पेंट बेचा गया था, उन सबको भी बुलवा लिया गया, सभी की थोड़ी-बहुत पिटाई या गाली-गलौज के अतिरिक्त कुछ भी कर सकने के लिए कोई सुराग उनके हाथ न लगता।

रोहतक में 26 जनवरी, 1976 को काला दिवस के अवसर पर जहाँ कहीं भी श्रीमती इंदिरा गांधी, संजय या बंसीलाल के चित्र बने थे, सब के ऊपर तीन प्रकार के पोस्टर लगे मिले–(1) फासिस्ट कौन (2) जयप्रकाश का संदेश (3) इमरजेंसी हटाओ तथा देशभक्त संस्थाओं के प्रतिबंध खत्म करो।

मौखिक समाचार

उस समय समाचार-पत्रों पर सेंसरशिप का कड़ा नियंत्रण था। देश समाज की वास्तविक स्थिति के प्रति लोगों की जिज्ञासा उनसे शांत नहीं होती थी। ऐसे में एक-दूसरे के मुँह से सुनी हर खबर बहुत विश्वसनीय लगती थी। जिस घटना की चर्चा किसी समाचार-पत्र में न हो, लोगों को उसके बारे में सुनकर मनोवैज्ञानिक रूप से बहुत संतोष मिलता था। एक के मुँह से बात सुनकर आगे कई लोगों के बीच इसका जिक्र किया जाता था।

संघ के कार्यकर्ताओं के पास अपने प्रांत की ही नहीं, पूरे देश की खबरों का पता विभिन्न सूत्रों, जैसे प्रवास कर रहे अधिकारियों द्वारा केंद्र से आए सत्य समाचारों द्वारा रहता था और उन खबरों को मौखिक रूप से संप्रेषित किया जाता था।

संघ के कार्यकर्ताओं के पास अपने प्रांत की ही नहीं, पूरे देश की खबरों का पता विभिन्न सूत्रों, जैसे प्रवास कर रहे अधिकारियों द्वारा केंद्र से आए सत्य समाचारों द्वारा रहता था और उन खबरों को मौखिक रूप से संप्रेषित किया जाता था।

ये मौखिक समाचार वास्तुस्थिति की जानकारी एक से दूसरे व्यक्ति तक बड़ी शीघ्रता से पहुँचाते थे और सरकारी तंत्र की हर झजी रचना की पोल को आम जनता में खोल दिया करते थे। उन दिनों एक बात बहुत स्पष्ट हो गई

थी कि आपातकाल के अंतिम दिनों में आते-आते जनता का विश्वास सरकार पर से पूरी तरह उठ गया था। इस संदर्भ में एक रोचक घटना उल्लेखनीय है। किसी शरारती मस्तिष्क की उपज इस अफवाह ने कि सरकार परिवार नियोजन के लिए एक ऐसा टीका स्कूल के छोटे बालकों को लगा रही है, जिसके प्रभाव से वे आने वाले 30 वर्ष तक संतान उत्पन्न करने में अयोग्य हो जाएँ, पूरे देश को बौखला दिया था। यहाँ तक कि सरकारी आदेशों के वाहक और सरकारी कर्मचारी एस.पी. एवं डी.सी. तथा दूसरे प्रशासक खबर सुनते ही पहले तुरंत बच्चों को स्कूल से घरों में वापिस ले आए और बाद में उन्होंने इस घटना की सत्यता की जाँच की।

पूरे देश में बच्चों को स्कूलों से निकालकर बुला लेने की यह घटना इतने व्यापक रूप में फैली थी कि स्वयं प्रधानमंत्री को इसके आधारहीन होने की सफाई देनी पड़ी थी–चाहे उस पर लोगों को विश्वास नहीं हुआ था। परिवार नियोजन के आधुनिकतम उपायों से परिचित डॉक्टरों तक ने बच्चों को स्कूल से बुला लिया था। इस अफवाह में यद्यपि कुछ सच्चाई नहीं थी, किंतु जनता के हृदय में वर्तमान सरकार के प्रति अविश्वास और आतंक स्पष्ट झलकता था। इस प्रकार की असली हालत और तत्कालीन सरकार के प्रति अपनी असहमति और विरोध प्रकट कर देशभर में घट रही इन घटनाओं का परिचय, जिन्हें सेंसरशिप के कारण जनता के सामने नहीं लाया जा रहा था। दर्पण तथा प्रचार के अन्य माध्यमों से हरियाणा निवासियों को निरंतर मिलता रहा। देश के चारों ओर लगे, टँगे भव्य पोस्टर जहाँ बीस सूत्री कार्यक्रम की दुहाई दिया करते थे, वहीं उन पोस्टरों के ऊपर लगी कागज की छोटी-छोटी चिप्पियाँ कुछ दूसरी ही कथा सुनाया करती थीं।

दिन-रात रेडियो, टेलीविजन तथा अखबार, जहाँ प्रधानमंत्री के यशोगान गाया करते थे, वहीं मुख्यमंत्रियों और राज्य मंत्रियों की सभाओं में उठ रही तानाशाही विरोधी आवाजें जनता के सामने असलियत को रख दिया करती थीं। एक तरफ हजारों की संख्या में लोगों को ट्रकों में भर-भरकर विशेष सुविधाएँ देकर सरकारी आदेशों से डंडे के जोर पर अनेकानेक प्रलोभनों द्वारा प्रधानमंत्री और उनके पिट्ठुओं की सभाओं में जय-जयकार करने के लिए इकट्ठा किया जाता था तो दूसरी तरफ पाँचवीं में पढ़ने वाले बाल स्वयंसेवक से लेकर 70 वर्ष तक के वृद्ध स्वयंसेवक अपना सर्वस्व देश पर होम करने के लिए संकल्पबद्ध थे। सरकार का सारा प्रचार-तंत्र कर्तव्यनिष्ठ कार्यकर्ताओं

पूरे देश में बच्चों को स्कूलों से निकालकर बुला लेने की यह घटना इतने व्यापक रूप में फैली थी कि स्वयं प्रधानमंत्री को इसके आधारहीन होने की सफाई देनी पड़ी थी—चाहे उस पर लोगों को विश्वास नहीं हुआ था। परिवार नियोजन के आधुनिकतम उपायों से परिचित डॉक्टरों तक ने बच्चों को स्कूल से बुला लिया था।

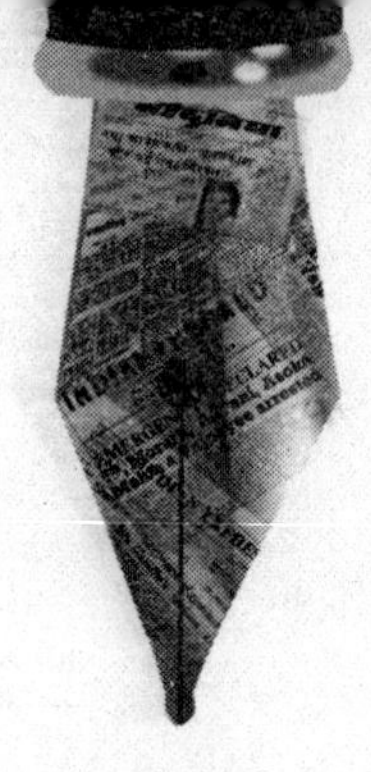

ने असफल कर दिया था। इसमें संघ के अतिरिक्त सर्वोदय समाज व लोकदल के कार्यकर्ताओं का भी विशिष्ट योगदान था। यहाँ भिवानी के समाचार-पत्र 'चेतना' का विशेष उल्लेख आवश्यक है।

दिन-रात रेडियो, टेलीविजन तथा अखबार, जहाँ प्रधानमंत्री के यशोगान गाया करते थे, वहीं मुख्यमंत्रियों और राज्य मंत्रियों की सभाओं में उठ रही तानाशाही विरोधी आवाजें जनता के सामने असलियत को रख दिया करती थीं।

अध्याय-4

शुभ्र ज्योत्स्ना की प्रथम किरणें

जनता मोर्चा, संगठन कांग्रेस, भारतीय जनसंघ, सोशलिस्ट पार्टी ऑफ इंडिया और स्वतंत्र पार्टी पर आधारित नवगठित जनता पार्टी 23 जनवरी, 1977 को अस्तित्व में आई। इन सभी दलों ने अपने-अपने दलगत ढाँचों को भंग करते हुए नए स्वरूप में अपने को विकल्प के रूप में प्रस्तुत किया। यह नया विकल्प श्री जय प्रकाश नारायण और वयोवृद्ध नेता आचार्य कृपलानी की प्रेरणा से उभरकर सामने आया। मोरारजी देसाई नए दल के अध्यक्ष मनोनीत हुए और रामकृष्ण हेगड़े महासचिव घोषित किए गए। श्री लालकृष्ण आडवाणी को नए दल का प्रवक्ता बनाया गया।

उधर इंदिरा कांग्रेस में भी बिखराव का सिलसिला आरंभ हो गया था। श्री जगजीवन राम, श्रीमती नंदिनी सत्पथी, पूर्व केंद्रीय राज्यमंत्री श्री के.आर. गणेश, श्री डी.एन. तिवारी और बिहारी राजनीतिज्ञ राजमंगल पांडे इंदिरा कांग्रेस से अलग हो गए। लेकिन इस गुट ने जनता पार्टी में विलीन होने के स्थान पर 'कांग्रेस ऑफ डेमोक्रेसी' के नाम से अलग दल का गठन किया और इसी नाम से जनता पार्टी के साथ चुनावी गठबंधन का निर्णय घोषित किया गया। साथ ही यह भी घोषणा कर दी गई कि सीएफडी चुनावों के कुछ समय बाद जनता पार्टी में विलीन कर दी जाएगी। आखिर देश की छठी लोकसभा के लिए आम चुनाव घोषित हो गए। 27 राज्यों व केंद्र शासित क्षेत्रों से 542 निर्वाचन क्षेत्रों के प्रतिनिधि चुने जाने थे।

इन सभी दलों ने अपने-अपने दलगत ढाँचों को भंग करते हुए नए स्वरूप में अपने को विकल्प के रूप में प्रस्तुत किया। यह नया विकल्प श्री जय प्रकाश नारायण और वयोवृद्ध नेता आचार्य कृपलानी की प्रेरणा से उभरकर सामने आया।

1977 के उप चुनावों में 'आपातकाल' मुख्य मुद्दा था। 25 जून, 1975 से 21 मार्च, 1977 तक नागरिक अधिकारों को गहन अँधेरे में धकेल दिया गया था। इस अवधि में श्रीमती गांधी जमीनी हकीकतों से बिल्कुल दूर हो

चुकीं थीं। उन्हें सिर्फ सकारात्मक रपटें एवं वैसी ही सलाहें सुनने मिलती थीं, जैसी वे सुनना चाहती थीं। जो लोग उन्हें सही स्थिति बताने में समर्थ थे, उन्हें संजय गांधी ने हाशिए पर कर दिया था।

मतदान 16 मार्च से 19 मार्च तक चला। 20 मार्च को परिणामों की घोषणा आरंभ हो गई। जनता पार्टी को अपने बूते पर 43.2 प्रतिशत वोट और 271 सीटें प्राप्त हुईं और अकाली दल व सीएफडी को मिलाकर कुल 345 स्थान प्रतिपक्ष के खाते में दर्ज हुए। इंदिरा कांग्रेस के लिए सबसे बड़ा आघात रायबरेली से श्रीमती इंदिरा गांधी की पराजय का था। श्रीमती गांधी जनता पार्टी के श्री राजनारायण से 55200 वोटों से हार गई थीं।

एक समय पूरे उत्तर भारत में दनदनाने वाली इंदिरा कांग्रेस को उत्तर प्रदेश से एक भी स्थान नहीं मिला। संजय गांधी भी उनमें शामिल थे, जो बुरी तरह पराजित हुए। उत्तर प्रदेश के अलावा अन्य प्रदेशों में सत्तारूढ़ दल का पूर्ण सफाया हो गया। लंबी काली अँधेरी रात के बाद यही वह लम्हा था, जब शुभ्र ज्योत्स्ना अपनी पहली किरणें बिखरने लगी थी।

एक समय पूरे उत्तर भारत में दनदनाने वाली इंदिरा कांग्रेस को उत्तर प्रदेश से एक भी स्थान नहीं मिला। संजय गांधी भी उनमें शामिल थे, जो बुरी तरह पराजित हुए। उत्तर प्रदेश के अलावा अन्य प्रदेशों में सत्तारूढ़ दल का पूर्ण सफाया हो गया। लंबी काली अँधेरी रात के बाद यही वह लम्हा था, जब शुभ्र ज्योत्स्ना अपनी पहली किरणें बिखरने लगी थी।

24 मार्च, 1977 को जयप्रकाश नारायण और आचार्य कृपलानी नवनिर्वाचित जनता-सांसदों के साथ राजघाट गए और वहाँ सबको शपथ दिलाई गई कि वे महात्मा गांधी के अधूरे कामों को पूरा करेंगे और राष्ट्र की सेवा पूरे कर्तव्य भाव एवं ईमानदारी से करेंगे। अब बारी थी नया प्रधानमंत्री चुनने की। पूर्व भारतीय जनसंघ ने स्वयं को नेतृत्व की दौड़ से बाहर रखा। वाजपेयी के अनुसार संघ के कैडर में सत्ता का लोभ कभी भी प्रासंगिक नहीं रहा था। तीन नेता मुख्य दौड़ में थे–मोरारजी देसाई, जगजीवन राम और चौधरी चरणसिंह। सबके अपने-अपने दावे थे। आखिर सर्वसम्मति से तय हुआ कि जयप्रकाश नारायण और आचार्य कृपालानी को यह अधिकार दे दिया जाए कि वे नेता का मनोनयन करें और यह संकल्प भी लिया गया कि सभी दलों के घटक उस नाम को स्वीकार करेंगे।

आखिर इन दोनों नेताओं ने आम सहमति के आधार पर मोरारजी देसाई के नाम का प्रस्ताव रखा और देसाई जनता-संसदीय दल के नेता चुन लिये गए। उस समय जगजीवन राम और जार्ज फर्नांडीज सरीखे कुछ नेता देसाई के नाम पर सहमत नहीं थे, लेकिन आम सहमति का सम्मान हुआ। आखिर देसाई प्रधानमंत्री बने और जगजीवन राम व चौधरी चरणसिंह को उप प्रधानमंत्री का पद दिया गया। अटल बिहारी वाजपेयी को विदेश मंत्री बनाया गया, जबकि

लालकृष्ण आडवाणी को सूचना व प्रसारण मंत्रालय मिला। श्रीमती गांधी को पराजित करने वाले राजनारायण जार्ज फर्नांडीज, शांति भूषण, मधु दंडवते आदि भी मंत्रिमंडल में शामिल किए गए थे।

नई सरकार का पहला निर्णय आपातकाल की समाप्ति था। मीडिया पर सेंसरशिप भी तत्काल समाप्त कर दी गई और सभी मौलिक अधिकार बहाल कर दिए गए। इंदिरा सरकार के शासन में हुई ज्यादतियों के खिलाफ जाँच आयोग नियुक्त किए गए। इस तरह से देश में लोकतंत्र फिर से पटरी पर लौटा और यह सिद्ध हुआ कि इस देश में अधिनायकवाद कभी भी नहीं चल सकता। तय हुआ कि सर्वधर्म समभाव, एकता में अनेकता और पंथ-निरपेक्षता के मूल सिद्धांतों पर आधारित इस देश में 'शुभ्र ज्योत्स्ना' की दमक बनी रहेगी।

जनवरी 1950 में भारतीय संविधान का मसविदा तैयार करते समय, संविधान-विशेषज्ञों ने दिन-रात कड़ी मेहनत की थी। न केवल विश्व भर के प्रचलित संविधानों को खँगाला गया था, बल्कि भारतीय दर्शन, संस्कृति, सामाजिक तंत्र और वैचारिकता पर भी पूरी गंभीरता से बहस हुई थी। उस दिन संविधान निर्माताओं ने कभी कल्पना भी नहीं की होगी कि एक दिन ऐसा भी आएगा, जब इस पवित्र संविधान को तहस-नहस करने के नापाक प्रयास भी होंगे।

इससे पूर्व 1975 के मानसून सत्र में 39वाँ संविधान संशोधन बिल पारित हुआ था। उसमें स्पष्ट रूप से प्रावधान था कि 'आपातकाल' को न्यायिक प्रक्रिया से बाहर रखा जाएगा, राष्ट्रपति की संतुष्टि व सहमति ही अंतिम रूप से निर्णायक करार दे दी गई थी। ऐसा न केवल संविधान की धारा 123 और 352 (आपातकाल लागू करना) के संदर्भ में था, बल्कि धारा 359 के तहत नागरिकों के मौलिक अधिकारों के संदर्भ में भी था।

'मीसा' को संशोधित किया गया। नजरबंदी का कारण बताए जाने की वैधानिक प्रक्रिया को भी समाप्त किया गया था। ऐसी गिरफ्तारी या नजरबंदी के लिए जमानत का प्रावधान भी समाप्त कर दिया गया था। संविधान की भावना पर एक और चोट 4 अगस्त को की गई, जब निर्वाचन कानून संशोधन विधेयक संसद् में पेश हुआ। बिना किसी विशेष बहस यह भी पारित हो गया था।

कुल मिलाकर देश को एक ऐसी अँधेरी गुफा में ला पटका गया था, जहाँ संवेदनाएँ धीरे-धीरे दम तोड़ने लगी थीं। संविधान के मूल स्वरूप पर बड़ा प्रहार उस दिन हुआ, जब 41वाँ संशोधन विधेयक पेश हुआ। धारा 361 को संशोधित

इस तरह से देश में लोकतंत्र फिर से पटरी पर लौटा और यह सिद्ध हुआ कि इस देश में अधिनायकवाद कभी भी नहीं चल सकता। तय हुआ कि सर्वधर्म समभाव, एकता में अनेकता और पंथ-निरपेक्षता के मूल सिद्धांतों पर आधारित इस देश में 'शुभ्र ज्योत्स्ना' की दमक बनी रहेगी।

करते हुए प्रधानमंत्री के विरुद्ध किसी भी प्रकार की आपराधिक दंड-व्यवस्था को निरस्त कर दिया गया। प्रधानमंत्री के साथ-साथ राष्ट्रपति व राज्यपालों को भी दंड-व्यवस्था के दायरों से मुक्त कर दिया गया था। 1976 का 42वाँ संशोधन विधेयक उस 'तानाशाही प्रवृत्ति की पराकाष्ठा' था। इसके अनुसार लोकसभा की अवधि 5 वर्ष से बढ़ा कर 6 वर्ष कर दी गई थी। इसमें राष्ट्रपति को यह भी अधिकार दे दिया गया कि वह किसी भी संवैधानिक प्रावधान को एक अधिसूचना के माध्यम से ही रद्द या संशोधित कर सकता था; हालाँकि ऐसा केवल दो वर्ष की अवधि तक ही हो सकता था।

जिस दिन यह विधेयक प्रस्तुत हुआ, उस दिन वरिष्ठ समाजवादी नेता एच.वी. कामथ ने सदन में टिप्पणी की थी, 'यह, संविधान का संशोधन करने का विधेयक नहीं है, बल्कि संविधान की हत्या करने का प्रयास है।'

भाव यह कि अपनी कमजोरियों को छिपाने, अपने अवैध हथकंडों को वैध करार देने और अपने खोखले व भ्रष्ट तंत्र को राजनैतिक मजबूती देने के लिए 'संविधान के साथ बलात्कार' का प्रयास हुआ। मगर ऐसे प्रयासों, षड्यंत्रों और अवैध हथकंडों की उम्र कभी लंबी नहीं होती।

हर काली अँधेरी रात के बाद सर्ज्योदय होता है। अंधकार छँट जाता है और फिर अगली रात्रि 'शुभ्र ज्योत्स्ना' वाली रात्रि होती है, जब सर्वत्र चाँदनी बिखरी होती है और सारे अँधेरे कोने प्रकाशित हो जाते हैं। उन काली अँधेरी रातों को याद करना और शुभ्र ज्योत्स्ना का महत्त्व समझना इसलिए भी जरूरी है, ताकि हमारा राष्ट्र, हमारा लोकतंत्र, हमारा संविधान अक्षुण्ण रहे, सुरक्षित रहे, दमकता रहे एवं कीर्तिमान रहे और हम भारतवासियों के मौलिक अधिकारों की उसी जीवंतता के साथ रक्षा करता रहे, जिस जीवंतता से भारतीय संविधान सभा ने उसकी संरचना की थी।

भाव यह कि अपनी कमजोरियों को छिपाने, अपने अवैध हथकंडों को वैध करार देने और अपने खोखले व भ्रष्ट तंत्र को राजनैतिक मजबूती देने के लिए 'संविधान के साथ बलात्कार' का प्रयास हुआ। मगर ऐसे प्रयासों, षड्यंत्रों और अवैध हथकंडों की उम्र कभी लंबी नहीं होती।

लोकनायक जयप्रकाश नारायण

1975 से 1977 तक आपाताकाल के विरुद्ध जनसंघर्ष का केंद्रबिंदु बने श्री जयप्रकाश नारायण वस्तुतः उस ऐतिहासिक घटनाक्रम के महानायक माने जाएँगे। इसी काल-अवधि में उन्होंने 'संपूर्ण क्रांति' का जो अनजा दर्शन दिया, उसके लिए उन्हें 'इतिहास पुरुष' माना जाता है।

1999 में 'भारत रत्न' (मरणोपरांत), 1965 में मैगसैसे अवार्ड और अन्य कई राष्ट्रीय एवं अंतरराष्ट्रीय सम्मानों से अलंकृत जे.पी. अपने समय के एक महान् राजनैतिक, चिंतक एवं विचारक के रूप में याद किए जाते हैं। जे.पी. कई अर्थों में विलक्षण थे। अकसर साक्षात्कारों में ऐसा लगता, उनके पास हर प्रश्न का उत्तर था। मगर वह कभी किसी बहस-मुबाहिसे में नहीं पड़े। पूरी जिंदगी विसंगतियों से भरी रही, मगर उन्होंने हर विसंगति, हर विरोधाभास को सहज ढंग से जिया। अधिकांश जिंदगी अपनी ही मान्यताओं के खिलाफ जूझने में बीती, लेकिन उन्होंने ज्यादा समझौते नहीं किए। निजी जिंदगी, सामाजिक एवं राजनैतिक सरोकारों के बीच जे.पी. ने परदे नहीं टाँगे। उन्होंने हर मोड़ पर कुछ निर्धारित लक्ष्यों को लेकर कदम बढ़ाए हालांकि सभी सफर अधूरे रहे।

उन्होंने कभी चुनाव नहीं लड़ा। वे कभी मंत्री नहीं रहे। मगर 1945 में भारत के प्रथम प्रधानमंत्री जवाहर लाल नेहरू ने एक साक्षात्कार में बेबाक घोषणा कर डाली थी कि 'जयप्रकाश भारत के भावी प्रधानमंत्री हो सकते हैं।' महात्मा गांधी ने उन्हें एक बार भारत का महानतम मार्क्सवादी घोषित कर डाला था। एक समाजवादी राष्ट्र की अवधारणा से लेकर 'संपूर्ण क्रांति' के सपनों तक की यात्रा की शुरुआत 1922 से हुई, जब गांधी के आह्वान पर उन्होंने कॉलेज की पढ़ाई छोड़ दी। गांधी ने उन सभी संस्थानों के बहिष्कार का आह्वान किया था, जो

उन्होंने कभी चुनाव नहीं लड़ा। वे कभी मंत्री नहीं रहे। मगर 1945 में भारत के प्रथम प्रधानमंत्री जवाहर लाल नेहरू ने एक साक्षात्कार में बेबाक घोषणा कर डाली थी कि 'जयप्रकाश भारत के भावी प्रधानमंत्री हो सकते हैं।'

ब्रिटिश साम्राज्य के अनुदान से या सरकारी नियंत्रण से संचालित थे। अगस्त 1922 में, जबकि शादी को महज एक वर्ष ही बीता था, ''मैंने अपनी प्रभा को अपने गृह गाँव सिताबदियारा छोड़ा और चल निकला सेनफ्रांसिस्को की ओर। सनक यही थी कि खुले लोकतांत्रिक विचारों वाले देश में शिक्षा प्राप्त करूँगा तो एक वैचारिक परिपक्वता जिंदगी को ठोस दिशा देगी।''

प्रभाजी के प्रति जे.पी. की संवेदनशीलता का अनुमान इस बात से लगाया जा सकता है कि विदेश जाने से पूर्व वे अपनी अद्धांगिनी को एक ऐसे स्थान पर छोड़ने के इच्छुक थे, जहाँ उसके स्वभाव व पसंद के अनुकूल कार्यक्षेत्र मौजूद हो। जे.पी. ने एक प्रश्न के उत्तर में स्वीकार किया था, ''कभी-कभी तो मुझे ऐसा भी लगता कि प्रभा का चिंतन-स्तर मुझसे अधिक परिपक्व था। वह सरसरी उत्तर देकर ही मुझे ऐसे संकट से उभार लेती, जिसका समाधान मेरे लिए बेहद मुश्किल होता था।''

जे.पी. का जन्म 11 अक्तूबर, 1902 को बिहार प्रांत के सिताबदियारा नामक गाँव में हुआ था। पिता प्रांतीय सिंचाई विभाग में एक क्लर्क के रूप में कार्य करते थे। घर के बारे में प्रायः प्रचलित तथ्य यही है कि अनुशासित व संयमित संस्कारों वाली उनकी जाति के अधिकांश लोग पढ़-लिखकर नौकरी प्राप्त करने को अपना सामान्य लक्ष्य मानते थे। बाद में इस जाति के लोगों में भी बदलाव आए और अब जीवन के हर वर्ग में कायस्थों की भागीदारी है। मगर जे.पी. के चिंतन में जातिवाद के लिए कोई जगह नहीं बन पाई। वे उस समय 18 वर्ष के थे, जब गांधी उनके जिले में आए थे। एक-दो बार इस संयोग का भी जिक्र चला था कि उनका जन्म भी अक्तूबर (11 अक्तूबर, 1902) माह में हुआ था। मगर जे.पी. को यह स्वीकार करने में जरा भी संकोच नहीं था कि गांधी के प्रति पूर्ण श्रद्धा के बावजूद मैं न तो सही अर्थों में गांधीवादी ही बन पाया और न ही सच्चे अर्थों में उनका पैरोकार।

जे.पी. की एक विशेषता उन्हें अपने समकालीनों से थोड़ा ऊपर ले जाती है। वे कभी अपनी किसी कमजोरी या असफलता को ढकने का प्रयास नहीं करते थे।

जे.पी. की एक विशेषता उन्हें अपने समकालीनों से थोड़ा ऊपर ले जाती है। वे कभी अपनी किसी कमजोरी या असफलता को ढकने का प्रयास नहीं करते थे। अगस्त 1965 में जे.पी. को अपनी लोक-सेवाओं के लिए मैगसैसे-अवार्ड मिला। इस अवार्ड की राशि से उन्हें 400 रुपए प्रतिमाह की आय होने लगी। जे.पी. ने स्वीकार किया था कि ''मेरे व प्रभा के लिए यह राशि काफी थी।''

वर्ष 1972 का संपूर्ण क्रांति-आंदोलन, 1974 में गुजरात में नवनिर्माण-समितियों का आंदोलन और उसी वर्ष बिहार में छात्र संघर्ष समितियों एवं युवा वाहिनी का गठन, जे.पी. की व्यग्रता व गतिशीलता व प्रयोगधर्मिता के प्रतीक

के रूप में सामने आए।

इससे पूर्व वर्ष 1971 जे.पी. के जीवन में संभवतः बेहद महत्त्वपूर्ण था। इस वर्ष के प्रारंभ में निरंतर गतिशील रहे जे.पी. गंभीर रूप से बीमार पड़ गए। पहली बार डॉक्टरी मशविरे पर गतिशीलता को थोड़ा विराम देना पड़ा। मगर वह वर्ष विराम के लिए संभवतः निर्धारित नहीं था। उसी वर्ष बांग्लादेश का युद्ध हुआ और उस वर्ष ही एक विलक्षण घटना घटी, जिसने जे.पी. को 'लोकनायक' बना दिया। बिहार और गुजरात के आंदोलनों से जे.पी. को लगा कि जिस 'संपूर्ण क्रांति' और 'बदलाव' की बात वह निरंतर सोचते रहे हैं, शायद वह इस युवा शक्ति के माध्यम से संभव हो सकता है। दरअसल जे.पी. आपातकाल के विरुद्ध संघर्ष की प्राणवायु थे और पूरा संघर्ष उनके 'लोकनायकत्व' की गाथा बन गया। श्रीमती गांधी के नाम उनके पत्र और उनकी जेल-डायरी के कुछ अंश इस संघर्ष की दास्तान के महत्त्वपूर्ण दस्तावेज हैं।

जे.पी. की जेल डायरी से

जे.पी. अपनी एम्स व पीजीआई की नजरबंदी के मध्य भी निरंतर डायरी लिखते। उन दिनों की डायरी के कुछ पृष्ठ तत्कालीन परिस्थितियों पर एक तथ्यपरक टिप्पणी हैं। डायरी के कुछ पृष्ठ–

7 अगस्त, 1975

संपूर्ण क्रांति अब नारा है।
भावी इतिहास हमारा है।।

क्या अब यह इतिहास का एक व्यंग्य मात्र बनकर रह जाएगा? सब 'जी-हुजूर', कायर, बुजदिल तो जरूर हँसते होंगे हम पर। 'आसमान के सितारे तोड़ने चले थे, गिरे हैं अब जा के नरक में', लेकिन दुनिया में जो कुछ किया है, वह सितारे तोड़ने वालों ने ही किया है, चाहे भले ही उसके लिए उनको प्राणों का मूल्य चुकाना पड़ा है।

संपूर्ण क्रांति के बदले आज तो संपूर्ण प्रतिक्रांति की घटाटोप वेला है। इस समय तो उल्लू और गीदड़ बड़े प्रसन्न हैं। चारों तरफ हुआँ-हुआँ और हू-हू की आवाजें सुनाई देती हैं। लेकिन कालचक्र तो घूमता ही रहता है। रात चाहे कितनी ही अँधेरी हो, प्रभात तो फूटकर ही रहता है।

तो क्या प्रभात आप से आप फूटेगा और हम हाथ-पर-हाथ धरे प्रतीक्षा करते रहेंगे? नहीं। सामाजिक क्रांति यदि प्राकृतिक क्रांति का अनुसरण मात्र करती है तो मानव के पुरुषार्थ के लिए, समाज की प्रगति और परिवर्तन के लिए कोई स्थान

वर्ष 1972 का संपूर्ण क्रांति-आंदोलन, 1974 में गुजरात में नवनिर्माण-समितियों का आंदोलन और उसी वर्ष बिहार में छात्र संघर्ष समितियों एवं युवा वाहिनी का गठन, जे.पी. की व्यग्रता व गतिशीलता व प्रयोगधर्मिता के प्रतीक के रूप में सामने आए।

ही नहीं रह जाता। तो फिर क्या करना होगा? उत्तर है कि वो जो नारा लगाते और गीत गाते थे, उन्हें बलिदान देना होगा। और उनका जो अगुआ था, उसकी बलि पहली होगी। कल रात को माँ भगवती की प्रार्थना करते हुए इस घोर अँधेरे से निकलने के लिए दिशा-निर्देश की याचना की थी। सो आज प्रायः मिल चुका है। मन अब स्थिर है, शांत है। भारत माँ की जय!

जीवन की संध्या-वेला

प्रभा के जाने के बाद जीवन नीरस हो गया था। यदि सार्वजनिक कार्य का आकर्षण नहीं होता तो शायद हिमालय ही चला गया होता। अंदर से दिल रोता रहता था, ऊपर से काम किए जाता था। स्वास्थ्य भी बिगड़ता ही जा रहा था। इसी विषाद की अवस्था में एक अनपेक्षित घटना घटी, जिससे अंदर फिर एक बार खिल उठा। जीवन में फिर कुछ रस आने लगा। स्वास्थ्य भी सुधरने लगा। एक नई शक्ति का, उमंग का अनुभव होने लगा।

सन् '73 के अंतिम महीनों की बात है। मैं पनवार में था। वहाँ बैठे-बैठे युवकों को आह्वान करने की अंतःप्रेरणा हुई। अंग्रेजी में 'Youth for Democracy' के नाम से एक अपील पत्रों को भेजी। उसका आशातीत परिणाम हुआ।'

15 अगस्त

आज 15 अगस्त है। देश के स्वातंत्र्य के 25 वर्ष बीते। विदेशी शासन से तो आज भी भारत स्वतंत्र है। यद्यपि जिस दिशा में श्रीमती गांधी जा रही हैं, उसका तो एक ही अंत होगा, भारत का रूसी प्रभाव क्षेत्र के अंदर दाखिल होना। आज ट्रिब्यून में के.पी. मेनन के लेख से इस दारुण भविष्य का आभास मिलता है। परंतु मुझे विश्वास है कि भारत की जनता इसे कभी स्वीकार नहीं करेगी।

स्वराज्य की लड़ाई केवल राष्ट्रीय स्वातंत्र्य के लिए नहीं लड़ी गई थी। स्वतंत्र भारत में लोकतंत्र की स्थापना होगी, यह भी उसका महत्त्वपूर्ण उद्देश्य था। इस उद्देश्य को सामने रखकर संविधान-सभा ने भारतीय लोकतंत्र का संविधान 1949 के 26 नवंबर को रचकर भारतीय जनता की ओर से स्वीकृत किया था। तदनुसार भारतीय गणतंत्र की घोषणा 26 जनवरी को की गई थी।

आज उस लोकतंत्र का अवशेष रह गया है। यह सब इतना अवास्तविक स्वप्न जैसा लगता है कि बार-बार राष्ट्रपति तथा प्रधानमंत्री को यह आश्वासन देना पड़ रहा है कि 'आपातकालीन परिस्थिति अल्पकालीन है एवं लोकतंत्र में ही भारत की एकता बनी रह सकती है', आदि-आदि। आज 15 अगस्त के अपने

> सामाजिक क्रांति यदि प्राकृतिक क्रांति का अनुसरण मात्र करती है तो मानव के पुरुषार्थ के लिए, समाज की प्रगति और परिवर्तन के लिए कोई स्थान ही नहीं रह जाता। तो फिर क्या करना होगा? उत्तर है कि वो जो नारा लगाते और गीत गाते थे, उन्हें बलिदान देना होगा।

वक्तव्यों में इन दोनों महानुभावों ने पुनः इस आश्वासन को दुहराया है। परंतु जिन थोथी और झजी दलीलों पर आपातकाल की घोषणा की गई और उसके बाद जैसे-जैसे संशोधन पारित किए गए, उनको देखने से तो इसी निर्णय पर पहुँचना पड़ता है कि यह सब धोखाधड़ी और जहाँ तक श्रीमती गांधी का प्रश्न है, वह लोकतंत्र में विश्वास नहीं रखती और उसे कभी वापस न आने देने के लिए अपनी पूरी शक्ति लगा देंगी।

देखना यही है कि देश की लोकतांत्रिक शक्तियाँ कहाँ तक इस घातक षड्यंत्र को सफल होने देंगी। यदि मैंने भारतीय जनता तथा युवकों को ठीक से पहचाना है तो मुझे इस बात में कोई संदेह नहीं है कि ये शक्तियाँ ऐसा कभी न होने देंगी।

एक और कारण है। यह हम देख रहे हैं कि प्रधानमंत्री बार-बार इस बात को दोहरा रही हैं कि भारत में इतनी विविधताएँ हैं, यह इतना विशाल देश है, इसकी इतनी बड़ी जनसंख्या है कि भारत की राष्ट्रीय एकता केवल लोकतांत्रिक वातावरण में ही कायम रह सकती है। आज भी उन्होंने इस बात को दोहराया है। आज श्रीमती गांधी की तानाशाही चल रही है, परंतु भारतीय इतिहास इसका साक्षी है कि केंद्र से सारे भारत पर राज करना कभी पूर्ण सफल नहीं हुआ और न ये राज बहुत काल तक टिक ही पाए। एक महान् सम्राट् के अंतर्गत प्रादेशिक राजा, सुल्तान आदि सदा बने रहते थे। कोई बड़े शक्तिशाली, कोई छोटे, जो अपने-अपने क्षेत्र में लगभग स्वतंत्र होते थे। साम्राज्यों की सीमाएँ घटती-बढ़ती रही हैं और कुछ सदियों में साम्राज्य छिन्न-भिन्न हो जाया करते थे। यह अवस्था उस जमाने में थी, जबकि न बालिग मताधिकार पर आधारित लोकतंत्र की ही कोई कल्पना थी, न प्रत्येक अदना नागरिक के नागरिक स्वातंत्र्यों एवं अधिकारों की ही कोई कल्पना थी। न भारत की जनसंख्या ही उस समय इतनी थी। तो आज न इंदिराजी में कोई ऐसा व्यक्तिगत गुण देखता हूँ, न उनकी पार्टी में ही कि यह मान सकूँ कि इतने बड़े देश पर उनका एकतंत्र राज टिक सकता है।

जिन थोथी और झजी दलीलों पर आपातकाल की घोषणा की गई और उसके बाद जैसे-जैसे संशोधन पारित किए गए, उनको देखने से तो इसी निर्णय पर पहुँचना पड़ता है कि यह सब धोखाधड़ी और जहाँ तक श्रीमती गांधी का प्रश्न है, वह लोकतंत्र में विश्वास नहीं रखती और उसे कभी वापस न आने देने के लिए अपनी पूरी शक्ति लगा देंगी।

ऊपर इंदिराजी की पार्टी का जिक्र किया है। वह पार्टी स्वार्थियों और कायरों से भरी हुई है। भ्रष्टाचार इनमें से अधिकांश की रग-रग में भरा हुआ है। उनमें निजी स्वार्थ को लेकर बेहद झगड़े हैं। जातीयता अलग है। तो ऐसी पार्टी का तानाशाही शासन क्या कभी स्थित रह सकता है। कांग्रेस के अंदर जो निष्ठा तथा साहस वाले लोग थे, उन्हें तो इंदिराजी ने निकाल ही फेंका है।

विरोधी दलों में एकता होती तो कब का इस कांग्रेस का अंत हो गया होता। अब मुझे आशा है कि इस तानाशाही की आग से विपक्ष में एकता निर्माण होगी। बल्कि इस इमरजेंसी आदि के आने का एक कारण यह भी है कि गुजरात में

जनता मोर्चा की विजय के बाद श्रीमती गांधी घबरा उठीं कि अब राष्ट्रीय स्तर पर विपक्षियों के एक होने की संभावना पैदा हो गई है और उस हालत में लोकसभा के चुनाव में उनकी जीत शायद न हो सकेगी।

उस पर से बिहार आंदोलन का असर अलग फैलता जा रहा था। मेरे देशव्यापी दौरे की सफलता से भी वे घबरा उठी होंगी। इस हालत में लोकतंत्र को ही समाप्त कर देने में उनकी खैर है, ऐसा उन्होंने निश्चय किया। परंतु ऊपर जो कुछ कह आया हूँ, उस पर से यह भी निश्चित है कि इस दानवी प्रयत्न में वे कभी सफल न हो पाएँगी।

9 सितंबर

जीवन विफलताओं से भरा है
सफलताएँ जब कभी आईं निकट,
दूर ठेला है उन्हें निज मार्ग से!
तो क्या वह मूर्खता थी?
नहीं।
सफलता और विफलता की
परिभाषाएँ भिन्न हैं मेरी।
इतिहास से पूछो कि वर्षों पूर्व
बन नहीं सकता प्रधानमंत्री क्या?
किंतु मुक्त क्रांतिशोधक के लिए
कुछ अन्य ही पथ मान्य थे, उद्दृष्ट थे
पथ त्याग के, सेवा के, निर्माण के
पथ संघर्ष के, संपूर्ण क्रांति के।
जग जिन्हें कहता विफलता
थीं शोध की वे मंजिलें।
मंजिलें वे अनगिनत हैं,
गंतव्य भी अति दूर है।
रुकना नहीं मुझको कहीं
अवरुद्ध जितना मार्ग हो।
निज कामना कुछ है नहीं
सब है समर्पित ईश को।
तो विफलता पर तुष्ट हूँ अपनी,
और यह विफल जीवन

श्रीमती गांधी घबरा उठीं कि अब राष्ट्रीय स्तर पर विपक्षियों के एक होने की संभावना पैदा हो गई है और उस हालत में लोकसभा के चुनाव में उनकी जीत शायद न हो सकेगी। उस पर से बिहार आंदोलन का असर अलग फैलता जा रहा था। मेरे देशव्यापी दौरे की सफलता से भी वे घबरा उठी होंगी।

शत-शत धन्य होगा
यदि समानधर्मी प्रिय तरुणों का
कंटकाकीर्ण मार्ग
यह कुछ सुगम बना जावे।

वस्तुतः जे.पी. के नेतृत्व में ही यह समूचा अभियान चला। जे.पी. सबको साथ लेकर चलने में सफल रहे। अपने निरंतर बिगड़ते स्वास्थ्य के बावजूद इस महानायक ने लोकतंत्र का स्वास्थ्य बरकरार रखने का जो संकल्प लिया, उसे पूरा करने के लिए वे अंतिम साँस तक जूझते रहे।

इस हालत में लोकतंत्र को ही समाप्त कर देने में उनकी खैर है, ऐसा उन्होंने निश्चय किया। परंतु ऊपर जो कुछ कह आया हूँ, उस पर से यह भी निश्चित है कि इस दानवी प्रयत्न में वे कभी सफल न हो पाएँगी।

महानायक-2

नानाजी देशमुख

1947 में जब राष्ट्रीय स्वयंसेवक संघ ने 'पाञ्चजन्य' और 'राष्ट्रधर्म' का प्रकाशन आरंभ किया, तब श्री अटल बिहारी वाजपेयी उनके संपादक बनाए गए थे, श्री दीनदयाल उपाध्याय को मार्गदर्शक का पद दिया गया था और नानाजी देशमुख प्रबंध-निदेशक बनाए गए।

11 अक्तूबर, 1916 को महाराष्ट्र के जिला हिंगोली के एक कस्बे वडौली में जनमे नानाजी देशमुख उस प्रथम पंक्ति में थे, जिस पर लोकनायक जयप्रकाश नारायण का 'संपूर्ण क्रांति आंदोलन और आपातकाल के विरुद्ध आंदोलन' का संघर्ष आधारित था।

1947 में जब राष्ट्रीय स्वयंसेवक संघ ने 'पाञ्चजन्य' और 'राष्ट्रधर्म' का प्रकाशन आरंभ किया, तब श्री अटल बिहारी वाजपेयी उनके संपादक बनाए गए थे, श्री दीनदयाल उपाध्याय को मार्गदर्शक का पद दिया गया था और नानाजी देशमुख प्रबंध-निदेशक बनाए गए।

नानाजी देशमुख व लोकनायक जयप्रकाश नारायण के मध्य प्रगाढ़ संबंधों व वैचारिक सामंजस्य की शुरुआत विनोबा के भूदान आंदोलन से आरंभ हुई थी। वस्तुतः इस महान् शख्स की स्वीकार्यता विरोधियों के मध्य भी बनी हुई थी। उत्तर प्रदेश के पूर्व मुख्यमंत्री चंद्रभानु गुप्त व नानाजी के मध्य तीन बार शक्ति परीक्षण की घटनाएँ घटीं, लेकिन चंद्रभानु गुप्त सदा नानाजी की संगठन क्षमता, सादगी व निस्स्वार्थ जुझारू शक्ति के कायल थे। वह उन्हें 'नाना फडनवीस' के नाम से पुकारते थे।

समाजवादी चिंतक व लोकप्रिय प्रतिपक्षी नेता डॉ. लोहिया नानाजी के आग्रह पर ही भारतीय जनसंघ के कार्यकर्ता सम्मेलन में सक्रिय शिरकत करने भी आ पहुँचे थे। 1975 में उत्तर प्रदेश के इलाहाबाद हाईकोर्ट से श्रीमती गांधी के विरुद्ध निर्णय के तत्काल बाद जे.पी. के नेतृत्व में जो आंदोलन चला, उसके मुख्य सूत्रधारों में नानाजी देशमुख भी थे।

पटना में जे.पी. की विशाल एवं ऐतिहासिक रैली में पुलिस ने जब लाठीचार्ज

किया, तब जिस शख्स ने जे.पी. पर चलाई गई लाठी का प्रहार अपने शरीर पर झेला था, वह नानाजी देशमुख ही थे। उस लाठीचार्ज में जे.पी. को बचाने के लिए नानाजी का बाजू टूट गया था।

आपातकाल की समाप्ति के बाद जब लोकसभा के चुनाव हुए तो नानाजी बलरामपुर लोकसभा क्षेत्र से भारी बहुमत से चुने गए। उन्हें केंद्र में उद्योग मंत्री के पद की पेशकश की गई, मगर उन्होंने स्वयं को संगठन से ही जोड़े रखा। 1980 में 60 वर्ष की उम्र में ही नानाजी देशमुख ने सक्रिय राजनीति से सन्यास लेते हुए स्वयं को सामाजिक एवं रचनात्मक कार्यों के प्रति समर्पित कर दिया।

आपातकाल में नानाजी की भूमिका अत्यंत महत्त्वपूर्ण थी। नानाजी 25 जून की रैली से झंडेवालान स्थित दीनदयाल शोध संस्थान लौटे ही थे कि उन्हें एक अज्ञात फोन आया, जिसमें चेतावनी दी गई थी, 'घर पर न सोएँ, वरना आप गिरफ्तार किए जा सकते हैं।' नानाजी ने आवाज पहचानने का प्रयास किया। उन्हें लगा शायद किसी पुराने परिचित आईबी-अधिकारी की आवाज थी। मगर इससे पहले कि बात आगे कर पाते, फोन कट गया।

नानाजी ने बाद में बताया था, 'वह रात मैंने डॉ. जे.के. जैन के निवास पर काटी और सुबह अँधेरे में ही एयरपोर्ट की ओर निकल गया, ताकि जे.पी. से मिल सकूँ। जे.पी. सुबह की उड़ान से पटना जाने वाले थे। पूरा हवाई अड्डा पुलिस के जवानों से भरा था। तभी एक व्यक्ति ने मुझे पहचाना और कहा, 'आप यहाँ कहाँ? निकल जाइए। जे.पी. गिरफ्तार हो चुके हैं। मैं हैरान हूँ आप अब तक बचे कैसे?' मैं वापस लपका। तभी श्री मदन लाल खुराना का फोन आया। सुझाव दिया कि मैं तत्काल भूमिगत हो जाऊँ, ताकि आगे के लिए संगठन की व्यूह रचना हो सके। किसी तरह मैं और डॉ. जैन पुलिस की गाड़ियों से बचते-बचाते अपनी कार तक पहुँचे।

वहाँ से निकलकर डॉ. जैन ने मुझे अपने एक संबंधी के घर छोड़ा और स्वयं अपनी डॉक्टरी की नौकरी करने तीर्थराम शाह अस्पताल पहुँच गए। वहाँ पर उनकी मुलाकात रामनाथ गोयनका से हुई, जो वेश बदलकर एक मरीज के रूप में कमरे के बाहर बैंच पर प्रतीक्षा कर रहे थे। वह नानाजी देशमुख के बारे में ही जानना चाहते थे।

नानाजी देशमुख ने बाद में एक भेंट में यह भी बताया था कि धर-पकड़ में सरसंघचालक बालासाहब 'देवरस' सहित लगभग 25 हजार स्वयंसेवक गिरफ्तार किए गए थे। दूसरे स्थान पर अकाली कार्यकर्ता थे। 'मेरे द्वारा एकत्र आँकड़ों के अनुसार लगभग डेढ़ लाख लोग मीसा, डीआईआर या अन्य धाराओं

पटना में जे.पी. की विशाल एवं ऐतिहासिक रैली में पुलिस ने जब लाठीचार्ज किया, तब जिस शख्स ने जे.पी. पर चलाई गई लाठी का प्रहार अपने शरीर पर झेला था, वह नानाजी देशमुख ही थे। उस लाठीचार्ज में जे.पी. को बचाने के लिए नानाजी का बाजू टूट गया था।

के तहत गिरफ्तार किए गए थे। यह आँकड़ा 1942 के भारत छोड़ो आंदोलन के आँकड़ों से भी ज्यादा था।'

नानाजी के पास दो पुरानी फिएट कारें थीं। उन्होंने दोनों ही अपने दो सहयोगियों की पत्नियों के नाम पर करवा दीं। उनके लिए एक मित्र ने नई फिएट कार की व्यवस्था की। ड्राइवर के रूप में प्रायः डॉ. जैन की पत्नी डॉ. रागिनी जैन ने सेवा की। नानाजी हर रात ठिकाना बदल लेते थे।

दिन भर वह कार्यकर्ताओं व नेताओं का मनोबल बढ़ाते। आंदोलन के हित में संसाधनों को जुटाने के लिए नानाजी वहाँ से बंबई चले गए। वहाँ वह धोती-कुर्ता छोड़कर एक सफारी सूट व बाटा चप्पल पहनने लगे थे। मूँछों पर रंग चढ़ा लिया था और दाढ़ी मुँडवा ली थी। यह हुलिया किसी तंबाकू बेचने वाले सा था।

नानाजी के पास दो पुरानी फिएट कारें थीं। उन्होंने दोनों ही अपने दो सहयोगियों की पत्नियों के नाम पर करवा दीं। उनके लिए एक मित्र ने नई फिएट कार की व्यवस्था की। ड्राइवर के रूप में प्रायः डॉ. जैन की पत्नी डॉ. रागिनी जैन ने सेवा की। नानाजी हर रात ठिकाना बदल लेते थे।

महानायक-3

मोरारजी देसाई

तत्कालीन बंबई-प्रेसिडेंसी के 29 फरवरी, 1896 करें बलसर जिले के एक गाँव भडोली में जनमे मोरारजी देसाई की शुरुआती जिंदगी बेहद संघर्षमय रही। पिता एक साधारण स्कूल टीचर थे। आठ भाई-बहनों में सबसे बड़े मोराजी ही थे। भावनगर-राजघराने से मिलने वाली पाँच रुपए प्रति माही छात्रवृत्ति पर पढ़ने वाले श्री देसाई ने बिल्सन कॉलेज मुंबई से स्नातक स्तर तक शिक्षा पाई। गुजरात की प्रशासनिक सेवा में प्रविष्ट हुए, लेकिन बाद में मई 1930 में गोधरा के डिप्टी कलकटर के पद से त्याग-पत्र देकर महात्मा गांधी के सविनय अवज्ञा आंदोलन में शामिल हो गए।

वर्ष 1934 और 1937 में जब प्रांतीय सरकारें बनीं तो देसाई ने भी कांग्रेस के टिकट पर चुनाव लड़ा और वह क्रमशः राजस्व एवं गृहमंत्री के पद पर नियुक्त हुए।

वर्ष 1952 में वे द्विभाषी बंबई-राज्य के मुख्यमंत्री बने। उन दिनों यह राज्य द्विभाषी था। एक शिविर में संयुक्त महाराष्ट्र समिति थी, जबकि दूसरे शिविर में महागुजरात आंदोलन समिति थी, जिसके नेता इंदु लाल याज्ञनिक थे। देसाई दोनों के विरुद्ध थे। एक समय ऐसा भी आया, जब उन्हें संयुक्त महाराष्ट्र समिति के उग्र आंदोलनकारियों के विरुद्ध पुलिस-फायरिंग का आदेश भी देना पड़ा। इस फारिंग में 105 प्रदर्शनकारी मारे गए थे। मोरारजी स्वयं इस प्रकरण से बेहद क्षुब्ध थे, लेकिन सैद्धांतिकता एवं वैचारिकता के प्रश्नों पर समझौता कभी नहीं करते थे।

श्री देसाई 1977 की प्रथम जनता पार्टी सरकार के प्रधानमंत्री बने। सिद्धांतों के प्रश्न पर समझौता न करने की अपनी प्रवृत्ति के कारण वे लंबी अवधि तक प्रधानमंत्री नहीं बने रह पाए।

उन्हें प्रधानमंत्री श्री नेहरू ने दिल्ली बुला लिया। वे केंद्र में गृहमंत्री बनाए गए। बाद में वित्त मंत्री भी बने। लेकिन नेहरू की कार्यशैली व वैचारिकता

से वे सहमत नहीं थे। वे अपनी सम्मति बेबाकी से दे दिया करते थे। वर्ष 1964 में श्री नेहरू के निधन के पश्चात् भावी प्रधानमंत्री के रूप में उनका नाम आगे आया।

लेकिन केंद्रीय कार्यकारिणी में हुए मतदान में श्रीमती इंदिरा गांधी की उपेक्षा नहीं हो पाई। श्रीमती गांधी ने उन्हें अपने मंत्रिमंडल में वित्त मंत्री एवं उप-प्रधानमंत्री के पद पर नियुक्त किया। इस पद पर वे 1969 तक रहे। उस वर्ष श्रीमती गांधी ने उनसे वित्त मंत्रालय वापस ले लिया। विरोधस्वरूप मोरारजी ने मंत्रिमंडल से त्याग-पत्र दे दिया और वे नवगठित कांग्रेस (संगठन) में शामिल हो गए। वे इसके सूत्रधार भी माने जाते थे।

वर्ष 1971 के चुनावों में श्रीमती गांधी भारी बहुमत से जीतीं। मोरारजी भी अपने चुनाव क्षेत्र से निर्वाचित हो गए, लेकिन वे निरंतर श्रीमती गांधी की नीतियों का विरोध करते रहे। वर्ष 1975 (11 मार्च) में उन्होंने गुजरात के नवनिर्माण आंदोलन के पक्ष में अनिश्चितकाल की भूख हड़ताल भी की। उन्हीं दिनों जयप्रकाश नारायण के भ्रष्टाचार विरोधी आंदोलन का भी वे मुख्य अंग बने।

वर्ष 1971 के चुनावों में श्रीमती गांधी भारी बहुमत से जीतीं। मोरारजी भी अपने चुनाव क्षेत्र से निर्वाचित हो गए, लेकिन वे निरंतर श्रीमती गांधी की नीतियों का विरोध करते रहे। वर्ष 1975 (11 मार्च) में उन्होंने गुजरात के नवनिर्माण आंदोलन के पक्ष में अनिश्चितकाल की भूख हड़ताल भी की। उन्हीं दिनों जयप्रकाश नारायण के भ्रष्टाचार विरोधी आंदोलन का भी वे मुख्य अंग बने।

आपातकाल में जिन शिखर नेताओं को आधी रात को ही धर दबोचा गया, उनमें मोरारजी देसाई भी शामिल थे। वर्ष 1977 में आपातकाल की समाप्ति के बाद जनता पार्टी को भारी बहुमत मिला और मोरारजी देसाई पहली जनता पार्टी सरकार में प्रधानमंत्री बने। लेकिन सैद्धांतिकता के प्रश्न पर समझौता न कर पाने के कारण 1979 में उन्होंने पद त्याग दिया।

वैसे 1980 में भी उन्होंने जनता पार्टी के पक्ष में चुनाव प्रचार में सक्रिय भागीदारी। आखिर 10 अप्रैल, 1995 को 99 वर्ष की आयु में उनका निधन हो गया।

आपातकाल की नजरबंदी के मध्य उन्होंने कांग्रेस के विकल्प के गठन में अपनी महत्त्वपूर्ण भूमिका निभाई थी।

अटल बिहारी वाजपेयी

आपातकाल की समाप्ति के बाद उन्हें जनता पार्टी के मोरारजी देसाई मंत्रिमंडल में विदेश मंत्री बनाया गया। उस पारी में पूरे विश्व की राजनीति में उन्होंने अपनी विशिष्ट पहचान बनाई। तभी पहली बार संयुक्त राष्ट्र संघ में अपना संबोधन उन्होंने हिंदी में दिया था।

जनता पार्टी सरकार के पराभव के पश्चात् वर्ष 1980 में उन्होंने भारतीय जनसंघ को भारतीय जनता पार्टी के रूप में पुनः संयोजित किया। इसमें उनके साथ श्री आडवाणी और श्री भैरों सिंह शेखावत की भी विशिष्ट भूमिका रही। बाद में वही भारतीय जनता पार्टी के प्रथम अध्यक्ष बने।

वर्ष 1984 में भाजपा के पास लोकसभा में केवल दो स्थान थे। लेकिन अटलजी ने अपनी जिजीविषा, चिंतन एवं वक्तृता के बल पर उस समय भी देश के शिखर प्रतिपक्षी नेता के रूप में अपनी छवि स्थापित की। रामजन्मभूमि के प्रश्न पर भी राजनैतिक संघर्ष एवं हस्तक्षेप उसी काल में हुआ।

राजनैतिक संघर्ष में श्री वाजपेयी की तीव्रता रंग लाई और 1996 में भाजपा लोकसभा में सबसे बड़े दल के रूप में उभरकर सामने आई। त्रिशंकु सदन के बावजूद सबसे बड़े दल के नेता के रूप में श्री वाजपेयी को सरकार बनाने का निमंत्रण मिला। लेकिन 13 दिन के बाद उन्होंने मंत्रिमंडल का त्याग-पत्र राष्ट्रपति को सौंप दिया। वर्ष 1996 से 1998 तक दो बार सरकारों के अस्थिर रहने पर लोकसभा भंग कर दी गई और नए चुनाव हुए। उस बार भी श्री वाजपेयी के नेतृत्व में ही भाजपा सबसे बड़े दल के रूप में उभरी, लेकिन श्री वाजपेयी के ही नेतृत्व में 'एन.डी.ए.' के नाम से एक गठबंधन हुआ। इस बार श्री वाजपेयी सदन में अपना बहुमत सिद्ध करने में भी सफल रहे। यह सरकार 13 माह तक चली।

इस शख़्स के नैतिक बल से डर लगता है। इसे गंभीरता से सुनने वाले लोग करोड़ों की संख्या में हैं और सबसे बड़ी संकटपूर्ण बात यह है कि इसके वैचारिक-विरोधी भी इसका सम्मान करते हैं।

वर्ष 1999 में 17 अप्रैल को हुए शक्ति परीक्षण में सरकार मात्र एक वोट से हार गई। लेकिन कोई विकल्प सामने नहीं था, इसलिए लोकसभा फिर भंग हुई और नए चुनावों में भी जनादेश भाजपा को ही मिला।

अपने दूसरे कार्यकाल के मध्य ही श्री वाजपेयी के नेतृत्व में ही मई 1998 में पोखरन में भूमिगत परमाणु परीक्षण किया गया। इसे पोखरण-2 का नाम दिया गया।

श्री वाजपेयी का अद्‌भुत कूटनीतिक प्रयोग एवं पहलकदमी, दिल्ली-लाहौर बस यात्रा के रूप में फरवरी 1999 में सामने आई। वह एक अभिनव प्रयास था, जिसकी विश्वभर में सराहना भी हुई। उन्हीं के कार्यकाल में करगिल-युद्ध हुआ। लगभग तीन माह चले इस युद्ध में भारत सामरिक महत्त्व की चौकियों पर अपना अधिकार जमाए रखने में सफल रहा और पाक सेना को कड़ी पराजय का सामना करना पड़ा। श्री वाजपेयी की तीसरी अवधि वर्ष 1999 में आरंभ हुई, जब एन.डी.ए. ने 543 में से 303 सीटों पर विजय प्राप्त की। उसी वर्ष 13 अक्तूबर को श्री वाजपेयी तीसरी बार प्रधानमंत्री बने।

श्री वाजपेयी का अद्‌भुत कूटनीतिक प्रयोग एवं पहलकदमी, दिल्ली-लाहौर बस यात्रा के रूप में फरवरी 1999 में सामने आई। वह एक अभिनव प्रयास था, जिसकी विश्वभर में सराहना भी हुई। उन्हीं के कार्यकाल में करगिल-युद्ध हुआ। लगभग तीन माह चले इस युद्ध में भारत सामरिक महत्त्व की चौकियों पर अपना अधिकार जमाए रखने में सफल रहा और पाक सेना को कड़ी पराजय का सामना करना पड़ा।

आपातकाल के इस महानायक का समूचा राजनैतिक जीवन राष्ट्र को नए शिखरों पर पहुँचाने में समर्पित रहा। वर्ष 1992 में उन्हें 'पद्‌म विभूषण' और वर्ष 2015 में 'भारत रत्न' से सम्मानित किया गया।

वाजपेयीजी महान् राजनीतिज्ञ के अतिरिक्त एक लब्धप्रतिष्ठ कवि भी हैं। उनकी अनेक प्रकाशित काव्य कृतियों के अलावा संगीत बद्ध एलबम भी लोकप्रिय हुए हैं।

लालकृष्ण आडवाणी

राष्ट्रीय स्तर पर आपातकाल के विरुद्ध जूझने वाले शीर्षस्थ नायकों में लालकृष्ण आडवाणी प्रथम पंक्ति में रहे हैं।

8 नवंबर, 1927 को कराची (अब पाकिस्तान) में जनमे आडवाणी 1942 में ही राष्ट्रीय स्वयंसेवक संघ से जुड़ गए थे। स्वतंत्र भारत के शुरुआती दौर में ही आडवाणी एक प्रचारक के रूप में अलवर, भरतपुर, कोटा, बूँदी और झालावाड़ जिलों में कार्यरत रहे।

1951 में भारतीय जनसंघ के एक प्रमुख हस्ताक्षर के रूप में अपनी राजनैतिक पहचान बनाने वाले लालकृष्ण आडवाणी 1966 में भाजस की राष्ट्रीय कार्यकारिणी के सदस्य बने। कुछ समय तक 'ऑर्गेनाइजर' के संपादन से भी जुड़े रहे और 1973 में भारतीय जनसंघ के राष्ट्रीय अध्यक्ष निर्वाचित हुए। 1977 में वे लोकसभा में जनता पार्टी के सांसद के रूप में प्रविष्ट हुए थे।

भारतीय जनसंघ के एक प्रमुख हस्ताक्षर के रूप में अपनी राजनैतिक पहचान बनाने वाले लालकृष्ण आडवाणी 1966 में भाजस की राष्ट्रीय कार्यकारिणी के सदस्य बने।

आपातकाल के विरुद्ध संघर्ष में वैचारिक एवं राजनैतिक धरातल पर आडवाणी की विशिष्ट भूमिका रही थी। आडवाणी के शब्दों में–भारतीय स्वाधीनता के 6 दशक में दो तारीखें ऐसी हैं, जो कभी भुलाई नहीं जा सकतीं। उस दिन सभी अनुमानों को बुहराते हुए गुजरात के विधानसभा-चुनावों में 'इंदिरा-कांग्रेस' को कड़ी पराजय का सामना करना पड़ा था। उसी दिन इलाहाबाद उच्च न्यायालय ने प्रधानमंत्री इंदिरा गांधी के रायबरेली से निर्वाचन को अवैध करार दिया था और उन्हें चुनावी-भ्रष्टाचार के आरोप में 6 वर्ष के लिए चुनाव लड़ने के अयोग्य भी करार दिया गया।

दूसरी तारीख 25 जून थी। जो लोग लोकतंत्र में आस्था रखते हैं, उनके लिए स्वतंत्र भारत अंधकारपूर्ण तारीखों में से एक यह तारीख थी। इस दिन की घटनाओं में विश्व के सबसे बड़े लोकतंत्र को विश्व का दूसरा सबसे बड़ा तानाशाही देश बना दिया था। दिल्ली में जून बेहद गरम होता है। मुझे इस बात की बेहद खुशी थी कि 26 व 27 जून को, उद्यानों के शहर व अपने सुखद मौसम के लिए प्रसिद्ध बंगलौर में संयुक्त संसदीय समिति की एक बैठक रखी गई थी। इस समिति के अध्यक्ष सरदार दरबारा सिंह थे, जो बाद में पंजाब के मुख्यमंत्री भी रहे।'

25 जून की सुबह जब मैंने दिल्ली के पालम हवाई अड्डे से बंगलौर की उड़ान ली तो मुझे इस बात का कतई अनुमान नहीं था कि यह यात्रा आगामी लगभग दो वर्ष की नजरबंदी से पहले की यात्रा सिद्ध होगी। अटलजी पहले ही बंगलौर पहुँच चुके थे।

26 की सुबह 7.30 बजे दिल्ली में जनसंघ कार्यालय से पार्टी सचिव राम भाऊ गौडबोले का फोन आया कि बीती आधी रात के आस-पास जयप्रकाश नारायण, मोरारजी देसाई व कुछ अन्य वरिष्ठ नेता गिरफ्तार कर लिए गए थे और पुलिस किसी भी समय अटलजी व मुझे बंगलौर में ही गिरफ्तार करने आ सकती थी।

मैंने अटलजी व हमारे साथ आए श्यामनंदन मिश्रा ने आपसी विचार विमर्श के बाद निर्णय लिया कि हम गिरफ्तारी से बचने का कोई प्रयास नहीं करेंगे। सुबह 8 बजे रेडियो लगाया। प्रधानमंत्री श्रीमती गांधी का राष्ट्र के नाम आकस्मिक प्रसारण चल रहा था। मैंने व अटलजी ने तत्काल अपना एक संयुक्त वक्तव्य तैयार किया, जिसमें जयप्रकाशजी व अन्य नेताओं की गिरफ्तारी की कड़ी निंदा की थी। मगर वह सारी कवायद व्यर्थ जाने वाली थी, क्योंकि देशभर में सेंसरशिप लागू हो चुकी थी। लगभग 10 बजे पुलिस का एक दल हमें गिरफ्तार करने आ पहुँचा था। मधु दंडवते भी गिरफ्तार हो चुके थे। हम चारों को बंगलौर सेंट्रल जेल ले जाया गया। हम सब लगभग 34988 लोग 'मीसा' में गिरफ्तार हुए थे, जबकि डीआईआर (डिफेंस ऑफ इंडिया रूल्स) के तहत 75818 लोग गिरफ्तार किए गए थे।

25 जून की सुबह जब मैंने दिल्ली के पालम हवाई अड्डे से बंगलौर की उड़ान ली तो मुझे इस बात का कतई अनुमान नहीं था कि यह यात्रा आगामी लगभग दो वर्ष की नजरबंदी से पहले की यात्रा सिद्ध होगी। अटलजी पहले ही बंगलौर पहुँच चुके थे।

हमें दो बैरकों में रखा गया था। एक में मैं और अटलजी थे। दूसरे में मधु दंडवते व एस.एन. मिश्रा थे। हमें जेल-नियमानुसार खाने के बरतन व कुछ खाद्य सामग्री दे दी गई थी। अटलजी को खाना पकाने का शौक था। शायद इसीलिए उन्होंने लोकसभा की परिचय-पुस्तिका में अपनी 'हॉबी' के रूप में

'खाना बनाना' भी दर्ज कराया था। वैसे जेल में सभी अन्य कैदी हमें सम्मान की दृष्टि से देखते थे।

'मीसा' के तहत इस नजरबंदी के खिलाफ हमने कनार्टक हाईकोर्ट में याचिका दायर की। याचिका की पैरवी करने वाले प्रख्यात वकील संतोष हेगडे, एम. रामा जोइस और एन.एम. घटाटे भी थे। (पहले दोनों, बाद में हाईकोर्ट के मुख्य न्यायाधीश भी बने थे)। सुनवाई से पूर्व अटलजी बीमार पड़ गए थे। उन्हें अस्पताल में दाखिल करवाना पड़ा। अदालत में हम तीनों (मैं, एस.एन. मिश्रा व मधु दंडवते) को ले जाया गया। उस दिन अदालत में मेरी धर्मपत्नी कमला, दस वर्षीय बेटा जयंत और 8 वर्षीय बेटी प्रतिभा भी पहुँचे हुए थे। हम तीनों ने अपनी याचिका की पैरवी स्वयं की थी। हमारा आग्रह था कि संसद् सत्र से पूर्व ही हमारी याचिका की सुनवाई पूर्ण हो, ताकि रिहाई की स्थिति में हम संसद् सत्र में भाग ले सकें।

इसी मध्य 17 जुलाई की प्रातः एक नया नाटकीय घटनाक्रम सामने आया। एकाएक हमें बताया गया कि हम रिहा किए जा रहे हैं। दंडवते व मिश्रा संतुष्ट थे, मगर मुझे लगता था कि इस आकस्मिक फैसले में भी कोई पेंच है। फिर वही हुआ, जिसकी आशंका थी। बाहर निकलने के लिए मिश्राजी ने एक टैक्सी की व्यवस्था की थी। टैक्सी अभी कुछ गज आगे निकली थी कि हमें पुलिस के एक दस्ते ने घेर लिया। हमें बताया गया कि अब हम सबको एक नए आदेश के तहत गिरफ्तार किया जा रहा है और इस तरह से हमें नजरबंदी के नए आदेश तब थमाए गए, जब हम पहली नजरबंदी से मुक्त हो ही रहे थे।

एक-दो दिन बाद ही हमें वायुसेना के विशेष डाकोटा विमान द्वारा पहले दिल्ली व वहाँ से पुलिस के कड़े पहरे में रोहतक ले जाया गया। मगर पुलिस वालों का जो सद्भावपूर्ण बरताव बंगलौर में था, वह अब बदल चुका था। जिस ढंग से हमारी बार-बार तलाशी ली गई, उससे यह आशंका भी उपजी थी कि कहीं हमें किसी अन्य आपराधिक मामले में फँसाने की साजिश तो नहीं रची जा रही। हमारी चप्पलों के तलवों तक की जाँच की गई। मधु दंडवते ने तो मजाक मजाक में कह भी डाला, 'हमने तो श्रीमती गांधी ने एसओयूएल (Soul) वाली सोल (आत्मा) के विश्लेषण की अपील की थी, मगर वे लोग तो 'एसओयूएल' की बजाय एसओएलई (Socl) (यानी तलुवों) की जाँच ही करने लगे हैं।'

'मीसा' के तहत इस नजरबंदी के खिलाफ हमने कनार्टक हाईकोर्ट में याचिका दायर की। याचिका की पैरवी करने वाले प्रख्यात वकील संतोष हेगडे, एम. रामा जोइस और एन.एम. घटाटे भी थे। (पहले दोनों, बाद में हाईकोर्ट के मुख्य न्यायाधीश भी बने थे)।

मेरी धर्मपत्नी कमला ने गृह मंत्रालय से मुझसे जेल में बच्चों सहित मिलने की अनुमति माँगी तो उसके लिए भी उसे अनेक बाधाओं का सामना करना पड़ा। इसी बीच यह भी पता चला कि कर्नाटक के सभी अखबारों व न्यूज एजेंसियों

को सूचना एवं प्रसारण मंत्रालय की ओर से विशेष निर्देश भेजे गए, जिनका प्रारूप इस प्रकार था :

प्रिय संपादक!

मुख्य सेंसर अधिकारी की ओर से हमें यह निर्देश मिला है कि कर्नाटक हाईकोर्ट में सर्वश्री वाजपेयी, एल.के. आडवाणी, मधु दंडवते और श्याम नंदन मिश्रा द्वारा दायर याचिका के संबंध में कोई भी खबर किसी भी अखबार में न छपने दी जाए।

शुभचिंतक

आर.एम. पुरंदरे

कृते निदेशक

ऐसे निर्देश उस समय के सत्ताधीशों की मानसिकता के प्रतीक हैं। हम सब के लिए एक सुखद खबर यह थी कि पूर्व केंद्रीय मंत्री व प्रख्यात कानूनविद् एम.सी. छागला ने हमारी पैरवी की घोषणा कर दी थी। उन्होंने हमें बाद में बताया कि उन दिनों सरकारी परिस्थितियों का आलम यह था कि उन्होंने अपने कुछ मित्रों के साथ मिलकर गांधी जयंती मनाने के लिए प्रशासन से अनुमति माँगी, मगर नहीं दी गई। दिल्ली में राजघाट पर आचार्य कृपलानी श्रद्धा सुमन भेंट करने गए तो उन्हें व गांधीजी के पौत्र राजमोहन गांधी तथा प्रसोपा नेता एच.वी. कामथ को पुष्पांजलि अर्पित करने से भी रोक दिया गया।

बाहर निकलने के लिए मिश्राजी ने एक टैक्सी की व्यवस्था की थी। टैक्सी अभी कुछ गज आगे निकली थी कि हमें पुलिस के एक दस्ते ने घेर लिया। हमें बताया गया कि अब हम सबको एक नए आदेश के तहत गिरफ्तार किया जा रहा है और इस तरह से हमें नजरबंदी के नए आदेश तब थमाए गए, जब हम पहली नजरबंदी से मुक्त हो ही रहे थे।

अक्तूबर 1975 में महात्मा गांधी के चर्चित सहयोगी महादेव देसाई के बेटे नारायण देसाई का प्रेस भी 'सील' कर दिया गया, क्योंकि उस प्रेस से एक गुजराती पाक्षिक छपता था। उस पत्रिका ने एम.सी. छागला की एक खबर छापी थी। हमारी याचिका से पहले दिन से ही जुड़े युवा एडवोकेट रामा जोइस को भी मीसा के तहत गिरफ्तार कर लिया गया। बाद में यही जोइस पंजाब-हरियाणा हाईकोर्ट के मुख्य न्यायाधीश भी बने। वहाँ से रिटायर होने के बाद उन्हें बिहार का राज्यपाल भी बनाया गया।

जेल में सबसे बड़ा लाभ यह हुआ कि मुझे एकांत में खूब पढ़ने का अवसर मिला। मैंने कन्नड़ भाषा भी सीखी और जमकर टेबल टेनिस खेला। खूब लिखा भी। मैं पत्र लिखने में ही नियमित था, भले ही मालूम था कि पत्रों को सेंसर भी किया जाएगा। कुछ पत्रों की कुछ पंक्तियाँ सेंसर अधिकारियों द्वारा काट दी जाती थीं। इसका एक उदाहरण इन पत्रों से मिल सकता है।

उन दिनों की स्थिति का अनुमान 25 जून, 1985 को दी गई श्री वाजपेयी की टिप्पणी से भी लगाया जा सकता है। उस दिन आपातकाल की 10वीं

सालगिरह थी। श्री अटल बिहारी वाजपेयी ने एक पत्रकार सम्मेलन को संबोधित किया था, जिसमें उन्होंने बताया था, 'यह तो मुझे काफी समय से पता था कि मेरा व मेरी पार्टी के सहयोगी नेता श्री आडवाणी का फोन उन दिनों 'टेप' किया जाता था। लेकिन अब तो यह भी पता चला है कि अनेक वरिष्ठ नेताओं चौधरी चरणसिंह, जगजीवन राम, चंद्रशेखर और वरिष्ठ पत्रकारों जी.के. रेड्डी, अरुण शौरी, कुलदीप नैयर व जी.एस. चावला के फोन भी नियमित रूप से 'टेप' किए जाते थे। सर्वाधिक तकलीफ मुझे आईबी के इस दुस्साहस पर हुई कि वे लोग देश के राष्ट्रपति और प्रधान न्यायाधीश के फोन भी 'टेप' करते थे। यह न केवल अनैतिक था बल्कि असंवैधानिक भी था और अवैधानिक भी।'

अंत में आडवाणी जी ने शाह आयोग की उस रिपोर्ट का थोड़ा सा जिक्र अवश्य किया, जिसे 1980 में सत्ता में लौटने के बाद श्रीमती गांधी ने ठप्प कर दिया था।

जेल में सबसे बड़ा लाभ यह हुआ कि मुझे एकांत में खूब पढ़ने का अवसर मिला। मैंने कन्नड़ भाषा भी सीखी और जमकर टेबल टेनिस खेला। खूब लिखा भी। मैं पत्र लिखने में ही नियमित था, भले ही मालूम था कि पत्रों को सेंसर भी किया जाएगा।

महानायक-6

मधुकर दत्तात्रेय बालासाहब देवरस

(संघ के सरसंघचालक एवं भूमिगत आंदोलन के प्रेरणास्त्रोत)

आपातकाल की तैयारी के समय ही श्रीमती गांधी को यह आभास हो चुका था कि उन्हें सर्वाधिक संगठित विरोध का सामना राष्ट्रीय स्वयंसेवक से ही करना पड़ेगा, क्योंकि यही एक संगठन था, जिसके कार्यकर्ता अपने सरसंघचालक के आह्वान पर प्राणों की आहुति देने से भी नहीं हिचकते थे।

आपातकाल के शुरुआती आदेशों में संघ सरसंघचालक पर प्रतिबंध और बालासाहब देवरस सहित सभी वरिष्ठ संघ-अधिकारियों की गिरफ्तारी के आदेश शामिल थे। नागपुर में जनमे व आंध्र में पले-बढ़े मधुकर दत्तात्रेय बालासाहब देवरस व उनके छोटे भाई भाऊराव देवरस दोनों ही संघ के आद्य सरसंघचालक डॉ. केशवराव बलिराम हैडगेवार से गहराई तक प्रभावित थे। दोनों ने ही अपना जीवन प्रचारक के रूप में संघ को समर्पित कर दिया था। उन्हें संघ कार्य हेतु प्रचारक के नाते बंगाल भेजा तथा बाद में दैनिक 'तरुण भारत' और हिंदी दैनिक 'युगधर्म' का कार्यभार सँभालने के लिए नागपुर वापस बुला लिया गया।

उन्हें संघ कार्य हेतु प्रचारक के नाते बंगाल भेजा तथा बाद में दैनिक 'तरुण भारत' और हिंदी दैनिक 'युगधर्म' का कार्यभार सँभालने के लिए नागपुर वापस बुला लिया गया।

बालासाहब पहले सरसंघचालक थे, जिन्होंने जे.पी. आंदोलन को मुखर समर्थन दिया और यह भी स्पष्ट किया कि 'संघ, संघशः जे.पी. आंदोलन का अंग नहीं बनेगा, लेकिन स्वयंसेवकों को किसी रूप में इस आंदोलन में सक्रिय भागीदारी का अधिकार होगा', यह वस्तुतः परोक्ष संकेत था। सरसंघचालक स्वयं अपनी वैचारिकता को स्पष्ट कर चुके थे।

उन्हें पूना की यरवदा जेल में बंद रखा गया। उनका सिर्फ एक प्रयास होता था कि जे.पी. आंदोलन पर पूर्णतया संघ का ठप्पा लगाकर आंदोलन के घटकों में फूट डालने का षड्यंत्र सफल न हो।

उधर कांग्रेस व श्रीमती गांधी के सरकारी तंत्र की ओर से सुनियोजित प्रचार

के तहत संघ को कमजोर करने का भी षड्यंत्र रचा गया। मगर श्री माधवराव मूले, प्रो. राजेंद्र सिंह, श्री बापूराव मोघे आदि के माध्यम से देवरस ने जेल में रहते हुए भी आंदोलन को दिशा दी।

आपातकाल के मध्य भी निरंतर इसी तरह के दिशा-निर्देश देते रहे कि स्वयंसेवक पूर्णतया अहिंसक, अनुशासित व समर्पित भाव से आंदोलन में भाग लें। आपातकाल के तत्काल बाद जब प्रतिबंध हटा तो श्री देवरस पहले दिन से रचनात्मक कार्यों में लीन हो गए। ईसाई व मुस्लिम नेताओं से भी उन्होंने भेंट की और दुर्भावनाओं को मिटाकर राष्ट्रीय मुद्दों पर साझे प्रयासों पर बल दिया।

उन्होंने अपने एक वक्तव्य में वीर सावरकर के संदर्भ में कहा था, ''हम एक संस्कृति और हिंदूराष्ट्र में विश्वास रखते हैं। लेकिन हिंदू की परिभाषा में हम इसे एक ही आध्यात्मिक-आस्था तक सीमित नहीं रखते। जो भी एक संस्कृति व एक राष्ट्र में आस्था रखता है, वही हिंदू है।''

1973 में देवरस ने संघ के कार्यकर्ताओं को हिंदू समाज से छुआछूत की समाप्ति का आह्वान किया था। 'सेवा भारती' के माध्यम से इस दिशा में ठोस पहल हुई। सेवा भारती के माध्यम से दलित क्षेत्रों व स्लम-कॉलोनियों में सैकड़ों स्कूल व सेवा केंद्र खोले गए।

1993 में 'स्वदेशी जागरण मंच' भी बालासाहब की प्रेरक कल्पनाशीलता का ही परिणाम है। 1994 में गिरते स्वास्थ्य के कारण उन्होंने संघ-प्रमुख का पद स्वेच्छा से त्यागकर प्रो. राजेंद्र सिंह को नया सरसंघचालक बनाए जाने का मार्ग प्रशस्त किया। अब यह स्पष्ट हो गया है कि बालासाहब देवरस के निर्देशों के अनुरूप ही माधवराव मूले व श्री चमनलाल संघ ने झंडेवालान स्थित क्षेत्रीय कार्यालय से पूरे आंदोलन को दिशा दी। सरकारी आँकड़ों के अनुसार एक लाख से अधिक स्वयंसेवकों ने सत्याग्रह में भागीदारी की। मीसा (मेंटेनैंस ऑफ इंटरनल सिक्योरिटी ऐक्ट) और डी.आई.आर. (डिफेंस ऑफ इडिया रूल्स) के तहत 25000 स्वयंसेवकों को जेलों में ठूसा गया, जबकि हजारों अन्य ऐसे थे, जिन्हें झूठे आरोपों के तहत जेलों में रखा गया था।

इस समूचे आंदोलन और बाद की परिस्थितियों में निर्णायक भूमिका का निर्वहन बालासाहब देवरस ने ही किया। जनसंघ के विघटन व बाद में भारतीय जनता पार्टी के गठन के निर्णय में भी देवरस की मुख्य भूमिका थी।

17 जून, 1996 को उन्होंने इस संसार को अलविदा कहा।

आपातकाल के तत्काल बाद जब प्रतिबंध हटा तो श्री देवरस पहले दिन से रचनात्मक कार्यों में लीन हो गए। ईसाई व मुस्लिम नेताओं से भी उन्होंने भेंट की और दुर्भावनाओं को मिटाकर राष्ट्रीय मुद्दों पर साझे प्रयासों पर बल दिया।

महानायक-7

जार्ज फर्नांडिज़

जार्ज को एक पादरी के रूप में प्रशिक्षण के लिए 'सेंट पीटर्स सैमिनरी बंगलौर' में भेजा गया था। लेकिन वहाँ की जिंदगी के तौर-तरीके जार्ज को पसंद नहीं आए। धर्म के बारे में जार्ज का सभी अवधारणाओं से मोह भंग हो गया।

सैद्धांतिक एवं वैचारिक टकराव के मध्य जिस शख्स को अपने राजनैतिक जीवन में संभवतः सबसे ज्यादा रोमांचक मोड़ों से गुजरना पड़ा, वह जार्ज फर्नांडिज़ हैं। ट्रेड यूनियन नेता, पत्रकार, खेतिहर किसान, जुझारू समाजवादी चिंतक और अंततः आपातकाल के विरुद्ध कड़ा संघर्ष करने वाले जॉर्ज का जन्म 3 जून, 1930 को मंगलौर के एक कैथोलिक परिवार में हुआ था। माँ एलिस मार्था ब्रिटेन के 'किंग जार्ज पंचम' की प्रशंसक थीं। जार्ज पंचम के जन्म की तारीख भी 3 जून थी। इन्हीं दो संयोगों के आधार पर मार्था ने अपने बेटे का नाम जार्ज मैथ्यू फर्नांडिज रख दिया था।

16 वर्ष की उम्र में 1946 में जार्ज को एक पादरी के रूप में प्रशिक्षण के लिए 'सेंट पीटर्स सैमिनरी बंगलौर' में भेजा गया था। लेकिन वहाँ की जिंदगी के तौर-तरीके जार्ज को पसंद नहीं आए। धर्म के बारे में जार्ज का सभी अवधारणाओं से मोह भंग हो गया। उसे लगा कि क्रिश्चियन धर्म में जो प्रचारित होता है, उस पर आस्थापूर्ण तरीके से अमल नहीं होता।

तभी से जार्ज ने सड़क-परिवहन श्रमिकों के अधिकारों व शोषण के खिलाफ काम करना आरंभ कर दिया। 1949 में रोजगार की तलाश में जार्ज बंबई आ गए। पहली नौकरी एक अखबार में 'प्रूफरीडर' के पद पर मिली। एक भेंट में जार्ज ने बताया था कि उन दिनों उन्हें अकसर चौपाटी की रेत पर रातें काटनी पड़ती थीं, क्योंकि कोई ठौर-ठिकाना नहीं था। 1950 तक जार्ज की पहचान एक स्थानीय ट्रेड यूनियन नेता के रूप में बन गई। पहला चुनाव बंबई नगर निगम के लिए लड़ा। 1961 से 1968 तक निरंतर चुने जाते रहे।

1967 में उन्हें संयुक्त समाजवादी पार्टी ने कद्दावर नेता व केंद्रीय मंत्री

एस.के. पाटिल के खिलाफ संसदीय चुनाव में उतार दिया। जार्ज ने 48.5 प्रतिशत वोट प्राप्त किए और चुनाव जीता। तभी से उन्हें 'जायंट-किलर' कहा जाने लगा।

1974 की रेलवे हड़ताल जार्ज की राजनीतिक जिंदगी का महत्त्वपूर्ण पड़ाव थी। बंबई, गया और मद्रास में पूर्ण हड़ताल का आह्वान देशव्यापी हो गया। देश भर में 30 हजार ट्रेड यूनियन कार्यकर्ता धर दबोचे गए। यह रेलवे हड़ताल तत्कालीन प्रधानमंत्री श्रीमती गांधी को अपने विरुद्ध एक गंभीर साजिश लगी और जार्ज को भी उन्होंने अपने सियासी शत्रुओं की पंक्ति में खड़ा कर लिया।

1975 में आपातकाल की पहली रात ही जिन राष्ट्रीय नेताओं की गिरफ्तारी के आदेश जारी हुए, उनमें जार्ज का नाम पहली पंक्ति में था। मगर वह संघर्ष जारी रखने के इरादे से भूमिगत हो गए। जार्ज के भाई लारेंस फर्नांडिज को गिरफ्तार कर लिया गया। उनकी एक सहयोगी कार्यकर्ता स्नेहलता रेड्डी को भी गिरफ्तार कर लिया गया। उन्हें जार्ज का अता-पता पूछने के लिए इतना अधिक प्रताड़ित किया गया कि अंत में स्नेहलता की मृत्यु हो गई।

जुलाई 1975 में जार्ज वेश बदलकर बड़ौदा चले आए। वहाँ उनकी भेंट टाइम्स ऑफ इंडिया के पत्रकार विक्रम राव और उद्योगपति वीरेन शाह से हुई। वहाँ पर उन सबने मिलकर जनचेतना का अभियान चलाया, जो बाद में 'बड़ौदा-डायनामाइट' केस के रूप में चर्चित हुआ।

आखिर 10 जून, 1976 को जार्ज को कलकत्ता में गिरफ्तार कर लिया गया। उन पर विस्फोटक सामग्री के वितरण का आरोप लगा। जार्ज तब तक अंतरराष्ट्रीय समाजवादी आंदोलनों में भी चर्चा का विषय बन चुके थे। जर्मनी, नॉर्वे और आस्ट्रिया की सरकारों और अनेक संगठनों ने भी उनके समर्थन में दबाव बढ़ाया। आखिर जार्ज 21 मार्च, 1977 को रिहा हुए। मोरारजी देसाई की पहली जनता पार्टी सरकार में वे उद्योग मंत्री बने। उस वर्ष मुजफ्फरपुर से उन्होंने 3 लाख वोटों के अंतर से संसदीय चुनाव जीता था। बाद में वाजपेयी मंत्रिमंडल में भी वे रेल और प्रतिरक्षा मंत्री के रूप में कार्यरत रहे।

उनका विवाह नेहरू-मंत्रिमंडल में संस्कृति मंत्री प्रो. हुमायूँ कबीर की बेटी लैला से हुआ था। इन दिनों जार्ज भी अस्वस्थ चल रहे हैं।

1975 में आपातकाल की पहली रात ही जिन राष्ट्रीय नेताओं की गिरफ्तारी के आदेश जारी हुए, उनमें जार्ज का नाम पहली पंक्ति में था। मगर वह संघर्ष जारी रखने के इरादे से भूमिगत हो गए।

महानायक-8

चंद्र शेखर

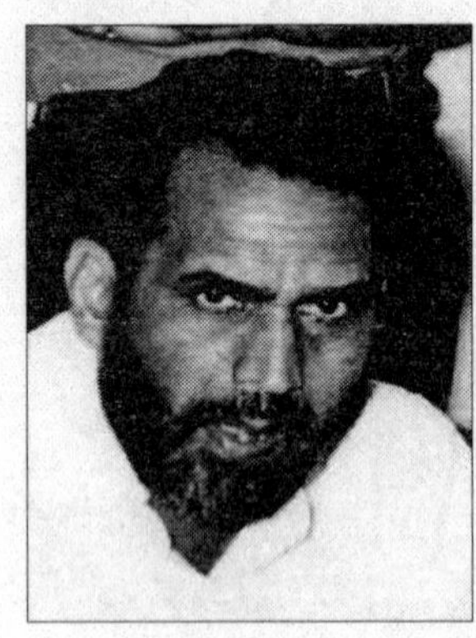

गैर **कांग्रेसी** दलों के विलय के परिणामस्वरूप अस्तित्व में आई जनता पार्टी के प्रथम अध्यक्ष चंद्र शेखर का जन्म 1 जुलाई, 1927 को उत्तर प्रदेश के बलिया जिले में स्थित इब्राहिमपत्ती गाँव के एक किसान परिवार में हुआ था। वे 1977 से 1988 तक जनता पार्टी के अध्यक्ष रहे थे।

चंद्र शेखर अपने छात्र जीवन से ही राजनीति की ओर आकर्षित थे और क्रांतिकारी जोश एवं गरम स्वभाव वाले आदर्शवादी के रूप में जाने जाते थे। इलाहाबाद विश्वविद्यालय (1950-51) से राजनीति विज्ञान में अपनी मास्टर डिग्री करने के बाद वे समाजवादी आंदोलन में शामिल हो गए। उन्हें आचार्य नरेंद्र देव के साथ बहुत निकट से जुड़े होने का सौभाग्य प्राप्त था। वे बलिया में जिला प्रजा समाजवादी पार्टी के सचिव चुने गए। एक साल के भीतर वे उत्तर प्रदेश में राज्य प्रजा समाजवादी पार्टी के संयुक्त सचिव बने। 1955-56 में वे उत्तर प्रदेश में राज्य प्रजा समाजवादी पार्टी के महासचिव बना दिए गए।

वे एक ऐसे 'युवा तुर्क' नेता के रूप में सामने आए जिसने दृढ़ता, साहस एवं ईमानदारी के साथ निहित स्वार्थ के खिलाफ लड़ाई लड़ी।

1962 में वे उत्तर प्रदेश से राज्यसभा के लिए चुने गए। वे जनवरी 1965 में भारतीय राष्ट्रीय कांग्रेस में शामिल हो गए। 1967 में उन्हें कांग्रेस संसदीय दल का महासचिव चुना गया। संसद् के सदस्य के रूप में उन्होंने दलितों के हित के लिए कार्य करना शुरू किया एवं समाज में तेजी से बदलाव लाने के लिए नीतियाँ निर्धारित करने पर जोर दिया। इस संदर्भ में वे एक ऐसे 'युवा तुर्क' नेता के रूप में सामने आए जिसने दृढ़ता, साहस एवं ईमानदारी के साथ निहित स्वार्थ के खिलाफ लड़ाई लड़ी। वे 1969 में दिल्ली से प्रकाशित साप्ताहिक पत्रिका 'यंग इंडियन' के संस्थापक एवं संपादक थे। इनका संपादकीय अपने समय के विशिष्ट एवं बेहतरीन संपादनों में से एक हुआ करता था। आपातकाल (जून,

1975 से मार्च, 1977) के दौरान 'यंग इंडियन' को बंद कर दिया गया था। फरवरी 1989 से इसका पुनः नियमित रूप से प्रकाशन शुरू हुआ। वे इसके संपादकीय सलाहकार बोर्ड के अध्यक्ष थे।

चंद्र शेखर हमेशा व्यक्तिगत राजनीति के खिलाफ रहे एवं वैचारिक तथा सामाजिक परिवर्तन की राजनीति का समर्थन किया। यही सोच उन्हें 1973-75 के अशांत एवं अव्यवस्थित दिनों के दौरान जयप्रकाश नारायण एवं उनके आदर्शवादी जीवन के और अधिक करीब ले गई। इस वजह से वे जल्द ही कांग्रेस पार्टी के भीतर असंतोष का कारण बन गए।

25 जून, 1975 को आपातकाल घोषित किए जाने के समय आंतरिक सुरक्षा अधिनियम के तहत उन्हें गिरफ्तार कर लिया गया, जबकि उस समय वे भारतीय राष्ट्रीय कांग्रेस के शीर्ष निकायों, केंद्रीय चुनाव समिति तथा कार्य समिति के सदस्य थे। चंद्र शेखर सत्तारूढ़ पार्टी के उन सदस्यों में से थे, जिन्हें आपातकाल के दौरान गिरफ्तार कर जेल भेज दिया गया था। वह हमेशा सत्ता की राजनीति का विरोध करते थे एवं लोकतांत्रिक मूल्यों तथा सामाजिक परिवर्तन के प्रति प्रतिबद्धता की राजनीति को महत्त्व देते थे।

आपातकाल के दौरान जेल में बिताए समय में उन्होंने एक डायरी लिखी थी, जो बाद में 'मेरी जेल डायरी' के नाम से प्रकाशित हुई। 'सामाजिक परिवर्तन की गतिशीलता' उनके लेखन का एक प्रसिद्ध संकलन है।

चंद्र शेखर ने 6 जनवरी, 1983 से 25 जून, 1983 तक दक्षिण के कन्याकुमारी से नई दिल्ली में राजघाट (महात्मा गांधी की समाधि) तक लगभग 4260 किलोमीटर की मैराथन दूरी पैदल (पदयात्रा) तय की थी। उनकी इस पदयात्रा का एकमात्र लक्ष्य था लोगों से मिलना एवं उनकी महत्त्वपूर्ण समस्याओं को समझना। उन्होंने सामाजिक एवं राजनीतिक कार्यकर्ताओं को प्रशिक्षित करने के उद्देश्य से केरल, तमिलनाडु, कर्नाटक, महाराष्ट्र, मध्य प्रदेश, गुजरात, उत्तर प्रदेश एवं हरियाणा सहित देश के विभिन्न भागों में लगभग पंद्रह भारत यात्रा केंद्रों की स्थापना की थी, ताकि वे देश के पिछड़े इलाकों में लोगों को शिक्षित करने एवं जमीनी स्तर पर कार्य कर सकें।

1984 से 1989 तक की संक्षिप्त अवधि को छोड़कर 1962 से वे संसद् के सदस्य रहे। 1989 में उन्होंने अपने गृह क्षेत्र बलिया और बिहार के महाराजगंज संसदीय क्षेत्र से चुनाव लड़ा एवं दोनों ही चुनाव जीते। बाद में उन्होंने महाराजगंज की सीट छोड़ दी।

आपातकाल के दौरान जेल में बिताए समय में उन्होंने एक डायरी लिखी थी, जो बाद में 'मेरी जेल डायरी' के नाम से प्रकाशित हुई। 'सामाजिक परिवर्तन की गतिशीलता' उनके लेखन का एक प्रसिद्ध संकलन है।

चंद्रशेखर की जेल डायरी के कुछ अंश

चंद्रशेखर ने अपनी 'जेल डायरी' के पृष्ठ 449 पर लिखा है– ''....जवाहरलालजी को उनकी जेलयात्रा के दौरान नैनी जेल में एक मास तक एकांतवास में रखा गया था। अंग्रेजी राज्य में इसे घोर यातना माना गया था। किंतु आज अपने देश की सरकार लोगों को उससे भी बुरी हालत में रखे हुए है। फिर भी अभिमान और विश्वास के साथ कहा जाता है कि उन्हें सब सुविधाएँ उपलब्ध हैं। यही नहीं, यहाँ तक कहा गया है कि सरकारी खर्च पर इन नेताओं को विश्राम करने का अवसर मिल गया है।''

उस समय जेलों में भर दिए गए मीसा बंदियों की कितनी दुर्दशा थी और उन्हें क्या-क्या भुगतना पड़ता था, उसका हृदयविदारक वर्णन कुलदीप नैयर ने अपनी 'इन जेल' नाम पुस्तक में विस्तृत रूप से किया है। उनकी आपबीती उनके ही शब्दों में पढ़ना उचित होगा।

अपनी पुस्तक के पृष्ठ 29 पर वे लिखते हैं–''हमारी बैरक में 28 बंदी थे (जिनकी संख्या बाद में बढ़कर 96 हो गई), परंतु उन सबके लिए कुल मिलाकर तीन शौचालय थे। सबेरे हम सबको शौच हेतु 'क्यू' में खड़ा होना पड़ता था। एक कैदी दिन में मात्र एक बार मैल साफ कर लेता था। परिणामस्वरूप सुगंधित अगरबत्ती जलाने के बाद भी इतनी दुर्गंध रहती थी कि श्वास लेना कठिन था। हवा का झोंका तो दुर्गंध को नाक में भर देता था।''

उस समय जेलों में भर दिए गए मीसा बंदियों की कितनी दुर्दशा थी और उन्हें क्या-क्या भुगतना पड़ता था, उसका हृदयविदारक वर्णन कुलदीप नैयर ने अपनी 'इन जेल' नाम पुस्तक में विस्तृत रूप से किया है। उनकी आपबीती उनके ही शब्दों में पढ़ना उचित होगा।

वे आगे लिखते हैं–''कोई स्नानागार नहीं था। हमें खुले में ही स्नान करना पड़ता था। पूरी बैरक के लिए नल की एक ही टोंटी थी और वह भी सबेरे 9 बजे पानी देना बंद कर देती थी। नतीजा यह था कि हम में से अधिकांश को हैंड पंप पर ही निर्भर रहना पड़ता था। किंतु उससे पानी निकालना टेढ़ी खीर था। कई बार तो वह पानी कम, रेत ही अधिक उगलता था। जंग लगा व बहुत पुराना होने के कारण उसे खींचना भी पूरी कसरत करवाता था। कपड़े पछोट-पछोटकर साफ भी कर लिए तो उन्हें सुखाने की समस्या थी, क्योंकि जो मैदान था, उसका बड़ा भाग तो कीचड़ से भरा रहता था।

वहाँ प्रायः बरसात का सा दृश्य रहता था। कभी-कभी तो गटर उस मैदान पर गंदा पानी व मल-मूत्र बहाकर चारों ओर गंदगी और दुर्गंध फैला देता था। स्थिति यह आ जाती थी कि भोजन करने बैठने के लिए सूखा स्थान ढूँढ़ पाना कठिन हो जाता था। ईंटों की कतारें बनाकर इधर से उधर जाने का काम चलाना पड़ता था। लकड़ियाँ गीली रहती थीं। इस कारण मैस से धुएँ के बादल निकलते रहते

थे। हमें भोजन के साथ धुआँ भी खाना पड़ता था। धुआँ आँखों से अनवरत आँसू निकालता था।··· मेरी भूख नहीं के बराबर रह गई थी। देवेंद्र जैन संघ कार्यकर्ता मैस सँभालता था। मेरी भूख जाती देख वह चिंतित था। मैं कहता था–''भाई, तुम्हारे भोजन के कारण भूख खत्म नहीं हुई है।'' (वास्तव में) वहाँ मक्खियाँ इतनी अधिक थीं कि दाल या सब्जी व रोटी में भी वे मिल ही जाती थीं। दोपहर का भोजन हो या शाम का, मक्खियों का छोंक तो लग ही जाता था। इस कारण मेरे गले में खाना उतरता ही न था।

''···कैदियों को जो गेहूँ व दाल या चावल दिया जाता था, उसमें धूल, कंकड़ तथा अन्य वस्तुओं की मिलावट रहती थी। भोजन पकाने को जो लकड़ियाँ दी जाती थीं, वे पानी में भीगी रहती थीं। यह सब वजन बढ़ाने के लिए किया जाता था। यही नहीं, जिस तराजू से सामान तौला जाता था, वह भी पासंग वाली थी।

इस बारे में जेल अधीक्षक को हमने शिकायत की तो उसका सूखा सा जवाब था–''हम क्या कर सकते हैं? कैदी ही सब सामान खरीदते हैं।'' वह तराजू तो ठीक करा सकता था। पर वह भी नहीं कराई गई। कारण सीधा था। इन हथकंडों से जो बचत होती थी, उसका बँटवारा ऊपर से नीचे तक होता था। जेल में भ्रष्टाचार ने तो संगठित संस्था का रूप ले लिया था।··· हर एक का अपना-अपना हिस्सा बँधा था, यह दूध वितरण से स्पष्ट हो जाता था। बड़े-बड़े पीपों में भरकर वह बड़े फाटक पर आता था। वहाँ बड़ी मात्रा में दूध बड़े जेल अधिकारियों के लिए निकाल लिया जाता था और जितना दूध निकाला जाता था उतना ही पानी मिलाकर पीपे फिर भर दिए जाते थे। पीपे जैसे-जैसे वार्डों की ओर आगे बढ़ते थे, बीच में सभी भागीदार अपने हिस्से का दूध निकालकर पानी मिलाकर उसे पूरा भर देते थे।

अंततः वह दूध में पानी की जगह पानी में दूध सरीखा बन जाता था। एक दिन बहुत पनीला दूध आने पर जब वार्डर से शिकायत की गई तो उसने खिलखिलाते हुए जवाब दिया–''जेल अधीक्षक महोदय से लेकर सबका अपना-अपना हिस्सा बँधा है। जब मेरे वार्ड में दूध आता है तो मैं भी अपने हिस्से का निकालकर पानी मिला देता हूँ।'' पानी शुद्ध मिलाया जाता रहे, बस यही आशा हम कर सकते थे। मिलावट की शिकायत व्यर्थ थी।···बारह सौ क्षमता वाली हमारी जेल में चार हजार से अधिक बंदी ठूस दिए जाने के कारण उसका घोर नरक बन जाना स्वाभाविक ही था।''

पीपे जैसे-जैसे वार्डों की ओर आगे बढ़ते थे, बीच में सभी भागीदार अपने हिस्से का दूध निकालकर पानी मिलाकर उसे पूरा भर देते थे।

महानायक-9

डॉ. सुब्रह्मण्यम स्वामी

आपातकाल के चर्चित नायकों में प्रख्यात अर्थशास्त्री व पूर्व केंद्रीय मंत्री डॉ. सुब्रह्मण्यम स्वामी भी शामिल हैं।

15 सितंबर, 1939 को चेन्नई के समीप मायलापोर में जनमे डॉ. सुब्रह्मण्यम स्वामी का पूरा परिवार बौद्धिक माहौल में रँगा रहा। पिता सीताराम सुब्रह्मण्यम स्वयं ब्यूरोक्रेट थे। उन दिनों 'भारतीय सांख्यिकी सेवा' में रहते हुए वे केंद्रीय सांख्यिकी संस्थान, दिल्ली के निदेशक बने और भारत सरकार के सांख्यिकी सलाहकार के पद पर भी रहे। उन्हीं दिनों घर पर के. कामराज, सी. राजगोपालाचारी और एस. राममूर्ति सरीखी शख्सियतों का आना-पाना भी लगा रहता था।

डॉ. स्वामी ने हिंदू कॉलेज नई दिल्ली से गणित में स्नातक की डिग्री ली और सांख्यिकी में स्नातकोत्तर शिक्षा कोलकाता से प्राप्त की। 1965 में उन्हें हार्वर्ड यूनिवर्सिटी से पी-एच.डी. की डिग्री प्राप्त हुई। उन्होंने अपना शोधकार्य प्रख्यात नोबेल पुरस्कार विजेता साइमन कुज्नेत्स के मार्गदर्शन में पूरा किया था। पी-एच.डी. के बाद स्वामी हार्वर्ड में ही पढ़ाने लगे। वहीं से उन्हें 'दिल्ली स्कूल ऑफ इकोनॉमिक्स' में प्रोफेसर के पद की पेशकश स्वयं अमर्त्यसेन, जिन्हें बाद में नोबल पुरस्कार मिला था, ने की थी। वे भारत लौटे, मगर उनकी खुली वैचारिकता के आधार पर उनकी नियुक्ति अंतिम समय में रद्द कर दी गई। चर्चा थी कि ऐसे निर्देश स्वयं श्रीमती गांधी की ओर से दिए गए थे। राजनीति में स्वामी ने शुरुआत भूदान आंदोलन से की थी। 1974 से 1999 तक डॉ. स्वामी पाँच बार लोकसभा के लिए चुने गए।

राजनीति में स्वामी ने शुरुआत भूदान आंदोलन से की थी। 1974 से 1999 तक डॉ. स्वामी पाँच बार लोकसभा के लिए चुने गए।

आपातकाल के मध्य वे सरकार की नजरों से बचते हुए अमेरिका पहुँच

गए। 1976 में यद्यपि आपातकाल जारी था और गिरफ्तारी के वारंट भी थे, वे वेश बदलकर भारत आए, संसद् के सत्र में बतौर सांसद भाग लिया और फिर सरकारी तंत्र की नजरों में धूल झोंकते हुए विदेश लौटने में सफल हो गए। उस घटनाक्रम की विश्व भर में चर्चा हुई। कई अधिकारी उन दिनों इसी आधार पर दंडित हुए थे।

1977 और 1991 में वे योजना आयोग के सदस्य भी बनाए गए। उसी दौर में उन्होंने चंद्रशेखर सरकार के लिए आर्थिक सुधारों का एक प्रारूप तैयार किया। डॉ. स्वामी का दावा है कि उसी प्रारूप को बाद में थोड़े बदलावों के साथ डॉ. मनमोहन सिंह ने लागू किया था।

स्वामी इससे पूर्व जनता पार्टी सरकार में उद्योगमंत्री भी रहे। एक सक्रिय सांसद के रूप में उन्होंने अनेक महत्त्वपूर्ण मुद्दे उठाए, जो देश-विदेश में चर्चा का विषय बने। इनमें नेशनल हैरल्ड-केस, काला धन-विरोधी अभियान, ईवीएम-जाँच, 2जी-स्पैक्ट्रम जाँच, जयललिता के विरुद्ध जाँच, हाशिमपुरा-नरसंहार, फोन टेपिंग आदि विषय शामिल थे। अपने वही जुझारू तेवर डॉ. स्वामी अब भी बनाए हुए हैं।

डॉ. स्वामी 1973-74 में जनसंघ नेताओं के निकट संपर्क में आए। उन्हें 1974 में पार्टी ने राज्यसभा के लिए मनोनीत किया। इसी अवधि में वे नानाजी देशमुख के निकट संपर्क में आए। दरअसल नानाजी उस काल के एकमात्र ऐसे जनसंघ-नेता थे, जो डॉ. राममनोहर लोहिया, चौ. चरणसिंह, विनोबा भावे, रामनाथ गोयनका आदि सभी को स्वीकार्य थे। आपातकाल लागू होने के कुछ दिन बाद ही डॉ. स्वामी नानाजी से एक पत्रकार के निवास पर राजेंद्र नगर में मिले और वहीं पर भविष्य की रणनीति तैयार हुई।

जे.पी. द्वारा गठित लोक संघर्ष समिति के अधिकांश सदस्य गिरफ्तार किए जा चुके थे। शेष बचे नेताओं में इरासेजियन, एन.जी. गोरे और रविंद्र वर्मा आदि शामिल थे। जे.पी. उन दिनों चंडीगढ़ स्थित जेल में थे। स्वास्थ्यगत कारणों से उन्हें पीजीआई में भी एक बंदी के रूप में रखा जाता था। जे.पी. का ही सुझाव था कि अंतरराष्ट्रीय स्तर पर समुचित प्रचार के लिए किसी एक को विदेश जाना चाहिए। संघ-नेता माधव राव मूले के सुझाव पर डॉ. स्वामी को विदेश भेजने का निर्णय हुआ, क्योंकि वह अतीत में हार्वर्ड में पढ़ाते भी रहे थे और अन्य देशों में भी उनके बुद्धिजीवी-संपर्क व्यापक थे। स्वामी उन दिनों प्रायः पगड़ीधारी सिख-वेश में रहते थे और 'कड़ा' भी पहनने लगे थे। इसी वेश में एक बार वह पुलिस की कड़ी दबिश के मध्य नई दिल्ली रेलवे स्टेशन से बंबई की ट्रेन पकड़ने में

1977 और 1991 में वे योजना आयोग के सदस्य भी बनाए गए। उसी दौर में उन्होंने चंद्रशेखर सरकार के लिए आर्थिक सुधारों का एक प्रारूप तैयार किया। डॉ. स्वामी का दावा है कि उसी प्रारूप को बाद में थोड़े बदलावों के साथ डॉ. मनमोहन सिंह ने लागू किया था।

भी सफल रहे, हालाँकि स्टेशन पर उन्हें छोड़ने आए उनके एक मित्र सुरेश उपाध्याय को गिरफ्तार कर लिया गया। उपाध्याय 'मीसा' के तहत तब तक जेल में रहे, जब तक आपातकाल जारी रहा। दिलचस्प तथ्य यह भी था कि स्वामी सदा अपने सांसद-रेल पास का ही उपयोग करते थे। इसके बावजूद वे पुलिस और रेलवे-स्टाफ की आँखों में धूल झोंकने में सफल रहे।

जब तक वे गुजरात में घूमते रहे, तब तक संघ की ओर से एक युवा प्रचारक की ड्यूटी लगती थी, जो उन्हें रेलवे स्टेशन से साथ लेकर गुजरात के एक मंत्री मकरंद देसाई के घर पर छोड़ता। वह विनम्र संघ प्रचारक श्री नरेंद्र मोदी थे, जो अब देश के प्रधानमंत्री हैं।

इसी मध्य दिल्ली में एक बार पुलिस ने एक मुखबिर की सूचना के अनुसार उस स्थल पर छापा मारा, जहाँ डॉ. स्वामी व नानाजी देशमुख प्रायः मिलते थे। अपने सूत्रों से सूचना मिलते ही डॉ. स्वामी उस क्षेत्र से निकल गए, जबकि नानाजी गिरफ्तार कर लिये गए। पहले उन्हें तिहाड़ जेल ले जाया गया, बाद में अंबाला-जेल में स्थानांतरित कर दिया गया।

उन परिस्थितियों में स्वामी ने विदेश जाने का निर्णय लिया। वे पहले मद्रास गए और वहाँ से कोलंबो होते हुए लंदन पहुँच गए। लंदन जाने के लिए उन्होंने हार्वर्ड-यूनिवर्सिटी से एक कॉन्फ्रेंस को संबोधित करने का औपचारिक निमंत्रण भी मँगवा लिया था। लंदन में आर.एस.एस. के कुछ समर्थक उन्हें लेने आ गए थे। वहाँ वे पत्रकारों से मिलते रहे। बी.बी.सी. ने उनसे साक्षात्कार भी प्रसारित किया। उन्होंने वहीं पर एक कॉन्फ्रेंस को संबोधित किया, जो 'लोकतंत्र बचाओ' के बैनर तले आयोजित की गई थी। इसमें विश्वभर से लगभग 300 प्रतिनिधि शामिल हुए। इसी बीच वे लंदन में भारतीय उच्चायुक्त बी.के. नेहरू से भी मिले।

जब तक वे गुजरात में घूमते रहे, तब तक संघ की ओर से एक युवा प्रचारक की ड्यूटी लगती थी, जो उन्हें रेलवे स्टेशन से साथ लेकर गुजरात के एक मंत्री मकरंद देसाई के घर पर छोड़ता। वह विनम्र संघ प्रचारक श्री नरेंद्र मोदी थे, जो अब देश के प्रधानमंत्री हैं।

वहाँ से डॉ. स्वामी अमेरिका चले गए। वहाँ जब उनके पासपोर्ट को रद्द करने की बात चली तो हार्वर्ड के कई प्रोफेसरों ने तत्कालीन अमेरिकी विदेश सचिव डॉ. हैनरी किसिंगर से इस मामले में हस्तक्षेप की अपील की। वहाँ पर अमेरिका के 24 राज्यों में डॉ. स्वामी ने 'भारतीय आपातकाल' के विरुद्ध भाषण दिए और इंदिरा सरकार द्वारा विदेशों में फैलाई गई भ्रामक स्थिति का निराकरण किया। अमेरिका में उन दिनों नियुक्त भारतीय राजदूत टी.एन. कौल भी आपातकाल के कट्टर समर्थक थे। कौल के ही पत्र पर केंद्रीय शिक्षा मंत्रालय ने ऐसे अनेक छात्रों के वजीफे बंद कर दिए थे, जिन्होंने आपातकाल के विरुद्ध प्रदर्शनों में भाग लिया था।

इधर वित्त मंत्रालय भी उन सब के खिलाफ सक्रिय हो चुका था, जिन्होंने डॉ. स्वामी को स्वदेश में व विदेश में किसी भी तरह की कोई मदद की थी या सुविधा पहुँचाई थी। ऐसे लोगों में पत्रकार कूमी कपूर के पिता एवं रिटायर्ड आई. सी.एस. जमशेद कपाड़िया भी शामिल थे, जिनके घर पर वित्त मंत्रालय के कुछ अदना कर्मियों ने छापा मारा और घंटों पूछताछ की। डॉ. स्वामी की बहन सुशीला सुब्रह्मण्यम भी उन दिनों ग्रेटर कैलाश में रहती थीं। उनके आवास पर भी छापा डाला गया और घंटों पूछताछ की गई।

डॉ. स्वामी ने विदेश में आपातकाल विरोधी अपनी मुहिम को तेज करने व वहाँ पर जे.पी. समर्थकों की टीमें बनाने के बाद स्वदेश लौटने का निर्णय लिया। लंदन से पैनएम की उड़ान में डॉ. स्वामी भारत होकर बैंकक जाने वाली उड़ान में सवार हुए। उनका नाम तब रास्ते में भारत उतरने वाले यात्रियों में शामिल नहीं था। मगर विमान ज्यों ही बैंकॉक से पहले दिल्ली पहुँचा, डॉ. स्वामी अपना बैग उठाकर चुपचाप वहाँ से खिसक गए। मुख्य इमीग्रेशन-हॉल में तैनात सुरक्षा कर्मियों को गच्चा देते हुए वे बाहर निकले और टैक्सी लेकर अर्चना सिनेमा तक पहुँच गए। 10 अगस्त, 1976 की सुबह को वे अपनी एक सहयोगी की मदद से संसद् भवन पहुँचे। वहाँ उनकी पहली मुलाकात इंद्रजीत गुप्ता से हुई। उन्हें इशारे से खामोश रहने का संकेत करते हुए डॉ. स्वामी सदन के भीतर पहुँचने में सफल हो गए। सामान्य सुरक्षाकर्मियों ने यह सोचकर नहीं रोका कि संभवतः डॉ. स्वामी ने सरकार से क्षमा-याचना कर ली होगी, तभी तो उन्हें वहाँ तक आने दिया होगा।

सदन में उस दिन उपराष्ट्रपति डॉ. बी.डी. जत्ती सभापति के रूप में थे। काररवाई की शुरुआत परंपरा के अनुसार श्रद्धांजलियों से हुई थी। डॉ. स्वामी एकाएक अपने स्थान से खड़े हुए और उन्होंने सभापति का ध्यान एक 'गंभीर चूक' की ओर दिलाया कि शोक-सूची में 'लोकतंत्र' का नाम नहीं डाला गया। उनका तर्क था कि हाल ही में 'लोकतंत्र' भी दिवंगत हुआ है, उसे भी श्रद्धांजलि दी जानी चाहिए।

सदन में सन्नाटा छा गया। सरकारी बैंचों पर सभी सकते में थे। सभी को आश्चर्य था कि पूरी तरह से मुस्तैद सख्ती के बावजूद डॉ. स्वामी सदन के भीतर पहुँच कैसे गए?

सभापति डॉ. जत्ती ने डॉ. स्वामी का ध्यानाकर्षण रद्द करते हुए सभी सदस्यों से दिवंगतों की स्मृति में दो मिनट के मौन का आग्रह किया। डॉ. स्वामी ने सभापति के इस निर्णय के विरुद्ध रोष व्यक्त करते हुए 'वाक आउट' की घोषणा की। जब सदन के सभी सदस्य 'मौन श्रद्धांजलि' के लिए खड़े हुए,

सदन में उस दिन उपराष्ट्रपति डॉ. बी.डी. जत्ती सभापति के रूप में थे। काररवाई की शुरुआत परंपरा के अनुसार श्रद्धांजलियों से हुई थी। डॉ. स्वामी एकाएक अपने स्थान से खड़े हुए और उन्होंने सभापति का ध्यान एक 'गंभीर चूक' की ओर दिलाया कि शोक-सूची में 'लोकतंत्र' का नाम नहीं डाला गया। उनका तर्क था कि हाल ही में 'लोकतंत्र' भी दिवंगत हुआ है, उसे भी श्रद्धांजलि दी जानी चाहिए।

तभी डॉ. स्वामी ने खामोशी के साथ धीरे-धीरे सदन छोड़ा। बाहर निकलते ही वे छिपते-छिपाते उस गाड़ी तक पहुँचे, जो उनका मित्र चाबी समेत वहाँ छोड़ गया था। उधर संसद् के सुरक्षाकर्मी बार-बार पुलिस मुख्यालय व गृहमंत्रालय के फोन बजाए जा रहे थे, ताकि डॉ. स्वामी के लिए आवश्यक निर्देश लिये जाएँ।

वहाँ से डॉ. स्वामी उसी कार में बिरला मंदिर पहुँचे। वहाँ वेश बदला। गांधी टोपी पहनी, खादी का कुर्ता-पाजामा पहना और रेलवे स्टेशन जाकर वहाँ से आगरा की ट्रेन पकड़ ली। रास्ते में ही वे मथुरा उतर गए, वहाँ से गीतांजलि एक्सप्रैस पकड़कर वे नागपुर पहुँचे और वहाँ से दादर के लिए निकल गए। इसी बीच दुनिया भर के अखबारों में डॉ. स्वामी की संसद् में चमत्कारिक उपस्थिति और विदेश से सुरक्षित स्वदेश वापसी की रोमांचक खबरें चर्चा का विषय बन चुकी थीं।

उधर संसद् में भी डॉ. स्वामी के विरुद्ध काररवाई का सिलसिला चल पड़ा था। उन पर बोगस हस्ताक्षरों के तहत भत्ते वसूलने के मनगढ़ंत आरोप चस्पाँ हुए। 'फेरा' के तहत भी कई मामले दर्ज हुए और उन्हें सदन की सदस्यता से बरखास्त कर दिया गया।

मगर व्यापक व कड़े प्रबंधों के बावजूद देश की पुलिस डॉ. स्वामी को पकड़ नहीं पाई थी। उनके बहनोई श्रीकांतम और भाई राम सुब्रह्मण्यम को अवश्य गिरफ्तार कर लिया गया था।

उधर स्वामी नेपाल में प्रवेश कर पाए, जहाँ से प्रधानमंत्री तुलसीगिरि की परोक्ष मदद से वे एक बार फिर बरास्ता बैंकॉक व अमेरिका जाने में सफल हो गए।

उधर संसद् में भी डॉ. स्वामी के विरुद्ध काररवाई का सिलसिला चल पड़ा था। उन पर बोगस हस्ताक्षरों के तहत भत्ते वसूलने के मनगढ़ंत आरोप चस्पाँ हुए। 'फेरा' के तहत भी कई मामले दर्ज हुए और उन्हें सदन की सदस्यता से बरखास्त कर दिया गया।

महानायक-10

रामनाथ गोयनका

रामनाथ गोयनका यद्यपि राजनीतिज्ञ नहीं थे, मगर भारतीय मीडिया-क्षेत्र में उन्हें अभी भी पितामह माना जाता है। आपातकाल के लागू होने से पूर्व ही इंडियन एक्सप्रेस समूह के मालिक रामनाथ गोयनका श्री जयप्रकाश नारायण के सर्वाधिक करीबी माने जाते थे। गोयनका के लिए समाचार-पत्र की सामग्री का स्तर, मुनाफे से ज्यादा महत्त्वपूर्ण था। उस दौर में दमनचक्र का सर्वाधिक शिकार यही समूह बना। उन दिनों वैसे भी 'एक्सप्रेस' की पाठक संख्या 50 लाख से भी ज्यादा थी।

गोयनका अपने अखबारों से वैचारिक व भावनात्मक दोनों स्तर पर जुड़े हुए थे। कई बार वह दावा भी करते थे कि अपने ही अखबारों के सबसे पहले पाठक वे स्वयं होते थे।

वे सुबह 4 बजे उठ जाते और पहला काम यही होता कि वे अपने अखबारों की समाचार-सामग्री व संपादकीय पर नजर डालते। उनके बारे में यह भी प्रसिद्ध था कि वे प्रायः समाचारों में दखल नहीं देते थे, हालाँकि प्रबंधकीय स्टाफ को प्रायः उनकी कोप दृष्टिट का शिकार होना पड़ता था।

यह तथ्य भी कम दिलचस्प नहीं था कि पंडित नेहरू के निजी आग्रह पर उन्होंने श्रीमती गांधी के पति फिरोज गांधी, जो कि उन दिनों सांसद भी थे, अपने अखबार में सम्मानजनक पद भी दिया था। मगर मूंदड़ा-कांड के समय एक वक्त ऐसा भी आया, जब उन्होंने स्वयं फिरोज गांधी से इस्तीफा माँग लिया था।

दरअसल उद्योगपति हरिदास-मूंदड़ा की कथित अनियमितता से जुड़ा वह स्कैंडल प्रधानमंत्री नेहरू के लिए भी संकटपूर्ण स्थिति का कारण बन गया था।

आपातकाल के लागू होने से पूर्व ही इंडियन एक्सप्रेस समूह के मालिक रामनाथ गोयनका श्री जयप्रकाश नारायण के सर्वाधिक करीबी माने जाते थे। गोयनका के लिए समाचार-पत्र की सामग्री का स्तर, मुनाफे से ज्यादा महत्त्वपूर्ण था।

दूसरी ओर उस समय के वित्तमंत्री टी.टी. कृष्णमाचारी को भी इसी मूंदड़ा-कांड में पद से त्याग-पत्र देना पड़ा था। गोयनका ने 1932 में बीमार अखबार इंडियन एक्सप्रेस के शेयर खरीदे थे। उसके बाद उन्होंने 'कन्नड़ प्रभा', 'आंध्र प्रभा' और 'दिनामानी' सरीखे क्षेत्रीय समाचार-पत्र भी खरीदे। अपने सभी प्रकाशनों को इस शख्स ने राष्ट्रीय स्वाधीनता के आंदोलन में झोंका।

1942 के भारत छोड़ो आंदोलन के समय ब्रिटिश सरकार ने जिन अखबारों पर कुछ कड़ी पाबंदियाँ लगाईं, उनमें 'एक्सप्रेस' भी था। विरोध स्वरूप 'इंडियन एक्सप्रेस' का प्रकाशन बंद कर दिया गया। तब अपने उस दौर की अंतिम संपादकीय बैठक में गोयनका ने कहा था, 'मैं तो इस व्यापार में एक 'लोटा' लेकर आया और लोटा उठाकर वापस लौट भी सकता हूँ।'

1942 के भारत छोड़ो आंदोलन के समय ब्रिटिश सरकार ने जिन अखबारों पर कुछ कड़ी पाबंदियाँ लगाईं, उनमें 'एक्सप्रेस' भी था। विरोध स्वरूप 'इंडियन एक्सप्रेस' का प्रकाशन बंद कर दिया गया। तब अपने उस दौर की अंतिम संपादकीय बैठक में गोयनका ने कहा था, 'मैं तो इस व्यापार में एक 'लोटा' लेकर आया और लोटा उठाकर वापस लौट भी सकता हूँ।'

मूंदड़ा-कांड में गोयनका ने फिरोज गांधी से त्याग-पत्र ले लिया, मगर सत्ता में बैठे लोगों, विशेष रूप से गांधी परिवार को यह सब अपमानजनक लगा। यद्यपि श्रीमती गांधी से फिरोज के संबंध उन दिनों भी तनावपूर्ण थे, मगर गोयनका द्वारा फिरोज का अपमान उन्हें नागवार गुजरा था।

आपातकाल लागू होते ही तत्कालीन वित्तमंत्री सी. सुब्रह्मण्यम के कुछ करीबी लोगों ने गोयनका पर 'इंडियन एक्सप्रेस' एक कांग्रेसी उद्योगपति को बेचने का दबाव बनाया। मगर गोयनका ने साफ इनकार कर दिया। इसके बाद तो वित्त मंत्रालय और सूचना-प्रसारण मंत्रालय के लगभग सभी संभागों ने इंडियन एक्सप्रेस के खिलाफ मोर्चा खोल दिया। 4 करोड़ का बकाया टैक्स भी निकाला गया। कार्मचारियों को वेतन देना दूभर हो गया। अखबार के हित में गोयनका ने थोड़ा पीछे हटना जरूरी समझा।

उन्होंने 'इंडियन एक्सप्रैस' को एक 'एडीटोरियल' ट्रस्ट का रूप देने और 'हिंदुस्तान टाइम्स' के मालिक के.के. बिरला को उस 'एडीटोरियल ट्रस्ट' का अध्यक्ष बनाने के प्रस्ताव पर सहमति दे दी। मगर उन्होंने 'ट्रस्ट' की कुछ शर्तें मानने से साफ इनकार कर दिया। इनमें कुलदीप नैयर को पद से हटाने, संपादक मुलगाँवकर को और सह संपादक अजीत भट्टाचार्य को दिल्ली से बाहर किसी अन्य संस्करण में भेजने की शर्तें शामिल थीं।

बहरहाल एक्सप्रेस के 11 सदस्यीय एडीटोरियल ट्रस्ट में पाँच सदस्य गोयनका द्वारा मनोनीत थे, जबकि शेष 6 में सरकार समर्थक के.के. बिरला, संजय गांधी के मित्र व सहपाठी कमल नाथ और युवा कांग्रेस नेता ए.के. एंटनी भी शामिल थे।

लगभग एक माह के बाद मुलगाँवकर को अस्थायी रूप से हटाकर के.के.

नरसिंहम को संपादक बना दिया गया। मगर नरसिंहम में भी कहीं-न-कहीं व्यावसायिक प्रतिबद्धता तो थी। उन्होंने संपादकीय नीति में भी थोड़े बदलाव कबूल किए, मगर अजीत भट्टाचार्य और कुलदीप नैयर के खिलाफ किसी भी काररवाई से इनकार कर दिया। बिरला चाहते थे, भट्टाचार्य को कोहिमा या गंगटोक भेज दिया जाए।

इसी बीच गोयनका व वी.सी. शुक्ला के मध्य एक बैठक हुई, जिसमें गोयनका शुक्ला की किसी टिप्पणी पर बिफर उठे और उन्होंने वी.सी. शुक्ला को 'कम-से-कम अपने पिता पंडित रविशंकर शुक्ला के रुतबे का तो खयाल रखो' सरीखा मशविरा दे डाला, साथ ही कुछ अपशब्दों का प्रयोग किया और बैठक से उठकर चले गए। इन सब बातों के उल्लेख की प्रासंगिकता यही है कि उस दमनकाल में भी गोयनका सरीखे लोग थे, जिन्होंने घुटने नहीं टेके।

उन्हीं दिनों इंदिरा गांधी चंडीगढ़ आई थीं। एक पत्रकार के प्रश्न के उत्तर में उन्होंने कहा था, 'कुछ बड़े घरानों द्वारा संचालित कुछ अखबारों को सरकार क्यों समर्थन दे? ऐसे चंद अखबारों की उपेक्षा में कुछ भी 'अनैतिक' या 'असैद्धांतिक' नहीं है।'

उसके बाद दमन का स्तर और भी कड़ा हो गया। एक्सप्रेस के प्रिंटिंग प्रेस पर ताला लगा दिया गया। आरोप यह था कि बिजली के बिल अदा नहीं हुए। पंजाब नैशनल बैंक को इस अखबार के लिए कागज या मशीनरी की खरीद के लिए कोई ऋण या अग्रिम राशि न देने का आदेश मिला। गोयनका व उनके संस्थानों के खिलाफ देश भर में 320 मुकदमे दायर कर दिए गए।

गोयनका उन दिनों बीमार भी रहने लगे थे। उनके उपचाराधीन होने का लाभ उठाने की मंशा से बिरला ने 'एडीटोरियल ट्रस्ट' की बैठक बुला ली। उन्हें लगा था कि गोयनका आ नहीं पाएँगे। मगर अनपेक्षित रूप से गोयनका अस्पताल से सीधे बैठक में आ पहुँचे और उन्होंने बिरला को खूब खरी-खरी सुना डाली। साथ ही उन्होंने उसी बैठक में 'एडीटोरियल ट्रस्ट' को भंग करने की भी घोषणा कर डाली।

गोयनका उन दिनों बीमार भी रहने लगे थे। उनके उपचाराधीन होने का लाभ उठाने की मंशा से बिरला ने 'एडीटोरियल ट्रस्ट' की बैठक बुला ली। उन्हें लगा था कि गोयनका आ नहीं पाएँगे। मगर अनपेक्षित रूप से गोयनका अस्पताल से सीधे बैठक में आ पहुँचे और उन्होंने बिरला को खूब खरी-खरी सुना डाली। साथ ही उन्होंने उसी बैठक में 'एडीटोरियल ट्रस्ट' को भंग करने की भी घोषणा कर डाली।

केंद्र सरकार गोयनका के इस तेवर से बौखला उठी। एक्सप्रेस पर 16 अगस्त, 1976 से कड़ी सेंसरशिप लागू कर दी गई। सेंसर अधिकारियों को भी मौखिक आदेश थे कि वे अपनी सेंसर-काररवाई में यथासंभव देरी करें, ताकि अखबार समय पर छप ही न सकें। एक्सप्रेस के सभी विज्ञापन बंद कर दिए गए। सरकारी संवाद समिति 'समाचार' को आदेश दिया गया कि एक्सप्रेस की एजेंसी सेवाएँ बंद कर दी जाएँ।

गोयनका थकने लगे थे। एक स्तर पर उन्होंने संजय गांधी व मेनका के चहेते पत्रकार खुशवंत सिंह को संपादक बनाने का प्रस्ताव भी स्वीकार कर लिया, ताकि सरकारी दमन से कुछ निजात मिले। मगर खुशवंत सिंह को संपादक पद देने की नौबत ही नहीं आई, क्योंकि 16 जनवरी, 1977 के आसपास यह चर्चा बल पकड़ने लगी थी कि प्रधानमंत्री श्रीमती गांधी ने अतंतः चुनाव कराने का निर्णय ले लिया है और मार्च 1977 तक चुनाव कराए जा सकते हैं।

आपातकाल खत्म हुआ तो गोयनका से एक पत्रकार ने पूछा, 'आप इतना लंबा संघर्ष जारी कैसे रख पाए? इस पर गोयनका का उत्तर था, 'मेरे सामने दो रास्ते थे। एक तो यह कि मैं अपनी आत्मा की आवाज सुनूँ, दूसरा यह कि अपनी जेब की ओर देखूँ। मैंने पहला रास्ता पसंद किया।'

एक्सप्रेस के सभी विज्ञापन बंद कर दिए गए। सरकारी संवाद समिति 'समाचार' को आदेश दिया गया कि एक्सप्रेस की एजेंसी सेवाएँ बंद कर दी जाएँ।

पीलू मोदी

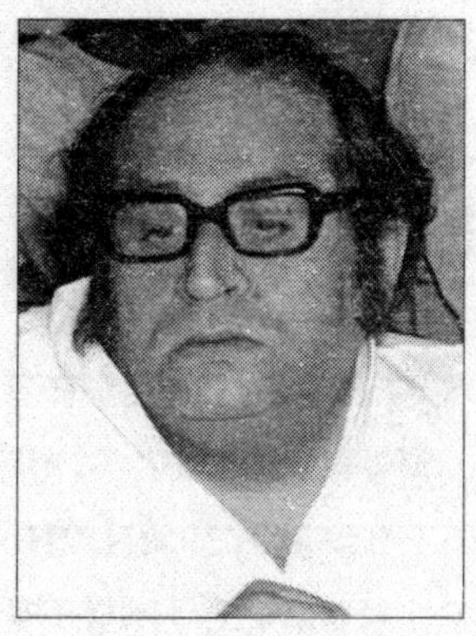

लोकसभा व राज्यसभा में तनाव एवं टकराव के समय अपने हास्य-व्यंग्य के चुटीलेपन से संसदीय माहौल को ऊर्जा देनेवाले पीलू मोदी भी आपातकाल का शिकार बने। वे स्वतंत्र पार्टी के संस्थापकों में से एक थे। आपातकाल के मध्य गिरफ्तारियों की पहली सूची में उनका नाम भी दर्ज था।

जिन दिनों श्रीमती गांधी व उनके समर्थक हर समस्या के लिए अमरीकी गुप्तचर एजेंसी 'सी.आई.ए.' को जिम्मेदार ठहराने में लगे थे, उन दिनों पीलू मोदी संसद् में एक 'बैज' लगाकर आते थे, जिस पर लिखा होता, 'मैं सी.आई.ए. का एजेंट हूँ।' व्यंग्यात्मक शैली में श्रीमती गांधी की कार्यशैली पर पैनी मार सिर्फ वही कर पाते थे।

उनकी गिरफ्तारी तत्कालीन प्रधानमंत्री श्रीमती गांधी के विशेष आदेश पर 'मीसा' के तहत की गई थी। दरअसल, श्रीमती गांधी इस बात से भी चिंतित थीं कि यह व्यक्ति संभ्रांत वर्ग के लोगों व गंभीर राजनीति करने वाले राजनीतिज्ञों के मध्य गहरी पैठ रखता था।

उन दिनों पीलू मोदी संसद् में एक 'बैज' लगाकर आते थे, जिस पर लिखा होता, 'मैं 'सी.आई.ए. का एजेंट हूँ।' व्यंग्यात्मक शैली में श्रीमती गांधी की कार्यशैली पर पैनी मार सिर्फ़ वही कर पाते थे।

पीलू मोदी 'इंदिरा कांग्रेस' के विकल्प के रूप में एक नई पार्टी के गठन के लिए भी प्रयासरत थे। वर्ष 1968 से ही इस विकल्प के लिए वे गंभीर हो गए थे। उनकी मुख्य चिंता राजनैतिक मर्यादा व नैतिकता के निरंतर गिरते हुए स्तर को लेकर थी। वह कई बार सवाल उठाते थे कि क्या अपने देश में 50 हजार ईमानदार, समर्पित व दृढसंकल्पी राजनैतिक कार्यकर्ता भी एकत्र नहीं हो सकते? उसी वर्ष यानी 1968 में उन्होंने इस दिशा में पहल शुरू कर दी थी। वे बार-बार कहते कि डॉ. इकबाल का वह शेर सही नहीं था, 'जम्हूरियत इक तर्जे हुकूमत है कि जिसमें/बंदों को गिना करते हैं तोला नहीं करते/'मोदी मानते थे कि इस

देश में ऐसे हजारों लोग हैं, जो पारदर्शिता, ईमानदारी व राजनैतिक स्वच्छता के पैरोकार हैं।

उन्होंने अपनी इसी वैचारिकता के आधार पर पाँच लाख लोगों को एकत्र करने का मन बनाया था। श्रीमती गांधी ऐसी किसी भी सोच से बिदकती थीं, जो आने वाले कल में उनके लिए या उनकी पार्टी के लिए चुनौती बने।

पीलू मोदी कहते थे कि यदि उनकी नई पार्टी के सक्रिय सदस्यों ने दो से चार घंटे प्रतिदिन इस लक्ष्य की प्राप्ति के लिए खर्च कर दिए तो निश्चित रूप से एक पारदर्शी, ईमानदार विकल्प तैयार हो सकता था। उनका एक ही निष्कर्ष होता कि 'हर समस्या का एक हल होता है, बशर्ते कि हल ढूँढने वाले का मन साफ हों, इरादे नेक हो और संकल्प मजबूत हो।'

श्रीमती गांधी ऐसे लोगों को अपनी कार्यशैली के रास्ते का रोड़ा मानती थीं। पारसी समुदाय से संबंध रखने वाले श्री पीलू मोदी सर होमी मोदी के बेटे थे और उन्होंने यूनिवर्सिटी ऑफ कैलीफोर्निया से आर्किटेक्चर में मास्टर डिग्री प्राप्त की थी। वे दो बार गोधरा (गुजरात) से लोकसभा के सदस्य चुने गए थे। उनके ही प्रयासों व पहल से 'आर्किटेक्ट ऐक्ट' बना था।

श्रीमती गांधी ऐसे लोगों को अपनी कार्यशैली के रास्ते का रोड़ा मानती थीं। पारसी समुदाय से संबंध रखने वाले श्री पीलू मोदी सर होमी मोदी के बेटे थे और उन्होंने यूनिवर्सिटी ऑफ कैलीफोर्निया से आर्किटेक्चर में मास्टर डिग्री प्राप्त की थी। वे दो बार गोधरा (गुजरात) से लोकसभा के सदस्य चुने गए थे। उनके ही प्रयासों व पहल से 'आर्किटेक्ट ऐक्ट' बना था।

1978 में वे राज्यसभा के लिए चुने गए और यह सक्रिय सदस्यता 1983 तक, यानी उनके अंत तक जारी रही। उनकी धर्मपत्नी लेविना कोलगन मोदी एक अमेरिकन आर्किटेक्ट थी। पीलू मोदी अपनी प्रसिद्ध पुस्तक 'जुल्फी माई फ्रेंड' के कारण भी चर्चा में रहे। वे पाक प्रधानमंत्री जुल्फिकार अली भुट्टो के साथ कैलीफोर्निया में एक ही हॉस्टल के एक ही कमरे में रहते थे। मगर अपनी संवेदनशील पुस्तक में मोदी ने प्रखर राष्ट्रीयता का तेवर बनाए रखा था। 14 नवंबर, 1962 को गुजरात में जनमे इस प्रखर राजनीतिज्ञ ने 29 जनवरी, 1983 को अंतिम साँस ली।

अशोक मेहता

प्रख्यात स्वतंत्रता सेनानी व मुखर समाजवादी नेता अशोक मेहता भी उसी पहली सूची में शामिल थे, जिन्हें आपातकाल की पूर्व संध्या को ही गिरफ्तार कर लिया गया था। उन्हें रोहतक जेल में रखा गया था।

24 अक्तूबर, 1911 को भावनगर (गुजरात) में जनमे अशोक मेहता पहली, दूसरी व चौथी लोकसभा के सदस्य रहे थे। स्वाधीनता संग्राम में 'भारत छोड़ो आंदोलन' से सक्रिय रहे अशोक मेहता प्रजा समाजवादी पार्टी के संस्थापक थे, मगर बाद में वैचारिक मतभेदों के कारण वे संगठन कांग्रेस में शामिल हो गए थे। एक प्रख्यात अर्थशास्त्री के रूप में उनकी पाँच कृतियाँ आज भी चर्चित व प्रासंगिक मानी जाती हैं।

'भाई, समाजवाद पर हम बड़े-बड़े लेख लिख सकते हैं, अच्छा भाषण दे सकते हैं, परंतु व्यवहार में समाजवाद तो रोहतक जेल की बैरक नं. 4 में है, जहाँ डेढ़ सौ के लगभग स्वयंसेवक रहते हैं और जिसके भी मिलने वाले जो भी फल, मिठाई दे जाते हैं, वह सभी एक स्थान पर इकट्ठी कर दी जाती हैं, और वहाँ से सभी को निश्चित समय पर समान रूप में बँट जाती है, बिना किसी भेद भाव के।

'फल, मिठाई इत्यादि बैरक में खुले पड़े रहते हैं, परंतु कमाल है कि कोई बिना आज्ञा उन्हें छूता भी नहीं। सभी एकत्र पंक्तियों में बैठकर भोजन करते हैं। सभी वर्गों के सत्याग्रही साथ थे। कोई झगड़ा नहीं, कहीं मनोमालिन्य नहीं।'

जनता पार्टी सरकार की स्थापना से पूर्व वे योजना आयोग के उपाध्यक्ष भी थे। मगर बाद में श्रीमती गांधी ने उन्हें हटा दिया था। जनता पार्टी सरकार के

राष्ट्रीय स्वयंसेवक संघ के बारे में आपके पिछले विचारों में कुछ अंतर हुआ है क्या? ऐसा प्रश्न पूछा गया। श्री अशोक मेहता बोले—"कुछ वर्ष पहले मैंने इस बारे में कोई विचार नहीं किया था।

समय उन्होंने मंत्री पद लेने से इनकार कर दिया था, मगर उन्हें उन दिनों 1977 में गठित आर्थिक मामलों की नीति समिति का अध्यक्ष बनाया गया था।

आर.एस.एस. के लिए देश व बुनियादी उसूलों के लिए आंदोलन करने का पहला मौका है। मैं एक बार फिर आपसे आकर बात करना चाहूँगा। मैंने आपका साहित्य इत्यादि नहीं पढ़ा। इसके सदस्यों को कर्मकांड का कठोर पालन करना पड़ता है, ऐसा अशोक मेहता के मन में संदेह है, इसका उस समय पता चला जब उस दिन चाय के बाद बैरक नं. 4 में अपनी बैरक की ओर लौटते हुए साथ में चल रहे श्री अजीत जैन (सोनीपत तहसील कार्यवाह) से उन्होंने पूछा कि प्रत्येक स्वयंसेवक के लिए मंदिर में जाना आवश्यक होगा।

श्री अजीत जैन ने जब बताया कि ऐसी बातों के लिए सभी स्वतंत्र हैं तो श्री अशोक मेहता चुप रह गए। अंत में श्री मेहता की स्वयंसेवकों से इतनी घनिष्ठता हो गई थी कि जब दो को छोड़कर शेष सभी स्वयंसेवक बरी होकर जेल से बाहर आ गए तो उन दोनों को भोजन इत्यादि की कोई भी असुविधा न हो, इसकी बराबर चिंता व पूछताछ उन्होंने की।

उनका निधन 1984 में हुआ था।

अंत में श्री मेहता की स्वयंसेवकों से इतनी घनिष्ठता हो गई थी कि जब दो को छोड़कर शेष सभी स्वयंसेवक बरी होकर जेल से बाहर आ गए तो उन दोनों को भोजन इत्यादि की कोई भी असुविधा न हो, इसकी बराबर चिंता व पूछताछ उन्होंने की।

प्रोफेसर समर गुहा

पश्चिमी बंगाल के जाने-माने समाजवादी नेता, सुभाष बाबू के आत्यंतिक भक्त, भावुकवृत्ति के श्री समर गुहा भी आपातकाल के दौरान रोहतक जेल में थे। संघ के स्वयंसेवकों की तीव्र देशभक्ति की भावना का अनुभव कर वे पुलकित हो उठते। एक बातचीत के दौरान उन्होंने स्वयं बताया कि ऐसे नौजवानों से मिलने की मेरी बड़ी इच्छा थी। शुरू में आपात् स्थिति लगने के बाद उतनी प्रतिक्रिया नहीं हुई। चारों ओर निराशा का वातावरण था। वह स्वयं बताते कि 'ऐसे में छोटे नौजवानों को देखकर दिल उबल गया। ऐसा होगा, यह किसी को पता नहीं था। आपात् स्थिति लगने से पूर्व दिल्ली की पार्टी नेताओं की एक बैठक में मैंने बीजू पटनायक बाबू से कहा कि सत्याग्रह नहीं हो पाएगा? जैसा इंदिरा गांधी ने किया, वैसा तो अंग्रेजों के जमाने में भी नहीं हुआ। ऐसे हालात में भी, जब सभी नेता जेल में थे, तब बिना किसी नेतृत्व व प्रोग्राम के आपने सत्याग्रह किया, इससे साबित होता है कि हम में उतनी जान है। किसी का कहीं कुछ पता नहीं, बी.बी. सी. बोलता है कि एक लाख सत्तर हजार लोग जेलों में हैं।

'इतनी बड़ी संख्या में आप लोग जेलों में आए यह गांधीजी के समय के आंदोलन से भी ज्यादा है। आप जवानों को देखकर जी भर आया है। हमारे देश ने कोई राजा, राजनीतिज्ञ नहीं बनाए अपितु त्यागी, दार्शनिक, मुनि इत्यादि बनाए हैं, इसलिए भारत को दुनिया में कोई मार नहीं सका है।

'सभी देश समाप्त हो गए, परंतु इसलाम दुनिया में कहीं हारा तो यहीं हारा। अंग्रेज हमें मार नहीं सके, फिर यह इंदिरा हमें क्या मारेगी। मैं आशावादी हूँ, जरा भी निराशा मुझमें नहीं है।'

दिनांक 23 जनवरी, 1976 को बैरक क्र. 4 में स्वयंसेवकों द्वारा नेताजी

आप जवानों को देखकर जी भर आया है। हमारे देश ने कोई राजा, राजनीतिज्ञ नहीं बनाए अपितु त्यागी, दार्शनिक, मुनि इत्यादि बनाए हैं, इसलिए भारत को दुनिया में कोई मार नहीं सका है।

सुभाष चंद्र बोस की जयंती मनाई गई, जिसमें सभी मीसा बंदी भी आमंत्रित थे। कार्यक्रम के मुख्य वक्ता थे प्रो. समर गुहा। सुंदर, व्यवस्थित पर सादा ढंग से मनाई गई जयंती का स्वरूप ही अनजा था। ब्लैक बोर्ड पर चाक से बनाया गया—नेताजी का अति सजीव चित्र।

नीचे लिखा था 'तुम मुझे खून दो, मैं तुम्हें आजादी दूँगा।' परदे पर पुष्पों से बनाया गया था, अखंड भारत का मानचित्र। श्री अमरनाथजी शास्त्री (बैरक के मुखिया सोनीपत से) का नेताजी के जीवन पर दिया गया सारगर्भित विचारोत्तेजक भाषण तथा स्वयंसेवकों द्वारा नेताजी के जीवन पर गाई हुई कविताओं ने अजीब समाँ बाँध दिया था।

अब बारी आई प्रो. समर गुहा की। रुँधे कंठ, भावुक वाणी से डेढ़ घंटे के अपने धारा प्रवाह भाषण में मेज पर जोर-जोर से हाथ पटकते हुए ऊँचे स्वर में उन्होंने कहा कि ''अब तक अपने जीवन में मैंने नेताजी की सैकड़ों जयंतियाँ मनाई या देखी हैं। सोचता था, उस महापुरुष की जयंती मनाने का आदर्श स्वरूप तो यही हो सकता है। मुझे अब कुछ मत कहिए, मैं सब समझ गया हूँ। पूर्ण हो गया हूँ।''

('तानाशाही से जूझता हरियाणा' पुस्तक से साभार)

नेताजी सुभाष चंद्र बोस की जयंती मनाई गई, जिसमें सभी मीसा बंदी भी आमंत्रित थे। कार्यक्रम के मुख्य वक्ता थे प्रो. समर गुहा। सुंदर, व्यवस्थित पर सादा ढंग से मनाई गई जयंती का स्वरूप ही अनजा था। ब्लैक बोर्ड पर चाक से बनाया गया—नेताजी का अति सजीव चित्र।

महानायक-14

सिकंदर बख्त

सिकंदर बख्त का जन्म 24 अगस्त, 1918; मृत्यु : 23 फरवरी, 2004) भारत के राजनीतिज्ञ होने के साथ-साथ स्वतंत्रता सेनानी भी थे। उनकी गणना भारतीय जनता पार्टी के शीर्षस्थ राजनयिकों में की जाती थी। मोरारजी देसाई की जनता सरकार तथा अटल बिहारी वाजपेयी की एनडीए सरकार में वे केंद्रीय मंत्री रहे। जिस समय उनका निधन हुआ, वे केरल के राज्यपाल पद पर आसीन थे। सन् 2000 में उन्हें पद्म विभूषण से नवाजा गया।

सन् 1918 में दिल्ली में जनमे सिकंदर बख्त ने अपनी शुरुआती तालीम एंग्लो-अरेबिक सीनियर सेकेंडरी स्कूल दिल्ली से हासिल की और साइंस में ग्रेजुएशन की बैचलर्स डिग्री तत्कालीन एंग्लो अरेबिक कॉलेज से ली, जिसे आजकल दिल्ली में जाकिर हुसैन कॉलेज के नाम से जाना जाता है। स्कूल-कॉलेज के दिनों में वे हॉकी के अच्छे खिलाड़ी थे और दिल्ली विश्वविद्यालय की टीम में खेला करते थे। उन्होंने एक स्वतंत्र हॉकी क्लब भी बनाया हुआ था, जिसकी टीम की कप्तानी वे खुद किया करते थे। उन्होंने एक बार कहा था कि बीजेपी की टीम में राजनीति का खेल खेलते हुए उन्हें गर्व महसूस होता है, क्योंकि यही एक ऐसी पार्टी है, जिसमें वे असली हिंदुस्तान की तसवीर देखते हैं।

उन्होंने एक बार कहा था कि बीजेपी की टीम में राजनीति का खेल खेलते हुए उन्हें गर्व महसूस होता है, क्योंकि यही एक ऐसी पार्टी है, जिसमें वे असली हिंदुस्तान की तसवीर देखते हैं।

सन् 1952 में सिकंदर बख्त ने दिल्ली नगर निगम का चुनाव कांग्रेस प्रत्याशी के रूप में जीता। 1968 में उन्हें दिल्ली विद्युत आपूर्ति अभिकरण का अध्यक्ष बनाया गया। 1969 में जब कांग्रेस पार्टी का विभाजन हुआ तो वे पुरानी कांग्रेस के साथ बने रहे और उसके प्रत्याशी के रूप में दिल्ली महानगर परिषद् का चुनाव जीता। तत्कालीन प्रधानमंत्री इंदिरा गांधी ने 25 जून, 1975 को जब आपातकाल की घोषणा की तो सभी विपक्षी दल के नेता रातोरात गिरफ्तार कर

लिए गए। सिकंदर बख्त को गिरफ्तार करके रोहतक जेल में रखा गया, जहाँ से वे दिसंबर 1976 में छूटकर घर लौटे। मार्च, 1977 में जब इंदिरा गांधी ने आम चुनाव घोषित किया तो सिकंदर बख्त तमाम विपक्षी दलों को एकजुट करके बनी जनता पार्टी में शामिल हो गए। मार्च, 1977 में वे दिल्ली की चाँदनी चौक लोकसभा सीट से सांसद चुने गए और मोरारजी देसाई सरकार में लोक निर्माण, आपूर्ति और पुनर्वास मंत्री बने।

जुलाई 1979 तक वे इस पद पर काम करते रहे।1980 में जब जनता पार्टी विखंडित हो गई तो वे भारतीय जनता पार्टी में चले गए। उनको पार्टी ने महासचिव का दायित्व सौंपा। चार वर्ष तक इस पद पर काम करने के बाद पार्टी ने उन्हें 1984 में पदोन्नत करके उपाध्यक्ष बनाया।

1990 में वे भाजपा के प्रत्याशी के रूप में राज्यसभा के लिए निर्वाचित हुए और 1992 में राज्यसभा में नेता प्रतिपक्ष चुने गए। 1996 में वे पुनः राज्यसभा सांसद चुने गए। 1998 में वाजपेयी जब फिर से भारत के प्रधानमंत्री बने तो सिकंदर बख्त को उन्होंने अपनी सरकार में शामिल किया और उद्योग मंत्री बनाया।

जुलाई 1979 तक वे इस पद पर काम करते रहे।1980 में जब जनता पार्टी विखंडित हो गई तो वे भारतीय जनता पार्टी में चले गए। उनको पार्टी ने महासचिव का दायित्व सौंपा। चार वर्ष तक इस पद पर काम करने के बाद पार्टी ने उन्हें 1984 में पदोन्नत करके उपाध्यक्ष बनाया।

बीजू पटनायक

आपातकाल-विरोधी संघर्ष के इस महानायक का जन्म कटक में 5 मार्च, 1916 को हुआ था। उनके पिता श्री लक्ष्मीनारायण पटनायक उड़िया-आंदोलन के सूत्रधार थे। बहुमुखी प्रतिभा के धनी श्री बीजू पटनायक एक प्रतिभाशाली विमान पायलट भी थे।

स्वाधीनता संग्राम में ही बीजू महात्मा गांधी के साथ जुड़ गए थे। एक बार वे सरकारी विमान में कुछ स्वाधीनता सेनानियों को एक गुप्त स्थान पर एक मीटिंग के लिए भी ले गए थे। इसी आरोप में उन्हें 1943 में जेल में बंद कर दिया गया था।

वर्ष 1975 में आपालकाल की घोषणा होते ही उन्हें गिरफ्तार कर लिया गया था। माना यही जाता था कि 'यह व्यक्ति कुछ भी कर सकता है।' वर्ष 1973 में अन्य नेताओं के साथ ही वे रिहा हुए। मोरारजी देसाई मंत्रिमंडल में उन्हें केंद्रीय इस्पाल एवं खान मंत्री बनाया गया था। बाद में वे चौधरी चरणसिंह के प्रधानमंत्री काल में भी इसी पद पर बने रहे।

बीजू पटनायक समझते थे कि भोजनालय में शायद घाटा रहता होगा अतः उन्होंने कई बार स्वयंसेवकों को बुला कर कुछ आर्थिक सहायता प्रति मास करने का प्रस्ताव उनके सामने रखा।

उनका निधन 17 अप्रैल, 1997 को हृदय गति रुक जाने से हुआ था। आपातकाल से पूर्व व बाद में प्रतिपक्षी एकता के मुख्य सूत्रधारों में उनकी भी गिनती होती थी। उनकी अदम्य जिजीविषा के अनेक अज्ञात पहलुओं पर उनकी पुत्री एवं प्रख्यात लेखिका गीता मेहता ने अपने एक लेख में प्रकाश डाला है। गीता के अनुसार बीजू ने स्वाधीनता संग्राम के दिनों में एक बार समानांतर अवैध मुद्रा चलाने का भी प्रयास किया था। उनके अनुसाार ऐसी समानांतर अर्थव्यवस्था से ब्रिटिश सरकार डाँवाँडोल हो जाएगी।

गीता मेहता के अनुसार स्वाधीनता संग्राम के दिनों में उनका दिल्ली स्थित निवास 'स्वाधीनता संग्रामियों का रैन बसेरा' के रूप में ही जाना जाता था। लेखिका गीता की चर्चित कृतियों में 'कर्मा कोला', 'ए खिर सूत्रा', 'स्नेह एंड लेडर' आदि चर्चित हैं।

उनकी अदम्य जिजीविषा के अनेक अज्ञात पहलुओं पर उनकी पुत्री एवं प्रख्यात लेखिका गीता मेहता ने अपने एक लेख में प्रकाश डाला है। गीता के अनुसार बीजू ने स्वाधीनता संग्राम के दिनों में एक बार समानांतर अवैध मुद्रा चलाने का भी प्रयास किया था।

मधु दंडवते

समाजवादी आंदोलन व श्रमिक आंदोलन से राजनीति के गलियारे में प्रवेश करने वाले जुझारू राजनेता मधु दंडवते भी प्रथम पंक्ति के उन नेताओं में शामिल थे, जिन्होंने आपातकाल के विरुद्ध संघर्ष में महत्त्वपूर्ण भूमिका निभाई थी।

21 जनवरी, 1924 को अहमदपुर (महाराष्ट्र) में जनमे मधु दंडवते ने रायल इंस्टीच्यूट ऑफ साइंस मुंबई से एम.एस-सी. (फिजिक्स) के बाद वहीं के सिद्धार्थ कॉलेज ऑफ आर्ट्स एंड साइंस में वाइस प्रिंसिपल के रूप में अध्यापन किया।

वर्ष 1942 के भारत छोड़ो आंदोलन में सक्रिय भागीदारी की। स्वाधीनता-प्राप्ति के बाद वे 1948 में प्रजा समाजवादी पार्टी के साथ जुड़ गए। वर्ष 1969 में किसान आंदोलन व भू-सुधार आंदोलन में पहली पंक्ति में रहे।

वर्ष 1971 से 1990 तक वे पाँच बार निरंतर महाराष्ट्र से कोंकण से लोकसभा के सदस्य रहे। श्रीमती गांधी की प्रधानमंत्री-अवधि में एक मुखर, गंभीर व प्रभावी प्रतिपक्षी नेता के रूप में उन्होंने अपनी महत्त्वपूर्ण भूमिका निभाई।

वर्ष 1971 से 1990 तक वे पाँच बार निरंतर महाराष्ट्र से कोंकण से लोकसभा के सदस्य रहे। श्रीमती गांधी की प्रधानमंत्री-अवधि में एक मुखर, गंभीर व प्रभावी प्रतिपक्षी नेता के रूप में उन्होंने अपनी महत्त्वपूर्ण भूमिका निभाई।

आपातल के मध्य उन्हें भी गिरफ्तार किया गया और वे बेंगलुरु जेल व बाद में पुणे की यरवदा जेल में रखे गए थे। पूरे 18 माह जेल में रहने के बाद उन्हें अन्य नेताओं के साथ ही रिहा किया गया।

जनता पार्टी के गठन के समय वे भी मुख्य सूत्रधारों में शामिल थे। मोरारजी देसाई मंत्रिमंडल में उन्हें रेल मंत्री बनाया गया। रेलवे के दूसरे दर्जे में लकड़ी की सीटें हटाकर दो इंच मोटी गद्दे वाली सीटें लगाने का कार्य उन्होंने ही कराया था। वी.पी. सिंह मंत्रिमंडल में वे वित्तमंत्री बनाए गए।

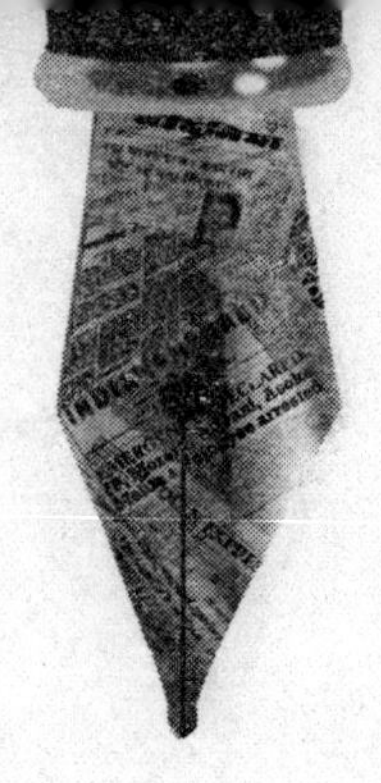

वर्ष 1990 व बाद में 1996 से 1998 तक वे योजना आयोग के उपाध्यक्ष बनाए गए थे। दंडवते मुख्य रूप से एक श्रमिक-आंदोलनकारी थे। जीवन बीमा निगम की अखिल भारतीय एसोसिएशन के वे आयुपर्यंत अध्यक्ष रहे। उनका निधन 12 नवंबर, 2005 में हुआ था। उनकी पत्नी प्रमिला दंडवते भी समाज, राजनीति व आपालकाल-विरोधी संघर्ष में बराबर की भागीदारी रहीं।

जे.पी. आंदोलन के मध्य पूरे महाराष्ट्र व गुजरात में दोनों पति-पत्नी, श्रीमती गांधी व उनकी 'किचन कैबिनेट' के निर्णयों के विरुद्ध जूझते रहे। जे.पी. की लगभग हर जनसभा में उनकी शिरकत शत प्रतिशत बनी रहती। आपातकाल के विरुद्ध आरंभिक संघर्ष में वे नानाजी देशमुख के साथ ही सक्रिय रूप में लगे रहे। उन्होंने जेल के मध्य व उससे पूर्व अनेक पुस्तकें लिखी थीं, जिनमें 'मार्क्स एंड गांधी' (1977), 'जयप्रकाश नारायण', 'दी मैन एंड हिज आइडियाज' (1981), 'डायलॉग विद लाइफ' विशेष रूप से चर्चित रहीं।

उनके पुत्र उदय दंडवते भी उन्हीं मूल्यों के लिए संघर्ष करते रहे, जिनके लिए वे स्वयं जूझते रहे। यह भी हमारी भारतीय राजनीति की विसंगति ही है कि उदय दंडवते को अपने आदर्शवादी पिता की वसीयत लागू कराने के लिए भी बरसों तक अदालत के चक्कर काटने पड़े थे।

वर्ष 1990 व बाद में 1996 से 1998 तक वे योजना आयोग के उपाध्यक्ष बनाए गए थे। दंडवते मुख्य रूप से एक श्रमिक-आंदोलनकारी थे। जीवन बीमा निगम की अखिल भारतीय एसोसिएशन के वे आयुपर्यंत अध्यक्ष रहे। उनका निधन 12 नवंबर, 2005 में हुआ था।

माधवराव मूले

आपातकाल में संघर्ष की इबारत के एक प्रमुख सूत्रधार श्री माधवराव मूले भी थे। वे उन दिनों हरियाणा में थे। इस पूरी अवधि में संघ की ओर से भूमिगत संघर्ष के सूत्र-संचालन का अखिल भारतीय कार्य माधवराव मूले ने किया। सतत असह्य परिश्रम के कारण उनका स्वास्थ्य खराब हो गया था, फिर भी पूरी क्षमता के साथ उन्होंने नेतृत्व का दायित्व सँभाला।

अस्वस्थ रहने के बावजूद निरंतर सक्रिय बने रहने के कारण ही उन्होंने प्राणों की आहुति दी। भूमिगत रहते हुए, स्वास्थ्य की उस अवस्था में उन्हें देखकर भी बोलिविया के जंगल में गुरिल्ला युद्ध का नेतृत्व करते हुए शत्रु की गोली का शिकार बनने वाले कॉ. चे ग्वेवारा और गिरफ्तारी के समय जिनके पास केवल ऑक्सिजन सिलेंडर मिला, ऐसे नक्सलवाद के प्रणेता कॉमरेड चारु मजूमदार की याद हो आती थी।

सतत असह्य परिश्रम के कारण उनका स्वास्थ्य खराब हो गया था, फिर भी पूरी क्षमता के साथ उन्होंने नेतृत्व का दायित्व सँभाला। अस्वस्थ रहने के बावजूद निरंतर सक्रिय बने रहने के कारण ही उन्होंने प्राणों की आहुति दी।

संघ की 50 वर्ष की तपश्चर्या के कारण इतने सारे स्वयंसेवकों की गिरफ्तारी के बावजूद कार्यकर्ताओं की एक समर्पित टीम माधवरावजी को उपलब्ध हुई थी। उस समय संघ-कार्य में कुल 1356 प्रचारक (पूर्णकालिक संगठनकर्ता) कार्यरत थे। इनमें से केवल 182 प्रचारक जेल में थे। पहले संघ-कार्य की दृष्टि से छह क्षेत्र थे, अब 4 क्षेत्र बनाए गए।

श्री माधवराव के सहयोगी श्री भाऊराव देवरस तथा मोरोपंत पिंगले; आपातकाल के लिए नियुक्त संघ के विभिन्न स्तरीय अधिकारी; स्वयंसेवकों द्वारा संचालित जन-संगठनों के प्रमुख; लोकसंघर्ष-समिति के संचलान में सहभागी स्वयंसेवक; इनके अलावा विभिन्न मोर्चों पर संगठक, सहायक या संपर्क-प्रमुख के नाते कार्य सँभालने वाले कार्यकर्ता, यथा नागरिक-स्वातंत्र्य के मोर्चे के लिए

रज्जू भैया (प्रो. राजेंद्र सिंह); बालासाहब भिड़े, चमनलालजी, जगदीशमित्र सूद तथा केदारनाथ साहनी; राजनीतिक क्षेत्र के लिए रामभाऊ गोडबोले, सुंदरसिंह भंडारी, ओमप्रकाश त्यागी तथा उत्तमराव पाटिल; कॉमनवेल्थ कॉन्फ्रेंस के लिए जगन्नाथराव जोशी तथा सहयोगी सांसद; कानूनी मोर्चे के लिए डॉ. अप्पा घटाटे; साहित्य-निर्माण के लिए दिल्ली में भानुप्रताप शुक्ल तथा वेदप्रकाश भाटिया और नागपुर में अनंतराव गोखले एवं मधु लिमये; साहित्य-प्रकाशन तथा दिल्ली-केंद्रित संपर्क के लिए बापूराव मोघे; धर्माचार्य-संपर्क के लिए दादा साहेब आप्टे; पत्र-प्रतिनिधियों से संपर्क के लिए जगदीशप्रसाद माथुर; महिलाओं के लिए उपयुक्त कार्यों की दृष्टि से सुश्री मौसीजी केलकर के संचालकत्व में राष्ट्र सेविका समिति के कार्यकर्ता और इन सबके सहयोग के लिए अपनी जान हथेली पर लेकर दिन-रात दौड़ने वाले हजारों स्वयंसेवक कार्यकर्ता इनमें शामिल थे।

('तानाशाही से जूझता हरियाणा' पुस्तक से साभार)

शत्रु की गोली का शिकार बनने वाले कॉ. चे ग्वेवारा और गिरफ्तारी के समय जिनके पास केवल ऑक्सिजन सिलेंडर मिला, ऐसे नक्सलवाद के प्रणेता कॉमरेड चारु मजूमदार की याद हो आती थी।

चौधरी देवीलाल

देश के दो बार उप-प्रधानमंत्री रहे और प्रदेश के मुख्यमंत्री रहे चौधरी देवीलाल आपातकाल-विरोधी आंदोलन के क्षेत्रीय आधार-स्तंभों में से एक थे। प्रदेश जनसंघ के दिग्गज डॉ. मंगलसेन के साथ उनकी जोड़ी वैसे भी चर्चित रहती थी।

जयप्रकाश नारायण ने उन दिनों हरियाणा में दो स्थानों पर, कुरुक्षेत्र व रोहतक में विशाल रैलियों को संबोधित किया था। उन रैलियों का आयोजन चौधरी देवीलाल व डॉ. मंगलसेन की विलक्षण संगठन क्षमता का अद्भुत उदाहरण था।

श्रीमती गांधी का चुनाव अवैध घोषित होने के तत्काल बाद जयप्रकाश नारायण के प्रेरक नेतृत्व में कांग्रेस (संगठन), भारतीय लोकदल, जनसंघ, अकाली दल और सोशलिस्ट पार्टी सहित विपक्ष की नई दिल्ली में बैठक हुई, जिसमें हरियाणा के प्रतिनिधि के रूप में चौधरी देवीलाल ने भाग लिया।

भारतीय लोकदल, जनसंघ, अकाली दल और सोशलिस्ट पार्टी सहित विपक्ष की नई दिल्ली में बैठक हुई, जिसमें हरियाणा के प्रतिनिधि के रूप में चौधरी देवीलाल ने भाग लिया।

इसमें फैसला किया गया कि इलाहाबाद उच्च न्यायालय के फैसले को लागू करवाया जाए तथा इंदिरा गांधी से इस्तीफा माँगा जाए। परंतु श्रीमती इंदिरा गांधी ने देश में आंतरिक आपातस्थिति लागू कर दी और प्रमुख नेताओं व कार्यकर्ताओं को राष्ट्रीय सुरक्षा अधिनियम के अंतर्गत जेलों में डाल दिया। चोटी के कुछ नेताओं को हरियाणा की जेलों में रखा गया।

चौधरी देवीलाल को बारी-बारी से सोहना, हिसार, महेंद्रगढ़ व गुड़गाँव आदि जेलों में रखा गया। इन जेलों में चौधरी देवीलाल ने विपक्ष के नेताओं से इस बारे में बात की कि एक संयुक्त मोर्चा बनाया जाए, ताकि कांग्रेस को हराने के लिए विपक्ष के वोटों का विभाजन होने से रोका जा सके। यह चौधरी देवीलाल का ही

प्रयास था कि उन्होंने प्रदेश में नजरबंद राजनैतिक पार्टियों के नेताओं को अपने मतभेद भुलाकर एक साँझे कार्यक्रम के लिए राजी किया।

एक बार महेंद्रगढ़ जेल में चौधरी देवीलाल को बहुत तेज बुखार हो गया। उन्हें 'पेरोल' पर रिहा करने का प्रस्ताव किया गया। चौधरी देवीलाल ने इस प्रस्ताव को नामंजूर कर दिया और कहा कि ''पहले इमरजेंसी (आपातकाल) हटाओ और सब लोगों को जेल से रिहा करो।'' पूरे 19 महीने के बाद वे भी जेल से तब रिहा हुए, जब सभी राजनैतिक नेताओं को रिहा कर दिया गया और मार्च 1977 में लोकसभा के लिए चुनाव कराने की घोषणा की गई।

चौधरी देवीलाल हमेशा की तरह जनता पार्टी उम्मीदवारों को सफल बनाने के लिए अपने काम में जुट गए। हरियाणा में लोकसभा चुनाव में जनता पार्टी के उम्मीदवारों ने सारी सीटें जीत लीं। वह देश के अन्य क्षेत्रों में भी चुनाव प्रचार के लिए गए। श्रीमती इंदिरा गांधी, श्री संजय गांधी और श्री बंसीलाल आदि सभी परास्त हुए।

मई 1977 में हरियाणा विधानसभा के लिए चुनाव कराए गए और चौधरी देवीलाल हरियाणा के मुख्यमंत्री बने। 21 जून, 1977 से 28 जून, 1979 तक उन्होंने हरियाणा में संपूर्ण क्रांति की दिशा में अनेक बदलावों की इबारत लिखी। बाद में वे दो बार उपप्रधानमंत्री भी बने।

जनता पार्टी के गठन में प्रतिपक्ष के शिखर पुरुषों के मध्य तालमेल का महत्त्वपूर्ण कार्य चौधरी देवीलाल ने किया था। इसी मध्य एक समय ऐसा भी आया जब कुरुक्षेत्र में जे.पी. आंदोलन के समर्थन में एक रैली आयोजित हुई। रैली का प्रचार करने के लिए कोई मुनादी वाला भी नहीं मिल पाया। चौधरी देवीलाल ने उन दिनों ढोल उठाकर स्वयं ही मुनादी की। जन-जागरण की यह एक अविस्मरणीय घटना थी।

मई 1977 में हरियाणा विधानसभा के लिए चुनाव कराए गए और चौधरी देवीलाल हरियाणा के मुख्यमंत्री बने। 21 जून, 1977 से 28 जून, 1979 तक उन्होंने हरियाणा में संपूर्ण क्रांति की दिशा में अनेक बदलावों की इबारत लिखी।

चौधरी देवीलाल की ओजस्विता के संदर्भ में एक और बात विशेष रूप से उल्लेखनीय रही। आपातकाल के मध्य, जब वे जेल में थे, तो उन्हीं दिनों उनकी पौत्री (हरियाणा के पूर्व मुख्यमंत्री श्री ओमप्रकाश चौटाला की बेटी) का विवाह था। चौधरी देवीलाल को उस विवाह में शिरकत की अनुमति नहीं दी गई।

तब उन्होंने अपने हाथ से पौत्री के नाम एक पत्र लिखा, जो सीधी-सादी भाषा में होते हुए भी एक प्रेरक संदेश बन गया था। इस पत्र में उन्होंने अपनी पोती को हाथ से लिखा था, 'तुम्हें गर्व होना चाहिए कि तुम्हारा दादा व तुम्हारा पिता राष्ट्र हित के लिए जेल में हैं।'

चौधरी देवीलाल के अतिरिक्त उनके परिवार के दो अन्य सदस्य एवं सुपुत्र

चौधरी ओमप्रकाश चौटाला (पूर्व मुख्यमंत्री) और चौधरी जगदीश चौटाला भी गिरफ्तार किए गए थे। इनके अलावा गिरफ्तार लोकदल कार्यकर्ताओं में कामरेड शंकर लाल, पूर्व सांसद एवं पूर्व एडवोकेट जनरल सुशील मोहंता, पूर्व विधायक हजार चंद कंबोज, श्रवण सैनी, ओमप्रकाश सावरिया, जीवन राम एवं वैद्य राम दयाल भी विशेष उल्लेखनीय हैं।

भारतीय लोकदल, जनसंघ, अकाली दल और सोशलिस्ट पार्टी सहित तथा विपक्ष की नई दिल्ली में बैठक हुई, जिसमें हरियाणा के प्रतिनिधि के रूप में चौधरी देवी लाल ने भाग लिया।

महानायक-19

डॉ. मंगल सेन

डॉ. मंगल सेन जनता पार्टी के शासनकाल के दौरान 1977 में हरियाणा के शिक्षा व उद्योग मंत्री रहे। शिक्षा मंत्री के नाते उन्होंने रोहतक विश्वविद्यालय का नाम 'महर्षि दयानंद' के नाम पर रखवाया।

हरियाणा की राजनीति में गठबंधन के माध्यम से कांग्रेस को सत्ता से बाहर का रास्ता दिखाने वाले व प्रदेश में भारतीय जनसंघ और भाजपा को ऊँचाइयों तक पहुँचाने वाले डॉ. मंगल सेन का जन्म 27 अक्तूबर, 1927 को सरगोधा जिले के गाँव डांवरिया में हुआ था। युवा अवस्था में ही वे राष्ट्रीय स्वयंसेवक संघ के संपर्क में आए और पढ़ाई बीच में ही छोड़कर संघ के प्रचार कार्य में जुट गए। वे 17 वर्ष की अल्पायु में ही जम्मू-कश्मीर में संघ के प्रचारक बने।

उन्होंने 1947 में विभाजन के समय अद्‌भुत साहस का परिचय दिया। उसके बाद वे रोहतक, भिवानी व हिसार में संघ के प्रचारक रहे। उन्होंने बी.ए. व एल-एल.बी. की शिक्षा ग्रहण की।

वर्ष 1951 में जनसंघ की स्थापना के बाद वे राजनीति में सक्रिय हुए। उन्होंने संयुक्त पंजाब के समय 1957 में पहला चुनाव लड़ा और विजयी हुए। वे लगातार दो बार संयुक्त पंजाब विधानसभा के सदस्य चुने गए और उन्होंने वहाँ अहम मुद्दे उठाकर विधानसभा में अपनी छाप छोड़ी।

उन्होंने पंजाब सरकार पर दबाव डालकर रोहतक में मेडिकल कॉलेज व अस्पताल की स्थापना कराई थी, जिसे अब हेल्थ यूनिवर्सिटी का दर्जा हासिल हो चुका है। डॉ. मंगल सेन जनता पार्टी के शासनकाल के दौरान 1977 में हरियाणा के शिक्षा व उद्योग मंत्री रहे। शिक्षा मंत्री के नाते उन्होंने रोहतक विश्वविद्यालय का नाम 'महर्षि दयानंद' के नाम पर रखवाया।

उन्होंने 1971 में हिंदू शिक्षण संस्थान की स्थापना की थी। कॉलेज स्थापना के अभियान में जुटे रहने के कारण उन्हें 1972 के चुनाव में हार का सामना

करना पड़ा। डॉ. सेन द्वारा लगाया गया शिक्षा का यह पौधा अब वटवृक्ष का रूप धारण कर चुका है।

वर्ष 1985 में चौ. देवीलाल व डॉ. सेन ने अधिकतर विपक्षी दलों को एक मंच पर लाकर हरियाणा संघर्ष समिति का गठन किया। राजीव-लौंगोवाल समझौते के खिलाफ दोनों ने जोरदार आंदोलन चलाया और इस समझौते के खिलाफ प्रदेश में माहौल तैयार किया।

इस आंदोलन के चलते 1987 में हुए विधानसभा चुनावों में कांग्रेस का सूपड़ा साफ हो गया। कांग्रेस को विधानसभा में 90 में से केवल 5 सीटें ही हासिल हुईं। उनके विरोधी भी उनका लोहा मानते थे। 2 दिसंबर, 1990 को हृदय गति रुकने से उनका निधन हो गया।

डॉ. सेन ने 1957, 1962, 1967, 1968, 1977, 1982 व 1987 में सात बार विधायक बनकर जिले में रिकार्ड बनाया। वे अपने राजनीतिक जीवन में केवल दो बार 1972 व 1985 के उपचुनाव हारे। डॉ. सेन ने वर्ष 1982 व 1987 में चौ. देवीलाल की पार्टी से गठबंधन करके कांग्रेस को सत्ता से बाहर का रास्ता दिखाया। इस दौरान वे हरियाणा के उप-मुख्यमंत्री भी बने।

सादगी की मिसाल : डॉक्टर मंगल सेन उस शख्स का नाम था, जिसने बेशक अल्पायु में ही राजनीति में कदम रखा हो, परंतु स्वयं को अविवाहित रखते हुए अपना पूरा जीवन जनता की सेवा में समर्पित कर दिया।

सादगी और मृदुल स्वभाव के धनी डॉक्टर मंगल सेन की सादगी का इससे बड़ा परिचय और क्या हो सकता है कि सात बार विधायक तथा एक बार डिप्टी सीएम व अन्य महत्त्वपूर्ण औहदों पर रहते हुए भी उन्होंने ताउम्र अपना घर तक नहीं खरीदा। यही नहीं, 2 दिसंबर, 1990 को अपनी कर्मभूमि रहे रोहतक शहर में ही जब उन्होंने इस दुनिया को अलविदा कहा तो वह भी किराए का ही मकान था। उनकी अरथी उसी किराए के मकान से ही उठी थी।

सादगी और मृदुल स्वभाव के धनी डॉक्टर मंगल सेन की सादगी का इससे बड़ा परिचय और क्या हो सकता है कि सात बार विधायक तथा एक बार डिप्टी सीएम व अन्य महत्त्वपूर्ण औहदों पर रहते हुए भी उन्होंने ताउम्र अपना घर तक नहीं खरीदा।

जनसेवा को सदैव सर्वोपरि कहने वाले डॉक्टर मंगल सेन ने हमेशा जनभावना को अपने हृदय में स्थान दिया। उनका मानना था कि संगठन मजबूत होगा, तभी राष्ट्र मजबूत हो सकता है।

अपनी इसी सकारात्मक सोच के कारण उन्होंने कभी भी अपने नेतृत्व में किसी भी कार्यकर्ता को कभी भी नाराज नहीं होने दिया। डिप्टी सीएम जैसे पद पर रहने के बावजूद उन्होंने अपने कार्यकर्ता को संगठन की रीढ़ समझा और एक-एक कार्यकर्ता को संगठन से जोड़े रखने के लिए उसके चूल्हे तक अपनी पहुँच बनाए रखी।

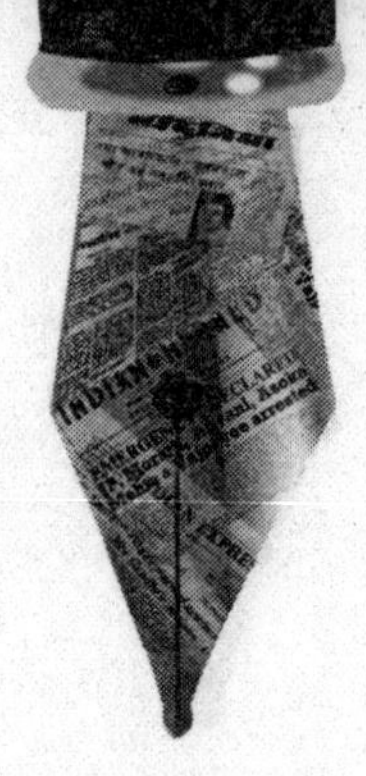

हरियाणा के निर्माण में योगदान : हरियाणा में जनसंघ और भाजपा का इतिहास डॉ. मंगल सेन की संघर्ष यात्रा के इर्द-गिर्द घूमता है। डॉ. मंगल सेन संघ के स्वयंसेवक, प्रचारक और एकनिष्ठ समर्पित राष्ट्रीय पुरुष थे।

वे एक ऐसे नेता थे, जो हर किसी के लिए हर समय उपलब्ध रहते थे। भिवानी स्टैंड, रोहतक में चौबारे पर स्थित उनका कार्यालय हर समय खुला रहता था। किसी के आने-जाने पर किसी तरह की रुकावट नहीं थी। शहर और देहात, पार्टी और गैर-पार्टी किसी भी व्यक्ति की कोई समस्या होती थी तो वे डॉ. मंगल सेन के पास निस्संकोच पहुँच जाते थे।

डॉ. मंगल सेन ने हरियाणा में सबसे बड़े आंदोलन हिंदी सत्याग्रह की सफलता में महत्त्वपूर्ण योगदान किया और अपने साथियों सहित काफी समय तक जेल में रहे। हरियाणा के नव निर्माण की नींव इस सत्याग्रह की सफलता के साथ रख दी गई। हरियाणा के निर्माण के लिए, जो लंबा संघर्ष चला, उसमें डॉ. साहब प्रमुख नेता थे। हरियाणा बनने के बाद प्रदेश के निर्माण में उन्होंने अनुकरणीय योगदान किया। रोहतक और डॉ. मंगल सेन एक-दूसरे के पूरक बन गए थे।

वे एक प्रभावी वक्ता थे। उनके बोलने की एक अलग ही शैली थी, जो श्रोता के हृदय पर अमिट छाप छोड़ जाती थी।

इस प्रकार की प्रभावोत्पादक शैली के पीछे बोलने वाला उनका निस्स्वार्थ हृदय था, समाज की समस्याओं की टीस थी, अत्याचार और अन्याय के विरुद्ध मुखर वाणी थी, आम लोगों का दर्द था, जो उनकी आवाज को बुलंद करता था।

हरियाणा के निर्माण के लिए, जो लंबा संघर्ष चला, उसमें डॉ. साहब प्रमुख नेता थे। हरियाणा बनने के बाद प्रदेश के निर्माण में उन्होंने अनुकरणीय योगदान किया। रोहतक और डॉ. मंगल सेन एक-दूसरे के पूरक बन गए थे।

ऐसा लगता है कि भिवानी स्टैंड का वह ऐतिहासिक गलियारा आज भी उस 'शेरे हरियाणा' की आवाज बुलंद एवं प्रखर आवाज को भूला नहीं है। आपातकालीन स्थिति की घोषणा करने के उपरांत हरियाणा प्रदेश के भी कई विरोधी दलों के नेताओं को जेल में डाल दिया गया। उसी घोषणा के अंतर्गत हरियाणा में प्रखर देश भक्त, महान् कर्मयोगी और भारतीय जनसंघ के महान् नायक डॉ. मंगल सेन को भी जून, 1975 को गिरफ्तार करके हरियाणा प्रांत के करनाल नगर की जेल में डाल दिया गया। इस कारावास में डॉ. सेन ने 18 माह बिताए। इस अवधि में डॉ. मंगल सेन ने स्वाध्याय करके अपने व्यक्तित्व को खूरा निखारा। अपने संगठन कौशल का परिचय देते हुए कई लोगों को पार्टी की विचारधारा से जोड़कर संगठन को मजबूत बनाया।

करनाल की जिस बैरक (कोठरी) में उन्हें रखा गया था, उस बैरक के

नीचे से गंदे पानी का नाला बहता था। उस गंदे पानी की बदबू की वजह से वे अस्वस्थ रहने लगे थे। आपातकाल समाप्ति के पश्चात् निरंतर उपचार द्वारा आंशिक रूप से स्वस्थ हो पाए थे।

कारावास में रहते हुए अन्य राजनैतिक दलों के नेता व कार्यकर्ता उनके संपर्क में आए। उन सभी के साथ डॉ. सेन का व्यवहार अत्यंत सौहार्दपूर्ण रहता था। उन सभी को वे अपने परिवार का सदस्य समझते थे। उनके इस प्रेमपूर्ण व्यवहार के कारण ही अन्य दलों के नेता उनके संपर्क में आए, इसी के परिणामस्वरूप आपातकाल समाप्त होने पर एक मजबूत जनता पार्टी का उदय हुआ और पूरे हरियाणा में तथा समूचे देश में भारी सफलता प्राप्त की।

जेल में रहते हुए अन्य साथियों के मनोबल को ऊँचा बनाए रखते थे। कभी-कभी अन्य साथियों में कमेजारी का भाव आता तो महापुरुषों के जीवन-परिचय द्वारा सभी का आत्मिक बल बनाए रखते थे। सभी साथियों के परिवारों की चिंता भी वे करते रहते थे। जेल में रहते हुए उन्होंने एक परिवार के मुखिया की भूमिका निभाई।

कारावास में रहते हुए अन्य राजनैतिक दलों के नेता व कार्यकर्ता उनके संपर्क में आए। उन सभी के साथ डॉ. सेन का व्यवहार अत्यंत सौहार्दपूर्ण रहता था। उन सभी को वे अपने परिवार का सदस्य समझते थे।

महानायक-20

प्रकाश सिंह बादल

आपातकाल की समाप्ति पर गठित प्रथम जनता पार्टी सरकार में उन्हें केंद्रीय कृषि मंत्री का पद दिया गया। मगर कुछ माह बाद ही उन्होंने केंद्रीय मंत्रिमंडल से त्याग-पत्र दे दिया, क्योंकि वे प्रदेश में अपनी जड़ों के करीब ही रहना चाहते थे।

पंजाब के मुख्यमंत्री प्रकाश सिंह बादल भी उन राष्ट्रीय स्तर के नेताओं में से थे, जिन्हें आपातकाल लागू होने के पहले दिन ही गिरफ्तार कर लिया गया था। उन्हें 'मीसा' के तहत करनाल में नजरबंद रखा गया था। इससे पूर्व उन्हें नागरिक-अधिकारों के हनन के विरुद्ध आंदोलन एवं प्रदर्शन करने के आरोप में गिरफ्तार किया गया था। वे पूरे 19 माह जेल में रहे। इस मध्य जनता पार्टी की स्थापना और केंद्र में पहली जनता-सरकार के गठन में उनकी विशिष्ट भूमिका थी।

आपातकाल की समाप्ति पर गठित प्रथम जनता पार्टी सरकार में उन्हें केंद्रीय कृषि मंत्री का पद दिया गया। मगर कुछ माह बाद ही उन्होंने केंद्रीय मंत्रिमंडल से त्याग-पत्र दे दिया, क्योंकि वे प्रदेश में अपनी जड़ों के करीब ही रहना चाहते थे। उनके स्थान पर केंद्र में अकाली दल के प्रतिनिधि के रूप में सुरजीत सिंह बरनाला को लिया गया। बरनाला ने भी आपातकाल के विरुद्ध संघर्ष में महत्त्वपूर्ण भूमिका निभाई। बाद में संघर्ष के उन दिनों के उनके संस्मरण पुस्तक रूप में भी प्रकाशित हुए थे।

8 दिसंबर, 1927 को पंजाब के एक शहर मलोट के समीपस्थ गाँव अबुल खुराना में जनमे प्रकाश सिंह बादल अब 89वें वर्ष में प्रवेश कर चुके हैं। वे लाहौर के फोरमैन क्रिश्चियन कॉलेज से स्नातक हैं और अब तक 10 बार विधानसभा का चुनाव जीत चुके हैं। अतीत में भारतीय जनसंघ और बाद में भाजपा के साथ गठबंधन की सरकारें बना चुके बादल राष्ट्रीय स्वयंसेवक संघ के शिखर नेतृत्व के भी सदा करीब रहे। देश के सर्वाधिक वयोवृद्ध मुख्यमंत्री बादल अब भी नागरिक अधिकारों के प्रति जागरूक हैं। 1975 के दिनों को याद

करते हुए वे बताते हैं कि 'वे दिन भारतीय इतिहास के सर्वाधिक काले दिन थे।'

कुछ समय पूर्व एक प्रेस-साक्षात्कार में उन्होंने उन 'काले दिनों' की स्मृतियाँ ताजा करते हुए कहा कि उन दिनों लोकतंत्र के लिए अस्तित्व का एक गंभीर संकट पैदा हो गया था। प्रेस व प्रतिरोध को कुचलने के लिए उस समय की केंद्रीय सरकार ने अनेक साजिशें रचीं, लेकिन भारतीय लोकतंत्र की जड़ें इतनी मजबूत थीं कि आखिर उसी सरकार को सारे दमन-चक्र वापस लेने पड़े।'

बादल का कहना है कि उनके दल ने सदा ही महान् सिख गुरुओं के मार्गदर्शन में अन्याय, दमन व शोषण के खिलाफ युद्ध लड़ा है। आपातकाल भी गुरुओं के आदेशों व मौलिक सिद्धांतों के हनन का प्रयास था, जिसे गुरुओं के प्रति समर्पित सिख समुदाय ने पछाड़ दिया था। उन दिनों हम लोग जयप्रकाश नारायण, वाजपेयी व आडवाणी के साथ रहे और पंजाब व अन्य प्रदेशों में पहले जनसंघ फिर भाजपा के साथ मिल-जुलकर संघर्ष के मार्ग पर चले। श्री बादल का कहना था कि अब इस बात की कोई संभावना नहीं है कि देश में कभी वे पुराने दिन लौटें, क्योंकि उन दिनों के संघर्ष ने दिखा दिया थे कि लोकतंत्र इस देश की प्राणवायु है। हमारे लोग भूखे पेट तो रह सकते हैं, मगर दमन और आतंक से कभी समझौता नहीं करते।

बादल के अनुसार–'उन दिनों जमीनी स्तर पर एवं गाँव से लेकर महानगर तक कार्यकर्ता सड़कों पर निकल आए थे। उन पर लाठीचार्ज हुए, यातनाएँ दी गईं, मगर एक भी अकाली कार्यकर्ता ने न तो जमानत ली, न क्षमादान माँगा और न ही आपातकाल की समाप्ति के बाद अपने संघर्ष का कोई पुरस्कार माँगा। फिर भी हमारी साँझा सरकार ने निर्णय लिया है कि आपातकाल में संघर्ष करने वाले सभी जुझारू लोगों को सम्मानित किया जाएगा, जिन्होंने लोकतंत्र के लिए लड़ी गई लड़ाई में गिरफ्तारियाँ दी थीं।'

बादल का कहना है कि उनके दल ने सदा ही महान् सिख गुरुओं के मार्गदर्शन में अन्याय, दमन व शोषण के खिलाफ युद्ध लड़ा है। आपातकाल भी गुरुओं के आदेशों व मौलिक सिद्धांतों के हनन का प्रयास था, जिसे गुरुओं के प्रति समर्पित सिख समुदाय ने पछाड़ दिया था।

अध्याय-6

संघर्ष नायकों से रू-ब-रू

जत्थे के जत्थे जेल में आने लगे

डॉ. बजरंगलाल गुप्ता

हरियाणा में आपातकाल में भूमिगत आंदोलन को प्रभावी एवं व्यवस्थित करने में डॉ. बजरंगलाल गुप्ता ने विशेष भूमिका निभाई। श्री गुप्ता आपातकाल लगते ही संघर्ष में सक्रिय हो गए थे और सुधीर, डॉ. महावीर आदि नामों से कार्य करते रहे और अंत तक पुलिस उन्हें गिरफ्तार नहीं कर सकी। वे सोनीपत में रहते थे और दिल्ली के श्रद्धानंद कॉलेज में अर्थशास्त्र के प्राध्यापक थे। उन्होंने आपातकाल में पवनार आश्रम जाकर आचार्य विनोबा भावे से भेंट की। वर्तमान में राष्ट्रीय स्वयंसेवक संघ के उत्तर क्षेत्र के माननीय संघचालक डॉ. बजरंगलालजी से सुभाष आहूजा द्वारा लिये गए साक्षात्कार के कुछ अंश प्रस्तुत हैं :

• हरियाणा में आपातकाल के दौरान अपनी सक्रिय भूमिका के बारे में कुछ बताएँ।

जिस समय आपातस्थिति लगी, उस समय मैं राजस्थान में अपने गाँव में था। रेडियो पर समाचार मिलने पर तुरंत जयपुर गया। अगले दिन भूमिगत हो चुके माननीय सोहन सिंहजी से भेंट होने पर उन्होंने मुझे कहा कि अपने क्षेत्र में जाओ। माननीय प्रेमचंदजी गोयल फरीदाबाद में भूमिगत थे। उनसे मिलना कठिन था। उनसे तीन दिन बाद मिलना हुआ। सब गिरफ्तार हो चुके थे। हम बापूराव मोघेजी से मिले। मुझे आदेश मिला कि भूमिगत काम करना है, गिरफ्तार नहीं होना है और सत्याग्रह भी नहीं करना है।

उनसे मिलना कठिन था। उनसे तीन दिन बाद मिलना हुआ। सब गिरफ्तार हो चुके थे। हम बापूराव मोघेजी से मिले। मुझे आदेश मिला कि भूमिगत काम करना है, गिरफ्तार नहीं होना है और सत्याग्रह भी नहीं करना है।

उस समय संघ के हरियाणा प्रांत के कार्यवाहक श्री प्रेमचंदजी जैन (कुरुक्षेत्र) को 25 जून की रात्रि में ही 'मीसा' में गिरफ्तार कर लिया गया और हरियाणा प्रांत के भूमिगत आंदोलन का दायित्व मुझ पर एवं माननीय प्रेमचंदजी गोयल पर

आ गया। मैं सोनीपत में आ गया और मकान बदल लिया। परिवार को राजस्थान भेज दिया। पुलिस वारंट लेकर पुराने मकान पर गई, लेकिन उसे यही बताया गया कि यहाँ तो कोई बजरंग लाल गुप्ता नहीं रहते।

बाद में परिवार को भी बुला लिया। लेकिन पुलिस को इस मकान का भी पता चल गया। मेरी बड़ी बिटिया मंजू, जो मात्र सात साल की थी, बाहर खेल रही थी और पुलिस वाले ने उससे पूछा कि क्या यह बजरंगलाल गुप्ता का घर है? तो उसने सवाल कर दिया कि कौन बजरंगलाल? मैं किसी बजरंगलाल को नहीं जानती। इस तरह से मैं बच गया। पुलिस कई बार हिंदू कॉलेज सोनीपत भी गई। क्योंकि 1973 तक मैं उसी कॉलेज में पढ़ाता था। लेकिन वहाँ भी यही बताया गया कि वे नहीं जानते कि मैं कहा हूं।

एक बड़ी रोचक बात बताता हूँ। मैं डॉ. महावीर के छद्म नाम से प्रवास करता रहा और यह नाम पुलिस के पास पहुँच गया। उस समय जनसंघ के नेता डॉ. भाई महावीर जेल में थे और पुलिस काफी समय तक यही समझती रही कि डॉ. भाई महावीर ही जेल से सभी निर्देश भेजते हैं और जेल से ही भूमिगत आंदोलन चला रहे हैं। संघ प्रतिबंधित था, परंतु संघ का संगठन ज्यों-का-त्यों बरकरार था। जहाँ-जहाँ जेल में बंदी होने के कारण स्थान खाली हो गए थे, वहाँ-वहाँ नए-नए कार्यकर्ताओ को दायित्व देकर एक ही मास में सारे संगठन को लगभग व्यवस्थित कर लिया गया था।

• हरियाणा में बंसीलाल का बहुत डर था। ऐसी परिस्थिति में कैसे काम किया?

बंसीलाल का आतंक इतना ज्यादा था कि सामान्य जनता ही नहीं, बड़े नेता भी यह विश्वास नहीं करते थे कि इस प्रदेश में भी सत्याग्रह हो सकता है। सभी दलों के प्रमुख नेता पहले ही बंदी बना लिए गए थे और इस कारण सभी राजनीतिक गतिविधिया प्रायः ठप्प हो गई थीं। घोर निराशा के क्षणों में भी संघ के स्वयंसेवकों ने हरियाणा में 143 स्थानों से 1013 लोगों ने सत्याग्रह किया। इनमें से 42 को छोड़कर शेष सभी संघ के थे। इन में 7वीं कक्षा में पढ़नेवाले बाल स्वयंसेवकों से लेकर 75 वर्ष तक के लोगों ने भी पूरे उत्साह से भाग लिया।

संघ प्रतिबंधित था, परंतु संघ का संगठन ज्यों-का-त्यों बरकरार था। जहाँ-जहाँ जेल में बंदी होने के कारण स्थान खाली हो गए थे, वहाँ-वहाँ नए-नए कार्यकर्ताओ को दायित्व देकर एक ही मास में सारे संगठन को लगभग व्यवस्थित कर लिया गया था।

• कोई और प्रेरणादायक घटना जो आपको याद हो?

दादा गणेशी लाल भार्गव उस समय हिसार के माननीय संघचालक थे। वे काफी वृद्ध थे और माने हुए वकील रहे हैं। हिसार में उनका बहुत नाम था। उनको

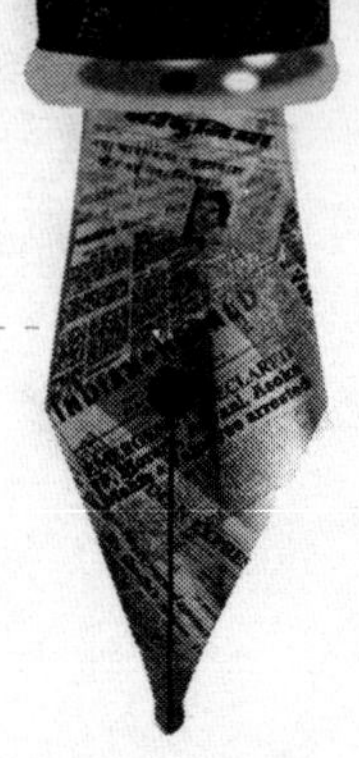

संगठन की ओर से पत्र भेजा गया, जिसमें लिखा था कि आपको सत्याग्रह नहीं करना है।

उन्होंने उसी पत्र पर लिखकर भेज दिया कि या तो मुझे संघचालक के दायित्व से मुक्त कर दीजिए या मैं पहले जत्थे में जाऊँगा। इतनी अधिक आयु होते हुए भी उन्होंने पहले जत्थे का नेतृत्व कर प्रेरणादायक उदाहरण प्रस्तुत किया। उनकी प्रतिष्ठा को देखते हुए कोई पुलिस वाला उन्हें गिरफ्तार करने के लिए तैयार नहीं था। पर वे अड़ गए और आखिर उन्हें गिरफ्तार करना पड़ा।

चौधरी मुख्त्यार सिंह और श्री राजनारायण एक ही जेल में थे। वे बार-बार चौधरी जी को कहते थे कि संघ कुछ नहीं कर रहा, हमारी तो जेल से लाशें ही जाएँगी और निराशा में संघ के खिलाफ कुछ-न-कुछ बोलते रहते थे। बाद में जब सत्याग्रह शुरू हुआ और जत्थे के जत्थे जेल में आने लगे। उस समय हर नए जत्थे का परिचय करवाया जाता था। एक स्वयंसेवक ने परिचय करवाया कि ''मैं माधव शाखा का मुख्य शिक्षक हूँ।'' अगले जत्थे का भी यही परिचय कि ''मैं माधव शाखा का मुख्य शिक्षक हूँ। उससे अगले का भी यही परिचय हुआ तो राजनारायणजी हैरान हुए कि यह माधव शाखा है या मुख्य शिक्षक उगाने का खेत? उन्हें क्या पता कि संघ में एक व्यक्ति जाता है तो अगला दायित्व पर आ जाता है। वे यह देखकर आश्चर्यचकित रह गए।

अगले जत्थे का भी यही परिचय कि ''मैं माधव शाखा का मुख्य शिक्षक हूँ। उससे अगले का भी यही परिचय हुआ तो राजनारायणजी हैरान हुए कि यह माधव शाखा है या मुख्य शिक्षक उगाने का खेत? उन्हें क्या पता कि संघ में एक व्यक्ति जाता है तो अगला दायित्व पर आ जाता है। वे यह देखकर आश्चर्यचकित रह गए।

• आपका कोई और अनुभव जो आप वर्तमान पीढ़ी को बताना चाहेंगे?

उन दिनों का 'पवनार सम्मेलन' में भाग लेने का एक प्रसंग आपको बताता हूँ। 26 जून, 1975 को श्रीमती इंदिरा गांधी ने जब देश के जनतंत्र को तानाशाही में परिवर्तित कर यातनाओं का दौर प्रारंभ कर दिया तो देश के अनेक निष्पक्ष सर्वमान्य विचारकों, धार्मिक नेताओं तथा साधु-संतों ने श्रीमती गांधी से साग्रह निवेदन किया कि वे अतिवादी मार्ग को त्यागकर चर्चा के द्वारा समस्याओं को पार करने का मार्ग निकालें।

किंतु श्रीमती गांधी ने इन सब के आग्रह को ठुकराकर अपना दमन-चक्र और जोरों से चालू कर दिया। एक प्रकार का स्थायी गतिरोध उत्पन्न हो गया। ऐसी स्थिति में स्वाभाविक रूप से सब की दृष्टि आचार्य विनोबा भावे पर लगी। क्योंकि वे सभी के लिए मान्य और श्रद्धास्पद थे।

विनोबाजी के संघ से भी अच्छे और निकट के संबंध थे; जैसे दो संतों के मध्य प्रेम, आत्मीयता और श्रद्धा का संबंध होता है, ठीक वैसा ही संबंध विनोबाजी और गुरुजी का था। श्रीगुरुजी के साथ हुई एक भेंट में विनोबाजी ने यहाँ तक कह दिया था कि मुझे भी आप अपना सदस्य ही समझिए। ''मैं संघ का

असभ्य सदस्य हूँ।'' इसीलिए सब को विश्वास था कि संत विनोबा इस गतिरोध को समाप्त करने में अवश्य सफल होंगे।

आचार्य विनोबा भावे उन दिनों मौन व्रत पर थे। उन पर चारों तरफ से दबाव था और सर्वोदय कार्यकर्ताओं का भी आग्रह था कि वे मौन व्रत त्यागकर देश में उत्पन्न इस स्थिति के संबंध में अपने विचार व्यक्त करें तथा इसे सुलझाने का प्रयास करें। इंदिरा समर्थक कुछ सर्वोदयी कार्यकर्ताओं ने यह प्रयत्न किया कि बाबा (आचार्य विनोबा भावे) अपना मौनव्रत एक वर्ष के लिए और बढ़ा दें। किंतु स्वर्गीय श्रीमन्नारायण अग्रवाल आदि प्रमुख कार्यकर्ताओं के आग्रह पर वे अपना मौनव्रत तोड़ने के लिए राजी हो गए। इस दृष्टि से श्रीमन्नारायण ने बाबा के सामने यह सुझाव रखा कि वे देशभर के सभी सर्वोदय कार्यकर्ताओं का वृहद सम्मेलन बुलाएँ तथा उस सम्मेलन के अवसर पर वे अपना मौनव्रत तोड़ें और देश को दिशा-निर्देश दें।

बाबा की लगभग इस योजना को स्वीकृति भी मिल गई थी, किंतु इस बीच इंदिरा समर्थकों ने षड्यंत्र रचकर इसे विफल कर डाला। उन्होंने एक भूदान रजत जयंती समिति भी बना डाली एवं उसी के तत्त्वाधान में कार्यक्रम करने का निश्चय किया। इस समिति के प्रमुख इंदिरा समर्थक नरेंद्र दुबे एवं कुमारी निर्मला देशपांडे बनीं।

उन्होंने इंदिराजी की योजना के अनुसार ही इस कार्यक्रम का आयोजन किया। इस सम्मेलन में अधिकतर उन्हीं सर्वोदयी कार्यकर्ताओं को निमंत्रण भेजा गया था, जो उनकी निगाह में 'जे.पी.' समर्थक नहीं थे। इस सम्मेलन के लिए श्रीमन्नारायण अग्रवाल जैसे पुराने कार्यकर्ता को भी निमंत्रण नहीं भेजा गया। अंत में लोकलाज के कारण उन्हें निमंत्रण भेजा गया।

यह सम्मलेन पवनार में 24, 25 व 26 दिसंबर, 1975 को आयोजित किया गया था। इन्हीं दिनों जे पी समर्थक पुराने सर्वोदयी कार्यकर्तायों ने सेवाग्राम में श्रीमन्नारायण की अध्यक्षता में 25, 26 व 27 दिसंबर को एक अखिल भारतीय सम्मेलन का आयोजन किया था।

उन्होंने एक भूदान रजत जयंती समिति भी बना डाली एवं उसी के तत्त्वाधान में कार्यक्रम करने का निश्चय किया। इस समिति के प्रमुख इंदिरा समर्थक नरेंद्र दुबे एवं कुमारी निर्मला देशपांडे बनीं।

दिलचस्प बात यह है कि पवनार के लिए निमंत्रण-पत्र अखिल भारतीय कांग्रेस कमेटी (AICC) के माध्यम से भेजे गए। कांग्रेस का सम्मेलन कामागाटामारू नगर में पवनार के ठीक बाद ही रखा गया था, अतः बहुत से कांग्रेस कार्यकर्ताओं को कामागाटामारू नगर का आने-जाने का टिकट वाया पवनार ही दिया गया था, ताकि पवनार सम्मलेन में इंदिरा समर्थकों की एक बड़ी भारी भीड़ जमा करके यह प्रयत्न किया जाए कि आचार्य विनोबा भावे आपातकाल व तानाशाही के

विरोध में कुछ भी न बोलें।

• आपने पवनार जाने की योजना कैसे बनाई? क्योंकि आपके पीछे भी पुलिस लगी हुई थी तो आप वहा कैसे पहुँचे?

संघ को पवनार सम्मलेन की जानकारी थी और यह भी पता था कि इसमें इंदिरा समर्थक बहुत बड़ी संख्या में पहुँचने वाले हैं। अतः संघ के अधिकारियों ने भी सोचा कि किसी कार्यकर्ता को इसमें भेजा जाए तथा विनोबाजी को देश की विभिन्न जेलों में बंद कार्यकर्ताओं व अन्य घटनाओं की तथ्यात्मक जानकारी दी जाए।

यह दायित्व मुझे सौंपा गया। समस्या थी कि वहाँ जाया कैसे जाए। काम जोखिम भरा था। मैंने दिल्ली में चाँदनी चौक के खादी आश्रम से कपड़े लिये और एक सर्वोदयी कार्यकर्ता के रूप में जाने की तयारी शुरू कर दी।

इस काम में हिसार के सर्वोदयी कार्यकर्ता दादा गणेशीलाल तथा जयनारायण वर्मा ने सहयोग दिया और उन्होंने सर्वोदय कार्यकर्ता का फॉर्म भी उपलब्ध करवा दिया। मैं सुधीर भाई के नाम से वर्धा स्टेशन उतरकर पवनार पहुँच गया। वहा आए अन्य सर्वोदयी कार्यकर्ताओं का मन टटोलने पर ऐसा लगा कि वे सब वर्तमान स्थिति के खिलाफ हैं।

• आपकी विनोबाजी से भेंट कब और कैसे हुई ?

25 दिसंबर, 1975 को प्रातःकाल मैंने विनोबाजी के दर्शन कर उन्हें देश की विभिन्न जेलों में बंद व्यक्तियों की जानकारी तथा हरियाणा के अनेक बंदियों के परिवारों की तरफ से विनोबाजी को लिखे अनेक पत्र एवं हिसार के भाई परमानंद की लिखी एक कविता भेंट की।

यह दायित्व मुझे सौंपा गया। समस्या थी कि वहाँ जाया कैसे जाए। काम जोखिम भरा था। मैंने दिल्ली में चाँदनी चौक के खादी आश्रम से कपड़े लिये और एक सर्वोदयी कार्यकर्ता के रूप में जाने की तयारी शुरू कर दी।

25 दिसंबर को विनोबाजी ने मौन तोड़ा और अपने भाषण में उन्होंने जे.पी. के बारे में कुछ भी नहीं बोला। इसको लेकर कार्यकर्ताओं में रोष व आश्चर्य दोनों थे। उनके उस भाषण से देश की जनता तथा वहाँ आए अनेकों कार्यकर्ताओं की आशा पूरी नहीं हुई।

अगले दिन 26 दिसंबर को सेवाग्राम में चल रहे रचनात्मक कार्यकर्ता सम्मलेन वालों ने अपना अधिवेशन पवनार में ही रखा। मंच श्रीमन्नारायण के पास था। जैसे ही मंच पर आचार्य विनोबाजी पधारे, वैसे ही मैंने एक परचा उन्हें थमा दिया। परचे में लिखा था–

''श्रद्धेय विनोबाजी,

कल आपने अपने भाषण में शासन व अनुसाशन में अंतर बताते हुए कहा था कि शासन तो होता है सत्ता का आदेश और अनुशासन होता है आचार्यों का

मार्गदर्शन। हमारे देश में आपातस्थिति की घोषणा शासन ने की है, आचार्य श्री के द्वारा नहीं।

''अतः सारे देश में जगह-जगह आपके नाम से जो यह लिखकर लगाया गया है कि 'आपात स्थिति अनुशासन पर्व है', वह आपके ही अनुसार गलत है। अतः हमारा आपसे निवेदन है कि आप अपने नाम से सरकार द्वारा फैलाए जा रहे भ्रम का निवारण करें।'

—आपके सर्वोदयी कार्यकर्ता

इस पत्र पर हिसार के दादा गणेशीलाल, जयनारायण वर्मा, भाई रामस्वरूप, भाई परमानंद तथा रेवाड़ी के एक कार्यकर्ता के हस्ताक्षर थे। अपने भाषण में विनोबाजी ने जैसे ही परमात्मा से जे.पी. के स्वास्थ्य लाभ की कामना की, वैसे ही पंडाल तालियों की गड़गड़ाहट से गूँज उठा और इससे बाबा की समझ में आ गया कि लोगों का मन किधर है।

तभी से विनोबाजी ने धीरे-धीरे आपात स्थिति के विरोध में बोलना प्रारंभ कर दिया। इस दौरान अनेकों सर्वोदयी कार्यकर्ताओं से मिलना हुआ और मैंने सेवाग्राम में जे.पी. समर्थक सर्वोदयी कार्यकर्ताओं की एक भूमिगत बैठक में भी भाग लिया। उस बैठक में लगभग सभी कार्यकर्ताओं ने अपने-अपने प्रांत का वृत्तांत देते हुए कहा कि इस संघर्ष में सर्वाधिक योगदान राष्ट्रीय स्वयंसेवक संघ कर रहा है तथा उनके स्वयंसेवक अनेकों अत्याचार सहते हुए भी पूरे जोश व आत्म-विश्वास से संघर्ष चला रहे हैं।

इस सबमें श्रीमन्नारायण अग्रवाल की भूमिका बहुत ही सकारात्मक रही; उन्होंने अपनी आगामी योजना का संकेत देते हुए कहा कि वे शीघ्र ही देश के चोटी के आचार्य विद्वानों को पवनार में एकत्र करेंगे और वे सब वर्तमान स्थिति के बारे में विचार-मंथन कर विनोबाजी को अपना मत व्यक्त करेंगे।

यदि सरकार उस (आचार्यों का मत) को नहीं मानेगी तो फिर वे विनोबाजी से आग्रह करेंगे कि वे अपने मतानुसार आचार्यों का मत न मानने वाली सरकार के खिलाफ सत्याग्रह करें। मैंने तुरंत वापस दिल्ली आकर माननीय बापू राव मोघे को सारा वृत्तांत बताया और आगे की योजना पर चर्चा हुई।

—सुभाष आहूजा

सारे देश में जगह-जगह आपके नाम से जो यह लिखकर लगाया गया है कि 'आपात स्थिति अनुशासन पर्व है', वह आपके ही अनुसार गलत है। अतः हमारा आपसे निवेदन है कि आप अपने नाम से सरकार द्वारा फैलाए जा रहे भ्रम का निवारण करें।

हाथों में कीलें ठोकी

प्रेमचंद गोयल

पुलिस ने उनके साथियों की जानकारी प्राप्त करने हेतु अमानवीय हथकंडे अपनाए। उनके हाथों की अंगुलियों में लोहे की कीलें ठोकी गईं। इस पर भी उस देशभक्त ने कुछ बताने से इनकार कर दिया।

विश्वव्यापी सांस्कृतिक संगठन राष्ट्रीय स्वयंसेवक संघ के कर्मठ कार्यकर्ता और हरियाणा प्रभारी प्रेमजी गोयल ने एक साक्षात्कार में आपातकाल की एक लोमहर्षक घटना, का हृदय-विदारक विवरण सुनाते हुए बताया कि किस प्रकार विदेशी शासन के दौरान प्रजा पर होने वाले अमानवीय अत्याचारों की दुहाई देने वालों ने आपातकाल के दौरान अपने ही लोगों से पार्शविकता का व्यवहार किया।

आदरणीय प्रेमजी गोयल से केशवकुंज दिल्ली में प्रोफेसर मोहन मैत्रेय से हुई भेंट-वार्त्ता का विवरण प्रस्तुत है–

आपातकाल की घोषणा पर जनता का आक्रोश स्वाभाविक था। शीर्षस्थ नेता गिरफ्तार हो चुके थे। सक्रिय कार्यकर्ताओं की खोज शुरू थी, लुका-छिपी का खेल चल रहा था।

पुलिस के एक छापे में तिलक राज और अन्य साथी तो बच निकले, परंतु ठाकुर चौबे गिरफ्तार हो गए। पुलिस ने उनके साथियों की जानकारी प्राप्त करने हेतु अमानवीय हथकंडे अपनाए। उनके हाथों की अंगुलियों में लोहे की कीलें ठोकी गईं। इस पर भी उस देशभक्त ने कुछ बताने से इनकार कर दिया। इस प्रकार की अनेक मिसालें आपातकाल की कालिमा को गहरा कर देती हैं।

गोयल के अनुसार 25-26 जून की मध्य रात्रि को जब आपातकाल की घोषणा हुई, उन दिनों रोहतक के वैश्य कॉलेज में राष्ट्रीय स्वयंसेवक संघ का उत्तर-भारतीय शिक्षण-प्रशिक्षण कार्यक्रम चल रहा था। इसका समापन 30 जून को था। भनक लगते ही प्रयास आरंभ हुए कि स्वयंसेवकों को यथाशीघ्र अपने-अपने गृहनगर में सुरक्षित पहुँचाया जाए, इसमें सफलता भी मिली। पुलिस की

हलचल मुख्यद्वार पर बढ़ गई थी।

गोयल के कथनानुसार, उन्होंने भवन के पिछले भाग में स्थित रसोई में पहुँच हाथ तथा शरीर पर आटा लपेट पुलिस को रसोइए के भ्रम में डाल दिया। पुलिस कर्मचारी श्री प्रेमजी गोयल के संबंध में जानकारी माँगते रहे, परंतु श्री गोयल ने पुलिस को विश्वस्त कर दिया कि वे तो वहाँ केवल भोजन ही बनाते हैं। पुलिस के जाने पर श्री गोयल ने धक्के से पीछे की दीवार गिराई और डॉ. क्षेत्रपाल के घर को अपना ठिकाना बनाया।

दो दिन बाद नीमड़ी कालोनी अशोक विहार, दिल्ली में पड़ाव बनाया। डॉ. प्रेमचंद जैन की गिरफ्तारी पर श्री गोयल ने श्री बजरंग लालजी गुप्ता से संपर्क साधा और जन-आंदोलन को व्यापक बनाने में प्रयासरत रहे। पुलिस के साथ लुका-छिपी का खेल चलता रहा। एक दिन श्री गोयल दिल्ली से हिसार जा रहे थे कि बस में सी.आई.डी. इंस्पेक्टर पूर्व-परिचित से भेंट हो गई। दोनों एक ही सीट पर बैठे थे। अधिकारी ने बताया कि पुलिस आपको खोज रही है।

गोयल लघुशंका की बात कहकर बस से उतरे और वहीं हाँसी में डॉ. सुरेंद्र जैन के घर विश्राम किया। सामान बस में छूट गया, सामान भी क्या था, थैले में कुछ अधोवस्त्र आदि। ड्राइवर उतरी सवारी से गुहार लगाता रहा। आखिर बस को रवाना करना पड़ा। जन संपर्क और बैठकों का सिलसिला चलता रहा। दिल्ली में पंखा रोड (जनकपुरी) में कर्मचंद मेहराजी के घर गुप्त बैठकें होतीं। बाहर निकल प्रातः सैर भी होती।

रोहतक, जींद रोड पर स्थित सिंहपुरा के जंगल में (आज का सुंदरपुर) में प्रातः साढ़े तीन बजे बैठक संपन्न हुई, जिसमें उपस्थिति 250 के लगभग थी। रोहतक में हुक्मचंद गोयल के निवास पर हुई बैठक में भी उपस्थित कार्यकर्ताओं की संख्या दो सौ के लगभग थी।

उत्तर भारत के वरिष्ठ प्रचारकों की त्रि-दिवसीय बैठक बहालगढ़ (सोनीपत) में बंद पड़ी सुनसान स्थान पर स्थित एक फैक्टरी में सफलतापूर्वक संपन्न हुई। फैक्टरी का कोई द्वार भी नहीं था। वरिष्ठ प्रचारक तिलकराज (बाबा बिशनदास) रसोई में सेवा करते रहे।

अनेक राजनेता तथा सक्रिय कार्यकर्ता करनाल, हिसार, रोहतक, अंबाला जेलों में बंद थे। पीलू मोदी तथा चौधरी देवीलाल करनाल जेल में थे। स्थान-स्थान पर समय-असमय होने वाली भूमिगत बैठकों के प्रमुख लक्ष्य थे–जन-जन को जागरूक कर आंदोलन हेतु तैयार करना, जेल में बंद लोगों का मनोबल बढ़ाना, मीसा आदि के तहत गिरफ्तार लोगों के परिवारों की देखभाल

गोयल के कथनानुसार, उन्होंने भवन के पिछले भाग में स्थित रसोई में पहुँच हाथ तथा शरीर पर आटा लपेट पुलिस को रसोइए के भ्रम में डाल दिया। पुलिस कर्मचारी श्री प्रेमजी गोयल के संबंध में जानकारी माँगते रहे, परंतु श्री गोयल ने पुलिस को विश्वस्त कर दिया कि वे तो वहाँ केवल भोजन ही बनाते हैं।

एवं आवश्यकता पड़ने पर आर्थिक सहायता की व्यवस्था तथा बाहर-भीतर का संपर्क तंत्र सुव्यवस्थित कर सूचनाओं का आदान-प्रदान।

जेलों में बंद राजनेता अलग-अलग राजनीतिक दलों से संबंधित थे। प्रबंध व्यवस्था का कौशल तो यह था कि राजनीतिक विचारधारा आंदोलन के मार्ग में कहीं भी बाधक नहीं बनी। किसी भी नेता या कार्यकर्ता ने क्षमा याचना नहीं की। जेल में संघ की शाखा भी विधिवत् लगती। इनमें कुछ समय ध्वजा-रोहण नहीं हो पाया। एक समय ऐसा आया कि प्रशासन ने स्वास्थ्य की बिगड़ती स्थिति के दृष्टिगत प्रचारक चौ. सुरजन सिंह को जेल से रिहा कर दिया। उन्होंने कुछ दिनों के बाद सत्याग्रह कर गिरफ्तारी दी। जेल में प्रवेश के समय वह अपनी पगड़ी में शाखा ध्वज छिपाकर ले गए। फिर तो जेल में ध्वजारोहण होता और शाखा का विधिवत् संचालन होता।

आंदोलन की सफलता सूचना तंत्र के कौशल पर मुख्यरूप से आधारित थी। इसी तंत्र का भाग था फरीदाबाद से श्री सुखनंदन सिंह के प्रबंध में 'दर्पण' पत्रिका का प्रकाशन। कार्यकर्ता अपने-अपने ढंग से पत्रिका के अंकों को कार्यकर्ताओं एवं संबद्ध वर्ग तक पहुँचाते। जेल में भी यह पत्रिका पहुँचती, माध्यम बना केले का छिलका तथा ब्रेड के टुकड़े निकालकर रिक्त स्थान पर पूरक होती 'दर्पण' की प्रति। भूमिगत बैठकों की सूचना, जिस प्रकार कार्यकर्ताओं तक पहुँचाई जाती, वह तंत्र भी बेमिसाल था।

एक समय ऐसा आया कि प्रशासन ने स्वास्थ्य की बिगड़ती स्थिति के दृष्टिगत प्रचारक चौ. सुरजन सिंह को जेल से रिहा कर दिया। उन्होंने कुछ दिनों के बाद सत्याग्रह कर गिरफ्तारी दी। जेल में प्रवेश के समय वह अपनी पगड़ी में शाखा ध्वज छिपाकर ले गए। फिर तो जेल में ध्वजारोहण होता और शाखा का विधिवत् संचालन होता।

बैठक में एक परिवार के दो सदस्यों को भी सम्मिलित होना होता तो एक को दी गई सूचना का दूसरे को ज्ञान नहीं होता था। गोयल ने सुंदरपुर की बैठक के संबंध में बताया कि एक घर में पिता राष्ट्रीय स्वयंसेवक संघ के पदाधिकारी थे, तो उनका पुत्र एक सामान्य कार्यकर्ता। सूचना दोनों को गुप्त ढंग से दी गई। बैठक प्रातः 3:30 बजे निश्चित थी। इसके लिए पिता एवं पुत्र थोड़े से अंतराल में घर से अपनी-अपनी साइकिलों पर निकले। बैठक समाप्त होते एक-दूसरे को आमने-सामने देख दोनों आश्चर्यचकित हो गए।

भूमिगत बैठकों के लिए गोयल का ठाकुर रामसिंह के साथ बाईक पर सवार होकर हर तहसील में प्रवास भी कम आश्चर्यजनक नहीं।

आपातकाल के विरोध में देशव्यापी आंदोलन के सूत्रधार जयप्रकाश नारायण स्वीकार किए जाते हैं, परंतु इसमें राष्ट्र स्वयंसेवक संघ की भूमिका सर्वमान्य है। आरंभ में जयप्रकाश नारायण संगठन के स्वरूप से पूर्णरूप से परिचित नहीं थे, परंतु कालांतर में ओ.टी.सी. प्रशिक्षण में शामिल होने पर उनकी संघ संबंधी धारणा में परिवर्तन हुआ। श्री गोयल ने हरियाणा के पूर्व

मुख्यमंत्री तथा केंद्र में उप-प्रधानमंत्री रहे चौ. देवीलाल के योगदान की भी सराहना की।

गोयल ने भविष्य में कभी भी देश में आपातकाल की संभावना को नकारते हुए कहा कि ऐसा कदापि नहीं हो सकता, क्योंकि अब देश की जनता पहले की अपेक्षा अधिक जागरूक है।

प्रस्तुति : प्रो. मोहन मैत्रेय

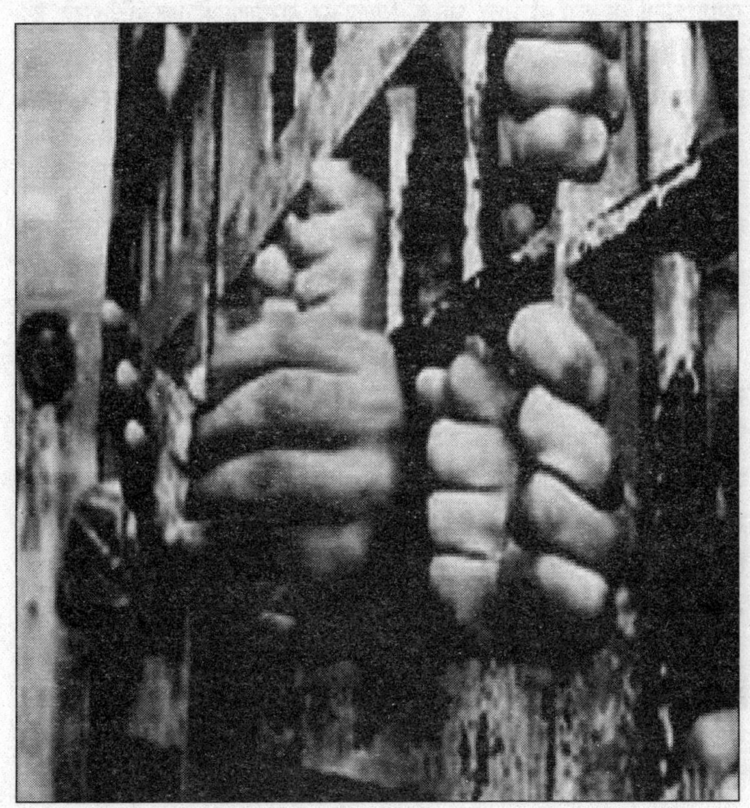

आपातकाल के विरोध में देशव्यापी आंदोलन के सूत्रधार जयप्रकाश नारायण स्वीकार किए जाते हैं, परंतु इसमें राष्ट्र स्वयंसेवक संघ की भूमिका सर्वमान्य है।

पकाई ईंट कच्ची नहीं निकली

इनको नाहड़ में पुलिस की गाड़ी रोकने के कथित अपराध में पकड़ा गया, अनेक प्रकार से उत्पीड़न हुआ, अंबाला इंटेरोगेशन सेंटर में यातनापूर्ण पूछताछ के बाद भी पुलिस सहयोगियों से संबंधित जानकारी प्राप्त करने में असफल रही।

हरियाणा सरकार के शिक्षामंत्री रामबिलास शर्मा जनसंघ (अधुना भारतीय जनता पार्टी), राष्ट्रीय स्वयंसेवक संघ एवं अन्य सहयोगी संगठनों में कर्मठ संगठनकर्ता के रूप में उत्तर भारत, विशेषकर हरियाणा में बहुचर्चित रहे हैं। स्वर्गीय डॉ. मंगल सेन के नेतृत्व एवं कर्मठ कार्यकर्ताओं के सहयोग से उन्होंने इन संगठनों को नव क्षितिज प्रदान किए। हरियाणा में भाजपा की सरकार गठित करने में भी उनकी प्रमुख भूमिका रही है।

आपातकाल के दौरान 29 नवंबर, 1975 के दिन इनको नाहड़ में पुलिस की गाड़ी रोकने के कथित अपराध में पकड़ा गया, अनेक प्रकार से उत्पीड़न हुआ, अंबाला इंटेरोगेशन सेंटर में यातनापूर्ण पूछताछ के बाद भी पुलिस सहयोगियों से संबंधित जानकारी प्राप्त करने में असफल रही। इसी संदर्भ में शर्माजी ने बाद में हरियाणा के संघ प्रभारी प्रेमचंद गोयल को, जो पत्र लिखा, उसमें उपर्युक्त शब्दों (आपकी पकाई ईंट कच्ची नहीं निकली) की गूँज थी।

रामबिलास शर्मा ने एक साक्षात्कार में आपातकाल की घोषणा पर निजी एवं जन-जन की प्रतिक्रिया को वाणी देते हुए बताया कि वह स्वनामधन्य डॉ. मंगल सेन तथा अपने तीन अन्य साथियों के साथ गुजरात चुनाव में अहम भूमिका निभाकर लौटे थे, जब भारतीय गणतंत्र के इस कालिमापूर्ण अध्याय का उन्हें सामना करना पड़ा।

निजी एवं समाज की प्रतिक्रिया का स्वर अत्यंत तीखा था–जिम्मेदारी के साथ संघर्ष करने का संकल्प भी अत्यंत सुदृढ था। शर्माजी ने बताया कि उनका मुख्य कार्यक्षेत्र रोहतक रहा है। यहीं 24 जून, 1975 से संघ शिक्षा वर्ग का कार्यक्रम चालू था, जिसमें देशभर से एक हजार स्वयंसेवक भाग ले रहे थे। 27

जून प्रातःकाल पुलिस अधिकारियों ने संघ के प्रतिबंधित होने के कारण शिविर स्थगित करने का आदेश दिया। अखिल भारतीय बौद्धिक प्रमुख बापूराव मोघे के ऐतिहासिक भाषण एवं तानाशाही शक्ति के विरोध में संघर्ष के संकल्प से शिविर समाप्त हुआ।

संकल्प पूर्ति की दिशा में प्रथम पग था–विरोध प्रदर्शन हेतु सांकेतिक सत्याग्रह। निर्णय हुआ कि हरियाणा के सभी जिला केंद्रों पर सत्याग्रह किया जाए। शर्माजी के अनुसार अमृतसर के दरबार साहब से भी सत्याग्रही जत्थे नियमित रूप से निकलने लगे। इसी क्रम में 14 नवंबर को रोहतक में, राज्यपाल के आगमन के दिन, आठ व्यक्तियों अमीरचंद, श्यामसुंदर पसरीजा, भगवानदास, अतरचंद, लद्धाराम, जगदंबा प्रसाद, सुरेंद्र कुमार तथा मदन लाल ने सत्याग्रह किया।

पुलिस ने रामबिलास शर्मा को हिरासत में लेकर 17 तारीख तक पुलिस चौकी में रखा और फिर बस में बिठाकर अज्ञात स्थान पर भेज दिया। 17 दिन तक गैरकानूनी हिरासत रही। यह ज्ञात नहीं हो रहा था कि ये व्यक्ति कहाँ और किस हालत में है–जीवित या मृत। खोज-खबर करने पर इन लोगों का नाहड़ (कोसली के समीप) पुलिस हिरासत में होना ज्ञात हुआ। वहाँ जनसमूह एकत्र होने लगा तो पुलिस ने इन्हें ट्रक में बिठाकर किसी अन्य स्थान पर ले जाने का उपक्रम किया। राम बिलास शर्मा ट्रक के सामने खड़े होकर पुलिस को ललकारने लगे कि 'ट्रक को मेरे ऊपर से निकालना होगा।'

शर्माजी की कड़क भाषा सुनकर पुलिस ने उन्हें पीटना शुरू कर दिया। लाठियों, बंदूक की 'बट' आदि से इतना पीटा गया कि इनके मुख, नाक, कान से खून निकलने लगा। हरियाणा में आपातकाल में पुलिस बर्बरता का निजी इतिहास है, परंतु शर्माजी के साथ पुलिस का अमानवीय अत्याचार अत्यंत क्रूरतापूर्ण था। हरियाणा में पहले चौ. बंसीलाल मुख्यमंत्री थे। उनके केंद्र में जाने पर बी.डी. गुप्ता मुख्यमंत्री बने।

अमृतसर के दरबार साहब से भी सत्याग्रही जत्थे नियमित रूप से निकलने लगे। इसी क्रम में 14 नवंबर को रोहतक में, राज्यपाल के आगमन के दिन, आठ व्यक्तियों अमीरचंद, श्यामसुंदर पसरीजा, भगवानदास, अतरचंद, लद्धाराम, जगदंबा प्रसाद, सुरेंद्र कुमार तथा मदन लाल ने सत्याग्रह किया।

दोनों के कार्यकाल में राजनीतिक विरोधी निशाने पर रहे। अधिकारी राजनीतिक आकाओं को प्रसन्न करने में लगे थे, तो अधीनस्थ पुलिस कर्मचारियों को अपने उच्चाधिकारियों की नजर में ऊपर उठना था। कहर निरापराध लोगों पर टूटा। भिवानी शर्माजी का कार्यक्षेत्र था। इस कारण भी इन पर संकट गहराया। इनकी निर्भीकता तथा स्पष्टवादिता भी पुलिस के पाश्विक व्यवहार के रूप में पुरस्कृत हुई।

शर्माजी के अनुसार मार-पीट का क्रम निरंतर चलता रहा, जिससे वह बेहोश होकर गिर पड़े। होंठ पानी की बूँद को भी तरस गए। होश आने पर आपने को

एक निर्जन कोठरी में पाया। शरीर पानी से भीगा हुआ था और शरीर की चमड़ी भी कई स्थानों से उधड़ गई थी।

शाम को झज्जर के एस.डी.एम के सम्मुख पेश कर वहाँ के थाने की हवालात में बंद कर दिया गया। रात में पूछताछ के दौरान गालियों, डंडों की बौछार, धमकियों का क्रम चलता था। तीन दिसंबर को तो शर्माजी को सभी वस्त्र उतार, फर्श पर लिटाकर बेतहाशा पीटा गया।

चार दिसंबर प्रातः जब श्री शर्माजी होश में आए तो निर्ममता चरम सीमा तक पहुँच चुकी थी। कर्मचारी एवं अधिकारी इस मर्यादा को भी भूल चुके थे कि राजनीतिक बंदी से ऐसा व्यवहार नहीं किया जाता। पुलिस ने ज्युडिशियल मजिस्ट्रेट से ग्यारह दिन का रिमांड प्राप्त कर शर्माजी को अंबाला के इंटेरोगेशन सेंटर में पहुँचा दिया। वहाँ उनको कोठरी में ले जाकर इनचार्ज एस.पी. कंग ने इन शब्दों से स्वागत किया–''साले को लिटा दो, बड़ा देशभक्त बनता है और शुरू हो जाओ।'' फिर क्या था, यातना और अमानवीय अत्याचार का इतिहास ही रचा गया, जिसके मर्मस्पर्शी अध्याय हैं।

यह अत्याचार भी शर्माजी से कुछ उगलवा नहीं पाया। एस.पी. कंग को भी हारकर स्वीकार करना पड़ा–''यह दमदार व्यक्ति झज नहीं बोलता।'' उसने अपने अधीनस्थ कर्मचारी को 'पंगा न लेने' की सलाह दी। शर्माजी के क्षत-विक्षत शरीर का रोहतक में उपचार होता रहा। इलाज के नाम पर उल्टी-सीधी गोलियाँ ही उपलब्ध करवाई जातीं। जून 76 तक तो शरीर अशक्त हो चुका था, पर साहस अदम्य था। मीसा के अधीन नई गिरफ्तारी का अध्याय भी जोड़ दिया गया था।

शाम को झज्जर के एस.डी.एम के सम्मुख पेश कर वहाँ के थाने की हवालात में बंद कर दिया गया। रात में पूछताछ के दौरान गालियों, डंडों की बौछार, धमकियों का क्रम चलता था। तीन दिसंबर को तो शर्माजी को सभी वस्त्र उतार, फर्श पर लिटाकर बेतहाशा पीटा गया।

23 जनवरी, 1977 को शर्माजी को श्री सूरजभान (बाद में उत्तर प्रदेश के राज्यपाल बने) तथा श्री पी.सी. जैन सहित अंबाला से बिहार भेज दिया गया। श्री सूरजभान भागलपुर जेल में थे और श्री जैन मुजफ्फरपुर जेल में। शर्माजी को गया की सेंट्रल जेल की ऐसी कोठरी में रखा गया, जो फाँसी की सजा पाने वाले व्यक्ति के लिए चिह्नित होती है। 5 फुट की कोठरी और शर्माजी का सवा छह फुट कद। यातना कैसी रही होगी, इसका अनुमान भी सहज नहीं।

शर्माजी ने उस समय की पुलिस दहशत का एक किस्सा सुनाया। बिहार में बोध गया दर्शन का अवसर था। 14 व्यक्तियों के सुरक्षा घेरे में शर्माजी शेव हेतु एक नाई की दुकान पर रुके। नाई ने कहा, 'गरम पानी लावत रा' कहकर वह ऐसा चंपत हुआ कि वापस लौटा ही नहीं। देश के हालात ऐसे थे कि सभी पुलिस की दहशत से त्रस्त थे।

16 मार्च, 1977 को देश में लोकसभा के चुनाव हुए। आम धारणा थी कि कांग्रेस पुनः सत्ता में लौटेगी। कोठरी में बंद शर्माजी को जेल अधिकारियों श्री सिंह तथा आलम खाँ का संदेश सुनाई दिया–''आपकी फाईल लाल स्याही से लिखी गई है। न जाने भविष्य क्या होगा।''

शर्माजी भविष्य के प्रति आश्वस्त थे। उन्होंने अपना अनुमान स्पष्ट कर दिया–''इंदिराजी और संजय को पराजय का मुँह देखना पड़ेगा।'' 18 मार्च दोपहर को चुनाव परिणाम आने लगे थे। शाम तक जनता पार्टी की विजय सुनिश्चित हो गई। रात को दो बजे तक गाना सुनाई दिया–''सुबह वाली गाड़ी से चले जाएँगे।'' शर्माजी के चौंसठ वर्षीय जीवन में इससे बड़ा भाव-विभोर होने का कोई अन्य क्षण न होगा।

हरियाणा की स्थिति का मूल्यांकन करते हुए शर्माजी का कथन था कि नजरबंदी तथा नसबंदी कांग्रेस के पतन का कारण बनी। जनता पार्टी अभी गठित नहीं हुई थी। सभी नेता मिल-बैठ नहीं पाए थे, परंतु परिवर्तन का जनादेश स्पष्ट था।

एक प्रश्न के उत्तर में शर्माजी ने भविष्य में ऐसी स्थिति की संभावनाओं को नकारते हुए कहा कि अब भारत में प्रजातंत्र परिपक्व है। जन-जन में राजनीतिक विवेक जाग्रत् है। ऐसी सोच भी भ्रामक है।

प्रस्तुति : प्रो. मोहन मैत्रेय व मोनिका

कर्मचारी एवं अधिकारी इस मर्यादा को भी भूल चुके थे कि राजनीतिक बंदी से ऐसा व्यवहार नहीं किया जाता। पुलिस ने ज्युडिशियल मजिस्ट्रेट से ग्यारह दिन का रिमांड प्राप्त कर शर्माजी को अंबाला के इंटेरोगेशन सेंटर में पहुँचा दिया। वहाँ उनको कोठरी में ले जाकर इनचार्ज एस.पी. कंग ने इन शब्दों से स्वागत किया—''साले को लिटा दो, बड़ा देशभक्त बनता है और शुरू हो जाओ।''

संघर्ष नायकों से रू-ब-रू-4

गणतंत्रात्मक प्रणाली पर कुठाराघात

राधेश्याम शर्मा

इसका लक्ष्य था राष्ट्रवादी शक्तियों का दमन। सन् 1971 में बांग्लादेश नामक नवराष्ट्र के निर्माण में अपनी भूमिका को लेकर श्रीमती इंदिरा गांधी इस मानसिक स्थिति में पहुँच गई थीं कि उसके लिए संतुलन निरर्थक सा हो गया था।

प्रतिष्ठित साहित्यकार एवं पत्रकार तथा माखनलाल चतुर्वेदी राष्ट्रीय पत्रकारिता एवं जन संचार विश्वविद्यालय, भोपाल के संस्थापक उप-कुलपति श्री राधेश्याम शर्मा ने साक्षात्कार में बताया कि सन् 1975 का आपातकाल तत्कालीन प्रधानमंत्री इंदिरा गांधी ने अपनी सत्ता बनाए रखने के उद्देश्य से घोषित किया था।

इसका लक्ष्य था राष्ट्रवादी शक्तियों का दमन। सन् 1971 में बांग्लादेश नामक नवराष्ट्र के निर्माण में अपनी भूमिका को लेकर श्रीमती इंदिरा गांधी इस मानसिक स्थिति में पहुँच गई थीं कि उसके लिए संतुलन निरर्थक सा हो गया था।

आपातकाल के रूप में गणतंत्रात्मक प्रणाली पर कुठाराघात करने में जहाँ उनके निकटस्थ सिद्धार्थ शंकर रे आदि साथियों का सहयोग प्राप्त था, वहीं वामपंथी नेताओं, इस दमनकारी विचारधारा के पोषक पत्रकारों एवं साहित्यकारों ने भी भरपूर योगदान किया। श्रीमती इंदिरा गांधी सन् 1947 से ही सत्ता के निकट रहीं। सत्ता की भूख मनोवैज्ञानिक थी।

शर्माजी के अनुसार सन् 1959 की जनवरी में संपन्न नागपुर अखिल भारतीय कांग्रेस में जब इंदिराजी को कांग्रेस अध्यक्ष घोषित किया गया तो घोषणा से पूर्व, जब पत्रकारों ने, जिनमें शर्मा भी शामिल थे, उनसे प्रश्न किया कि क्या आपने इस संबंध में श्री नेहरूजी की स्वीकृति ले ली है, तो उनका बेबाक उत्तर था–'मैं जो चाहती हूँ, कर लेती हूँ, उन्हें केवल बता देती हूँ।' सत्ता-लोलुपता की यही मानसिकता आपातकाल की भूमिका थी।

आपातकाल की घोषणा के समय श्री राधेश्याम शर्मा जबलपुर (मध्य प्रदेश)

में भारतीयता एवं राष्ट्रीयता के पक्षधर 'दैनिक युगधर्म' के संपादक थे। इस पत्र में सरकार के जनविरोधी कृत्यों की आलोचना होती ही रहती थी। 25 जून की रात ही स्थानीय प्रशासन को आपातकाल की सूचना दे दी गई थी। 26 की प्रातः पत्र की प्रतियों का वितरण नहीं हो पाया। प्रतिबंध एवं सेंसरशिप का प्रसाद मिला।

समाचार-पत्र के रायपुर संस्करण के संपादक बबन प्रसाद मिश्र को जेल यातना झेलनी पड़ी, तो राधेश्याम शर्मा को भी परेशानियों के भँवर में डाला गया। आपातकाल समाप्त होने से पूर्व जब समाचार-पत्रों से कतिपय प्रतिबंध हटा लिए गए, तो भी कई प्रकार से प्रताड़ना हुई। सरकारी विज्ञापन बंद हो गए। कर्मचारी रोटी से भी लाचार हो गए। निरीह जनता पर अत्याचारों की दास्तान अत्यधिक भयावह थी। कई ऐसे परिवार थे, जिनमें पति-पत्नी दोनों जेल में ठूँस दिए गए और बच्चे घर में अकेले रह गए। रोगियों को भी नहीं बख्शा गया।

कई नवविवाहित युवक भी जेल में बंद कर दिए गए। स्वार्थी तत्त्वों तथा सरकार भक्तों ने अपने विरोधियों को किसी-न-किसी मामले में परेशान करने की कसर नहीं छोड़ी। जेल में आंदोलनकारियों को वस्त्र, कंबल आदि भी मुहैया नहीं करवाए गए। रात ठिठुरते व्यतीत होती। राजमाता विजयराजे सिंधिया तथा उनके सचिव सरदार आंग्रे जबलपुर जेल में थे। कुछ समय बाद राजमाता को पचमढ़ी भेज दिया गया। बदले की भावना से इन्हें प्रताड़ित किया गया।

'दैनिक स्वदेश', नागपुर के संपादक माणिकचंद बाजपेयी भी गिरफ्तार हुए। इनपर तथा अन्य पत्रकारों पर भी जुल्म हुआ। अत्याचारों की कोख से ही जन-आंदोलन गतिशील हुआ। दुष्यंत कुमार की गजलों–'हो कहीं भी आग लेकिन आग जलनी चाहिए'। कैसे आकाश में सूराख नहीं हो सकता/एक पत्थर तो तबीयत से उछालो यारो', आदि ने तो चिंगारी को 'लपट' बना दिया।

शर्माजी का कथन है कि सरकारी तंत्र के तानाशाही रवैये में भी कुछ उच्चाधिकारी अपनी आत्मा की आवाज से ही परिचालित रहे। एक सेंसर अधिकारी ने प्रतिबंधों के संबंध में शर्माजी को बताया कि आप कुछ भी लिख सकते हैं, सरकार की आलोचना भी कर सकते हैं, परंतु भाषा के प्रयोग में सावधानी आवश्यक है। ऐसे अधिकारी ही मनोबल बढ़ाने में सहायक रहे।

सन् 1952 से ही पत्रकारिता से विभिन्न रूपों में जुड़े राधेश्याम शर्मा ने अपनी प्रेस कवरेज के आधार पर महत्त्वपूर्ण जानकारी प्रस्तुत की। दिसंबर 1976 में मोहाली के 'कामागाटा नगर' में एक विश्वस्त सूत्र से ज्ञात हुआ कि शीघ्र ही देश में चुनाव की घोषणा होगी, परंतु वास्तव में यह चुनाव का नाटक होगा। 'फिलिपींस' के घटनाक्रम को यहाँ भी दुहराया जाएगा। स्मरण रहे कि वहाँ

कई ऐसे परिवार थे, जिनमें पति-पत्नी दोनों जेल में ठूँस दिए गए और बच्चे घर में अकेले रह गए। रोगियों को भी नहीं बख्शा गया। कई नवविवाहित युवक भी जेल में बंद कर दिए गए। स्वार्थी तत्त्वों तथा सरकार भक्तों ने अपने विरोधियों को किसी-न-किसी मामले में परेशान करने की कसर नहीं छोड़ी।

फर्डिनांड मार्कोस ने सैन्य-समर्थन से सत्ता सँभाली। संविधान में परिवर्तन कर गणतंत्र के स्थान पर तानाशाही आरूढ़ कर दी।

कालांतर में चुनाव का नाटक तो हुआ, परंतु सत्ता तानाशाह की ही दासी बनी रही। शर्माजी ने किसी समय इंदिराजी के सन् 1920 से विश्वस्त साथी रहे मध्य प्रदेश के भूतपूर्व मुख्यमंत्री पं. द्वारिका प्रसाद मिश्र से यह कथित योजना साँझा की तो उन्होंने ऐसी संभावना से तो इनकार नहीं किया, परंतु यह भी भविष्यवाणी कर दी कि योजना फलीभूत नहीं होगी।

स्मरण रहे कि द्वारिका प्रसाद मिश्र पर भी पुलिस का पहरा था। मिश्र का कथन था कि अंग्रेजी शासन के दौरान जब स्वतंत्रता सेनानी जेलों से बाहर आते थे, तो जनता उनका भरपूर स्वागत करती थी। अब भी ऐसा ही होगा, जिससे चुनावी नाटक सफल नहीं हो पाएगा।

राधेश्याम शर्मा ने जनवरी 1977 में भोपाल में बुलाई गई संपादकों की बैठक में एक केंद्रीय उच्चाधिकारी के कथन का हवाला दिया–'आपातकाल पूर्ण रूप से समाप्त नहीं होगा, सेंसरशिप शिथिल हुई है, समाप्त नहीं हुई।' योजनानुसार चुनाव तो हुए, परंतु तानाशाही हार गई, जनतंत्र विजयी रहा।

प्रश्न के उत्तर में कि क्या भविष्य में भी कभी ऐसे काले दिन देखे जा सकते हैं तो श्री शर्मा ने कहा, यदि सत्ता में विकृति आ जाए, निहित स्वार्थ प्रधान हो जाएँ, परिवारवाद, जातिवाद, धार्मिक असहिष्णुता बढ़ जाए और जनता विदेशी प्रेरणाओं से प्रभावित हो जागरूकता तथा साहस से किनारा कर ले, तो संभावना हो सकती है। विश्व के कई देश तथा अतीत दोनों इसके ज्वलंत उदाहरण हैं।

प्रस्तुति : प्रो. मोहन मैत्रेय

'दैनिक स्वदेश', नागपुर के संपादक माणिकचंद बाजपेयी भी गिरफ्तार हुए। इनपर तथा अन्य पत्रकारों पर भी जुल्म हुआ। अत्याचारों की कोख से ही जन-आंदोलन गतिशील हुआ। दुष्यंत कुमार की गजलों—'हो कहीं भी आग लेकिन आग जलनी चाहिए'। कैसे आकाश में सूराख नहीं हो सकता/एक पत्थर तो तबीयत से उछालो यारो', आदि ने तो चिंगारी को 'लपट' बना दिया।

मीडिया का अद्भुत जज़्बा

अश्विनी चोपड़ा

हरियाणा के करनाल संसदीय क्षेत्र से लोकसभा के सदस्य अश्विनी कुमार चोपड़ा ने एक विशेष भेंट में बताया कि 'जिस दिन आपातकाल की घोषणा हुई, मैं जालंधर में ही था, उसी रात लालाजी (लाला जगत नारायणजी) को गिरफ्तार कर लिया था। मैं संपादन कक्ष में अपने पूज्य पिता एवं हिंद समाचार व पंजाब केसरी के समूह-संपादक रमेश कुमार के साथ ही बैठा था। तभी पंजाब के एक वरिष्ठ आई.ए.एस. अधिकारी (अब अवकाश प्राप्त), जालंधर के उपायुक्त के साथ कार्यालय में आए। दोनों अधिकारियों ने पहले तो रमेश के चरण छुए, फिर मुझसे गले मिले।

उसके बाद दोनों अधिकारियों ने हाथ जोड़े और कहा, 'हमें दरअसल आज एक दुखद आदेश के पालन के लिए यहाँ आना पड़ा है। मुख्यमंत्री का आदेश है कि आपके अखबार की बिजली सप्लाई काट दी जाए। वैसे यह काम यहाँ बिना आए भी मुमकिन था, लेकिन निजी संबंधों और आपके प्रति आदर के वशीभूत हमें स्वयं यहाँ आना आवश्यक लगा।'

मुख्यमंत्री का आदेश है कि आपके अखबार की बिजली सप्लाई काट दी जाए। वैसे यह काम यहाँ बिना आए भी मुमकिन था, लेकिन निजी संबंधों और आपके प्रति आदर के वशीभूत हमें स्वयं यहाँ आना आवश्यक लगा।

मुझे मालूम है कि आपातकाल के वे दिन हमने कैसे बिताए। लालाजी का आदेश था कि संपादकीय स्तंभ विरोध-स्वरूप या तो खाली छोड़ा जाए या फिर वहाँ कोई विद्रोही तेवर वाला उर्दू का शे'र या श्री रामधारी सिंह दिनकर अथवा स्व. माखनलाल चतुर्वेदी की कुछ पंक्तियाँ छाप दी जाएँ।

कुछ अदने से सरकारी अधिकारी 'सेंसर' की ड्यूटी पर तैनात किए गए थे। उन लोगों को न तो भाषा का समुचित ज्ञान था, न ही खबरों की बारीकियों का कुछ अता-पता था। बस जहाँ भी सरकार विरोधी बयान दिखाई देता, उसे काट देते। हम लोगों ने बिजली कट जाने के बावजूद अखबारों का प्रकाशन बंद

नहीं किया। ट्रैक्टरों की मदद से अखबार के मुद्रण का हमारा प्रयोग विश्व भर में चर्चा का विषय बना।

हमारे जैसी ही स्थिति जालंधर के अन्य अखबारों की भी थी। उनके संचालक वीरेंद्र, ज्ञानी शादी सिंह, साधू सिंह हमदर्द आदि भी गिरफ्तार किए गए थे। सभी अखबारों के दफ्तरों में 'सेंसर' लागू था।

मगर उस सख्ती के बावजूद हम किसी-न-किसी बहाने आपातकाल से जुड़ी कुछ खबरें परोक्ष रूप से छाप लेते थे। अगले दिन जब 'सेंसर' पर तैनात सरकारी कारिंदों को उच्चाधिकारियों द्वारा डांट पड़ती तो वे हाथ बाँधकर हमारे सामने खड़े हो जाते, 'हमारी आप से करबद्ध प्रार्थना है कि कृपया हमारे बीबी-बच्चों व हमारी नौकरी का ध्यान रखते हुए ऐसा उल्टा-सीधा किसी भी रूप में न छापें, जिससे हमारी नौकरी ही चली जाए।'

पूरे आपातकाल की अवधि में हमारे प्रकाशन समूह के सभी सरकारी विज्ञापन बंद कर दिए गए थे। लेकिन हमारे संकल्प अटल रहे।

वे दिन वाकई लोकतंत्र व प्रेस की स्वाधीनता की रक्षा के दिन थे। मुझे इस बात का गर्व है, सिवाय कुछ पिछलग्गुओं के, शेष मीडिया ने देशभर में अद्‌भुत जज्बा दिखाया।

हमारे जैसी ही स्थिति जालंधर के अन्य अखबारों की भी थी। उनके संचालक वीरेंद्र, ज्ञानी शादी सिंह, साधू सिंह हमदर्द आदि भी गिरफ्तार किए गए थे। सभी अखबारों के दफ्तरों में 'सेंसर' लागू था।

हुंकारों से महलों की नींव उखड़ जाती

अध्याय-7

सिंहासन खाली करो कि जनता आती है

रामधारी सिंह 'दिनकर'
जन्म : 23 सितंबर, 1908
स्थान : सिमरिया, बेगूसराय, बिहार
निधन : 24 अप्रैल, 1974

सदियों की ठंडी बुझी राख सुगबुगा उठी
मिट्टी सोने का ताज पहन इठलाती है,
दो राह, समय के रथ का घर्घर नाद सुनो,
सिंहासन खाली करो कि जनता आती है।

जनता? हाँ मिट्टी की अबोध मूरतें वही
जाड़े-पाले की कसक सदा सहने वाली,
जब अंग-अंग में लगे साँप हों चूस रहे
तब भी न कभी मुँह खोल दर्द कहने वाली।

लेकिन होता भूडोल, बवंडर उठते हैं
जनता जब कोपाकुल हो भृकुटि चढ़ाती है,
दो राह, समय के रथ का घर्घर नाद सुनो
सिंहासन खाली करो कि जनता आती है।

हुंकारों से महलों की नींव उखड़ जाती
साँसों के बल से बाज हवा में उड़ता है,

जनता की रोके राह समय तो तब कहाँ?
वह जिधर चाहती, काल उधर ही मुड़ता है।

सबसे विराट जनतंत्र जगत् का आ पहुँचा
तैंतीस कोटि-हित-सिंहासन तैयार करो,
अभिषेक आज राजा का नहीं, प्रजा का है
तैंतीस कोटि जनता के सिर पर मुकुट धरो।

आरती लिये तू किसे ढूँढ़ता है मूरख
मंदिरों, राजप्रासादों में, तहखानों में,
देवता कहीं सड़कों पर मिट्टी तोड़ रहे
देवता मिलेंग खेतों में खलिहानों में।

फावड़े और हल राजदंड बनने को हैं
धूसरता सोने के श्रृंगार सजाती है,
दो राह, समय के रथ का घर्घर नाद सुनो
सिंहासन खाली करो कि जनता आती है।

(श्री रामधारी सिंह दिनकर की एक कविता, जो आपातकाल के विरुद्ध संघर्ष का हथियार बन गई थी।)

कई बार मरने से जीना बुरा है

भवानी प्रसाद मिश्र

जन्म : 29 मार्च, 1913

स्थान : टिगरिया, होशंगाबाद, मध्य प्रदेश

निधन : 20 फरवरी, 1985

हर कहीं, हर कवि कविता नहीं लिखता–यह तो हुई सहज स्थिति। पर कभी-कवि किसी असहज स्थिति में बंध या बाँध दिया जाए तो परिणाम भी असहज आ जाएँ तो अचरज नहीं।

शायद कुछ ऐसा ही भवानी बाबू के साथ भी हुआ होगा। आपातकाल लगा और भवानी बाबू दिन में तीन बार कविता लिखने लगे। यह बात उन्होंने न तो घर में किसी को बताई, न बाहर। पर कविताएँ एकदम नियमपूर्वक लिखते रहे। हम लोग इतने छोटे भी नहीं थे तब। साधारण पढ़ाई पूरी कर छोटी-मोटी नौकरी में लग गए थे। नौकरी भी ऐसी-वैसी नहीं, समाज के विचार से, भवानी बाबू के गांधी के विचार से जुड़ी थी। एक तरह से कहें तो हमारी पसंद की भी थी और खुद भवानी बाबू की पसंद की भी।

न उन्होंने हमें बताया, न हमें खुद पता लग पाया कि वे इस आपातकाल के विरोध में हर रोज कुछ-न-कुछ लिखने में लगे रहे। क्या यह मौन विरोध का कोई तरीका था? पर ऐसा विरोध किस काम का, जो किसी को पता न चले।

गुजरात में आपातकाल नहीं लग सका था, वहाँ कांग्रेस की सरकार नहीं थी। तब बड़ौदा में नारायण भाई देसाई (श्री महादेव देसाई के सुपुत्र) 'बुनियादी यकीन' नाम से एक दशवारिक पत्रिका निकालने लगे थे, आपातकाल के विरोध में। इसमें भवानी बाबू की कविताएँ हर अंक में छपती थीं। यानी दिन में तीन बार लिखी गई कविताओं में से लेकर कविताएँ महीने में तीन बार छपकर न जाने कितने पाठकों तक पहुँचती थीं। यह तो पक्का ही है कि पत्रिका का हर अंक दिल्ली के उन खुफिया विभागों के हाथ लगता ही था, जो उस दौर में लोगों की

पकड़-धकड़ में व्यस्त थे।

यकीन नहीं होता कि 'बुनियादी यकीन' में छपते रहने के बावजूद भवानी बाबू मीसा के तहत पकड़े नहीं जा सके। आपातकाल हटा, सरकार बदली, फिर तो प्रकाशन भी सामने आ गए और बाद में ये कविताएँ 'त्रिकाल संध्या' के नाम से सामने आईं।

(भवानी प्रसाद मिश्र के सुपुत्र श्री अनुपम मिश्र से बातचीत पर आधारित)

बुद्धिवादी

बुद्धि को वाद बना डालने वाले भाइयो आओ
अपनी बुद्धि अब
अधिनायकवाद को प्रजातंत्र कहने में जुटाओ
क्योंकि कोरी बुद्धि
हर बात के पक्ष में तर्क इकट्ठे कर सकती है
पलक मारते ही वह
पशुबल के साथ हाथ मिलाकर
सत्यनिष्ठ बुद्धि के दाँत खट्टे कर सकती है
वह स्वर्ण अवसर आ गया है
अधिनायकवाद जगह-जगह प्रजातंत्र को खा गया है
और तुम्हें तो या अधिनायक क्या प्रजातंत्र
हर व्यवस्था में
आराम से रहना है
इसीलिए हमारा कहना है आओ
अपनी कोरी बुद्धिवादिता को
इस महान् प्रयत्न में जुटाओ
कि ज्यादातर लोग भ्रम में पड़ जाएँ
और जो भ्रम में नहीं पड़ना चाहते
वे अकेले पड़कर शर्म से गड़ जाएँ

या इतने डर जाएँ
कि न बातचीत में मन की बात कहें
न कविता में न लेख में
अधिनायकवाद की देखरेख में
जिस दिशा में हाँके जाए हाँकें
आज तक जो बकते आए हैं, वह न बकें
क्योंकि देश पर अभूतपूर्व आफत आई है
दुहाई है
तुम्हें अपनी निकम्मी बुद्धि की आओ
अपनी तर्कशक्ति अधिनायकवाद को
प्रजातंत्र कहने में जुटाओ।

अस्तगत ?

तुम वह डूबे हुए तारे हो
जो अंधेरा होने पर
सबसे पहले आओगे आसमान में
तुम्हारा ही वह नाम है
जो दीपित नहीं होगा मेरे गान में
मेरे गान को दीपित करेगा
और सीमित करेगा वह गान
आसमान को, व्यापक करेगा गीत को
अंधेरे पर प्रकाश की जीत को
और करोड़ों कंठ
एक साथ कहेंगे–
'जयप्रकाश'!

भारत में

क्या तुमने लोगों को
अपने ही लोगों के खून में
बतख की तरह तैरते देखा है
नहीं देखा तो आओ
भारत में आकर देख जाओ
यह दृश्य आजकल यहाँ आम है
आराम मिलता है इस दृश्य से
यहाँ की कुछ आँखों को
उन आँखों को भी देख जाओ
सत्ता के नशे में लाल
विकराल और खुश!

हम तुमसे डरेंगे नहीं

हम तुमसे डरेंगे नहीं
कम से कम तुम्हारे मारे मरेंगे नहीं
कोरे न बुद्धिजीवियों कवियों और कलाकारों की तरह
जो तुम्हारी एक-एक दिन में तीन-तीन तसवीरें बनाने लगे हैं
और बताने लगे हैं
तुम्हें महिषासुरमर्दिनी दुर्गा औ' काली
टेलीविजन और रेडियो पर सिद्ध कर रहे हैं
बातों ही बातों में कि युग अब बदला है
और करवट ली है इस महान् देश ने
बल्कि जाग गया है अंगड़ाई लेकर
समाप्त हो गई है निशा
नई दिशा दे दी है तुमने प्रगति की

और अब गति हमारी कुछ रूस जैसी हो जाएगी
जयप्रकाश ने मांगें रखी थीं
उन्हें तुम अपना बीस-सूत्री कार्यक्रम कह रही हो
और चापलूसों की पूरी एक सेना कह रही है
कि लागू करके दिखा देंगे वे
उसमें विश्वास प्रकट कर रही है
और क्या कर रही है वह
सो हमें नहीं मालूम
तुम्हारे नाम की धूम मचाने के सिवा
हमें कोई परेशानी नहीं है इससे
नाम की तुम्हारी धूम मचती रहे
चापलूसों की सेना तुम्हारे आगे-पीछे नाचती रहे
आसमान छू रहे भावों को कहा तुमने
कि वे गिर गए हैं
कहें तुम्हें चारण कि देश के भाग फिर गए हैं
मगर इस सबसे तुम और तुम्हारे चारणों के सिवा
न किसी को लाभ है, न नुकसान
पाँचों सिर्फ उनकी और तुम्हारी घी में हैं
मगर तुम्हारे और उनके पेट···

स्वाभिमान से वही जिएगा

अटल बिहारी वाजपेयी
जन्म : 25 दिसंबर,1924
स्थान : ग्वालियर, मध्य प्रदेश

जो बरसों तक सड़े जेल में, उनकी याद करें।
जो फाँसी पर चढ़े खेल में, उनकी याद करें।
याद करें काला पानी को,
अंग्रेजों की मनमानी को,
कोल्हू में जुट तेल पेरते,
सावरकर से बलिदानी को।
याद करें बहरे शासन को,
बम से थर्राते आसन को,
भगतसिंह, सुखदेव, राजगुरु
के आत्मोत्सर्ग पावन को।
अन्यायी से लड़े,
दया की मत फरियाद करें।
उनकी याद करें।
बलिदानों की वेला आई,
लोकतंत्र दे रहा दुहाई,
स्वाभिमान से वही जिएगा
जिससे कीमत गई चुकाई
मुक्ति माँगती शक्ति संगठित,

युक्ति सुसंगत, भक्ति अकंपित,
कृति तेजस्वी, घृति हिमगिरि-सी
मुक्ति माँगती गति अप्रतिहत।
अंतिम विजय सुनिश्चित, पथ में
क्यों अवसाद करें?
उनकी याद करें।

आओ फिर से दीया जलाएँ

भरी दुपहरी में अंधियारा
सूरज परछाईं से हारा
अंतरतम का नेह निचोड़ें,
बुझी हुई बाती सुलगाएँ।
आओ फिर से दीया जलाएँ

हम पड़ाव को समझे मंज़िल
लक्ष्य हुआ आँखों से ओझल
वतर्मान के मोहजाल में,
आने वाला कल न भुलाएँ।
आओ फिर से दीया जलाएँ।

आहुति बाकी यज्ञ अधूरा
अपनों के विघ्नों ने घेरा
अंतिम जय का वज्र बनाने,
नव दधीचि हड्डियाँ गलाएँ।
आओ फिर से दीया जलाएँ।

आजादी का दिन मना

नई गुलामी बीच;
सूखी धरती, सूना अंबर,

मन-आँगन में कीच;
मन-आँगन में कीच,
कमल सारे मुरझाए;
एक-एक कर बुझे दीप,
अंधियारे छाए;
कह कैदी कविराय
न अपना छोटा जी कर;
चीर निशा का वक्ष
पुनः चमकेगा दिनकर।

टूट सकते हैं मगर हम झुक नहीं सकते

सत्य का संघर्ष सत्ता से
न्याय लड़ता निरंकुशता से
अंधेरे ने दी चुनौती है
किरण अंतिम अस्त होती है

दीप निष्ठा का लिये निष्कंप
वज्र टूटे या उठे भूकंप
यह बराबर का नहीं है युद्ध
हम निहत्थे, शत्रु है सन्नद्ध
हर तरह के शस्त्र से है सज्ज
और पशुबल हो उठा निर्लज्ज

किंतु फिर भी जूझने का प्रण
अंगद ने बढ़ाया चरण
प्राण-पण से करेंगे प्रतिकार
समर्पण की माँग अस्वीकार

दाँव पर सब कुछ लगा है, रुक नहीं सकते
टूट सकते हैं मगर हम झुक नहीं सकते।

मुनादी

डॉ. धर्मवीर भारती
जन्म : 25 दिसंबर, 1926
स्थान : इलाहाबाद, उत्तर प्रदेश
निधन : 4 सितंबर, 1997

खलक खुदा का, मुलुक बाश्शा का
हुकुम शहर कोतवाल का...

हर खासो-आम को आगाह किया जाता है
कि खबरदार रहें
और अपने-अपने किबाड़ों को अंदर से
कुंडी चढ़ाकर बंदकर लें
गिरा लें खिड़कियों के परदे
और बच्चों को बाहर सड़क पर न भेजें
क्योंकि
एक बहत्तर बरस का बूढ़ा आदमी
अपनी काँपती कमजोर आवाज में
सड़क पर सच बोलता हुआ निकल पड़ा है!
शहर का हर बशर वाकिफ है
कि पच्चीस साल से मुजिर है यह
कि हालात को हालात की तरह बयान किया जाए
कि चोर को चोर और हत्यारे को हत्यारा कहा जाए
कि मार खाते भले आदमी को
और अस्मत लुटती औरत को

और भूख से पेट दबाए ढाँचे को
और जीप के नीचे कुचलते बच्चे को
बचाने की बेअदबी की जाए!
जीप अर बाश्शा की है तो
उसे बच्चे के पेट पर से गुजरने का हक क्यों नहीं?
आखिर सड़क भी तो बाश्शा ने बनवाई है!
बुड्ढे के पीछे दौड़ पड़ने वाले
अहसान फरामोशो!
क्या तुम भूल गए कि बाश्शा ने
एक खूबसूरत माहौल दिया है जहाँ
भूख से ही सही, दिन में तुम्हें तारे नजर आते हैं
और फुटपाथों पर फरिश्तों के पंख रातभर
तुम पर छाँह किए रहते हैं
और हूरें हर लैंपपोस्ट के नीचे खड़ी
मोटर वालों की ओर लपकती हैं
कि जन्नत तारी हो गई है जमीं पर
तुम्हें इस बुढ़ढे के पीछे दौड़कर
भला और क्या हासिल होने वाला है?

आखिर क्या दुश्मनी है तुम्हारी उन लोगों से
जो भलेमानुसों की तरह अपनी कुरसी पर चुपचाप
बैठे-बैठे मुल्क की भलाई के लिए
रात-रात जागते हैं
और गाँव की नाली की मरम्मत के लिए
मास्को, न्यूयॉर्क, टोकियो, लंदन की खाक
छानते फकीरों की तरह भटकते रहते हैं···
तोड़ दिए जाएँगे पैर
और फोड़ दी जाएँगी आँखें
अगर तुमने अपने पाँव चलकर

महल-सरा की चहारदीवारी फलाँगकर
अंदर झाँकने की कोशिश की!
क्या तुमने नहीं देखी वह लाठी
जिससे हमारे एक कद्दावर जवान ने
इस निहत्थे काँपते बुढ्ढे
को ढेर कर दिया?
वह लाठी हमने समय-मंजूषा के साथ
गहराइयों में गाड़ दी है
कि आने वाली नस्लें उसे देखें और
हमारी जवांमर्दी की दाद दें
अब पूछो कहाँ है वह सच जो

इस बुढ्ढे ने सड़कों पर बकना शुरू किया था?
हमने अपने रेडियो के स्वर ऊँचे करा दिए हैं
और कहा है कि जोर-जोर से फिल्मी गीत बजाएँ
ताकि थिरकती धुनों की दिलकश बुलंदी में
इस बुढ्ढे की बकवास दब जाए!
नासमझ बच्चों ने पटक दिए पोथियाँ और बस्ते
फेंक दी है खड़िया और स्लेट
इस नामाकूल जादूगर के पीछे चूहों की तरह
फदर-फदर भागते चले आ रहे हैं
और जिसका बच्चा परसों मारा गया
वह औरत आँचल परचम की तरह लहराती हुई
सड़क पर निकल आई है।
खबरदार यह सारा मुल्क तुम्हारा है
पर जहाँ हो वहाँ रहे
यह बगावत नहीं बर्दाश्त की जाएगी कि
तुम फासले तय करो और मंजिल तक पहुँचो

इस बार रेलों के चक्के हम खुद जाम कर देंगे
नावें मंझधार में रोक दी जाएँगी
बैलगाड़ियाँ सड़क-किनारे नीमतले खड़ी कर दी जाएँगी
ट्रकों को नुक्कड़ से लौटा दिया जाएगा
सब अपनी-अपनी जगह ठप्प!
क्योंकि याद रखो कि मुल्क को आगे बढ़ना है
और उसके लिए जरूरी है कि जो जहाँ है
वहीं ठप्प कर दिया जाए!

बेताब मत हो
तुम्हें जलसा-जुलूस, हल्ला-गुल्ला,
भीड़-भड़क्के का शौक है
बाश्शा को हमदर्दी है अपनी रिआया से
तुम्हारे इस शौक को पूरा करने के लिए
बाश्शा के खास हुक्म से
उसका अपना दरबार जुलूस की शक्ल में निकलेगा
दर्शन करो!
वही रेलगाड़ियाँ तुम्हें मुफ्त लादकर लाएँगी
बैलगाड़ी वालों को दोहरी बख्शीश मिलेगी
ट्रकों को झंडियों से सजाया जाएगा
नुक्कड़-नुक्कड़ पर प्याऊ बैठाया जाएगा
और जो पानी माँगेगा उसे इत्र-बसा शर्बत पेश किया जाएगा
लाखों की तादाद में शामिल हों, उस जुलूस में
और सड़क पर पैर घिसते हुए चलो
ताकि वह खून जो इस बुढ्ढे की वजह से
बहा, वह पुँछ जाए!
बाश्शा सलामत को खूनखराबा पसंद नहीं!

(सर्वाधिक चर्चा में रही डॉ. धर्मवीर भारती की यह लंबी कविता, जिसकी प्रतियाँ देश के कोने-कोने में डाक द्वारा व हाथोहाथ भेजी गई।)

साये में धूप

दुष्यंत कुमार

जन्म : 1 सितंबर, 1933

स्थान : गाँव राजपुरा नवादा, बिजनौर, उत्तर प्रदेश

निधन : 30 दिसंबर, 1975

कहाँ तो तय था चिरागाँ हर एक घर के लिए,
कहाँ चिराग मयस्सर नहीं शहर के लिए।

यहाँ दरखतों के साए में धूप लगती है,
चलो यहाँ से चलें और उम्र भर के लिए।

न हो कमीज़ तो पाँओं से पेट ढक लेंगे,
ये लोग कितने मुनासिब हैं इस सफर के लिए।

खुदा नहीं न सही आदमी का ख्वाब सही,
कोई हसीन नजारा तो है नजर के लिए।

वो मुतमइन हैं कि पत्थर पिघल नहीं सकता,
मैं बेक़रार हूँ आवाज में असर के लिए।

तेरा निजाम है सिल दे जुबान शायर की,
ये एहतियात जरूरी है इस बहर के लिए।

जिएँ तो अपने बगीचे में गुलमोहर के तले,
मरें तो गैर की गलियों में गुलमोहर के लिए।

आग जलनी चाहिए

हो गई है पीर पर्वत-सी पिघलनी चाहिए,
इस हिमालय से कोई गंगा निकलनी चाहिए।

आज यह दीवार, परदों की तरह हिलने लगी,
शर्त लेकिन थी कि ये बुनियाद हिलनी चाहिए।

हर सड़क पर, हर गली में, हर नगर, हर गाँव में,
हाथ लहराते हुए हर लाश चलनी चाहिए।

सिर्फ हंगामा खड़ा करना मेरा मकसद नहीं,
मेरी कोशिश है कि ये सूरत बदलनी चाहिए।

मेरे सीने में नहीं तो तेरे सीने में सही,
हो कहीं भी आग, लेकिन आग जलनी चाहिए।

भूख है तो सब्र कर

भूख है तो सब्र कर रोटी नहीं तो क्या हुआ,
आजकल दिल्ली में है जेर-ए-बहस ये मुद्दआ।

मौत ने तो धर दबोचा एक चीते की तरह,
जिंदगी ने जब छुआ तो फासला रखकर छुआ।

गिड़गिड़ाने का यहाँ कोई असर होता नहीं,
पेट भरकर गालियाँ दो, आह भरकर बद्दुआ।

क्या वजह है प्यास ज्यादा तेज़ लगती है यहाँ,
लोग कहते हैं कि पहले इस जगह पर था कुआँ।

आप दस्ताने पहनकर छू रहे हैं आग को,
आप के भी खून का रंग हो गया है साँवला।

इस अंगीठी तक गली से कुछ हवा आने तो दो,
जब तलक खिलते नहीं ये कोयले देंगे धुआँ।

दोस्त, अपने मुल्क की किस्मत पे रंजीदा न हो,
उनके हाथों में है पिंजरा, उनके पिंजरे में सुआ।

इस शहर में वो कोई बारात हो या वारदात,
अब किसी भी बात पर खुलती नहीं हैं खिड़कियाँ।

कैसे मंजर सामने आने लगे हैं,
गाते-गाते लोग चिल्लाने लगे हैं।

अब तो इस तालाब का पानी बदल दो,
ये कँवल के फूल कुम्हलाने लगे हैं।

वो सलीबों के करीब आए तो हमको,
कायदे-कानून समझाने लगे हैं।

एक कब्रिस्तान में घर मिल रहा है,
जिसमें तहखानों में तहखाने लगे हैं।

मछलियों में खलबली है अब सफीने,
उस तरफ जाने से कतराने लगे हैं।

मौलवी से डाँट खाकर अहले-मकतब,
फिर उसी आयत को दोहराने लगे हैं।

अब नई तहजीब के पेशे-नजर हम,
आदमी को भूलकर खाने लगे हैं।

मैं सजदे में नहीं था

ये सारा जिस्म झुककर बोझ से दुहरा हुआ होगा, [1]
मैं सजदे में नहीं था आपको धोखा हुआ होगा।

यहाँ तक आते-आते सूख जाती हैं कई नदियाँ,
मुझे मालूम है पानी कहाँ ठहरा हुआ होगा।

गजब ये है कि अपनी मौत की आहट नहीं सुनते,
वो सब के सब परीशाँ हैं वहाँ पर क्या हुआ होगा?

तुम्हारे शहर में ये शोर सुन-सुनकर तो लगता है
कि इंसानों के जंगल में कोई हाँका हुआ होगा,
कई फाक़े बिता कर मर गया जो उसके बारे में
वो सब कहते हैं अब, ऐसा नहीं, ऐसा हुआ होगा।

यहाँ तो सिर्फ गूँगे और बहरे लोग बसते हैं,
खुदा जाने वहाँ पर किस तरह जलसा [3] हुआ होगा।

चलो, अब यादगारों की अँधेरी कोठरी खोलें
कम-अज-कम एक वो चेहरा तो पहचाना हुआ होगा।

हाथ तो काटे गए

परिंदे अब भी पर तोले हुए हैं,
हवा में सनसनी घोले हुए हैं।

तुम्हीं कमजोर पड़ते जा रहे हो,
तुम्हारे ख्वाब तो शोले हुए हैं।

गजब है सच को सच कहते नहीं वो,
कुरान-ओ-उपनिषद् खोले हुए हैं।

मजारों से दुआएँ माँगते हो,
अकीदे किस कदर पोले हुए हैं।

हमारे हाथ तो काटे गए थे,
हमारे पाँव भी छोले हुए हैं।

कभी किश्ती, कभी बतख, कभी जल,
सियासत के कई चोले हुए हैं।

हमारा कद सिमटकर मिट गया है,
हमारे पैरहन झोले हुए हैं।

चढ़ाता फिर रहा हूँ जो चढ़ावे,
तुम्हारे नाम पर बोले हुए हैं।

आजकल नेपथ्य में

मत कहो, आकाश में कुहरा घना है,
यह किसी की व्यक्तिगत आलोचना है।

सर्जूय हमने भी नहीं देखा सुबह से,
क्या करोगे, सर्जूय का क्या देखना है।

इस सड़क पर इस कदर कीचड़ बिछी है,
हर किसी का पाँव घुटनों तक सना है।

पक्ष औ प्रतिपक्ष संसद् में मुखर हैं,
बात इतनी है कि कोई पुल बना है।

रक्त वर्षों से नसों में खौलता है,
आप कहते हैं क्षणिक उत्तेजना है।

हो गई हर घाट पर पूरी व्यवस्था,
शौक से डूबे जिसे भी डूबना है।

दोस्तो! अब मंच पर सुविधा नहीं है,
आजकल नेपथ्य में संभावना है।

पतवारें न देख

आज सड़कों पर लिखे हैं सैकड़ों नारे न देख,
घोर अंधेरा देख तू आकाश के तारे न देख।

एक दरिया है यहाँ पर दूर तक फैला हुआ,
आज अपने बाजुओं को देख पतवारें न देख।

अब यकीनन ठोस है धरती हकीकत की तरह,
यह हकीकत देख लेकिन खौफ के मारे न देख।

वे सहारे भी नहीं अब जंग लड़नी है तुझे,
कट चुके जो हाथ उन हाथों में तलवारें न देख।

ये धुंधलका है नजर का तू महज मायूस है,
रोजनों को देख दीवारों में दीवारें न देख।

राख कितनी राख है, चारों तरफ बिखरी हुई,
राख में चिनगारियां ही देख अंगारे न देख।

(उन दिनों हिंदी में दुष्यंत कुमार की [गजलें] नारों का रूप लेने लगी थी।)
(ये सभी गजलें राधाकृष्ण प्रकाशन, नई दिल्ली-पटना द्वारा प्रकाशित 'साए में धूप' संकलन से साभार ली गई हैं।)

हाथी और आदमी

विश्व मोहन
जन्म : 15 फरवरी, 1949
स्थान : मधुबनी, बिहार

कल की ही बात है
जब हाथी गली से गुजरा था
झूमता हुआ, इतराता हुआ
नुकीले दाँत निपोड़ता हुआ
मस्ती में वह कभी किसी को
सूँड़ से लपेट लेता था
तो कभी किसी को
अपनी पूँछ की चाबुक से
मार बैठता था
तो किसी को नुकीले दाँत
चुभो देता था
लोग अपनी-अपनी
छतों पर आ गए थे
औरतों ने किलकारियाँ भरी थीं
बच्चों ने तालियाँ पीटी थीं
इसे हाथी का तमाशा समझकर।
वही हाथी

आज फिर गली से गुजरा है
उजाड़ता हुआ, रौंदता हुआ
दाँतों से चीरता हुआ
सूँड़ से लपेटता हुआ
पूँछ से मारता हुआ
मदहोश हो दहाड़ता हुआ–
'तहस-नहस कर दूँगा
पूरी बिरादरी को
मेरे ही राज में
मुझ पर उँगली उठाता है!
तेरी यह हिम्मत?'
शायद हाथी
इस इतिहास-बोध को
भूल गया है कि
आदमी ने आज तक
ज्यादा हाथी पकड़ा है
या हाथी ने
ज्यादा आदमी को रौंदा है?

टिड्डियों का हमला

यह वक्त नहीं है कि हम अपनी बेबसी पर रोएँ
या पूर्वजों की पौरुषहीनता पर बहस करें
या चलताऊ भाषा में अपनी जिम्मेदारी को
यह कहकर टाल दें
कि एक न एक दिन शोला जरूर भड़केगा
और अन्याय के टाल को खाक कर देगा

आकाश से न कभी कोई टपका है और न टपकेगा
फसलें हमारी बरबाद हुई हैं,
लाठियाँ भी हमें ही उठानी होंगी
टिड्डियों के दल ने फिर हमला किया है

जिनका दिमाग दलाली करते-करते
दिवालिया हो गया है
वे टिड्डियों का स्वागत जरूर करेंगे
फसलों में कीड़े लग गए हैं यही दलील देकर
निर्णय तो हमें करना है कि टिड्डियाँ
फसल खाने आती हैं या कीड़े?
अपनी हड्डी को ही हम हल का फाल बना लें
और खुद को बैल
सींचते रहे सालों भर खेतों को अपने खून से
तो भी क्या इतना अनाज हम बटोर सकेंगे
जिससे रोशन हो सके हमारे बच्चों का स्याह भविष्य?
या बिखर सके बीबी के मुरझाए
मुख पर मधुर मुसकान?
नहीं, कथमपि नहीं
इससे पहले कि वर्दी वाला बाज झपट ले
हमारी बस्ती बसबिट्टी को भी
हम बना लें एक मचान जोगा लें कुछ लाठियाँ
टिड्डियों के दल ने फिर हमला किया है

यों तो नीलगायें भी हमारी फसलें खाती रही हैं
पड़ोस की भैंसें भी उनमें मुँह लगाती रही हैं
खूनी मुस्टंड साँड़ों का तो फसल पर राज ही रहा है

मगर टिड्डियाँ तो सफाया ही कर देंगी
हमारी फसलों को
अब वक्त नहीं है कि हवा में हम मुक्का मारते रहें
चुटकी भर चना और चटनी के लिए
चौपाल में चौधरी की चिकनी-चुपड़ी
चुटकियों की चुस्की लेते रहें
इतिहास हमें बताता है कि
टिड्डियाँ किधर से आती हैं
और किधर को जाती हैं
आओ हम सब लाठियों का रुख उधर ही कर लें
टिड्डियों के दल ने फिर हमला किया है।

सन्नाटे की धूप

सायरन चीख-चीख कर शांत हो गया है
सीटी अभी भी गूँज रही है
आसन्न युद्ध से निबटने के लिए
बंदूक के कुंदे और अधिक
तत्परता से पकड़े
वे खाइयाँ खोद रहे हैं
बेहद सख्त गरमी है
संसद् का पसीना आ रहा है
और संविधान के पन्ने
तौलिए की तरह इस्तेमाल
किए जा रहे हैं
मंत्रालय की ओर मुँह किए
जज मुरझाए बैठे हैं
और कानून की किताब से

पंखे झाले जा रहे हैं
वातावरण अंधा हो गया है
धरती तप रही है
बिलों से निकलकर
गहुमनों ने केंचुल
उतार दिए हैं
और कर रहे हैं खोज
गर्भवती औरत की।

अध्याय-8

लड़कर लोकतंत्र को वापस लाया

रामबहादुर राय
वरिष्ठ पत्रकार

चालीस साल पहले की इमरजेंसी के लिए असल में दोषी कौन है? सभी जानते हैं कि इंदिरा गांधी ही हैं। कांग्रेस इस बारे में मौन है।

यह सवाल उतना अहम नहीं है कि इमरजेंसी किसने लगाई। उससे ज्यादा अहम सवाल यह है कि इमरजेंसी की ज्यादतियों के लिए कौन जिम्मेदार है? क्या उन सैकड़ों लोगों की मौत के लिए इंदिरा गांधी जिम्मेदार नहीं हैं, जो जेलों में ज्यादतियों के कारण मरे।

इसके पूरे प्रमाण अब उपलब्ध हैं। यह बात अलग है कि एम.जी. देवसहायम ने खतरा मोल लेकर उन्हें बचाया। जब लोकनायक जयप्रकाश नारायण की इंदिरा गांधी इस हद तक उपेक्षा कर सकतीं हैं कि उनकी जान खतरे में पड़ जाए तो वे साधारण नागरिकों को तो कीड़ा-मकोड़ा ही समझती रही होंगी। एक तानाशाह की ऐसी ही मानसिकता होती है।

इंदिरा गांधी ने किसी भी तरह की मर्यादा का पालन नहीं किया। लोकतंत्र की हत्या की। संविधान को दरकिनार कर दिया। न्यायपालिका को अपनी धौंस में लिया। लोगों के बोलने पर रोक लगा दी। वैसी स्थिति में प्रेस पर रोक तो उसका हिस्सा ही होता।

न्यायपालिका को अपनी धौंस में लिया। लोगों के बोलने पर रोक लगा दी। वैसी स्थिति में प्रेस पर रोक तो उसका हिस्सा ही होता।

जो हुआ प्रेस पर सेंसरशिप उसी की कड़ी में एक कदम था। ऐसे सन्नाटे ने देश को सदमे में डाल दिया। वह सदमा क्षणिक रहा। कोई भी सत्ता चाहे जितनी व्यापक हो और उसका अंकुश चारों ओर फैला हुआ हो फिर भी उसमें प्रतिरोध के रास्ते निकल ही आते हैं।

आजादी के आंदोलन में भी क्रांतिकारियों ने अंग्रेजों के समय-समय पर छक्के छुड़ा दिए थे। वह अनुभव पुराना नहीं था। अंग्रेजों ने भी इसी तरह के

तौर-तरीके अपनाए कि लोगों को भयभीत बनाए रखा जा सके। उसी को इंदिरा गांधी ने अपनाया। शासन तंत्र का दुरुपयोग किया जाने लगा।

जाहिर है कि इमरजेंसी में खुलेआम संघर्ष की गुंजाइश कम थी। जब चारों तरफ तानाशाही का तांडव हो तब लोकतंत्र के लिए संघर्ष वैसी ही कठिन परीक्षा थी जैसी स्वाधीनता संग्राम में आई थी। वैसे तो संघर्ष की शुरुआत उसी समय हो गई जब इंदिरा गांधी इमरजेंसी लगाने के लिए कुचक्र रच रही थीं। बात 24 जून, 1975 की है। उस दिन इंदिरा गांधी को सुप्रीम कोर्ट से जो आदेश मिला, वह उनकी इच्छा के विपरीत था।

वे चाहती थीं कि सुप्रीम कोर्ट इलाहाबाद हाईकोर्ट के फैसले पर पूरी रोक लगा दे। वैसा नहीं हुआ। जज वी.आर.कृष्ण अय्यर ने आधी रोक लगाई। मतलब यह था कि इंदिरा गांधी प्रधानमंत्री पद पर बनी रह सकती हैं, लेकिन उनकी लोकसभा सदस्यता बहाल नहीं की जा सकती।

इससे इंदिरा गांधी की नैतिक सत्ता समाप्त हो जाती थी। उनके सामने लोकतांत्रिक विकल्प यह था कि वे इस्तीफा दें। कांग्रेस का कोई नेता प्रधानमंत्री पद पर आए। जब सुप्रीम कोर्ट का फैसला उनके पक्ष में आ जाए तो वे पुनः प्रधानमंत्री बन सकती थीं।

वह सभा दो बातों के लिए थी। पहली बात यह कि 20 जून को जो रैली इंदिरा गांधी के समर्थन में बोट क्लब पर हुई थी, उसका जनता की ओर से 25 जून की सभा-जवाब थी। दूसरी बात भविष्य से संबंधित थी। जे.पी. ने उस सभा में मुख्य भाषण दिया। मोरारजी देसाई ने अध्यक्षता की। उसी सभा में राष्ट्रीय स्तर पर सत्याग्रह करने की घोषणा की गई।

इससे इंदिरा गांधी की नैतिक सत्ता समाप्त हो जाती थी। उनके सामने लोकतांत्रिक विकल्प यह था कि वे इस्तीफा दें। कांग्रेस का कोई नेता प्रधानमंत्री पद पर आए। जब सुप्रीम कोर्ट का फैसला उनके पक्ष में आ जाए तो वे पुनः प्रधानमंत्री बन सकती थीं।

इमरजेंसी के लगते ही ज्यादातर बड़े नेता गिरफ्तार कर लिए गए। लेकिन नानाजी देशमुख ने सावधानी बरती। वे भूमिगत हो गए। इसलिए लोक संघर्ष समिति को उन्होंने बचा लिया। इमरजेंसी में लोकतंत्र के लिए जो भूमिगत रहकर आंदोलन चला, वह लोक संघर्ष समिति के बैनर तले ही चलता रहा। वह आंदोलन विकेंद्रित था। कई महीने तक उसका संचालन नानाजी देशमुख ने किया।

नानाजी देशमुख के गिरफ्तारी से बचे रहने के कारण और राष्ट्रीय स्वयंसेवक संघ से उनका पुराना नाता होने के कारण संघर्ष के लिए जो देशव्यापी नेटवर्क चाहिए था, वह उपलब्ध हो गया। इंदिरा गांधी ने वैसी ही भूलें कीं, जैसी कोई भी तानाशाह करता रहा है।

जे.पी. आंदोलन को राष्ट्रीय स्वयंसेवक संघ का सहयोग प्राप्त था। इंदिरा

गांधी ने संघ पर पाबंदी लगाकर और सरसंघचालक बालासाहब देवरस को 30 जून की सुबह नागपुर में गिरफ्तार कर ऐसी भूल की, जो उन्हें भारी पड़ी। पूरी ताकत से संघ लोकतंत्र की वापसी के संघर्ष में कूद पड़ा।

संघ के नेताओं और कार्यकर्ताओं की पहचान करना पुलिस के लिए टेढ़ी खीर थी। इसका कारण सभी जानते हैं। उस समय संघ आत्मप्रचार से दूर रहता था, इसलिए उसके कार्यकर्ता और बड़े या प्रांतीय नेता भी अनाम बने हुए थे। जिनका बहुत नाम हो गया था, उन्हें भी पुलिस महीनों तक खोजती रही और वे उसके हाथ से हमेशा फिसल जाने में कामयाब होते रहे। एक उदाहरण देना हो तो गोविंदाचार्य का नाम लिया जा सकता है।

कहना यह है कि संघर्ष चला। उसे एक नेटवर्क मुहैया कराने में संघ की बड़ी भूमिका थी। इसका यह अर्थ नहीं है कि दूसरे लोगों की भूमिका कम महत्त्वपूर्ण थी। जब नानाजी देशमुख गिरफ्तार हो गए तो उनकी जगह ली रवींद्र वर्मा ने। उनका नेतृत्व सँभाला, एस.एम. जोशी ने।

साहित्यकारों में दुर्गा भागवत और गौर किशोर घोष को हमेशा याद किया जाएगा, क्योंकि वे कलम के बल पर इंदिरा गांधी की तलवार का मुकाबला करते रहे। देश में व्यापक संघर्ष का दृश्य था। करीब डेढ़ लाख लोग बंदी थे। इंदिरा गांधी ने किसी को नहीं बक्शा। यहाँ तक कि अपने पिता जवाहरलाल नेहरू को भी। नेहरू के कथन का हवाला देने वाले के लिए जेल ही जगह थी। इसी तरह महात्मा गांधी और रवींद्र नाथ ठाकुर का जो नाम लेकर लोकतंत्र की बात करते थे, उन्हें पुलिस पकड़ लेती थी।

इंदिरा गांधी ने किसी को नहीं बक्शा। यहाँ तक कि अपने पिता जवाहरलाल नेहरू को भी। नेहरू के कथन का हवाला देने वाले के लिए जेल ही जगह थी। इसी तरह महात्मा गांधी और रवींद्र नाथ ठाकुर का जो नाम लेकर लोकतंत्र की बात करते थे, उन्हें पुलिस पकड़ लेती थी।

जवाहरलाल नेहरू ने नेशनल हेराल्ड अखबार निकलवाया था। उसके मास्टहेड पर लिखा रहता था–'स्वतंत्रता खतरे में है, पूरी ताकत से उसकी रक्षा करो।' इमरजेंसी में उसे हटा दिया गया। इंडियन एक्सप्रेस ने उदाहरण प्रस्तुत किया। उसे ही लोग खबरें जानने के लिए पढ़ते थे।

श्री के.आर. मलकानी, निखिल चक्रवर्ती, भानु प्रताप शुक्ल और यादव राव जोशी आदि पत्रकार रामनाथ गोयनका की तरह लोकतंत्र के लिए लड़ते रहे। अखिल भारतीय संपादक सम्मेलन ने भी अपनी आवाज उठाई।

देश में जो संघर्ष चला, उसे विदेशों से भी बल मिला। डॉ. सुब्रह्मण्यम स्वामी ने विदेशों में अलख जगाई। खासकर ब्रिटेन, अमेरिका और कनाडा में उन्होंने इंदिरा गांधी के दावे की कलई खोल दी। इसका परिणाम यह हुआ कि विश्वजनमत का इंदिरा गांधी पर दबाव पड़ा। डॉ. सुब्रह्मण्यम स्वामी ने इंदिरा गांधी की तानाशाही पर उस समय करारा तमाचा जड़ा, जब वे वेश बदलकर

लंदन से पहले मुंबई फिर दिल्ली आए।

उन्हें पुलिस पकड़ नहीं पाई। वे संसद् भवन पहुँचे। राज्यसभा में व्यवस्था का प्रश्न उठाया। फिर चकमा देकर बच निकले। उससे पूरी दुनिया में इंदिरा गांधी का मजाक उड़ा। उससे लोगों में संघर्ष का हौसला पैदा हुआ। आखिरकार इंदिरा गांधी को जनसंघर्ष के सामने झुकना पड़ा। चुनाव कराया। उसमें पराजित हुई।

यह सोचकर कि लोग भयवश इंदिरा गांधी को जिताएंगे। इस तरह इंदिरा गांधी की मंशा थी कि उनकी तानाशाही पर लोकतंत्र की मुहर लग जाए। उसे देश की जनता ने भाँपा। अपना फैसला सुनाया। वह तानाशाही के खिलाफ लोकतंत्र के लिए था। आखिरकार 21 महीने बाद अंधेरा छँटा। लोकतंत्र का सूरज आसमान पर चमका।

पूरी दुनिया में इंदिरा गांधी का मजाक उड़ा। उससे लोगों में संघर्ष का हौसला पैदा हुआ। आखिरकार इंदिरा गांधी को जनसंघर्ष के सामने झुकना पड़ा। चुनाव कराया। उसमें पराजित हुई।

विशिष्ट आलेख- 2

यह वही इंदिरा गांधी है

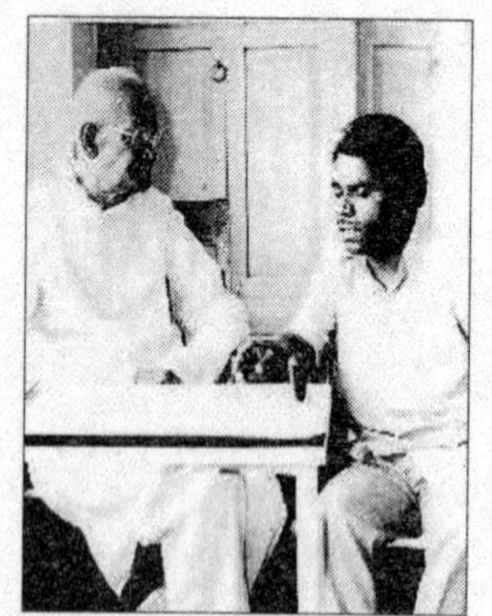

एम.जी. देव सहायम
अवकाश प्राप्त आई.ए.एस.

यह मेरे प्रशासनिक दायित्व का भी तकाजा था। जे.पी. ने एक बार बताया था, 'विश्वास नहीं होता, यह वही इंदिरा गांधी है, जो कभी मेरी गोद में बच्चों की तरह खेलती थी।'

याद आ रहा है, जय प्रकाश को 25-26 जून, 1975 की रात्रि को 'मीसा' के तहत गिरफ्तारी के बाद प्रथम जुलाई की रात चंडीगढ़ लाया गया था, ताकि उन्हें सघन चिकित्सा व सुरक्षित महौल में रखा जा सके। उस दिन मैं एस.एस.पी., एम.एल. मनोट और एयर कमोडोर श्री भसीन के साथ हवाई अड्डे पर 'कैदी जय प्रकाश नारायण' को लेने के लिए गया था। उस दिन यद्यपि वे सामान्य दिख रहे थे, मगर चेहरे पर उद्विग्नता के भाव थे।

मैं निजी रूप से यह समझ नहीं पा रहा था कि श्रीमती गांधी ने उस शख्स की गिरफ्तारी का आदेश कैसे दिया होगा, जिनके साथ उनके पिता श्री नेहरू व माँ श्रीमती कमला नेहरू के पारिवारिक संबंध थे। जे.पी. की धर्मपत्नी श्रीमती प्रभावती को कमला अपनी बहन मानती थीं। उन दिनों मैं जे.पी. से अकसर मिला करता। यह मेरे प्रशासनिक दायित्व का भी तकाजा था। जे.पी. ने एक बार बताया था, 'विश्वास नहीं होता, यह वही इंदिरा गांधी है, जो कभी मेरी गोद में बच्चों की तरह खेलती थी।'

उन दिनों शहर में एक ही सब-जेल थी। वहाँ सुविधाएँ भी थीं। मगर हमें प्रधानमंत्री कार्यालय से निर्देश था कि 'उन्हें पी.जी.आई. में' ही विशेषज्ञ डॉक्टरों की देख-रेख में रखा जाए। परिणामस्वरूप हमें पी.जी.आई. परिसर में ही एक विश्राम-गृह को 'सब-जेल' में बदलना पड़ा। जे.पी. को हवाई अड्डे से सीधे वहीं लाया गया। उन पर वे सभी निषेधाज्ञाएँ लागू थीं, जो प्रायः एक कैदी पर लागू होती थीं। उनसे किसी को भी मिलने की मनाही थी, मगर मैंने अपने स्वैच्छिक अधिकारों के तहत कुछ-कुछ परिजनों व अंतरंग मित्रों को उनसे मिलने दिया था।

उन दिनों की कुछ स्मृतियाँ अविस्मरणीय हैं। नई दिल्ली से प्राप्त निर्देशों के

अनुसार उनके इलाज संबंधी विशेष प्रावधान थे। उन फाइलों को अत्यंत गोपनीय रखा गया था। धीरे-धीरे जे.पी. के मन में 'लोकतंत्र की बहाली' की उम्मीद क्षीण होने लगी थी। 10 अगस्त को उन्होंने प्रधानमंत्री को एक पत्र लिखा, जिसमें चेतावनी दी गई थी कि 'यदि आपातकाल तत्काल समाप्त न हुआ तो मैं आमरण अनशन आरंभ करूँगा।' इस पत्र के बारे में मैं उनसे दो घंटे तक बहस भी करता रहा, ताकि आमरण अनशन के बारे में उनके निर्णय को यथासंभव टालने का प्रयास करूँ।

यह भी एक संयोग ही था कि प्रधानमंत्री के प्रधान सचिव प्रो.पी.एन. धर भी प्रयासरत थे कि श्रीमती गांधी और जे.पी. के मध्य सौहार्दपूर्ण बातचीत की संभावनाएँ उजागर हों। उन्हीं दिनों जे.पी. ने शेख अब्दुला के एक पत्र के उत्तर में भी यह लिखा कि यदि स्थितियों की सामान्य बहाली हो तो कोई सौहार्दपूर्ण बातचीत भी मुमकिन है। चौरतरफा प्रयास हुए, मगर शेख अब्दुल्ला को लिखा गया जे.पी. का पत्र शेख तक पहुँचने ही नहीं दिया गया। उधर 'क्रिप्स कमीशन' के पूर्व सदस्य व लेबर एम.पी.लार्ड फैनर ब्राकवे ने भी अपने एक पत्र में श्रीमती गांधी की ओर से क्षमायाचना करते हुए सामान्य स्थिति बहाल करने का आग्रह किया था।

मगर उन दिनों जे.पी. का स्वास्थ्य बिगड़ने लगा था। उधर लार्ड ब्राकवे का पत्र भी जे.पी. तक पहुँचाने के मार्ग में बाधाएँ खड़ी की गईं। उधर केंद्र सरकार पर दबाव बढ़ता जा रहा था कि यदि जे.पी. को गिरफ्तारी के मध्य ही कुछ हो गया तो देश में अराजकता की स्थिति पैदा हो सकती है। आखिर केंद्र सरकार ने निर्णय लिया कि उन्हें यहाँ से रिहा किया जाए और जसलोक अस्पताल, बंबई पहुँचाया जाए, ताकि उनका समुचित उपचार हो सके। आखिर 16 जुलाई को उन्हें यहाँ से बंबई ले जाया गया आगे की घटनाक्रम इतिहास के पृष्ठों में दर्ज है।

(श्री एम.जी. देव सहायम 1975 में उन दिनों चंडीगढ़ के डिस्ट्रिक्ट मजिस्ट्रेट थे, जब श्री जय प्रकाश नारायण को गिरफ्तारी के बाद चंडीगढ़ लाया गया। उन्हें 12 नवंबर तक यहीं रखा गया। चार दिन बाद उन्हें उपचार के लिए बंबई में ले जाया गया। 'दि ट्रिब्यून' में प्रकाशित श्री देवसहायम के संस्मरणों का मूल आलेख यहाँ प्रस्तुत है।)

'यदि आपातकाल तत्काल समाप्त न हुआ तो मैं आमरण अनशन आरंभ करूँगा।' इस पत्र के बारे में मैं उनसे दो घंटे तक बहस भी करता रहा।

विशिष्ट आलेख- 3

संघ बना आंदोलन की रीढ़

सुभाष आहूजा
पूर्व सहायक महाप्रबंधक,
पंजाब नैशनल बैंक

लगभग सभी बड़े दिग्गज नेता थोड़े समय बाद ही निराशा और हताशा की स्थिति में आ गए और वे यहाँ तक सोचने लगे कि अब तो हमारी लाशें ही बाहर जाएँगी।

श्रीमती इंदिरा गांधी ने अपनी प्रधानमंत्री की कुरसी बचाने के लिए आंतरिक आपातकाल की बेड़ियों में संपूर्ण देश को बांध दिया था। एक तानाशाह की तरह उन्होंने सभी विरोधी दलों के हजारों छोटे-बड़े नेताओं को संभलने से पहले ही अचानक जेलों में डाल दिया। उसी चुनाव में उतनी बुरी तरह हार भी हुई। उस पूरे कार्यकाल का विश्लेषण करने पर एक बात हमारे ध्यान में आती है, जब आपातकाल की घोषणा हुई, उस समय सभी विरोधी दलों का अपना प्रभाव था।

कुछ दलों जैसे मार्क्सवादी कम्युनिस्ट पार्टी का तो अपना कैडर था। हजारों कार्यकर्ता थे। लेकिन जब उस भयानक काल में सत्याग्रह करके जेलों को भरने का आह्वान हुआ तो इन सभी कैडर बेस्ड पार्टियों के गिने-चुने कार्यकर्ता ही जेलों में जा पाए। लगभग सभी बड़े दिग्गज नेता थोड़े समय बाद ही निराशा और हताशा की स्थिति में आ गए और वे यहाँ तक सोचने लगे कि अब तो हमारी लाशें ही बाहर जाएँगी। क्योंकि उनके दलों का सारा ताना-बाना छिन्न-भिन्न हो गया था।

लेकिन दूसरी ओर राष्ट्रीय स्वयंसेवक संघ के लाखों कार्यकर्ताओं में न तो निराशा-हताशा आई और न ही वे शांत होकर घर में बैठे। उनमें से हजारों ने सत्याग्रह कर समाज को जगाया तथा सरकार के खिलाफ आक्रोश पैदा किया। अन्य हजारों कार्यकर्ताओं ने न केवल देश में, बल्कि विदेशों में भी थोड़े ही समय में एक ऐसा सूचना-तंत्र खड़ा किया और सब प्रकार के जुल्म सहते हुए सक्रियता से समाज को जाग्रत् करने का काम किया। यह सब देखकर तो श्रीमती इंदिरा गांधी भी घबरा गईं और उन्हें 21 माह बाद आपातकाल हटाना पड़ा। हम कल्पना कर सकते हैं कि उस समय अगर राष्ट्रीय स्वयंसेवक संघ नहीं होता और वह भयभीत समाज को नहीं जगाता तो देश में क्या परिस्थितियाँ बनतीं?

शायद नेताओं की लाशें ही जेल से बाहर आतीं तथा यह तानाशाही और कई दशकों तक चलती।

अन्य सभी दल जो मिलकर न कर सके, वह संघ ने कर दिखाया। आपातकाल के दौरान संघ के कार्य की दृढता तथा सक्षमता का परिचय इस बात से मिलता है कि इतनी लंबी अवधि तक संघ को कुचलने के सभी संभव प्रयास करने के बाद श्रीमती इंदिरा गांधी को यह कहना पड़ा कि 'आर.एस.एस. के 10 प्रतिशत भी कार्यकर्ता पकड़े नहीं जा सके हैं। वे भूमिगत हो गए हैं। प्रतिबंध लगने पर भी संघ विश्रृंखलित नहीं हुआ है। इसके विपरीत केरल समान नए-नए क्षेत्रों में वह जड़ें जमा रहा है।'

संघ के सरसंघचालक माननीय बालासाहब देवरस को 30 जून को ही बंदी बना लिया गया था। इसीलिए इस पूरी अवधि में आपातकाल के संघर्ष के संचालन का कार्य अखिल भारतीय स्तर पर श्री माधव राव मूले ने किया। उन दिनों उनका स्वास्थ्य खराब हो चुका था, तो भी सतत अथक परिश्रम करते हुए पूरी क्षमता से उन्होंने नेतृत्व को सँभाला। अथक परिश्रम के कारण ही बाद में उनकी अकाल मृत्यु हुई। उस समय संघ के 50 वर्षों की तपश्चर्या के कारण ही इतने सारे स्वयंसेवकों की गिरफ्तारी के बावजूद कार्यकर्ताओं की देवदुर्लभ टीम माधव रावजी को उपलब्ध हुई थी।

देश की जनता में राष्ट्रीय चरित्र, सेवाभाव तथा त्याग की प्रवृत्ति निर्मित कर उसे संगठित करने का विशुद्ध सांस्कृतिक कार्य संघ 1925 से नियमित कर रहा था। दैनंदिन राजनीति से उसका कोई लेना देना नहीं था। किंतु श्रीमती गांधी को डर था कि उनके तानाशाही के मार्ग में संघ की शक्ति बाधक बनेगी। संघ को न खरीदा जा सकता था, न झुकाया जा सकता था और न डराया जा सकता था।

अथक परिश्रम के कारण ही बाद में उनकी अकाल मृत्यु हुई। उस समय संघ के 50 वर्षों की तपश्चर्या के कारण ही इतने सारे स्वयंसेवकों की गिरफ्तारी के बावजूद कार्यकर्ताओं की देवदुर्लभ टीम माधव रावजी को उपलब्ध हुई थी।

इंदिराजी को पता था कि अन्य दलों का आधार तो अखबारी प्रचार ही है। अखबारों पर नियंत्रण कर उनकी गतिविधियों को नियंत्रित किया जा सकता है, किंतु संघ को केवल इतने से नियंत्रित नहीं किया जा सकता। उन्हें यह विदित था कि यह राष्ट्रवादी संगठन जनाधिकारों की हत्या व तानाशाही की स्थापना का मूक दर्शक बना नहीं रह सकता।

इसीलिए संघ पर उन्होंने बहुमुखी आघात करने का निश्चय किया। बड़े दलों के तो नेताओं को बंदी बनाया गया, परंतु संघ के छोटे से छोटे स्तर के कार्यकर्ताओं को हजारों की संख्या में गिरफ्तार किया गया और संघ के सभी कार्यालय सील कर दिए गए। संघ को बदनाम करने के लिए यह प्रचारित किया गया कि संघ कार्यालयों में तलाशी के दौरान घातक हथियार मिले हैं। ऐसा

वातावरण बनाने का प्रयास किया गया, मानो संघ हिंसा के द्वारा सरकार का तख्ता पलटने का काम कर रहा है।

जबकि वास्तविकता यह थी कि जो भी तथाकथित हथियार पकड़े गए थे, वे काठ की छुरियाँ व टीन की तलवारें थीं, जिनका प्रयोग व्यायाम के लिए लिए संघ शाखाओं में किया जाता था। संघ को बदनाम करने के लिए लाखों की संख्या में सरकारी विभागों द्वारा पुस्तिकाएँ छपवाकर वितरित की गईं। संघ को गांधीजी का हत्यारा, मुसलमानों का शत्रु, अंग्रेजों का एजेंट, दक्षिणपंथी प्रतिक्रियावादी एवं फासिस्ट तक बताया गया।

1948 के प्रथम प्रतिबंध के समय भी सरकार द्वारा योजनापूर्वक फैलाई गई भ्रांतियों के कारण जनता भी प्रारंभ में संघ विरोधी थी। उस समय भूमिगत संघर्ष चलाना अत्यंत कठिन था। परंतु भूमिगत स्वयंसेवकों ने उन विपरीत परिस्थितियों में भी कार्य चलाया और उस अनुभव का पूरा उपयोग आपातकालीन आंदोलन चलाते समय हुआ। अन्य लोगों के पास इस तरह का अनुभव नहीं था। इस कारण भूमिगत काररवाई में विभिन्न दलों के नेताओं को सम्मिलित कर लेने का दायित्व स्वयंसेवकों को निभाना पड़ा।

इस परिस्थिति में आपातकालीन आंदोलन की रीढ़ की हड्डी का काम स्वयंसेवकों ने किया। जेलों के बाहर रहकर काम करने वाले राजनीतिक नेताओं के लिए और भी एक दिक्कत थी। उनमें से अधिकतर लोग सुविधावादी परंपरा में पले हुए थे। इस कारण सत्याग्रह के आह्वान को मानने वालों की संख्या उनके दल में कम रही। सत्याग्रह को सफल बनाने की जिम्मेदारी राष्ट्रीय स्वयंसेवक संघ पर ही आना स्वाभाविक था, क्योंकि उसी के पास ऐसे आदर्शवादी स्वयंसेवक विपुल संख्या में थे।

संघ को बदनाम करने के लिए लाखों की संख्या में सरकारी विभागों द्वारा पुस्तिकाएँ छपवाकर वितरित की गईं। संघ को गांधीजी का हत्यारा, मुसलमानों का शत्रु, अंग्रेजों का एजेंट, दक्षिणपंथी प्रतिक्रियावादी एवं फासिस्ट तक बताया गया।

संघ का नेतृत्व संघ पर लगाए गए प्रतिबंध से कभी भी चिंतित नहीं था। किंतु लोकतंत्र की हत्या के कारण संघ के मन में व्यथा थी और उसी की पुनः स्थापना के लिए पूरी शक्ति लगाकर प्रयास करने का निश्चय संघ ने किया। केवल प्रतिबंध हटाने का उद्देश्य संघ नेतृत्व के सामने नहीं था।

उद्देश्य था तानाशाही को हटाना। इसी कारण प्रतिबंध हटा लेने की दृष्टि से बाद में सरकार की ओर से जब सशर्त सुझाव आया, तब संघ नेतृत्व ने दृढता के साथ उसको ठुकरा दिया और स्पष्ट शब्दों में सरकार को बताया कि प्रतिबंध हटता है या नहीं, यह हमारे लिए महत्त्व का प्रश्न नहीं है। महत्त्व का प्रश्न है लोकतंत्र की बहाली। बाद में हुए निर्वाचन में संघ ने इसी प्रणाली की रक्षा के लिए खुलकर भाग लिया।

देश के विभिन्न भागों की प्रत्यक्ष जानकारी हर समय एकत्र करते रहना; इसके आधार पर कार्य की अगली दिशा समय-समय पर निश्चित करना; नियोजित कार्यक्रमों की जानकारी देशभर के कार्यकर्ताओं तक पहुँचाकर उनसे क्रियान्वयन करवा लेना; ऊपर से नीचे तक और नीचे से ऊपर तक की संपर्क-रेखा प्रस्थापित करना तथा उसे मजबूत रखना; विदेशों में रहने वाले देशभक्त भारतीयों से भी इस तरह संपर्क-रेखा कायम करना; संघर्ष के लिए आवयश्यक धन-सामग्री जुटाना और उसका सुयोग्य वितरण करना; जेलों में बंद लोगों के साथ तथा उनके आप्तजनों के साथ संपर्क रखना; आपातकाल से पीड़ित परिवारों की सहायता करना; भूमिगत साहित्य की प्रकाशन और वितरण की व्यवस्था करना; भूमिगत कार्यकर्ताओं के आवास, प्रवास और बैठकों की व्यवस्था करना; आपातस्थिति विरोधी कार्यक्रम चाहे वे राजनैतिक दलों के हों या गैर-राजनीतिक संस्थाओं के हों, के लिए सक्षम कार्यकर्ताओं की व्यवस्था करना; आदि सभी काम ठीक ढंग से करने के लिए सुव्यवस्थित संगठन की आवश्यकता थी। केवल राष्ट्रीय स्वयंसेवक संघ के पास ही ऐसा संगठन था। इसीलिए भूमिगत सभी प्रकार के कार्य का दायित्व संघ मशीनरी पर ही आ गया और संघ ने यह दायित्व प्रामाणिकता से निभाया।

केंद्र सरकार को सत्याग्रह प्रारंभ होने के ठीक पाँचवें दिन 18 नवंबर, 1975 को देश भर के सभी राज्यों की पुलिस के उप महाअधीक्षकों का सम्मलेन दिल्ली में बुलाना पड़ा था। इसमें श्रीमती गांधी ने सत्याग्रह और संघ के बारे में जो विचार व्यक्त किए थे, उनसे स्पष्ट होता है कि सत्याग्रह के प्रारंभ में ही सरकार उसके कारण घबरा गई थी तथा उसके सारे पूर्वानुमान गलत सिद्ध हुए थे।

इस सम्मलेन में श्रीमती गांधी ने कहा था कि गुप्तचर विभाग की रिपोर्ट में लगातार यह कहा जा रहा था कि राष्ट्रीय स्वयंसेवक संघ एक प्रकार से समाप्त हो गया है या दब गया है, किंतु देशव्यापी सत्याग्रह के पीछे राष्ट्रीय स्वयंसेवक संघ की जिस शक्ति का प्रदर्शन आज हो रहा है, उससे यह सिद्ध हो गया है कि संघ की शक्ति समाप्त नहीं हुई है। उसकी प्रहार क्षमता और बढ़ी है। हमारे पास ऐसे राजनीतिज्ञ हैं, जो हमें गुप्तचर विभाग से भी कहीं अधिक सत्य जानकारी दे रहे हैं।

केवल राष्ट्रीय स्वयंसेवक संघ के पास ही ऐसा संगठन था। इसीलिए भूमिगत सभी प्रकार के कार्य का दायित्व संघ मशीनरी पर ही आ गया और संघ ने यह दायित्व प्रामाणिकता से निभाया।

संघ के बारे में उनका आकलन युक्तिसंगत है। सत्याग्रह संघ ही चला रहा है, यह हमारी खबर है। स्वयंसेवकों पर भी सत्याग्रह का अनुकूल प्रभाव हुआ। कुछ सदस्यों के मन पर निराशा, शंका, डर और अविश्वास आदि के बादल छाने लगे थे। वे सब हट गए। सत्याग्रह के कारण संघ को यह लाभ मिला कि विभिन्न पक्षों

के सदस्यों को एक-दूसरे के नजदीक आकर समझने-समझाने का सुअवसर प्राप्त हुआ। अधिकांश दलों की संघ के प्रति जो भ्रांतियाँ थीं, उनका निराकरण हुआ। सबके मन में स्वयंसेवकों के प्रति आदर एवं विश्वास का भाव जाग्रत् हुआ। रोहतक जेल में बंद अशोक मेहता को कहना पड़ा कि भाई, समाजवाद पर हम बड़े-बड़े लेख तो लिख सकते हैं। अच्छा भाषण भी दे सकते है, परंतु व्यवहार में समाजवाद तो रोहतक जेल के बैरक न. 4 में हम अनुभव करते हैं। यहाँ डेढ़ सौ के लगभग स्वयंसेवक रहते हैं। सभी एक पंक्ति में बैठकर भोजन करते हैं तथा घरों से आई खाद्य सामग्री को भी मिल-बांटकर खाते हैं। यही तो समाजवाद का व्यावहारिक रूप है। मधु दंडवते को भी कहना पड़ा कि संघ वाले हम समाजवादियों से अधिक गांधीवादी हैं।

रोहतक जेल में बंद सिकंदर बख्त ने एक दिन संघ के बौद्धिक प्रमुख प्रेम सागरजी से कहा, 'आप संघ वालों को मैं किस मुंह से धन्यवाद करूँ, आपके संघ के लोग दिल्ली में घर-घर जाकर मीसा में बंद लोगों के परिवारों की सब प्रकार से आर्थिक सहायता कर आते हैं। बराबर परिवार का ध्यान रख रहे हैं। जब कि हमारे दल के सदस्यों का इस ओर कुछ ध्यान ही नहीं है।' डॉ. शिवराम कारंत ने भी कहा कि 'चुनाव की घोषणा होने के बाद स्वातंत्र्य का संदेश सामान्य जनता तक पहुँचने की चिंता को संघ के कार्यकर्ताओं ने दूर कर दिया।'

उन दिनों में श्री अटल बिहारी वाजपेयी ने कहा, 'ऐसा लगता है कि वर्तमान संसदीय राजनीति एक ऐसा सुविधावादी वर्ग तैयार करती है, जो अपने स्वार्थ पर छोटी सी चोट भी सहन नहीं कर सकता और परीक्षा की पहली आँच लगते ही भाग खड़ा होता है। ऐसे लोग इतिहास नहीं बना सकते। कलंक बन जाते हैं। यह विशेष उल्लेखनीय है कि संघ ने अन्य संस्थाओं के समान संस्थागत अहंकार न रखते हुए लोक संघर्ष समिति के ही तत्त्वावधान में सारा काम किया।'

ऐसे लोग इतिहास नहीं बना सकते। कलंक बन जाते हैं। यह विशेष उल्लेखनीय है कि संघ ने अन्य संस्थाओं के समान संस्थागत अहंकार न रखते हुए लोक संघर्ष समिति के ही तत्त्वावधान में सारा काम किया।

दी इंडियन रिव्यू के संपादक एम.सी. सुब्रह्मण्यम ने लिखा, 'जिन लोगों ने आपातकाल के दौरान संघर्ष को वीरतापूर्वक जारी रखा, उनमें राष्ट्रीय स्वयंसेवक संघ के लोगों का विशेष उल्लेख करना आवश्यक है। सत्याग्रह का सफल संचालन करके संपूर्ण देशभर में संपर्क सूत्र कायम रख कर, आंदोलन के लिए धन की व्यवस्था कर, गुप्त साहित्य का बिना किसी अवरोध के वितरण व्यवस्था जमाकर तथा बिना भेदभाव सभी बंदियों तथा उनके परिवारों की सहायता जारी रखकर उन्होंने सिद्ध कर दिया कि सचमुच में स्वामी विवेकानंद ने देश के सामाजिक और राजनीतिक कार्य के लिए संन्यासियों की जिस सेना की कल्पना की थी, उसके वे निकटतम उत्तर हैं। उन्होंने अपने व्यवहार से न केवल अपने

राजनीतिक सहयोगी कार्यकर्ताओं की प्रशंसा प्राप्त की बल्कि कभी जो उनके राजनीतिक विरोधी थे, उनसे भी आदर प्राप्त किया है।'

अनेक प्रकार के अमानुषिक अत्याचार और जुल्म के बाद भी संघर्ष का पूरी तरह अहिंसक रहना यह सिद्ध करता है कि यह संघर्ष राष्ट्रीय स्वयंसेवक संघ के ठोस राष्ट्रवाद के अधिष्ठान पर चल रहा था। इसके अहिंसक होने का श्रेय संघ की सोच और इसके स्वयंसेवकों के धैर्य तथा अटूट देशप्रेम को जाता है।

हमारे मन में जरूर यह प्रश्न उठता होगा कि अन्य दलों के कार्यकर्ता क्यों डरकर घर बैठ गए और दूसरी ओर संघ के लाखों कार्यकर्ता सभी प्रकार के अत्याचार सहते हुए भी क्यों सक्रिय रहे। वास्तव में, देश आजाद होने के बाद देश के शासकों ने कभी यह नहीं सोचा कि समाज में एक ऐसी व्यवस्था खड़ी की जाए, जिसमें यहाँ के आम नागरिकों में देशभक्ति, त्याग, राष्ट्र-स्वाभिमान, देश के लिए बलिदान होने की उत्कठं भावना, ईमानदारी, अनुशासन, समर्पण इत्यादि गुण स्वाभाविक रूप से आएँ।

इसके विपरीत, एक ऐसी व्यवस्था खड़ी की गई, जिससे लोगों में स्वार्थ, भ्रष्टाचार, वोट बैंक की राजनीति, जातिवाद, तुष्टीकरण, विदेशी अंधानुकरण, उदासीनता, अनैतिकता, अनुशासनहीनता घर करती गई और समाज टुकड़ों में बँटा नजर आने लगा। राजनीति, जो सेवा का माध्यम होनी चाहिए थी, वह व्यवसाय बन गई। अपने स्वार्थ पूरे करने के लिए और अधिक से अधिक धन कमाने की लालसा से लोग राजनीति में जाने लगे। राजनीति स्वार्थनिष्ठ, जातिनिष्ठ, व्यक्तिनिष्ठ और परिवारनिष्ठ हो गई।

ऐसी हालत में जब आपातकाल लगा तो कौन राजनीतिक कार्यकर्ता अपनी जान हथेली पर रखकर संघर्ष करता, क्योंकि नेताओं ने तो अपने कार्यकर्ताओं में कोई आदर्श प्रस्तुत न कर उनके स्वार्थ ही जगाए थे। जैसा बोया था वैसा ही तो फल मिलना था। स्पष्ट कहा जाए तो उस परीक्षा की घड़ी में सभी नेताओं को अपनी पार्टी एवं कार्यकर्ताओं की औकात पता चल गई। जैसे रेत का महल छोटे से हवा के झोंके से भरभराकर चुटकियों में गिर जाता है, वैसा ही हाल इन पार्टियों का आपातकाल लगने के बाद हुआ। मार्क्सवादी कम्युनिस्ट पार्टी तो कैडर बेस्ड पार्टी है और उसकी मजदूर यूनियन में भी उस समय लाखों सदस्य थे; लेकिन सोचने की बात है कि क्यों मुट्ठी भर लोगों को छोड़कर उनकी पार्टी के किसी कार्यकर्ता ने भी सत्याग्रह में भाग नहीं लिया और अपने नेताओं को अकेला जेलों में मरने के लिए छोड़ दिया।

संघ के लाखों कार्यकर्ताओं ने अपने व्यवसाय, अपनी नौकरी और अपने

देश आजाद होने के बाद देश के शासकों ने कभी यह नहीं सोचा कि समाज में एक ऐसी व्यवस्था खड़ी की जाए, जिसमें यहाँ के आम नागरिकों में देशभक्ति, त्याग, राष्ट्र-स्वाभिमान, देश के लिए बलिदान होने की उत्कठं भावना, ईमानदारी, अनुशासन, समर्पण इत्यादि गुण स्वाभाविक रूप से आएँ।

परिवार की भी चिंता नहीं की। पूरे देश के सभी प्रांतों में संघ के कार्यकर्ताओं ने जान हथेली पर रखकर सभी प्रकार के जुल्मों का सामना किया। संघ इस आंदोलन का मेरुदंड कैसे बन पाया? कारण स्पष्ट है कि संघ के समर्पित कार्यकर्ताओं ने पूरे देश में स्थान-स्थान पर ऐसे हजारों सजीव शक्ति (शाखाएँ) केंद्र खड़े कर दिए थे, जहाँ छोटे बालक से लेकर किशोर, युवक और बड़ी आयु के प्रौढ़ तक दैनिक एकत्र होकर राष्ट्रभक्ति, राष्ट्र स्वाभिमान, अनुशासन, ईमानदारी, समरसता, देश के लिए जीने की उत्कंठा के संस्कार प्राप्त करते रहे।

संघ की शाखाओं में नियमित उपस्थित रहने वाले बाल स्वयंसेवकों ने भी जनता को आश्चर्यचकित करने वाले साहसिक कार्य किए। पूरे देश में स्थान-स्थान पर ऐसे लाखों कार्यकर्ताओं की शृंखला खड़ी हो गई थी और जब उनकी परीक्षा की घड़ी आई तो उसमें यह सिद्ध भी हो गया कि सत्याग्रह करने वाले हजारों स्वयंसेवकों में सातवीं में पढ़ने वाले छोटे बालकों से लेकर किशोर, युवा और अस्सी साल के प्रौढ़ भी थे। जो संघ की दैनिक शाखा के द्वारा संस्कारों से व्यक्ति निर्माण की विलक्षण पद्धति 1925 में डॉ. हेडगेवार ने निर्मित की थी, वह वैज्ञानिक रूप से सत्य और सफल सिद्ध हुई।

संघ में मिले संस्कारों के कारण ही स्वयंसेवक बड़े-से-बड़े संकट और देश पर आई विपत्ति को सहज और स्वाभाविक रूप से हल करने में सफल होता है। समाज ने ऐसे अनेकों विपत्ति के अवसरों पर संघ की सक्रियता को देखा और परखा है। देश में फिर से कभी आपातकाल न लगे और हमारा लोकतंत्र बचा रहे, इसके लिए समाज को संगठित और जागरूक करना अत्यंत आवश्यक है। आपातकाल से यही पाठ मिलता है कि सामान्य जन की देश के प्रति उदासीनता ही तानाशाही का मुख्य संबल बनती है। जब तक जनता भीरु रहेगी, तब तक ही तानाशाही का खेल चल सकता है।

आपातकाल से यही पाठ मिलता है कि सामान्य जन की देश के प्रति उदासीनता ही तानाशाही का मुख्य संबल बनती है। जब तक जनता भीरु रहेगी, तब तक ही तानाशाही का खेल चल सकता है।

आपातकाल में इसी सत्य का साक्षात्कार हुआ है। थोड़ी सी संख्या में क्यों न हो, जब कुछ वीरों ने निर्भय होकर संघर्ष का डमरू बजाना शुरू किया तो जनता के हृदय को आक्रांत करके बैठा हुआ भय का भूत भी भागने लगा। देश की जनता में सच्चरित्रता, विवेक, ध्येयनिष्ठा आदि राष्ट्रीय निष्ठा जैसे सद्गुणों को घनीभूत करने की परम आवश्यकता है। भारत माता की जय!

958/24, जगदीश कॉलोनी, रामनगर, रोहतक

विशिष्ट आलेख-4

आपातकाल को तरुणाई की चुनौती

डॉ. अशोक गर्ग
चिकित्सक
सीनियर फिजिशियन एवं
हृदय रोग विशेषज्ञ

डॉ. अशोक गर्ग 'शुभ्र ज्योत्स्ना' ग्रंथ के संपादक मंडल के सदस्य हैं। आपातकाल में पूरी सक्रियता व तन्मयता से हरियाणा में भूमिगत आंदोलन को संचालित किया। सत्याग्रह करके जेल गए। आजकल सामाजिक कार्यों के साथ-साथ एम.डी. मेडिसिन करने के पश्चात् कैथल में अपना नर्सिंग होम संचालित कर रहे हैं।

• **आपातकाल की घोषणा :** 25-26 जून, 1975 की मध्य रात्रि जब तत्कालीन प्रधानमंत्री श्रीमती इंदिरा गांधी ने देश को आपातकाल (एमरजेंसी) के अंधे कुएँ में धकेल दिया, तब मैं मेडिकल कॉलेज, रोहतक में एम.बी.बी.एस. की पढ़ाई पूरी करने के बाद इंटर्नशिप कर रहा था। मेरी आयु उस समय कुल 23 वर्ष थी। राष्ट्रीय स्वयंसेवक संघ रोहतक नगर के कार्यवाह (सचिव) की मुझ पर जिम्मेवारी थी।

• **भूमिगत आंदोलन की शुरुआत :** उस समय रोहतक के वैश्य कॉलेज परिसर में राष्ट्रीय स्वंयसेवक संघ (आर.एस.एस.) का पूरे उत्तर भारत (संघ का पंजाब प्रांत, जिस में दिल्ली, हरियाणा, चंडीगढ़, हिमाचल प्रदेश, पंजाब व जम्मू कश्मीर का क्षेत्र शामिल था) का संघ शिक्षा वर्ग (ट्रेनिंग कैंप) चल रहा था, जिसका समापन 30 जून को होना था। इस वर्ग के प्रबंधक प्रमुख की जिम्मेवारी भी मुझ पर आ पड़ी थी, जिसे मैंने बखूबी निभाया। रोहतक जिलाधीश के निर्देशानुसार संघ शिक्षा वर्ग समय से दो-तीन दिन पूर्व समाप्त करना पड़ा। वर्ग समाप्ति की घोषणा से गुप्तचर विभाग व पुलिस भी चौंकन्ना हो चुकी थी व उनकी हलचल वर्ग के मुख्य द्वारों पर बढ़ रही थी।

वर्ग समाप्ति की घोषणा से गुप्तचर विभाग व पुलिस भी चौंकन्ना हो चुकी थी व उनकी हलचल वर्ग के मुख्य द्वारों पर बढ़ रही थी।

वरिष्ठ प्रचारकों के गिरफ्तार किए जाने की किसी भी आशंका को धत्ता

बताते हुए पैंट-बुशर्ट पहने व काला चश्मा लगाए श्रीमान बापू राव मोघे को मैंने अपनी येजदी मोटरसाइकिल पर बैठाया और मैदान की ओर खुलने वाले छोटे गेट से निकालकर रोहतक बस स्टैंड पर दिल्ली जाने वाली बस में बिठाकर रवाना कर दिया।

संभवतया भूमिगत आंदोलन की यह शुरुआत थी। वापस आया ही था कि प्रांत प्रचारक श्री ठाकुर रामसिंहजी को मैंने मुख्य द्वार से निकलते देखा। वो बस स्टैंड जाने के लिए रिक्शा पर बैठ चुके थे। मैंने मोटरसाइकिल फिर दौड़ाई बीच रास्ते में ही उन्हें रिक्शा से उतारकर मोटरसाइकिल पर बिठाया और बहादुरगढ़ (वाया खरखौदा) के बस अड्डे पर छोड़कर आया। वे भी सुरक्षित दिल्ली पहुँच गए। बाकी सारा दिन सभी साथियों के साथ मिलकर मैंने वर्ग को समेटा।

• **प्रचारक के रूप में जाना :** आपातकाल की घोषणा के आठ दिन बाद यानी 4 जुलाई, 1975 को श्रीमती इंदिरा गांधी ने संघ पर भी प्रतिबंध लगा दिया। सभी प्रमुख कार्यकर्ता व प्रचारक भूमिगत हो चुके थे और हम सब चुपचाप आगे के लिए उनके दिशा-निर्देशों की प्रतीक्षा कर रहे थे। मेरी इंटर्नशिप 31 दिसंबर, 1975 को पूर्ण होनी थी और उसके पश्चात् संघ के प्रचारक (घरबार छोड़कर पूर्णकालिक कार्यकर्ता) के नाते मेरा जाना निश्चित था।

थोड़े दिनों बाद हरियाणा संभाग प्रचारक श्री प्रेमचंद गोयल ने मिलने के लिए मुझे फरीदाबाद बुलाया। वे किसी पुराने स्वयंसेवक के यहाँ उसके सर्वेंट क्वार्टर पर भूमिगत थे। उन्होंने मुझे कहा कि आपने प्रचारक नहीं जाना है, आप नौकरी ढूँढ़ लो।

धन की व अन्य कोई व्यवस्थाएँ नहीं है। पहले के सभी प्रचारकों को वापस भेजना पड़ सकता है। पता नहीं संघर्ष कितना लंबा चलेगा और इसका स्वरूप क्या होगा? ईश्वरीय प्रेरणा से मैंने बोल दिया कि प्रेमजी, प्रचारक तो मैं जाऊँगा। धन-संग्रह की आप चिंता न करें। हम व्यवस्था करेंगे। 1 जनवरी, 1976 से मैं डॉक्टरी का व्यवसाय छोड़कर संघ का प्रचारक बना और हमने धन-संग्रह की अति उत्तम व्यवस्था भी बनाई। रोहतक नगर व पूरे प्रदेश में धन के रूप में मासिक योगदान देने वालों की सूचियाँ बनाईं, उनकी राशियाँ निधारित कीं। आर्थिक सहयोग देने वालों में स्वयंसेवक, उनके परिवार के लोग व आमजन भी खुले मन से शामिल हुए। आर्थिक सहयोग की यह व्यवस्था 21 मांस तक निर्बाध चली और पर्याप्त मात्रा में धन-संग्रह होता रहा।

पता नहीं संघर्ष कितना लंबा चलेगा और इसका स्वरूप क्या होगा? ईश्वरीय प्रेरणा से मैंने बोल दिया कि प्रेमजी, प्रचारक तो मैं जाऊँगा। धन-संग्रह की आप चिंता न करें।

• **सत्याग्रह की तैयारियाँ :** 14 नवंबर, 1975 से देशव्यापी सत्याग्रह शुरू होना था। रोहतक नगर से सत्याग्रही जत्थे भेजने की जिम्मेवारी मेरे ऊपर थी।

उस समय मेरी इंटर्नशिप चल रही थी। हस्पताल की ड्यूटी के बाद मैं अपनी मोटरसाइकिल लेकर मेडिकल कॉलेज के होस्टल से निकल पड़ता था। मुझे संतोष है कि हम सत्याग्रहियों के अनेक जत्थे रोहतक नगर के संघ स्वंयसेवकों के निकाल पाए। इस बीच एक दिन मोटरसाइकिल दुर्घटना में मेरे कंधे की कालरबोन फ्रैक्चर हो गई। फिर भी मेरी गति नहीं रुकी और पट्टी बाँधकर सत्याग्रह की तैयारियों में लगा रहा।

• **सत्याग्रह :** कैथल मेरा पैतृक निवास है। मेरे पूज्य पिता श्री चमन लाल सर्राफ भारतीय जनसंघ के कद्दावर नेता थे। सन् 1967 में पेहवा से विधायक भी रह चुके थे। उन्हें भी कैथल पुलिस ने आपातकाल के विरोध में जारी उनकी गतिविधियों के कारण पकड़ लिया था। उनसे मिलने व अपनी पूज्य माताजी को सांत्वना देने मैं कैथल आया हुआ था। वहीं समाचार मिला कि मुझे श्री प्रेमचंदजी गोयल व श्री बजरंग लालजी गुप्ता से मिलने सोनीपत पहुँचना है। सायं के धुंधलके में मार्गदर्शक के पीछे-पीछे, सोनीपत जिस स्थान पर वे भूमिगत थे, वहाँ मैं उनसे मिला और मुझे भी सत्याग्रह कर जेल जाने का आदेश हो गया। मुझे बताया गया कि रोहतक जेल में जींद, सोनीपत एवं रोहतक जिलों के सत्याग्रही अधिक संख्या में हो गए हैं। अतः जेल जाकर उन सबको सँभालने का कार्य भी करो। मेडिकल कॉलेज के अपने साथियों (डॉ. सुनील खेत्रपाल, डॉ. दीपचंद गर्ग, डॉ. रमेश अग्रवाल, डॉ. शिवनारायण चुघ व डॉ. रमेश बत्रा) को मैं पहले ही सत्याग्रह करवा चुका था।

विश्वसनीय साथी के रूप में रोहतक केवलगंज निवासी श्री रवींद्र सक्सेना सुपुत्र श्री माया कृष्ण मिले और हम दोनों ने 23 जनवरी, 1976 को शौरी क्लाथ मार्किट रोहतक से आखिरी जत्थे के रूप में सत्याग्रह किया। इसी दिन मैंने कॉलरबोन फ्रैक्चर वाली अपनी पट्टी उतारी थी। हमें डी.आई.आर. के तहत अगले दिन जिला कारागार रोहतक भेज दिया गया और सी.जे.एम. श्री गौरख नाथ शर्मा की अदालत में हम पर मुकदमा चला तथा 64 दिन बाद हमें बाइज्जत बरी कर दिया गया। मैं रोहतक जिले की बैरक न. 4 में तीनों जिले के सत्याग्रहियों के साथ रहा। बैरक में एक बार तो 164-165 सत्याग्रही हो गए थे। हम सब लोगों ने मिलकर अत्यंत उत्साह का वातावरण तैयार किया। उमंग व उल्लासपूर्ण वातावरण के लिए देश की सभी जेलों से रोहतक जेल का स्थान प्रथम रहा।

सायं के धुंधलके में मार्गदर्शक के पीछे-पीछे, सोनीपत जिस स्थान पर वे भूमिगत थे, वहाँ मैं उनसे मिला और मुझे भी सत्याग्रह कर जेल जाने का आदेश हो गया।

• **विभाग प्रचारक का दायित्व :** 1 जनवरी, 1976 से ही मैं संघ का पूर्णकालिक प्रचारक बन चुका था और मुझे रोहतक के जिला प्रचारक की

जिम्मेवारी मिली हुई थी। जेल से छूटने के कुछ दिन बाद ही पूरे उत्तर भारत के वरिष्ठ प्रचारकों की तीन दिन की एक भूमिगत बैठक बहालगढ़ (सोनीपत) में 'हरियाणा हूप्स' नामक बंद पड़ी सुनसान फैक्टरी में सफलतापूर्वक संपन्न हुई। वरिष्ठ प्रचारक श्री तिलक राजजी (छद्म नाम बाबा बिशनदास) ने तीन दिन तक हम सब के लिए भोजन बनाने का कार्य किया। उसी बैठक में मेरा दायित्व बढ़ाकर रोहतक विभाग (दक्षिणी हरियाणा के पाँच जिले, यथा सोनीपत, रोहतक, महेंद्रगढ़, गुड़गाँव व फरीदाबाद) का विभाग प्रचारक बना दिया गया। नाम 'सुनील' दिया गया था। मैं भी बैलबॉटम पैंट, बड़े कॉलरों वाली शर्ट डालकर सेल्समैन वाले बैग लेकर सब जगह प्रवास करता था।

• **दर्पण का संपादन :** हरियाणा में छपने वाले भूमिगत साप्ताहिक अखबार 'दर्पण की' खूब धूम रही। वरिष्ठ संपादकों के पकड़े जाने के कारण मुझ जैसे तरुण को इस समाचार-पत्र के कुछ अंकों के संपादन का सौभाग्य मिला। मेरे लिए गर्व की बात है कि मैंने इस मशाल को बुझने नहीं दिया।

• **जेल में मिलने का रोमांच :** अंग्रेजी समाचार-पत्र 'दि ट्रिब्यून' के रोहतक ब्यूरो चीफ श्री श्याम खोसलाजी मीसा में महेंद्रगढ़ जेल में बंदी थे। संघ के अधिकारियों का एक महत्त्वपूर्ण पत्र जेल में उन्हें पहुँचाना था। मैं 'अरूण खोसला' के नाम से उनका भतीजा बन परिवार के अन्य सदस्यों के साथ महेंद्रगढ़ जेल जाकर उनसे मिला। सारी रणनीति उनको समझाई और पुलिस, सी.आई.डी. व जेल पहरेदारों की नजर बचाकर वह पत्र भी उनके हवाले किया और वापस आकर संघ अधिकारियों को सारी बात बताई।

• **चुनावपूर्व की तैयारियाँ :** इस प्रकार के समाचार आने शुरू हो चुके थे कि संभवतया श्रीमती इंदिरा गांधी शीघ्र ही देश में आम चुनाव करवा सकती हैं। इसी हेतु राष्ट्रीय स्वंयसेवक संघ के अखिल भारतीय कार्यवाह श्री माधव राव मूले का विभाग अनुसार प्रवास था। रोहतक विभाग के सभी पाँचों जिलों के प्रमुख कार्यकर्ताओं की बैठक का आयोजन मैंने रोहतक नगर में किया था। जिस वरिष्ठ कार्यकर्ता के घर बैठक थी, उसके आस-पास के घरों में दो-दो, तीन-तीन कार्यकर्ताओं को बड़ी सावधानी व गुप्त रूप से ठहरा दिया गया था। सरकारी गुप्तचरों से हर क्षण आँख-मिचौली बनी रहती थी। अगस्त 1976 को माधव रावजी कार द्वारा दिल्ली से रोहतक आए। शाम के धुंधलके में एक कार्यकर्ता को लेकर मोटरसाइकिल पर सवार मैं दिल्ली-रोहतक मार्ग पर तिलियार झील व नहर के बाद, पैट्रोल पंप के बाहर उनकी प्रतीक्षा में था।

गाड़ी रुकी, अंदर से मुझे आवाज दी गई—मैं कार में बैठा और गंतव्य स्थान

सारी रणनीति उनको समझाई और पुलिस, सी.आई.डी. व जेल पहरेदारों की नजर बचाकर वह पत्र भी उनके हवाले किया और वापस आकर संघ अधिकारियों को सारी बात बताई।

की ओर हम सभी चल पड़े। कहने की आवश्यकता नहीं कि निर्देशानुसार मेरे सहयोगी ने मोटरसाइकिल से कार से उचित दूरी बनाए रखते हुए, कोई पीछा तो नहीं कर रहा, इसका पूरा ध्यान रखा। विभाग की यह बैठक अत्यंत सफल रही। पूरे जोश-खरोश के साथ सभी कार्यकर्ता चुनाव की तैयारी हेतु दिशा-निर्देश ले पुलिस व गुप्तचर व्यवस्था को चकमा देते हुए अपने-अपने क्षेत्रों में लौट पड़े।

• **एक प्रेरक प्रसंग :** आपातकाल की कालरात्रि समाप्त हो चुकी थी। राष्ट्रीय स्वयंसेवक संघ के तत्कालीन सरसंघचालक श्री बाला साहब देवरस पूना के यरवदा कारागृह में आपातकाल के पूरे समय 'मीसा' के अंतर्गत बंदी रहे। आपातकाल की समाप्ति पर लोकतंत्र स्थापना में आर.एस.एस. के अभूतपूर्व योगदान को देखते हुए देश भर में उनके नागरिक अभिनंदन आयोजित किए गए।

दिल्ली के रामलीला मैदान में भी एक विशाल कार्यक्रम हुआ। उसमें मैं स्वंय भी उपस्थित था। मंच पर विराजमान श्री सिकंदर बख्त ने श्री बाला साहब का अभिनंदन करते हुए रोहतक जेल में हम सब तरुणों से अपने आत्मीय संपर्क का वर्णन किया व संघ की भूरि-भूरि प्रशंसा की। उसी दिन बाद में दिल्ली के झंडेवालान स्थित संघ कार्यालय में हरियाणा के हम सभी कार्यकर्ताओं को श्री बालासाहब ने संबोधित किया।

कुछ क्षण अपनी गरदन सब ओर घुमा-घुमा टकटकी लगा हमें देखते रहे और बोले कि यरवदा कारागृह में रहते हुए मैं देशभर के भिन्न-भिन्न प्रांतों के स्वयंसेवकों द्वारा एमरजेंसी में उठाए अनगिनत कष्टों के बारे में सोचता था। परंतु हरियाणा के कार्यकर्ताओं की मुझे बहुत ज्यादा चिंता थी। चौ. बंसीलाल (आपातकाल के प्रारंभ में हरियाणा के मुख्यमंत्री, बाद में केंद्र में रक्षा मंत्री) की कठोरता से सारा देश परिचित था।

विरोधियों को रगड़ने की उनकी शैली से हर कोई कांपता था और बाला साहब बोले : किंतु मैं यह सोचकर अपने मन को सांत्वना दे लेता था कि जिस मिट्टी का चौधरी बंसीलाल बना है, उसी मिट्टी के ही तो हमारे कार्यकर्ता भी बने हैं, हँसते-हँसते सब सह लेंगे। संगठन के मुखिया के ये मर्मस्पर्शी शब्द ऐसा लेप कर गए कि वे शब्द याद करके आज भी मेरी आँखें बरबस भर आती हैं।

• **'तानाशाही से जूझता हरियाणा' पुस्तक लिखने में भूमिका :** संघ से प्रतिबंध हटा। हम सब सामान्य होकर अपने-अपने कार्य में लगे कि संघ की अखिल भारतीय योजना अनुसार 21 मास चले उस संघर्ष की गाथा को राज्यानुसार लिपिबद्ध कर पुस्तक रूप दिए जाने के निर्देश मिले। श्रीमान प्रेमचंदजी गोयल ने यह जिम्मेवारी श्रीमती अन्नपूर्णा सागर व प्रो. प्रेम सागर

श्री बाला साहब का अभिनंदन करते हुए रोहतक जेल में हम सब तरुणों से अपने आत्मीय संपर्क का वर्णन किया व संघ की भूरि-भूरि प्रशंसा की। उसी दिन बाद में दिल्ली के झंडेवालान स्थित संघ कार्यालय में हरियाणा के हम सभी कार्यकर्ताओं को श्री बालासाहब ने संबोधित किया।

दंपती (रोहतक सुभाष नगर निवासी) पर डाली। दोनों ही हिंदी के प्राध्यापक थे। मेरा भी केंद्र रोहतक होने के कारण सारी सामग्री जुटाने का कार्य मुझे सौंपा गया। मेरी इस कार्य में गहन रुचि थी। मुझ सहित अन्य अनेक कार्यकर्ताओं ने सामग्री जुटाने, उसे लिपिबद्ध करने, सामग्री को अलग-अलग खंडों में वर्गीकृत करने में पूरा सहयोग किया। छपने के बाद 'तानाशाही से जूझता हरियाणा' नाम से यह पुस्तक टिप्पणी के लिए श्रीमान बापू राव मोघे (क्षेत्रीय प्रचारक व अखिल भारतीय बौद्धिक प्रमुख) के पास गई और उन्होंने भी इस पुस्तक की सामग्री व इसके वर्गीकरण को खूब सराहा।

• मेरे जैसे तरुणों के अलावा इस यज्ञ में बाल स्वंयसेवकों से लेकर बुजुर्गों तक ने अपनी आहुति डाली, उन्हीं के साहस को समर्पित एक कविता की कुछ पंक्तियाँ–

हम फौलादी सीने वाले,
हम अंगारे पीने वाले,
शोणित का तिलक लगाते हैं,
आजादी से जीने वाले,
साहस से दिशा मोड़ देते,
आने वाले तूफानों की,
हम पर प्रहार करने वाले,
चिंता कर अपने प्राणों की।

आरोग्य सदन, पिहोवा, चौक,
कैथल-136027 (हरियाणा)

छपने के बाद 'तानाशाही से जूझता हरियाणा' नाम से यह पुस्तक टिप्पणी के लिए श्रीमान बापू राव मोघे (क्षेत्रीय प्रचारक व अखिल भारतीय बौद्धिक प्रमुख) के पास गई और उन्होंने भी इस पुस्तक की सामग्री व इसके वर्गीकरण को खूब सराहा।

विशिष्ट आलेख-5

अंबाला की जेलों में लोकतंत्र के मतवाले

भारतीय लोकतंत्र के इतिहास में आपातकाल एक काले अध्याय के रूप में सम्मिलित है। स्वतंत्रता के बाद से लेकर आज तक जन-अधिकारों का जो हनन आपातकाल के समय में हुआ, ऐसा कभी नहीं हुआ था। जनता से उसके मूल अधिकारों को छीनना, प्रेस की स्वतंत्रता पर रोक, विपक्षियों तथा विरोधी आवाजों को जेल की काल कोठरी में डाल देना, आपातकाल को अपने इसी स्याह पहलू के लिए सदा जाना जाता रहेगा।

आपातकाल की घोषणा होने के बाद पूरे भारत में सरकार विरोधी पक्ष के नेताओं तथा कार्यकर्ताओं की धर-पकड़ आरंभ हो गई। हरियाणा भी इस समय में इन घटनाओं से अछूता नहीं था। प्रदेश के लगभग सभी जिलों में तत्कालीन सरकार के चलाए जा रहे दमन-चक्र का असर दिखाई देने लगा था।

अंबाला नगर में सरकार द्वारा सभी विरोधी विचारधाराओं तथा दलों के प्रमुख सदस्यों तथा नेताओं को जेलों में डाल दिया गया। अंबाला केंद्रीय कारागार में तो मानो स्वतंत्रता से पूर्व का वातावरण फिर से दिखाई देने लगा। जब आजादी के मतवालों से जेल की बैरकें भरी रहती थी। अंबाला की इस जेल को उस समय में सबसे बदनाम तथा क्रूरतम माना जाता था। आपातकाल के समय में कई राष्ट्रीय नेताओं के साथ-साथ हरियाणा के राजनैतिक कैदियों को इस जेल में रखा गया।

अंबाला केंद्रीय कारागार में तो मानो स्वतंत्रता से पूर्व का वातावरण फिर से दिखाई देने लगा। जब आजादी के मतवालों से जेल की बैरकें भरी रहती थी। अंबाला की इस जेल को उस समय में सबसे बदनाम तथा क्रूरतम माना जाता था।

भारतीय सुरक्षा अधिनियम तथा आंतरिक सुरक्षा कानून (मीसा) के अंतर्गत गिरफ्तार कैदियों की संख्या यहाँ सबसे अधिक थी। यहाँ कैद किए गए नेताओं में प्रमुख रूप से नाना भाई देशमुख, विजय कुमार मल्होत्रा, जगन्नाथ राव जोशी, चाँद राम, बलराज मधोक, मणीराम बागड़ी, मनोहर लाल, राम विलास, सोनीपत के सांसद मलिक मुख्त्यार सिंह, चौधरी वीरेंद्र सिंह, हुकुम सिंह, सरदार सुजान

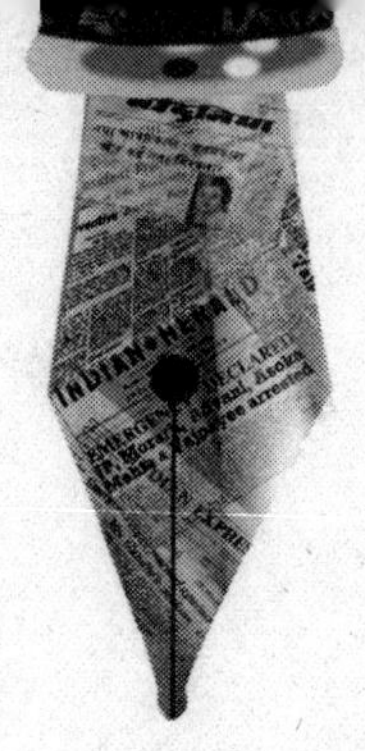

सिंह, डॉ. प्रशांत कुमार, सूरज भान, भीमसेन सच्चर, राम गोपाल सिसोदिया, डॉ. प्रेमचंद जैन, योगेंद्र जैन, अंबाला के विधायक रहे मास्टर शिव प्रसाद, इंद्रमोहन सहगल, प्रेम सागर, इंद्र सिंह इत्यादि प्रमुख थे।

इन बंदियों में राजनैतिक तथा सामाजिक दोनों प्रकार के नेता, कार्यकर्ता, सांसद तथा विधायक शामिल थे। इनमें प्रमुख रूप से राष्ट्रीय स्वयंसेवक संघ, भारतीय जनसंघ, भारतीय लोकदल, अध्यापक संघ तथा अकाली कार्यकर्ता सम्मलित थे।

अंबाला नगर में आपातकाल लगते ही जहाँ कई लोगों को पकड़कर जेल में डाल दिया गया, वहीं कई लोग भूमिगत होकर तथा छुप-छुपाकर आपातकाल के विरोध में जनता को जागरूक करने में लगे रहे। नगर की आंतरिक घटनाओं में राष्ट्रीय स्वयंसेवक संघ के स्वयंसेवकों ने गुप्त रूप से एक बड़ी बैठक का आयोजन किया। एक कर्मठ कार्यकर्ता शादीलाल के घर पर रखी गई इस बैठक को प्रांत प्रचारक ठाकुर राम सिंह ने संबोधित किया। अंबाला की चर्चा में सरदार सुखनंदन सिंह का योगदान अविस्मरणीय था।

इस बैठक में आगे की रणनीति तथा केंद्रीय अधिकारियों के निर्देशों के क्रियान्वमन की योजना का खाका तैयार किया गया। सरकार ने उस समय प्रेस की स्वतंत्रता पर रोक लगा रखी थी, जिस कारण तत्कालीन सरकार द्वारा चलाए जा रहे दमन-चक्र की सूचनाएँ जनता तक नहीं पहुँच पाती थीं। इसी कारण साइक्लोस्टाइल मशीन चलवाकर सरकार के अत्याचार की खबरें नगर के लोगों तक पहुँचाने का निर्णय लिया गया। अंबाला उन छह केंद्रों में शामिल था, जहाँ पर यह मशीन चलाकर समाचार-पत्र तैयार किए जाने लगे।

साइक्लोस्टाइल मशीन चलवाकर सरकार के अत्याचार की खबरें नगर के लोगों तक पहुँचाने का निर्णय लिया गया। अंबाला उन छह केंद्रों में शामिल था, जहाँ पर यह मशीन चलाकर समाचार-पत्र तैयार किए जाने लगे।

जोशी बुक डिपो के नाम से कार्य करने वाले स्वयंसेवक राममूर्तिधारी की दुकान से मशीन को उठाकर गुप्त स्थान पर छुपाकर चलाया जाता और आम जनता तक सूचनाएँ पहुँचाई जाती। स्वयंसेवकों के माध्यम से यह पत्र आम जनता में वितरित होता और इस प्रकार आम लोग सरकार द्वारा छुपाए जाने वाली खबरों से परिचित होने लगे।

अंबाला के सक्रिय कार्यकर्ता श्री सोमनाथ खुराना अपने एक साथी मोहन लाल अग्रवाल के साथ सी.आई.डी. वालों से छुप-छुपाकर दिल्ली जाया करते तथा वहाँ से आपातकाल के विरोध में प्रकाशित होने वाले समाचार-पत्र दर्पण की प्रतियाँ बिस्तर बंद में छिपाकर अंबाला लाया करते थे। इन प्रतियों को हरिकिशन शर्मा, नरदेव शर्मा, आनंद, अमृतलाल जैसे कई कर्मठ कार्यकर्ताओं की सहायता से दुकानों, रेल के डिब्बों, घरों में डाला जाता था। स्टेशन पर खड़ी होनेवाली हर

ट्रेन में प्रयास किया जाता कि यह समाचार-पत्र पहुँचे। इसी प्रकार जो कार्यकर्ता तथा स्वयंसेवक जेल में बंद थे, उनके परिवारों की देखभाल का जिम्मा भी लोगों में बाँटा गया था।

इतनी विकट परिस्थितियों में इस बात पर ध्यान दिया जाना आवश्यक था कि स्वयंसेवकों व अन्य कार्यकर्ताओं के परिवारों को जो आपातकाल का दंश वास्तव में झेल रहे थे, उनकी मुश्किलें कुछ कम की जा सकें। श्री मदनगोपाल, श्री प्रेमजी, श्री ओमपाल, श्री मदन मुखीजा, श्री सतीश कुमार जैसे कई स्वयंसेवक तथा कार्यकर्ता अंबाला में सक्रिय रूप से यह कार्य कर रहे थे।

देश भर में आपातकाल के विरोध के लिए जिस समय सत्याग्रह का आह्वान किया गया, उसकी सूचना अंबाला के लोगों तक भी पहुँची। सरकार के खुलेआम विरोध के लिए नगर से चार कार्यकर्ता इस यज्ञ में आहुति के लिए तैयार हुए। गोरेलाल जैन, शामलाल, सोमनाथ खुराना, संतराम सेखड़ी इस सत्याग्रही जत्थे में शामिल थे।

निर्धारित दिवस 17 नवंबर, 1975 को ये चारों सत्याग्रही अंबाला के प्रमुख चौराहे जगाधरी गेट पर एकत्र हुए। अंबाला में उस समय आपातकाल के विरोधियों को कुचलने तथा खबरें उगलवाने के लिए सरकार द्वारा यातना केंद्र चलाया जा रहा था। यहाँ पर दी जाने वाली भयंकर यातनाओं की खबरों से अंबाला के लोग भलीभांति परिचित थे।

लोगों में पुलिस की इतनी दहशत थी कि चाहते हुए भी कोई भी नगरवासी सत्याग्रहियों का स्वागत करने सामने नहीं आया। चारों सत्याग्रहियों ने खुद ही एक-दूसरे को पुष्पमालाएँ पहनाकर सम्मानित किया। आपातकाल विरोधी तथा सरकार के दमनकारी व्यवहार विरोधी नारे लगाते हुए ये चारों सत्याग्रही नगर की सड़कों पर निकल पड़े।

चारों सत्याग्रहियों ने खुद ही एक-दूसरे को पुष्पमालाएँ पहनाकर सम्मानित किया। आपातकाल विरोधी तथा सरकार के दमनकारी व्यवहार विरोधी नारे लगाते हुए ये चारों सत्याग्रही नगर की सड़कों पर निकल पड़े।

ऐसे माहौल में जब सरकार की इच्छा के बिना पत्ता भी फड़फड़ाने से डरता था, सत्याग्रहियों की सरकार विरोधी आवाजों से अंबाला की सड़कों पर अफरा-तफरी मच गई। विभिन्न बाजारों में ये सत्याग्रही आपातकाल के विरोध में प्रदर्शन करते रहे। सरकारी नीतियों से परेशान आम जनता के आक्रोश को मानो आवाज मिल गई हो। सरकार के दमन विरोधी नारों को सुनकर बाजारों में लोग इन सत्याग्रहियों के साहस की प्रशंसा करने लगे।

परंतु वे सभी इसका परिणाम भी जानते थे। हुआ भी ऐसा ही, सत्याग्रही आंदोलन की खबर सरकार के चमचों तक पहुँच गई। पुलिस को सूचित किया गया। बाजारों में नारे लगाते प्रदर्शनकारी सत्याग्रहियों को शीघ्र ही ढूँढ़ लिया गया।

रेलवे रोड पर कांग्रेसी कार्यकर्ताओं ने चारों प्रदर्शनकारियों को पकड़कर पुलिस के हवाले कर दिया। इनके खिलाफभारतीय सुरक्षा अधिनियम के अंतर्गत एफ.आई.आर. (नंबर 410) दर्ज कर ली गई। गिरफ्तारी के बाद रात भर सत्याग्रहियों को कोतवाली थाने की जेल में रखा गया। सुबह इन्हें मजिस्ट्रेट के सामने पेश किया गया, जहाँ पर इन्होंने जमानत लेने से इनकार कर दिया। एडवोकेट पंडित रघुवीर शरण ने चारों सत्याग्रहियों का केस बिना कोई मूल्य लिये लड़ा। चारों सत्याग्रहियों को केंद्रीय कारागार में भेज दिया गया।

अंबाला जेल का हाल किसी से छुपा नहीं था। इस जेल में कैदियों को जानबूझकर बुरी स्थितियों में रखा जाता। 8×7 फुट की छोटी कोठरी में तीन तीन कैदियों को ठूँस दिया जाता था। हाथी के कान के आकार की जली रोटी खाने को दी जाती। परंतु सत्याग्रहियों द्वारा भोजन का बहिष्कार किया गया, उसके बाद ही स्थिति में कुछ परिवर्तन आया।

सरकार की क्रूरता का एक उदाहरण उस समय देखने को मिला, जब अंबाला शहर से विधायक बनने वाले शिव प्रसाद, जो उस समय जेल में थे, के पिता का अकस्मात् निधन हो गया। पिता के अंतिम संस्कार में शामिल होने के लिए उन्होंने कुछ घंटों की पैरोल माँगी, परंतु उनकी प्रार्थना अस्वीकार कर दी गई और वे अपने पिता के अंतिम दर्शनों से भी वंचित रह गए। इस प्रकार के उदाहरणों से वह कालखंड भरा पड़ा है।

जेल में रहने वाले स्वयंसेवकों तथा कार्यकर्ताओं के अलावा भी अनेक गुमनाम लोग थे, जिन्होंने उस समय में सच्चाई की लौ को जलाए रखने में किसी-न-किसी प्रकार का योगदान दिया।

अभिनव
33-ए, सामने डाकघर,
जगाधरी गेट, अंबाला शहर

इस जेल में कैदियों को जानबूझकर बुरी स्थितियों में रखा जाता। 8×7 फुट की छोटी कोठरी में तीन तीन कैदियों को ठूँस दिया जाता था। हाथी के कान के आकार की जली रोटी खाने को दी जाती। परंतु सत्याग्रहियों द्वारा भोजन का बहिष्कार किया गया, उसके बाद ही स्थिति में कुछ परिवर्तन आया।

‘चेतना’ के सच का संघर्ष

श्रीमती संतोष वशिष्ठ

आपातकाल व उससे पहले के कुछ वर्षों में हरियाणा राज्य ऐसा था, जो सरकार की तानाशाही से सर्वाधिक प्रभावित था। हरियाणा में लोगों को जाग्रत् रखने, उनके हितों को सुरक्षित रखने में पत्रकार जगत् की अहम भूमिका थी। सरकार के आक्रोशपूर्ण रवैये के शिकार पत्रकार भी हुए। उस समय हरियाणा के पाठकों को समाचारों के लिए दिल्ली व चंडीगढ़ से प्रकाशित होने वाले नवभारत टाइम्स, हिंदुस्तान, पंजाब केसरी (जालंधर), वीर अर्जुन (दिल्ली) आदि पर ही निर्भर रहना पड़ता था।

एक अवसर पर राजस्थान राज्य से आकर एक पत्रकार परिवार ने हरियाणा पत्रिका का प्रकाशन भी आरंभ किया, परंतु तत्कालीन मुख्यमंत्री चौ. बंसीलाल ने जब तक वह पत्रिका उनकी समर्थक रही, तब तक तो उसे सरकारी सहयोग दिया और जिस दिन उस समाचार-पत्र ने चुनावी भविष्यवाणी में कांग्रेस को कम सीटें मिलने की बात कही तो उस समाचार-पत्र के कार्यालय को हरियाणा से रुख्सत होना पड़ा।

सरकारी सहयोग दिया और जिस दिन उस समाचार-पत्र ने चुनावी भविष्यवाणी में कांग्रेस को कम सीटें मिलने की बात कही तो उस समाचार-पत्र के कार्यालय को हरियाणा से रुख्सत होना पड़ा।

उस दौर में हरियाणा से ही प्रकाशित होने वाले कुछ साप्ताहिक समाचार-पत्रों ने अहम भूमिका निभाई। जिनमें से भिवानी से प्रकाशित होने वाला प्रख्यात लेखक पं. रविन्द्रनाथ वशिष्ठ का साप्ताहिक ‘चेतना’, रोहतक से स्वतंत्रता सेनानी पं. श्रीराम शर्मा का समाचार-पत्र ‘हरियाणा तिलक’, हिसार से बिशनस्वरूप दालवाला का ‘न्यायपथ’, कम्युनिस्ट पार्टी समर्थक करनाल से ‘हरियाणा दर्पण’, भिवानी से कामरेड बलबीर शर्मा व स्व. कामरेड धर्मसिंह कासनी का पत्र, ‘कामरेड’ भल्लेराम का ‘रिपब्लिकन हरियाणा’ आदि कुछ ऐसे पत्र थे, जिनके मालिक-संपादक व लेखक सभी कुछ एक-दो व्यक्ति ही होते

थे। वही कुछ अन्य जिलों से भी समाचार-पत्र पाक्षिक रूप से प्रकाशित होकर सरकार की गलत नीतियों का विरोध करने में पीछे नहीं हटते थे।

ऐसे समय में 'साप्ताहिक चेतना' ने देशव्यापी अपनी एक अलग पहचान-प्रतिष्ठा कायम कर रखी थी। इस समाचार-पत्र में रिवासा-कांड सहित सरकार के अनेकों काले कारनामों को अंतरराष्ट्रीय स्तर पर उजागर किया। अपनी साफ-सुथरी छवि के कारण साप्ताहिक चेतना का ग्राहक व नियमित पाठक बनना प्रदेश के लोग गर्व मानते थे।

यही कारण था कि 12 से 16 पृष्ठ का टेबलाइट साइज का पत्र चौ. बंसीलाल के मुख्यमंत्री बनते ही ब्लैकलिस्ट की श्रेणी में रखा गया। साप्ताहिक चेतना को राज्यभर में देश के 'ब्लिटज' व 'करंट' समाचार-पत्र की तरह प्रसिद्धि मिली और लोकप्रियता की स्थिति यह थी कि देश के असम, बंगाल, महाराष्ट्र, गुजरात ही नहीं, नेपाल व हाँगकाँग में भी पाठक अग्रिम वार्षिक पैसा देकर इसे मँगाकर पढ़ने लगे। सीमित साधनों के बावजूद दोनों पिता-पुत्र की लौह-लेखनी ने कभी हरियाणा के हितों की अनदेखी न होने दी।

आपातकाल से पहले ही सरकार ने विभिन्न प्रताड़नाएँ देकर इस पत्र को बंद करवाने का प्रयास किया। करोड़ों का प्रलोभन भी पिता-पुत्र पं. रविंद्रनाथ वशिष्ठ व देवव्रत वशिष्ठ की कलम को कमजोर नहीं कर पाया। यही कारण था, केंद्रीय नेताओं के साथ राज्य के विपक्षी दलों के नेता भी राज्य की राजनीति के बारे में सलाह-मशविरा करने के लिए समय-समय पर 'चेतना' कार्यालय चेतना सदन आते रहते थे। प्रमुखतया मोरारजी भाई देसाई, चौ. चरण सिंह, प्रो. शेर सिंह, डॉ. मंगल सेन, पं. भगवतदयाल शर्मा, स्वामी इंद्रवेश, स्वामी अग्निवेश, पं. श्रीराम शर्मा, बलवंत राय तायल, बलदेव तायल, सुश्री चंद्रावती सहित अनेकों दिग्गज नेता इनमें शामिल थे।

आपातकाल से पहले ही सरकार ने विभिन्न प्रताड़नाएँ देकर इस पत्र को बंद करवाने का प्रयास किया। करोड़ों का प्रलोभन भी पिता-पुत्र पं. रविंद्रनाथ वशिष्ठ व देवव्रत वशिष्ठ की कलम को कमजोर नहीं कर पाया।

आपातकाल लगते ही 'चेतना' के संचालक व संपादक को आंतरिक सुरक्षा कानून के तहत हिरासत में लेने के बाद इस अखबार को जीवित रखना जरूरी हो गया। ऐसे हालात में मैंने अपने पति देवव्रत वशिष्ठ के कहने पर 'चेतना' के संपादक का पदभार सँभाला।

उस समय के सीमित साधनों में भी मैंने पूरे आपातकाल में अखबार को बंद नहीं होने दिया। सरकार व प्रशासन का हर स्थिति में दबाव बना रहा कि बीस सूत्री व पाँच सूत्री कार्यक्रमों को नियमित प्रकाशित करो। चार लाईन की खबर भी सरकार के खिलाफ होती तो पूरे पृष्ठ को सेंसर की कैंची का कोप भाजन होना पड़ता। उस समय हर पृष्ठ लोक संपर्क अधिकारी ही पास करता,

वही छपना जरूरी होता था। ऐसे हालात में भी मैंने कलम को चलाया। यही कारण रहा कि मुझ पर अनेकों केस बनाए गए। दबाव की नीति के तहत पंजाब-हरियाणा उच्च न्यायालय के चक्कर काटे व बाद में स्थानीय अदालत से ही उन केसों में जमानत लेनी पड़ी।

आर्थिक रूप से परिवार इतना मजबूत नहीं था तो भी पाठकवर्ग ने साथ नहीं छोड़ा और समय पर अपना ग्राहक शुल्क देकर मुझे अखबार प्रकाशित करने में मदद दी। इधर सरकार ने तंग करने के लिए मेरे पति व ससुर को भी अलग-अलग जेलों में रखा, जैसे एक को हिसार तो दूसरे को करनाल।

एक अंबाला तो दूसरा रोहतक जिससे उन्हें मिलने आने-जाने में परिवार पर आर्थिक, मानसिक दबाव बना रहे। लेकिन परमात्मा की शक्ति व मेरे पति तथा ससुर द्वारा जेल से ही मुझे हौसला देने पर मैंने 'चेतना' की अलख को जगाए रखा व देशव्यापी पाठकवर्ग को 'चेतना' मिलती रही। बाद में सभी केसों को सरकार ने वापिस लिया।

मेरे बड़े पुत्र भगवान वशिष्ठ पर तो जानलेवा हमलों के अलावा अनेक मामले बने। उसे व उसके छोटे भाई शिवभगवान वशिष्ठ को पढ़ाई छोड़कर भिवानी से श्रीगंगानगर (राजस्थान) में अपने मामा ब्रज नारायण कौशिक के पास रहकर करनी पड़ी। मेरी बड़ी बेटी डॉ. सरिता वशिष्ठ को अपनी पढ़ाई रोहतक से करनी पड़ी।

अनेक मानसिक-आर्थिक-शारीरिक प्रताड़नाओं के बावजूद मैंने व मेरे परिवार ने न हार मानी, न झुकना स्वीकार किया, न कलम को कमजोर होने दिया। हमारी बिल्डिंग के प्रमुख भागों को भी तोड़ा गया। बिजली काटी गई परंतु हम अपने पथ से पीछे नहीं हटे। आज भी हम 'दैनिक चेतना' व 'होम पेजिज' के माध्यम से हरियाणा के हितों के लिए सक्रिय हैं एवं स्वस्थ पत्रकारिता का मिशन अपने ससुर व पति के स्वर्गवास के बाद भी ईमानदारी से जारी रखे हैं।

धर्मपत्नी श्री देवव्रत वशिष्ठ,
पूर्व संपादक, साप्ताहिक चेतना
चेतना संदन, भिवानी

परमात्मा की शक्ति व मेरे पति तथा ससुर द्वारा जेल से ही मुझे हौसला देने पर मैंने 'चेतना' की अलख को जगाए रखा व देशव्यापी पाठकवर्ग को 'चेतना' मिलती रही। बाद में सभी केसों को सरकार ने वापिस लिया।

विशिष्ट आलेख-7

किस रज से बनते कर्मवीर !

डॉ. अशोक बत्रा

आज सोचता हूँ तो एक उत्तर मिलता है। मैं तरुणावस्था में जिन महापुरुषों के संपर्क में आया, वे सचमुच परम त्यागी, वीर और प्रखर आत्मबल वाले थे।

गीत में एक प्रश्न था–आखिर किस मिट्टी से बनते हैं कर्मवीर? बातें करने वाले वीरों की कोई कमी नहीं है देश में। परंतु संकटों को गले लगाना बहुत कठिन है। जब तक कोई प्रखर प्रेरणा न हो अंतर्मन में, एक सामान्य आदमी संकट के कुएँ में जानबूझकर नहीं कूद सकता। मैं भी अत्यंत साधारण मनोभूमि और कमजोर पृष्ठभूमि का तरुण था। फिर सत्याग्रह करके जेल जाने का निर्णय कैसे कर पाया?

आज सोचता हूँ तो एक उत्तर मिलता है। मैं तरुणावस्था में जिन महापुरुषों के संपर्क में आया, वे सचमुच परम त्यागी, वीर और प्रखर आत्मबल वाले थे। मेरे मन-मस्तिष्क और जीवन में उनकी त्यागमयी महिमा का गहरा प्रभाव था। पहले अनुकरणीय व्यक्तित्व थे डॉ. विजयेंद्र जैन। वे वनस्पति शास्त्र के प्रोफेसर, चिंतक और बड़े सहृदय कार्यकर्ता थे। वे अपने संपर्क में आनेवाले सभी कार्यकर्ताओं को गहरे स्पर्श करते थे। उन्होंने हमें अपनी प्रेरणा से अटल और अडिग बना दिया था। यद्यपि 18 दिसंबर को मेरे घर की स्थिति ऐसी नहीं थी कि मैं उस दिन सत्याग्रह करके जेल जाऊँ। परंतु जाने का दिन टालने के लिए, उन्हें अपने घर की स्थिति बताऊँ, यह कमजोर मनोभाव न तो उनके जीवन में देखा था और न ही अपने जिला कारवाई डॉ. बजरंगजी गुप्ता के जीवन में। बजरंगजी उन दिनों मेरे घर से कुछ ही कदम पर रहते थे। उन जैसा सशक्त व्यक्तित्व ढीली-ढाली बहानेबाजी को पास भी नहीं आने देता था। फिर जिन्होंने अपने जीवन में निर्मम सादगी और संकल्प को अपना रखा हो और रोज-रोज वैसे जी रहे हों, उनके सामने ढुलमुल मिट्टी भी वज्र बन सकती है। आज मुझे

अहसास होता है कि दृढ़ चित्त वाले व्यक्तित्वों में सचमुच ठोस लोहा होता है। उनके संपर्क से कर्मवीरों का निर्माण होता है। उन्हीं दिनों हमारे विभाग के प्रचारक श्रीमान जगदीश मित्तलजी भी सोनीपत में रवींद्रजी नाम से संघ कार्य में लगे हुए थे। उनके जिम्मे 'दर्पण' नामक गोपनीय पत्र छापना और प्रदेश भर में वितरित करना होता था। मुझे इसके छापने के स्थान का तो आज तक भी पता नहींचल पाया, किंतु उन्हें वितरित करने के लिए पूरे हरियाणा की यात्रा करने का सौभाग्य मुझे अवश्य मिला।

पानीपत, करनाल और अंबाला तक मुझे अनेक बार दर्पण पहुँचाने का सौभाग्य मिला। कभी पकड़ा नहीं गया, क्योंकि तरुण विद्यार्थी था। बस की ऊपरी जगह पर साहित्य का बंडल रखना और सचेत निगाहों से उस पर नजर रखना, बस इतना ही करना होता था। साहित्य बाँटने का असली रोमांच तो तब होता था, जब हम एक-एक मोहल्ले में रात को 2-3 बजे साइकिल लेकर घर-घर में दर्पण फेंक आते थे। सर्दियों के दिन थे। रात को कुत्ते भी कहीं दुबके पड़े होते थे। अखबार वाले भी सुबह 5 बजे के बाद अखबार बाँटना शुरू करते थे।

हम रात दस बजे से सुबह चार बजे तक पढ़ते थे। बीच में रात 2 बजे गीता भवन चौक पर चाय पीने जाते थे। एक वही दुकान पूरी रात खुलती थी। चाय पीने के बाद हम दर्पण बाँट आते थे। दर्पण बाँटने में मैं तो फिर भी मौके की नजाकत देख लेता था, परंतु सुरेश जैन, जो अब अमरीका में वरिष्ठ वैज्ञानिक हैं, बिल्कुल बेखौफ होकर दर्पण बाँटते थे। मुझे याद है, हम सोनीपत के स्टेशन पर रात को दर्पण बाँट रहे थे। अमृतसर जाने वाली गाड़ी रुकी। गाड़ी चलने से पहले हमने खिड़कियों से दर्पण डालना शुरू किया। भाई सुरेश जैन सिर तक लोई लपेटकर गाड़ी में चढ़ गया और डिब्बे में घुसकर दर्पण बाँटने लगा। मुझे डर लगा।

गाड़ी चल चुकी थी। ये महाशय नीचे कूदे तो हमारी साँस में साँस आई। मुझे यह बात भी कभी नहीं भूली कि पुलिस कभी रात को दर्पण बाँटने वालों को नहीं ढूँढ़ पाई, इसलिए उसने एक अखबार वाले को पकड़कर जेल भेज दिया। वह अखबार वाला भाई हमें जेल में मिला। जब वह अपनी व्यथा और बेकसूर होने की कथा सुनाता तो हम हँसौड़ होते हुए भी सीरियस हो जाते थे। उसकी व्यथा कितनी भी वाजिब हो, परंतु हम अल्हड़ लड़कों का उस समय हँसना और लोट-पोट होना बनता था। जो हम हो नहीं पाए। हमारी पीड़ा भी तो समझिए।

अमृतसर जाने वाली गाड़ी रुकी। गाड़ी चलने से पहले हमने खिड़कियों से दर्पण डालना शुरू किया। भाई सुरेश जैन सिर तक लोई लपेटकर गाड़ी में चढ़ गया और डिब्बे में घुसकर दर्पण बाँटने लगा। मुझे डर लगा।

प्राचार्य, श्री लालनाथ हिंदू कॉलेज, रोहतक

विशिष्ट आलेख-8

आपातकाल—हम और संघ

लिखने को दुनिया लिखती है, पढ़ने को दुनिया पढ़ती है,
लिखने-पढ़ने को ही केवल, हम कहानी नहीं कहते हैं।
तलवार लेखनी के द्वारा, दुश्मन की छाती के ऊपर,
जो लिख दी जाती खून से है, हम उसे कहानी कहते हैं।।

25 जून, 1975 को आपातकाल घोषित हुआ। दिल्ली के समीप ही विपक्षी नेता सर्वश्री जय प्रकाश नारायण, अटल बिहारी वाजपेयी, मधु दंडवते, लालकृष्ण अडवानी आदि अन्य नेता देश के हालात पर विचार विमर्श कर रहे थे। सभी विपक्षी नेताओं को हाऊस अरेस्ट किया गया।

चारों ओर भय का वातावरण बना हुआ था। प्रजातंत्र की आड़ में तानाशाही का नंगा नाच चल रहा था। जिस भी अधिकारी ने किसी से दुश्मनी निकालनी होती थी, उसे संघ का स्वयंसेवक बताना और उस पर देशद्रोह का मुकदमा बना देना आम बात हो गई थी।

4 जुलाई, 1975 को राष्ट्रीय स्वयंसेवक संघ को प्रतिबंधित किया गया। संघ कार्यकर्ताओं पर देशद्रोह, तख्ता पलटने के झूठे मुकदमे बनाए गए। मीसा अर्थात् मेनटेनैंस ऑफ इंटरनल सिक्योरिटी ऐक्ट (नो वकील, नो दलील, नो अपील)। डी.आई.आर. अर्थात् डिफेंस ऑफ इंडिया रूल धारा 33 नान-बेलएबल अर्थात् गैर-जमानती थी। चारों ओर भय का वातावरण बना हुआ था। प्रजातंत्र की आड़ में तानाशाही का नंगा नाच चल रहा था। जिस भी अधिकारी ने किसी से दुश्मनी निकालनी होती थी, उसे संघ का स्वयंसेवक बताना और उस पर देशद्रोह का मुकदमा बना देना आम बात हो गई थी। प्रेस पर सेंसरशिप लगा दिया गया था। मूलभूत अधिकारों का हनन हो रहा था। ऐसी स्थिति में बहुत से संघ कार्यकर्ता भूमिगत (अंडर-ग्राउंड) हो गए थे।

जगाधरी-यमुनानगर के क्षेत्र से संघ के प्रमुख लोगों जैसे माननीय दर्शन लाल जैन, मास्टर बोध राजजी, डॉ. कमला वर्मा आदि मीसा में गिरफ्तार हो चुके थे।

ये लोग आपातकाल में पूरे समय अंदर ही रहे। राजेंद्र भगत (वाइस प्रिंसीपल एस.डी.सी.से. स्कूल, जगाधरी), लाला हरि नारायण, कृष्ण लाल, खैरतीलाल, पाली शाह (कांग्रेस) पर डी.आई.आर. 33 धारा लगाई गई थी। जमानत पर रिहा होने के कुछ समय बाद पुनः जेल में बंदी बना दिए गए थे। गौरी नाथ रस्तोगी (प्रोफेसर, राजनीति शास्त्र, एम.एल.एन. कॉलेज, यमुनानगर), जो हर्निया के पेशेंट थे, को थाने में ले जाकर असहनीय यातनाएँ दी गईं।

लेखक तथा दो अन्यों पर लगभग तीन साल पहले से ही डी.आई.आर. 36 का मुकदमा जगाधरी कोर्ट में चल रहा था। तीनों जमानत पर थे। तीन-चार मास बाद तारीख लगा करती थी। तारीख पर उपस्थिति अनिवार्य थी। एक साथी नरेंद्र सहगल (संपादक 'तरुणदीप' मासिक) की जमानत निरस्त हो गई थी। वह अंबाला जेल में बंदी थे। शेष दोनों साथियों की तारीख 14-15 दिनों के बाद लगने लगी।

लेखक भी डी.आई.आर. 33 में वारंट होने के कारण भूमिगत थे। उनके साथ जगाधरी के एक प्रचारक शिव कुमार भी थे। प्रारंभ में दोनों कभी जगाधरी, कभी यमुनानगर, कभी अंबाला आदि स्थानों पर जाकर संघ के स्वयंसेवकों की जानकारी लेते रहे और साइक्लोस्टाइल मशीन से समाचार छापकर अन्य घरों में जानकारी देते रहे। बाद में 'दर्पण' नाम से समाचार बुलेटिन छपने लगा।

अक्तूबर 1975 के शुरू में लेखक के मुकदमे की एक तारीख पर खुफिया पुलिस ने कोर्ट में घेराबंदी की। आवाज पड़ने पर तीनों साथी जज के सामने पेश हुए। नरेंद्र सहगल (जिस को पुलिस जेल से हथकड़ी लगाकर लाई थी) ने लेखक को सांकेतिक भाषा में सावधान रहने को कहा और यह भी बताया कि आज आपकी खैर नहीं। तभी न्यायाधीश के पूछने पर तीनों ने उपस्थिति दर्ज करवा दी। जज साहब ने सरकारी वकील को उसके गवाहों के विषय में पूछा, जोकि उस दिन कोर्ट में उपस्थित नहीं हुए थे। जज साहब ने सरकारी वकील को कठोर भाषा में चेतावनी देते हुए केस वाली फाइल लाने को कहा, ताकि आगे की तारीख दी जा सके।

तभी न्यायाधीश के पूछने पर तीनों ने उपस्थिति दर्ज करवा दी। जज साहब ने सरकारी वकील को उसके गवाहों के विषय में पूछा, जोकि उस दिन कोर्ट में उपस्थित नहीं हुए थे। जज साहब ने सरकारी वकील को कठोर भाषा में चेतावनी देते हुए केस वाली फाइल लाने को कहा, ताकि आगे की तारीख दी जा सके।

वकील साहब फाइल लेने के लिए पीछे वाले कमरे की तरफ मुड़े तो लेखक के मन में छत्रपति शिवाजी की, जेल से भागने वाली घटना याद आई, वह वकील के पीछे चल पड़े। सरकारी वकील जैसे ही फाइल निकालने लगे तो लेखक को वहीं बाहर जाने के लिए कोर्ट का पिछला दरवाजा खुला दिखाई दिया। वह उस दरवाजे से बाहर निकल गए। सामने ही लगी ऊँची चरी के खेत में घुस गए, चप्पल अपने हाथ में पकड़कर खेत में भागना शुरू कर दिया। जब

चरी का खेत खत्म होने को था तो कमीज उतारकर पगड़ी की तरह बाँध लिया और पैंट उतारकर कमर में गाँठ बाँध ली। पागलों जैसा वेश बनाकर सिविल लाइन जगाधरी सड़क पर दाएँ-बाएँ, आगे-पीछे देखते हुए अपने मित्र जगदीश मदान के घर पहुँच गए। उसकी बैठक में रात होने तक बैठे रहे। बाद में वह अपने वकील ईश्वर स्वरूप (गोबिंदपुरी) के घर पर अगली तारीख का पता करने चले गए। इधर खुफिया पुलिस जो घेरा डालकर लेखक को पकड़ने आई थी, ढूँढ़ती रह गई। कभी कहने लगी, कोर्ट में आज नकली लेखक पेश हुआ है, तो कभी बस स्टैंड को छान मारा, घरो में दबिश दी, परंतु सब व्यर्थ।

कोर्ट में अगली पेशी पर लेखक के न पहुँचने पर उसकी जमानत कैंसिल हो गई। उसके जमानती (श्री पूर्ण चंद आहूजा) को धमकी मिली कि यदि बारह दिन तक लेखक अगामी तारीख पर हाजिर नहीं होता तो आपको जेल में बंद कर दिया जाएगा तथा आपका मकान सील कर दिया जाएगा। इस बीच तारीख से पहले ही 24 अक्तूबर को लेखक ने कोर्ट में सरेंडर कर दिया तथा अंबाला सेंटल जेल में भेज दिए गए।

इस घटना से पहले सुब्रह्मण्यम स्वामी ने आपातकाल में संसद् सत्र के पहले दिन संसद् में जाकर रजिस्टर पर हस्ताक्षर कर अपनी एम.पी. की सदस्यता बचा ली थी। अंबाला जेल में उस समय 50-50 के लगभग उसी क्षेत्र के मीसा और डी.आई.आर. के बंदी थे। धीरे-धीरे कुछ बंदियों को हाईकोर्ट से जमानत मिलने लगी। बाद में कइयों की जमानत कैंसिल भी हो गई और वे पुनः जेल में लाए गए। उनमें से राजेंद्र भगतजी भी एक थे। उनको टी.बी. या कैंसर की तकलीफ थी।

सारांश यह कि आपातकाल में कांग्रेस सरकार संघ की शक्ति और गति को रोकना चाहती थी; परंतु–

क्या हम को रोक सकेंगे, मिटने वाले मिट जाएँ।
कंकर पत्थर की हस्ती क्या, बाधा बनकर आएँ।
ढह जाएँगे गिरि पर्वत, काँपे भूमंडल सारा।
यह पुण्य प्रवाह हमारा···

—वेद प्रकाश

पागलों जैसा वेश बनाकर सिविल लाइन जगाधरी सड़क पर दाएँ-बाएँ, आगे-पीछे देखते हुए अपने मित्र जगदीश मदान के घर पहुँच गए। उसकी बैठक में रात होने तक बैठे रहे। बाद में वह अपने वकील ईश्वर स्वरूप (गोबिंदपुरी) के घर पर अगली तारीख का पता करने चले गए।

अध्याय-9

महत्त्वपूर्ण पत्रावली

संघर्षरत कार्यकर्ताओं को समय-समय पर केंद्र से आवश्यक मार्गदर्शन तथा संघर्ष के भावी स्वरूप के बारे में उचित दिशा-निर्देश प्राप्त होते रहते थे। पत्रों के माध्यम से एक ओर जहाँ संघर्ष की नियामक दृष्टि का पता चलता है, वहीं नेताओं के राष्ट्र-चिंतन के स्वरूप का भी ज्ञान होता है।

अतः इन पत्रों के ऐतिहासिक महत्त्व को देखते हुए उन्हें यहाँ दिया जा रहा है। इसके साथ ही कुछ ऐसे पत्र भी हैं, जिनके माध्यम से संघर्ष के नेताओं के जेलों के भीतर व बाहर संघर्षशील व्यक्तियों तथा उनके परिवारों के साथ गहरे आत्मीयतापूर्ण संबंधों का परिचय मिलता है।

लोकनायक का ऐतिहासिक पत्र

बेबाक चुनौती

21 जुलाई, 1975 को जे.पी. ने प्रधानमंत्री श्रीमती गांधी को एक पत्र लिखा। यह ऐतिहासिक पत्र पूरे समकालीन परिवेश पर एक सटीक टिप्पणी था। पत्र के अनूदित अंश इस प्रकार हैं–

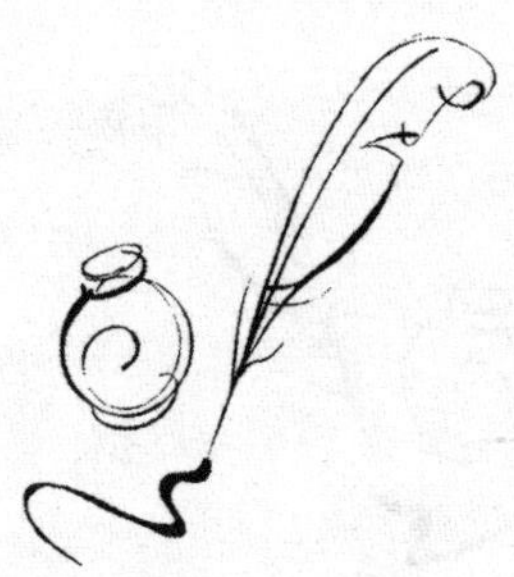

चंडीगढ़, 21 जुलाई, 1975

प्रिय प्रधानमंत्रीजी!

आपके भाषणों की प्रेस-रिपोर्टें पढ़कर मैं हतप्रभ रह गया हूँ। दरअसल आपको हर रोज अपनी कारवाई को उचित ठहराने के लिए कुछ-न-कुछ कहना पड़ रहा है। इसी से यह स्पष्ट हो जाता है कि आप अपराध-बोध से पीड़ित हैं। प्रेस व जनाक्रोश पर अंकुश लगाकर आप तथ्यों को तोड़-मरोड़ कर

व भ्रम फैलाकर, यदि आप समझती हैं कि जनता के सामने स्वयं को सही सिद्ध कर सकेंगी तो यह आपका वहम है। अगर आपको अपने औचित्य का इतना ही भरोसा है तो आप आपातकाल हटा लें, प्रेस की स्वाधीनता बहाल कर दें, प्रतिपक्षी राजनेताओं को रिहा करें और फिर देखें कि आपका औचित्य कौन स्वीकार करता है। मैडम! नौ वर्ष का समय कम नहीं होता और लोग जो कि सबकुछ समझ चुके हैं, अब आपको हटाने में देरी नहीं लगाएंगे।

जहाँ तक मुझे पता है कि आपकी बयानबाजी में मुख्य रूप से दो मुद्दे उछाले जा रहे हैं। पहला यह कि 'सरकार को पंगु बनाने की साजिश रची जा रही है।' दूसरा यह कि 'एक ही व्यक्ति सेना व नागरिक प्रशासन में बगावत फैलाने की कोशिश कर रहा है।' वैसे इसके अलावा भी आप छोटे-मोटे मुद्दे हवा में उछालती रही हैं। मसलन 'देश ज्यादा महत्त्वपूर्ण है, लोकतंत्र नहीं,' 'भारत जैसे देश में सामाजिक लोकतंत्र ज्यादा महत्त्वपूर्ण है' वगैरह-वगैरह।

चूँकि मुझे इस सारे प्रसंग में एक खलनायक के रूप में प्रस्तुत किया जा रहा है, मुझे दो टूक बातें कहने दीजिए। हालाँकि जो भी मैं कहूँगा, वह आपके लिए बेमानी होगा, लेकिन मैं सत्य को इतिहास के पृष्ठों में दर्ज अवश्य कराना चाहूँगा।

जहाँ तक सरकार को ठप्प करने की साजिश का प्रश्न है, मैं यह स्पष्ट कर देना चाहता हूँ कि ऐसी कोई साजिश नहीं रची गई और यह तथ्य आपको भी मालूम है। देश के सभी प्रदेशों में से बिहार ही एक ऐसा राज्य था, जहाँ जन-आंदोलन ने व्यापक रूप लिया। लेकिन वहाँ भी, वहाँ के मुख्यमंत्री के अनुसार जन-आंदोलन ठुस्स हो चुका था।

लेकिन तथ्य यह है कि (यदि आप की गुप्तचर एजेंसियों ने आपको सही खबर दी है तो) जनाक्रोश धीरे-धीरे निचले स्तरों पर निरंतर बढ़ता जा रहा था। मेरी गिरफ्तारी से पूर्व, गाँव व ब्लाक स्तर तक जनता-सरकारें गठित होने लगी थीं। बाद में यह प्रक्रिया जिलों व प्रदेश स्तर पर भी लागू होनी थी।

यदि आपने इन जनता-सरकारों के घोषित कार्यक्रमों पर थोड़ा सा भी ध्यान दिया होता तो आपको स्वयं ही एहसास होता कि इन कार्यक्रमों का अधिकांश भाग रचनात्मक एवं निर्माणमूलक है। इसमें सार्वजनिक वितरण प्रणाली को नियमित करना, प्रशासन के निचले स्तर पर भ्रष्टाचार पर अंकुश लगाना, भूमि-सुधार कानून को लागू करना, लंबित पड़े विवादों के तात्कालिक समाधान कराना, हरिजनों को न्याय दिलाना व तिलक एवं दहेज जैसी सामाजिक कुरीतियों पर रोक लगाना आदि कार्यक्रम ही शामिल थे। इनमें ऐसा कुछ

भी नहीं था, जिसे अलगाववादी करार दिया जा सके। सिर्फ उन स्थानों पर जहाँ जनता सरकारें सुगठित स्वरूप ले चुकी थीं और सरकारी तंत्र कड़ा रुख अपनाने पर विवश कर रहा था, टैक्स अदा न करने का आह्वान भी किया था। पटना में विधानसभा-अधिवेशनों के मध्य विधायकों को त्याग-पत्र देने का आह्वान किया गया था। ये सारे पग सविनय-अवज्ञा अथवा असहयोग आंदोलन के तहत उठाए गए थे।

यदि इन सब कारवाइयों को, बिहार सरकार के तंत्र को ठप्प करने वाली गतिविधि माना जाता है, तो यह भी समझ लेना चाहिए कि दमन के विरुद्ध प्रतिरोध का यही तरीका ब्रिटिश शासन में भी असहयोग आंदोलन व सत्याग्रह के रूप में अपनाया गया था। मगर वह सरकार बलपूर्वक स्थापित सरकार थी, जबकि बिहार की सरकार व विधायिका दोनों संवैधानिक संस्थाएँ हैं। किसी को इन निर्वाचित सरकारों को, निर्वाचित विधायकों को हटाने की माँग का क्या अधिकार है। आप यही पसंदीदा सवाल हर जगह बार-बार उठा रही हैं। लेकिन इसका जवाब संविधान विशेषज्ञों एवं बुद्धिजीवी-शख्सियतों ने कई बार दिया है कि 'एक लोकतंत्र में लोगों को एक ऐसी निर्वाचित सरकार से त्याग-पत्र माँगने का वैधानिक अधिकार है, जो भ्रष्ट व अक्षम सिद्ध हो चुकी है और यदि विधायिका ऐसी अक्षम सरकार को समर्थन देती है तो उसे भी जाना चाहिए ताकि लोग नया जनादेश दे सकें।'

अब प्रश्न यह है कि ऐसे मामलों में यह निश्चित कैसे हो कि लोग क्या चाहते हैं? बिहार के मामले में, पटना की विशाल रैलियाँ, तीन दिन का बिहार बंद, राज्यभर में प्रदर्शन व धरने और 18 नवंबर को गांधी मैदान की विशाल जनसभा जनमत का सबसे बड़ा ज्वलंत प्रमाण हैं। दूसरी ओर बिहार की सरकार और वहाँ की कांग्रेस इकाई के पास क्या दलील है? 16 नवंबर को श्री बरुआ द्वारा प्रायोजित दिखावा, सरकार की असफलता व खोखलेपन को दरशाती है। इस प्रायोजित रैली पर 60 लाख रुपए की रकम खर्च किए जाने की खबरें भी सबने पढ़ीं। लेकिन यदि यह ठोस प्रमाण नहीं है तो मैंने जनमत संग्रह का भी सुझाव बार-बार दिया है। मगर आप जानती हैं, क्या होगा, इसलिए ऐसे सुझाव से भयभीत हैं।

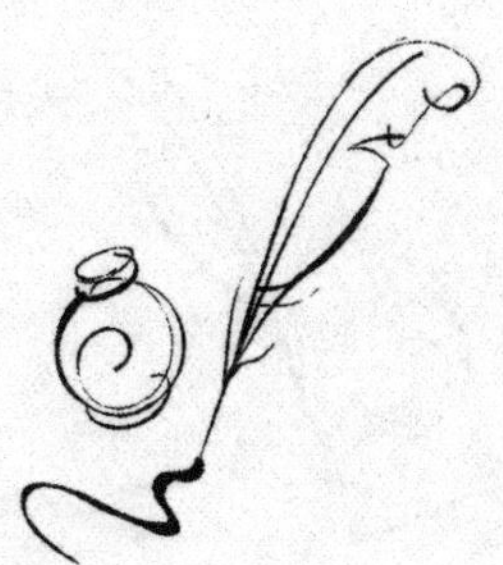

मैं बिहार-आंदोलन में शामिल हूँ, इसलिए मुझे एक और महत्त्वपूर्ण बात भी कहनी है, जिससे ऐसे आंदोलन का स्वरूप उजागर हो सके। बिहार के छात्रों ने अपना आंदोलन अनायास ही शुरू नहीं किया। एक सम्मेलन में बाकायदा अपनी माँगें पारित करने के बाद वे लोग मुख्यमंत्री व शिक्षामंत्री से मिले। ऐसी

मुलाकातें बार-बार हुईं। लेकिन अक्षम व भ्रष्ट बिहार सरकार ने उनकी बातों को कभी गंभीरता से नहीं लिया।

इस पर छात्रों ने विधानसभा का घेराव किया। उसी दिन की दुःखद घटनाओं ने बिहार आंदोलन, धरनों, प्रदर्शनों व पुलिस के दमन-चक्र झेलने के बाद ही छात्र-संघर्ष वाहिनी ने सरकार भंग करने की माँग उठाई। छात्रों की कोई भी माँग अनुचित नहीं थी और वे बातचीत के माध्यम से माँगें मनवाने के पक्षधर थे।

अब बिहार की बात कर रहा हूँ तो मुझे एक और महत्त्वपूर्ण नुक्ता भी उठाना है, जो ऐसे आंदोलनों की राजनीति को स्पष्ट करेगा। बिहार के छात्रों ने अपनी माँगों का ज्ञापन एक सम्मेलन में विधिवत् तैयार किया और बाद में उस ज्ञापन को लेकर वे मुख्यमंत्री व शिक्षामंत्री से मिले। कई बैठकें हुईं। लेकिन अक्षम व भ्रष्ट बिहार सरकार ने उन्हें कभी गंभीरता से नहीं लिया। इस पर छात्रों ने विधानसभा का घेराव किया। उस दिन की दुःखद घटनाओं एवं दमन चक्र से आंदोलन और भड़क उठा। लेकिन तब तक छात्र सिर्फ अपनी माँगों की पूर्ति तक ही सीमित रहे।

उन्होंने कभी भी बिहार सरकार की बर्खास्तगी या मुख्यमंत्री के त्याग-पत्र की बात नहीं की। इसके बावूजद लाठीचार्ज, अंधाधुंध फायरिंग, अंधाधुंध गिरफ्तारियों का सिलसिला जारी रहा। छात्र संघर्ष वाहिनी ने इस दमन-चक्र के खिलाफ रोष जताते हुए मुख्यमंत्री के त्याग-पत्र या बिहार सरकार की बर्खास्तगी की माँग उठाई।

छात्रों की कोई भी माँग अनुचित या अव्यावहारिक नहीं थी। मगर बिहार सरकार ने संवाद के स्थान पर दमन का रास्ता चुना। यही स्थिति उत्तर प्रदेश में भी थी। वहाँ भी संवाद के रास्ते बंद किए गए थे और दमन-चक्र चला था। यदि संवाद के रास्ते पर यह सरकारें चल पातीं तो आंदोलनों के भड़कने की कोई आशंका भी न होती।

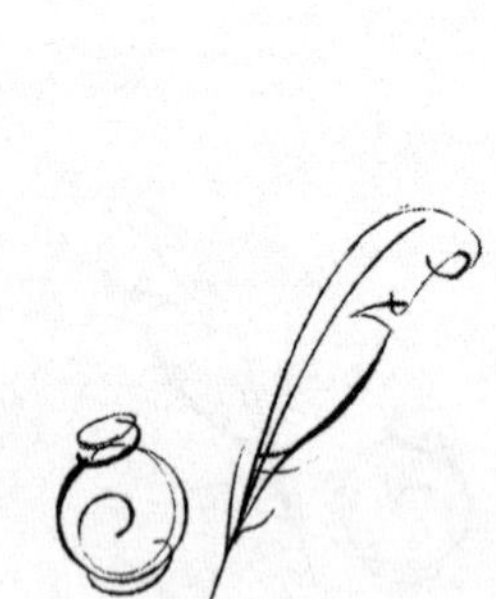

मैंने कई बार सोचा कि इन सरकारों ने दमन का रास्ता क्यों चुना? हर बार मेरा निष्कर्ष यही था कि 'भ्रष्टाचार' इसका मुख्य कारण था। प्रशासन एवं सरकारी तंत्र में उच्च स्तर के भ्रष्टाचार पर नियंत्रण कर पाना असंभव हो चला था। कुछ अन्य राज्यों में भी संघर्ष समितियों का गठन तो हुआ, मगर कहीं भी किसी व्यापक हिंसा या तीव्र आंदोलन के आसार नहीं थे। चूँकि लोकसभा के चुनाव नजदीक आ रहे थे, इसलिए राजनैतिक दलों के नेताओं का ध्यान भी चुनावी तैयारियों पर केंद्रित होने लगा था।

जाहिर है कि ऐसी परिस्थितियों में आपका यह आरोप कि सरकारी तंत्र को

पंगु बनाने या ठप्प करने की साजिश हो रही थी, पूर्णतया बेबुनियाद व मनगढ़ंत था। आप ऐसे आरोप की आड़ में अपनी तानाशाही को उचित ठहराने का प्रयास कर रही थीं।

लेकिन एक पल के लिए मान भी लें कि आपके आरोप में कुछ दम हो सकता था तो क्या वाकई आप ईमानदारी से ऐसा सोच सकती हैं कि आपके ही एक पूर्व उपप्रधानमंत्री (श्री देसाई) व कांग्रेस कार्यकारिणी के सदस्य श्री चंद्रशेखर ऐसी किसी साजिश का हिस्सा बन सकते थे? यदि ऐसा नहीं था तो उन्हें बाकी प्रतिपक्षी नेताओं के साथ गिरफ्तार क्यों किया गया?

नहीं, प्रिय प्रधानमंत्रीजी, ऐसी कोई साजिश नहीं रची गई थी। यदि संघर्ष या आंदोलन की कोई योजना तैयार भी की गई थी तो सिर्फ तब तक के लिए, जब तक कि सुप्रीम कोर्ट आपकी अपील पर अपना निर्णय नहीं दे देता। यह वही योजना थी, जिसकी घोषणा नानाजी देशमुख ने 25 जून को रामलीला मैदान में की थी। यही योजना मेरे भाषण का हिस्सा भी थी। कार्यक्रम यही था कि सुप्रीम कोर्ट का निर्णय आने तक आपसे त्याग-पत्र की माँग के लिए कुछ चुने हुए नेता आपके आवास के बाहर सत्याग्रह करेंगे। यह कार्यक्रम प्रारंभिक चरण में सात दिन का था।

उसके बाद इसे प्रदेशों की राजधानियों में शुरू करने की योजना थी और जैसा कि मैंने पहले ही स्पष्ट किया है, यह आंदोलन सिर्फ तब तक जारी रखा जाना था, जब तक कि सुप्रीम कोर्ट आपकी अपील पर अपना निर्णय सुना नहीं देता। मुझे इसमें कोई भी विघटनवादी या खतरनाक साजिश दिखाई नहीं देती। लोकतंत्र में हर नागरिक को, ऐसी स्थिति में, जबकि किसी भी स्तर पर सुनवाई मुमकिन न हो पाए, सविनय-अवज्ञा या सत्याग्रह-आंदोलन का अधिकार है।

एक बात और भी है। मेरी तो यह भी मान्यता है कि यदि आप चुपचाप सत्ता से चिपकी रहतीं और इसी से संतुष्ट हो पातीं तो शायद सत्याग्रह-आंदोलन भी प्रतिपक्ष का हथियार न बनता। मगर आप खामोश कहाँ बैठी? अपने गुर्गों के माध्यम से आपने अपने ही आवास के बाहर रैलियों व प्रदर्शनों का आयोजन शुरू कर दिया। इन रैलियों में आपके ही लोग आपसे सार्वजनिक रूप से माँग करते दिखाए गए कि आप इस्तीफा न दें। न्यायमूर्ति जे.एम. सिन्हा के पुतले भी आपके चहेतों ने आपके घर के बाहर जलाए और न्यायमूर्ति को सी.आई.ए. का एजेंट भी करार दे दिया गया।

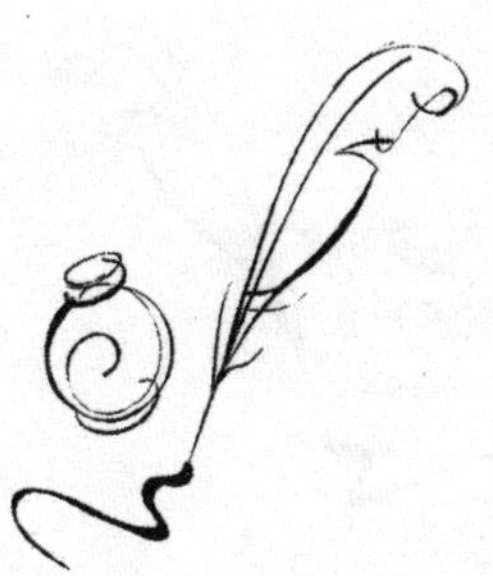

ऐसी परिस्थिति में प्रतिपक्ष के पास इस शरारतपूर्ण अभियान के विरुद्ध उठ खड़े होने के सिवाय कोई उपाय नहीं था। प्रतिपक्ष ने आपके लोगों के तमाशों के

खिलाफ आत्म-बलिदान व सत्याग्रह का रास्ता चुना।

बस इसी योजना से आप बौखला उठीं। आपके क्रोध ने लोगों की स्वाधीनता छीन ली और लोकतंत्र की निर्ममतापूर्वक हत्या की गई।

प्रेस की स्वाधीनता पर चोट क्यों की गई? यह इसलिए नहीं कि भारतीय प्रेस गैर जिम्मेदार था, बेईमान या सरकार-विरोधी था। असलियत यह है कि किसी भी स्वाधीन राष्ट्र में प्रेस इतना निष्पक्ष, जिम्मेदार व संतुलित नहीं, जितना कि भारत में है। सच्चाई यह है कि हाईकोर्ट के निर्णय के परिप्रेक्ष्य में उठी आपके इस्तीफे की माँग से आपका संतुलन बिगड़ गया। लगभग सभी अखबारों, यहाँ तक कि सदा अनिश्चय में घिरे रहने वाले 'टाइम्स ऑफ इंडिया' ने भी अपने तर्कपूर्ण विश्लेषणों व मुखर संपादकीय लेखों में आपको त्याग-पत्र देने का मशविरा दे दिया था।

आप आग बबूला हो गईं और आपने प्रेस की स्वाधीनता का दम घोंटा। दरअसल यह सोचकर भी अजीब सा लगता है कि एक प्रधानमंत्री ने अपनी वैयक्तिक अहमन्यता के तहत लोकतंत्र की प्राणवायु मानी जाने वाली प्रेस का गला दबा डाला।

जहाँ तक एक व्यक्ति पर (मुझ पर) सेना व पुलिस बलों में असंतोष के बीज बोने संबंधी आरोप का सवाल है, 'वह व्यक्ति' इस आरोप का दृढ़तापूर्वक खंडन करता है। उसने सिर्फ सेना व पुलिस बलों को उनके कर्तव्यों व दायित्वों का एहसास भर दिलाया था। उसने जो भी कहा, कानून, संविधान, आर्मी-ऐक्ट व पुलिस ऐक्ट के दायरे में रहकर कहा। अब कुछ और बातें।

आपने अपने भाषणों में भी यह कह डाला है कि लोकतंत्र देश के लिए महत्त्वपूर्ण नहीं है। मैडम प्रधानमंत्रीजी, क्या आप कुछ ज्यादा ही आगे नहीं जा रही हैं। सिर्फ आप ही एकमात्र ऐसी शख्सियत नहीं हैं जिसे देश की चिंता है। जिन लोगों को आपने कैद कर रखा है, उनमें अनेक ऐसे लोग हैं, जिन्होंने इस देश के लिए आपसे भी बढ़कर कुर्बानियाँ दी हैं। उनमें से हरेक उतना ही देश-भक्त है जितनी कि आप। हमें राष्ट्रीयता व राष्ट्र के बारे में भाषण पिलाकर हमारे घावों पर नमक न छिड़कें।

वैसे भी आपने गलत विकल्प चुना है। राष्ट्र और लोकतंत्र के बीच कोई एक-दूसरे का विकल्प नहीं होता। यह राष्ट्र के हित में ही था कि इस देश के लोगों ने अपनी संविधान सभा में 26 जनवरी, 1949 को घोषणा की थी कि 'हम भारत के लोग शपथपूर्वक संकल्प लेते हैं कि भारत को सार्वभौम प्रभुसत्ता लोकतंत्र का स्वरूप देंगे।' और यह लोकतांत्रिक संविधान संसद् द्वारा पारित

किसी कानून या मात्र किसी अध्यादेश के माध्यम से तानाशाही में बदला नहीं जा सकता।

यह बदलाव सिर्फ भारत के लोग ही, किसी नई निर्वाचित संविधान सभा के माध्यम से ला सकते हैं। यदि न्याय, स्वाधीनता, समानता और सौहार्द इस संविधान को लागू करने के 25 वर्ष बाद तक भी इस राष्ट्र की जनता को प्रदान नहीं किए जा सके तो इसमें दोष संविधान का नहीं, उस कांग्रेस पार्टी का है, जो इतने बरसों तक दिल्ली में सत्तारूढ़ रही है। यह सिर्फ इसी नाकामयाबी का नतीजा है कि जनता में, विशेष रूप से युवाओं में इतना व्यापक असंतोष है। दमन इसका समाधान नहीं है। इसके विपरीत इससे नाकामयाबी का सिलसिला और भी आगे बढ़ने लगता है।

निस्संदेह मैं देख रहा हूँ कि समाचार-पत्र नई नीतियों, नई घोषणाओं, नई उमंग व नए जोश से भरी बातों से भरे पड़े हैं। जाहिर है कि आप छूट चुके वक्त का शून्य भरने की कोशिश कर रही हैं। जो काम आप नौ वर्ष के शासन में नहीं कर पाईं, उसे अब करने का प्रयास हो रहा है। लेकिन आपके बीस-सूत्री कार्यक्रम का भी वही हश्र होगा, जो पूर्व घोषित 10 सूत्री कार्यक्रम का हुआ है। मैं आपको यह भी यकीन दिलाना चाहता हूँ कि इस बार लोगों को बेवकूफ बनाना मुमकिन नहीं होगा।

आपको यह भी समझ लेना चाहिए कि आपके गिर्द जी-हुजूरियों, स्वार्थियों और मौकापरस्त कांग्रेस जनों की जो भीड़ है, वह कोई भी सार्थक काम नहीं कर पाएगी। (इसमें सभी कांग्रेस जन शामिल हैं।) कागजों पर बहुत कुछ घसीटा जाएगा और भरपूर प्रचार होगा, लेकिन निचले स्तर पर कोई बदलाव नहीं आएगा।

इस देश में बहुमत गरीबी से पीड़ित है। उनकी हालत पिछले कुछ बरसों से बदतर होती जा रही है। इतना ही काफी होगा कि बद से बदतर होने वाली स्थिति पर काबू पाया जाए। लेकिन इसके लिए आपको राजनीति व आर्थिक तंत्र के प्रति अपना दृष्टिकोण पूरी तरह बदलना होगा।

मैंने यह पत्र खुले मन से लिखा है। मैं किसी प्रकार के क्षोभ या क्रोध की अभिव्यक्ति शब्दों में भी नहीं कर रहा हूँ। ऐसा भी नहीं कि मैं अपने स्वास्थ्य की समुचित देखभाल के लिए कृतज्ञता-ज्ञापन से बचना चाहता हूँ। इस पत्र के माध्यम से मैंने एक नंगा सत्य आपके सामने रखा है।

अब मैं आपको एक नसीहत देना चाहता हूँ। मैं एक बूढ़ा व्यक्ति हूँ। मेरे जीवन के काम लगभग हो चुके। प्रभावती की मृत्यु के बाद मुझे अपने परिवार

में किसी और के लिए जीना भी नहीं है। मेरे भाई और भतीजों के अपने परिवार फल-फूल रहे हैं। मैंने शिक्षा-प्राप्ति के बाद अपना पूरा जीवन देश की खातिर जिया है और बदले में कुछ नहीं माँगा। इसलिए मुझे आपके शासन में एक कैदी के रूप में मरने का कोई अफसोस भी नहीं होगा।

क्या आप मेरे जैसे व्यक्ति की नसीहत सुनना पसंद करेंगी? मेरा एक ही अनुरोध है। कृपया उस नींव पर चोट न करें, जो राष्ट्र के महान् नेताओं, जिनमें आपके पिता भी शामिल हैं, ने रखी थी। जो रास्ता आपने चुना है, उसमें विद्वेष व तनाव के अलावा कुछ भी नहीं है। आपको विरासत में महान् जीवन-मूल्य, सुदृढ़ लोकतंत्र व महान् परंपराएँ मिली हैं। अपने पीछे इन सब का टूटा-फूटा स्वरूप न छोड़ जाइएगा। इस नींव का पुनर्निर्माण आसान नहीं होगा–लंबा समय लगेगा इसे बहाल करने में। जिन लोगों ने ब्रिटिश साम्राज्यवाद के खिलाफ संघर्ष किया और उसे खदेड़ दिया, वे कभी भी लंबी अवधि तक तानाशाही की शर्मिंदगी बरदाश्त नहीं करेंगे।

व्यक्ति की ऊर्जा कभी मरती नहीं है, भले ही उसे कितना ही दबा दिया जाए। अपनी व्यक्तिगत तानाशाही प्रवृत्ति के तहत आपने भारतीय-जन की ऊर्जा को कुचला है। लेकिन यह ऊर्जा ऐसी वस्तु है, जो चिता की राख से भी फिर जीवंत हो जाती है। रूस में भी धीरे-धीरे यह करवट ले रही है।

आपने सामाजिक लोकतंत्र की चर्चा की है। परिकल्पना आकर्षक है। लेकिन जरा पूर्वी व केंद्रीय यूरोप पर दृष्टि दौड़ाएँ, स्थिति कितनी भयावह है। या तो तानाशाही का नंगा नाच है या फिर इसी का दबदबा। कृपा करके भारत को ऐसी परिस्थितियों की ओर न धकेलें।

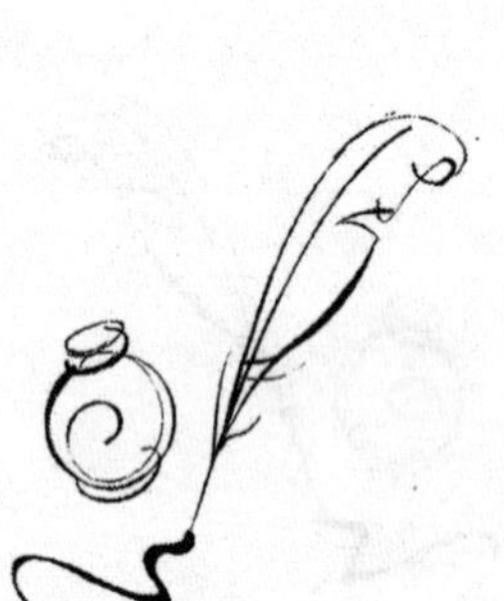

क्या मैं आपसे पूछ सकता हूँ कि इस दमन-चक्र का मकसद क्या है? क्या यह सब आप अपने 20 सूत्री कार्यक्रम को लागू करने के उद्देश्य से कर रही हैं? यदि ऐसा है तो आपको पिछले 10 सूत्री-कार्यक्रम लागू करने से किसने रोका था। सत्याग्रह, धरने, प्रदर्शन, असंतोष का मुख्य कारण ही यही था कि आप अपने वादे पूरे नहीं कर पाईं। यही मुद्दा चंद्रशेखर, मोहन धारिया, कृष्णकांत व इनके मित्र पार्टी में रहकर उठाते रहे, जिसके लिए आपने उन्हें दंडित किया।

आपने देश में दिशाहीनता की बात कही है। क्या यह दिशाहीनता मेरे कारण या विपक्ष के कारण है? इसके लिए आपकी निर्णय-अक्षमता व अकर्मण्यता दोषी हैं। आप सिर्फ तभी तेजी व सक्रियता दिखाती हैं, जब आपके अस्तित्व को खतरा होता है। प्रिय इंदिराजी ! अपनी स्थिति को राष्ट्र के साथ न जोड़ें। आप अमर नहीं हैं, लेकिन भारत अमर है।

आपने मेरे पर व प्रतिपक्ष पर खलनायकी का आरोप लगाया है। लेकिन आपको मैं विश्वास दिलाता हूँ कि यदि ठीक काम करेंगी, उच्च स्तर पर भ्रष्टाचार पर अंकुश लगाएँगी, चुनाव-सुधार लागू करेंगी और आप प्रतिपक्ष को विश्वास में लेंगी तो हम सब आपको पूर्ण सहयोग देंगे। इसके लिए आपको लोकतंत्र को विनष्ट करने की आवश्यकता नहीं है।

अब गेंद आपके पाले में है। निर्णय आपने लेना है।

इन शब्दों के साथ अपनी बात यहीं समाप्त करता हूँ। ईश्वर आपका भला करे।

आपका शुभचिंतक
जयप्रकाश

प्रधानमंत्री सहायता निधि से सहायता लेने से इनकार

(जयप्रकाश जी ने इंदिरा गांधी को लिखा)

कैंप बंबई
दिनांक 11 जून, '76

प्रिय इंदिराजी,

मेरे स्वास्थ्य की उपाययोजना के लिए आवश्यक डायलिसिस यंत्र खरीदने के लिए आपने अपने सहायता-निधि से जो नब्बे हजार रुपए भेजे हैं, उनके बारे में मैं आपको यह पत्र लिख रहा हूँ। कुछ सप्ताह पूर्व प्रोफेसर पी.बी. धर की सूचनानुसार राधाकृष्ण ने एक मित्र को भेजा था और पुछवाया था कि क्या मैं आपके द्वारा दिया गया आर्थिक योगदान स्वीकार करूँगा? मैंने अपनी सम्मति दी थी। उस समय मैं यह नहीं जानता था कि यह पैसा मुझे प्रधानमंत्री सहायता निधि से दिया जानेवाला है।

मैं तो यह मानकर चला कि आप अपने जेब से यह सहायता दे रही हैं। उस समय मैं यदि थोड़ा विचार करता तो मेरे ध्यान में आ जाता है कि इतनी बड़ी रकम अपनी जेब से देना आप के लिए संभव नहीं हो सकता। अस्तु, आज स्थिति यह है कि आपकी निधि से पैसा पहुँचने के पूर्व ही जनता द्वारा दिया गया द्रव्य तीन लाख से ऊपर पहुँच गया है।

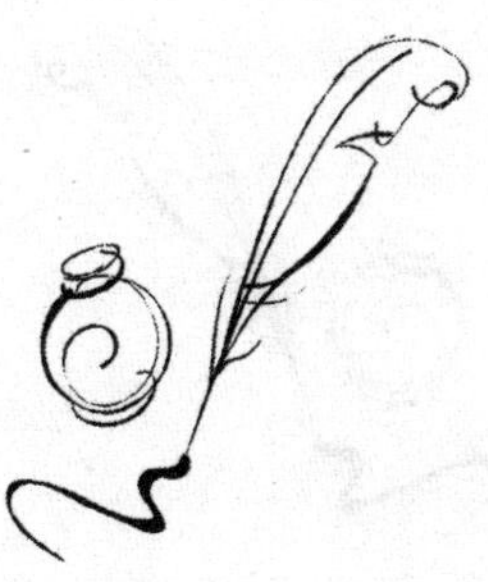

उस द्रव्य से एक डायलिसिस यंत्र, उसकी अन्य पूरक वस्तुएँ तथा सालभर में आवश्यक प्रतीत होने वाली वस्तुएँ भी खरीदी गईं। इतना सब करने के बाद भी पर्याप्त धन बचा है। आगे साल-दो साल तक प्रतिमास जो भी खर्चा करना पड़ेगा, वह भी उससे निभाया जा सकेगा।

इसके संबंध में और भी दो मुद्दे हैं। उन्हें यहाँ लिख देना मैं उचित समझता हूँ। एक तो यह है कि समिति में केवल छोटी रकमें स्वीकार की जाएँगी, ऐसा घोषित किया था। कुछ मित्रों ने बहुत बड़ी रकम देने की इच्छा प्रकट की थी, परंतु उसके लिए नकारकर उनसे छोटी रकमें ही ली गई थीं।

दूसरी बात यह है कि आपकी निधि से राधाकृष्ण के पास धनादेश आने के पूर्व ही 'जयप्रकाश आरोग्य निधि समिति' ने प्रकट घोषणा कर निधि-संकलन बंद कर दिया था। आवश्यकता से अधिक धनसंग्रह हो गया है। अब कृपया पैसा न भेजें, ऐसा उन्होंने कहा था।

ऐसी परिस्थिति में आपकी सहायता-निधि से भेजी गई इतनी बड़ी रकम स्वीकार करना मेरे लिए उचित नहीं होगा। आज तो चारों ओर बहुत अधिक सहायता देने की आवश्यकता है। जिन्हें अधिक आवश्यकता है, उनके लिए आप इस सहायता-निधि के हर पैसे का उपयोग कर सकती हैं। अतः मैं राधाकृष्ण को सूचित कर रहा हूँ कि वे आपसे प्राप्त धानदेश वापस लौटा दें। मैं हृदय से चाहता हूँ कि आप इसे अन्यथा न समझे और मुझ पर कृतघ्नता का अथवा सौजन्यहीनता का आरोप न लगाएँ। आप विश्वास रखें कि मेरे मन में तनिक भी निरादर की भावना नहीं है। आपने मेरे स्वास्थ्य के विषय में जो चिंता दिखायी, उसके लिए मैं आपका कृतज्ञ हूँ।

मेरी ओर से शुभेक्षाएँ।

न दैन्यं न पलायनम्

वाजपेयीजी का पत्र
एक स्वयंसेवक बंधु के नाम

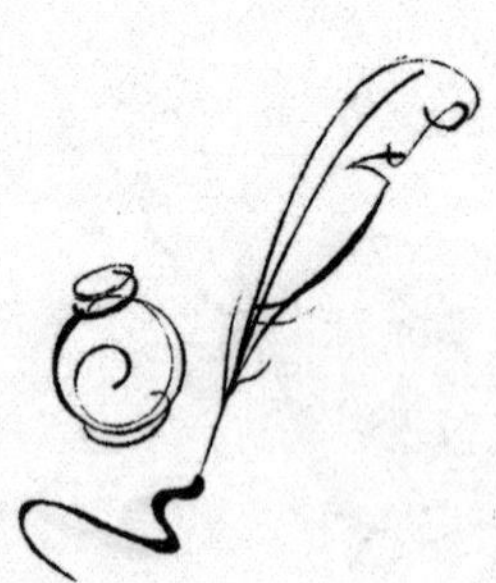

आयुर्विज्ञान संस्थान
अंसारी नगर, नई दिल्ली
25 सितंबर, 1976

आपका पत्र मिला। क्षीरसागरजी के आकस्मिक देहावसान का समाचार सुनकर गहरा धक्का लगा। शरीर कितना नश्वर है, जीवन कितना क्षणभंगुर!

गत 16 महीनों के संघर्षकाल में जो कार्यकर्ता हमेशा के लिए विदा हुए हैं, उनकी स्मृति हमारे हृदयों में सदैव ताजा रहेगी। अपने आदर्शों और विश्वासों के लिए काम करते हुए स्वाभाविक रूप से मृत्यु का वरण करने वाले हमारे लिए प्रिय होते हैं। शहीद की मौत मरने का सौभाग्य सब को कहाँ मिलता है? सभी काराबद्ध कार्यकर्ताओं–बहनों और भाइयों को मेरी शुभकामनाएँ और आदर दें।

उनका कष्ट-सहन व्यर्थ नहीं जाएगा। काया को कैद कर या दिल को दुखाकर जो यह समझते हैं कि मुक्ति की माँग को मिटा देंगे, उन्हें हमेशा पछताना पड़ता है। पशुबल परास्त होता है और अंततः आत्मबल की विजय होती है"।

आगामी 21 अक्तूबर को भारतीय जनसंघ अपने जीवन के 25 वर्ष पूर्ण कर लेगा। आश्रम व्यवस्था के अनुसार 25 वर्ष के बाद व्यक्ति का पारिवारिक जीवन प्रारंभ होता है।

संगठन के नाते अब हमें भी राष्ट्रवाद, लोकतंत्र और सामाजिक न्याय में निष्ठा रखने वाले सभी भारतीयों को, बिना किसी भेदभाव के एक परिवार मानकर चलना है और तदनुसार अपने दायित्व का निर्वाह करना है।

जनसंघ के संस्थापक प्रधान, हुतात्मा डॉ. श्यामाप्रसाद मुखर्जी ने संसद् में राष्ट्रवादी लोकतांत्रिक गुट का गठन कर जिस ऐतिहासिक प्रक्रिया को प्रारंभ किया था, अब उसे अंतिम रूप देने का अवसर आ गया है।

25 वर्ष के कालखंड में हमने अनेक उतार-चढ़ाव देखे हैं। प्रारंभिक विफलता ने हमें निराश नहीं किया, प्रयत्न साध्य सफलता हमें विवेकभ्रष्ट नहीं कर सकी। राष्ट्रीय संकट के प्रत्येक अवसर पर हम प्रथम पंक्ति में रहे।

आज जबकि एक भयावह अंधेरा हमारी अस्मिता के आलोक को निगल जाने को तुला है, हमें ध्येयसिद्धि के लिए जीने, जूझने और आवश्यकता पड़ने पर मर मिटने के अपने संकल्प को दोहराना होगा। 'न दैत्यं, न पलायनम्'– अर्जुन की यह दोहरी प्रतिज्ञा ही हमारा उद्घोष होना चाहिए।

(4)

आडवाणीजी का पत्र बंगलौर कारावास से

बंगलौर कारावास
14 अगस्त, 1976

तानाशाही से समझौता नहीं

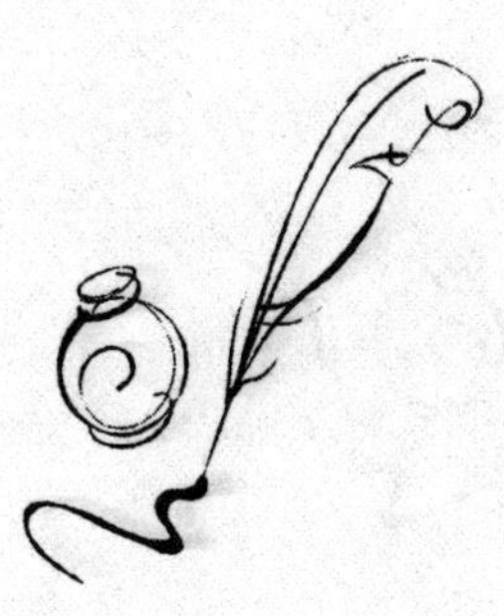

"गत वर्ष कार्यकर्ताओं ने जितना कष्ट सहा है, वह वास्तव में लोकतंत्रीय मान्यताओं के लिए दी गई कीमत है। स्थान-स्थान पर उन्हें शारीरिक यातनाएं सहन करनी पड़ी हैं। अनेक बंधुओं ने सीखचों के पीछे प्राण गँवाए हैं। सैकड़ों छात्र परीक्षाओं में नहीं बैठ पाए हैं। सैकड़ों परिवार आर्थिक दृष्टि से बरबाद हो गए हैं। लोकतंत्र की पुनः स्थापना के लिए चल रहे वर्तमान यज्ञ में हमारे

कार्यकर्ताओं ने जो बलिदान किया है, उस पर हम गर्व कर सकते हैं। जनसंघ के संस्थापक डॉ. श्यामाप्रसाद मुखर्जी लोकतंत्र के अनन्य उपासक थे। उनके अनुयायी तानाशाहों के साथ समझौता नहीं कर सकते। हो सकता है, आप भी उनमें से एक हैं। यदि अब तक नहीं हैं तो इसी क्षण शामिल हो जाइएगा।

इस पत्र द्वारा मैं इस बात पर बल देना चाहता हूँ कि अपनी मर्यादा में रहते हुए भी आप कई प्रकार से लोकतंत्र की सेवा कर सकते हैं। सबसे बड़ी सेवा है चारों ओर भय के वातावरण को विदीर्ण करना। अपने व्यवसाय-क्षेत्र में, अपने मित्रवर्ग में सदैव सत्य, साहस और स्वाभिमान की भाषा बोलें। ऐसे वातावरण का निर्माण करें, जिससे चापलूसी और चाटुकारिता के लिए लोगों के मन में सहज ग्लानि पैदा हो। इसके अलावा भी एक अपेक्षा है कि आप संघर्षरत का तन-मन-धन से सहयोग करें।

—लालकृष्ण आडवाणी

उस काल के कुछ और पत्र

यह अनुशासन-पर्व नहीं, आतंक-पर्व है

(दादा धर्माधिकारी ने विनोबाजी को लिखा)

15 अगस्त, 1975
मुम्बई

पूजनीय बाबा,

आज हमारी स्वतंत्रता का उनतीसवाँ वर्धापन दिन है कहें या प्रथम पुण्यतिथि है कहें, यह तो आप ही जानो। जब मैं आपसे पहली बार मिला था, तब ही से मैं आपका प्रेम पा रहा हूँ। उसे मैं ईश्वरीय वरदान मानता हूँ। आपके उस प्रेमामृत के आधार पर ही अब तक जीवित हूँ। इसीलिए आपके साथ कभी प्रतारणा नहीं कर सकता हूँ। अतः दिल खोलकर लिखता हूँ। आज तक हर महत्त्व के अवसर पर··· जिस प्रकार मैं अपने पुण्यश्लोक पिताजी को लिखता था, ठीक उसी ढंग से आपको यह पत्र लिख रहा हूँ।

इंदिराजी के बारे में मेरे मन में न कोई पूर्वग्रह है और न कोई शंका है। परंतु इस समय वह जो काम कर रही हैं, उसे देख प्राण तिलमिलाते हैं। लगता है, हिम्मत के साथ प्राणपण से उनके आह्वान का सामना करूँ। परंतु मैंने निश्चित किया है कि हृदय की छटपटाहट को किसी प्रकार सहन करूँगा और आपके 'संयम रखो' आदेश का पालन करूँगा।

मेरी तो परलोक सिधारने की बारी आ गई थी। परंतु आपकी अमृतमयी कृपा के कारण मैं बच गया और जाते-जाते वापस आया। परंतु अब लगता है, न बचता और न वापस आता तो ठीक होता। अब सोचा है कि जैसे भगवान् शंकर ने हलाहल विष पी लिया, वैसे ही सब चित्तक्षोभ को पीकर आपके संयम के आदेश का पालन करूँ। उस हेतु मैंने पंढरपुर जाकर मातृस्वरूप विनोबा का तथा थेऊर जाकर श्रीगणेशजी का दर्शन करने का सोचा है।

वहाँ जाने के पूर्व कुछ दिन आपके पूज्य भाई साहब के साथ अर्थात् बालकोजी भावे के चरणों में बिताने का विचार है। आपसे प्रतारणा करना असंभव है। इसीलिए यह पत्र लिख रहा हूँ।

आपने इस आपातकाल को अनुशासन पर्व कहा है। यह मिथ्या है, झज है। चिरंजीव बापू साठे के सम्मुख कैसे ये उद्‌गार आपके मुख से निकल पड़े? बापू साठे मुझे अपने पुत्रवत् प्रिय हैं। परंतु उसने गलत मार्ग अपनाया है। वह पथभ्रष्ट हो गया है। मुझे इसका दुःख है।

संघ-कार्य का स्वरूप

(श्री 'बालासाहब' देवरस के इंदिराजी को लिखा गया पत्र)

दि. 22 अगस्त, 1975

15 अगस्त, 1975 को दिल्ली के लाल किले से राष्ट्र को संबोधित करते हुए जो भाषण आपने दिया, उसे मैंने आकाशवाणी से यहाँ कारागृह में गौर से सुना। 4 जुलाई, 1975 को केंद्र सरकार ने एक विशेष आदेश निकालकर राष्ट्रीय स्वयंसेवक संघ पर प्रतिबंध लगाया। प्रतिबंध के संबंध में अखबारों में से जो जानकारी मिली है, उससे ऐसा मालूम होता है कि संघ के, उसके स्वयंसेवकों के एवं उसके जिम्मेदार कार्यकर्ताओं के कारनामे देश की अंतर्गत सुरक्षिता, सार्वजनिक शांतता एवं व्यवस्था में बाधास्वरूप हैं। ऐसे कारणों को देकर संघ पर प्रतिबंध लगाया गया है।

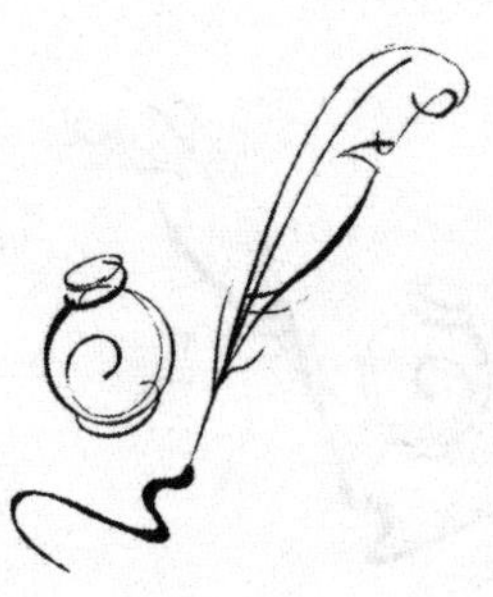

संघ पर प्रतिबंध लगाने का निश्चित कौन-सा कारण है, इसका ठीक से आकलन प्रतिबंध के आदेश से नहीं होता। देश की आंतरिक सुरक्षा, सार्वजनिक शांतता एवं व्यवस्था को खतरा पहुँचे, ऐसा कोई भी काम कभी भी रा.स्व. संघ ने नहीं किया है।

अखिल हिंदू समाज को एकरस, स्वत्वपूर्ण एवं संगठित करना संघ का

हेतु है। समाज में अनुशासन का निर्माण हो, ऐसा भी संघ का प्रयत्न है। उसी के अनुरूप वैचारिक मार्गदर्शन संघ में किया जाता है। साथ ही, उसी के लिए उपयुक्त ऐसी कार्यपद्धति का अवलंब किया गया है। अतः सार्वजनिक शांतता, व्यवस्था व अंतर्गत सुरक्षा को बाधा पहुँचाने जैसी कोई बात संघ में नहीं है।

संघ पर कुछ लोग कभी-कभी आरोप करते हैं, उन सभी आरोपों का खंडन करना इस पत्र में संभव नहीं है। फिर भी यह स्पष्ट करना तो आवश्यक है कि संघ ने कभी हिंसाचार (Violence) किया नहीं।

न ही वैसी सीख संघ ने कभी किसी को दी है। संघ ऐसी बातों में विश्वास नहीं करता। संघ के स्वयंसेवकों ने तोड़-फोड़ एवं हिंसा, अत्याचारपूर्ण काम किए, ऐसा पिछले पचास वर्षों में एक भी उदाहरण देखने को नहीं मिला। देश में दंगे, फसाद की अनेक घटनाएँ हुईं। किंतु उनमें संघ के स्वयंसेवकों का हाथ था, ऐसा किसी न्यायालय के निर्णय से अथवा सरकार द्वारा नियुक्त किसी आयोग की रिपोर्ट से प्रतीत नहीं होता...

राष्ट्रीय स्वयंसेवक संघ पर साम्प्रदायिकता का आरोप करने वाले भी कुछ लोग हैं। पर उनका यह आरोप भी निराधार है। यद्यपि संघ का कार्यक्षेत्र संप्रति केवल हिंदू समाज तक ही सीमित है, फिर भी किसी भी अहिंदू के खिलाफ कुछ भी संघ में सिखाया नहीं जाता।

संघ में मुसलमानों से द्वेष करना सिखाया जाता है, यह कहना सर्वथा असत्य है। इसलाम धर्म, मुहम्मद पैगंबर, कुरान तथा ईसाई धर्म, ईसा मसीह, बाइबिल, इनके संबंध में संघ में अनुचित शब्द का भी प्रयोग नहीं होता। इतना ही नहीं बल्कि 'सर्व धर्म समभाव' यानी 'एकंसद् विप्राः बहुधा वदन्ति'—यह जो हिंदुओं की विशेषता है, उसी को संघ सर्वोपरि मानता है। सब को अपनी उपासना-पद्धति की स्वतंत्रता रहे, ऐसी ही संघ की धारणा है। मुसलमान, ईसाई, पारसी आदि अन्यान्य धर्मी लोगों से संघ के अनेक स्वयंसेवकों के अच्छे आत्मीयतापूर्ण संबंध हैं।

हिंदू समाज एवं अहिंदू समाज की सामाजिक समस्याएँ भिन्न हैं। अतः राष्ट्रीय स्वयंसेवक संघ ने अपना कार्य हिंदू समाज तक ही मर्यादित रखा है। हिंदुओं में जातिभेद, पंथभेद, भाषाभेद और अन्य कारणों से जो उच्च-नीचता, परस्पर विरोध एवं अलगाव की भावना पैदा हो गई है, उसका निर्मूलन कर सारे हिंदू समाज को एकात्म संगठित करने का संघ का प्रयत्न है, इस कार्य की आत्यंतिक आवश्यकता आपको भी मंजूर होगी। सांप्रदायिक वा जातीय समझा जाने जैसा संघ का स्वरूप नहीं है, यह इससे विदित हो सकता है।

हिंदू समाज के प्रत्येक व्यक्ति को उत्तम नागरिक, देशभक्त एवं सच्चरित्र बनाने का कार्य राष्ट्रीय स्वयंसेवक संघ निस्स्वार्थ भाव से कर रहा है। अपने ही शासन में उस पर प्रतिबंध लगे, यह तो मात्र दैवदुर्विलास है।...

राष्ट्रीय स्वयंसेवक संघ का कार्य समूचे भारत में सब दूर फैला हुआ है। उनमें समाज के सभी वर्गों, स्तर के लोग हैं। अनेक त्यागी कार्यकर्ता संघ में हैं। संघ का सारा कार्य निस्स्वार्थ भावना पर आधारित है। संघ की ऐसी शक्ति का योजनापूर्वक उपयोग देश के उत्थान के लिए होना जरूरी है।

संघ के संबंध में पूर्वग्रह छोड़कर आप विचार करें, ऐसी प्रार्थना है। प्रजातंत्रीय देश में संगठन स्वातंत्र्य का जो मूलभूत अधिकार होता है, उसको ध्यान में लेकर राष्ट्रीय स्वयंसेवक संघ पर जो प्रतिबंध है, उसे हटाएँ, ऐसा मेरा आपसे निवेदन है।

पेजावर मठाधीश उडुपी श्री विश्वेशतीर्थ स्वामी का श्रीमती गांधी के नाम पत्र

संन्यासी से भिक्षा माँगी

कृतानन्तं नारायण-स्मरण।

मैं एक धर्ममठ का प्रमुख हूँ। एक संन्यासी हूँ। पूर्णतः ईश्वरभक्ति में तथा मानव-सेवा में लगा रहता हूँ। किसी की प्रसन्नता-अप्रसन्नता से या राजी-नाराजी से विचलित होने का मुझे कोई कारण नहीं है।

जिस दिन से आप देश के सर्वोच्च पद पर आरूढ़ हुईं, उस दिन से मैं अपने हृदय से आपके संबंध में सर्वाधिक प्रेम और आदर भाव संजोता आया हूँ। मैं आपकी ओर बहुत ही विश्वास और अपेक्षा से देखता था।

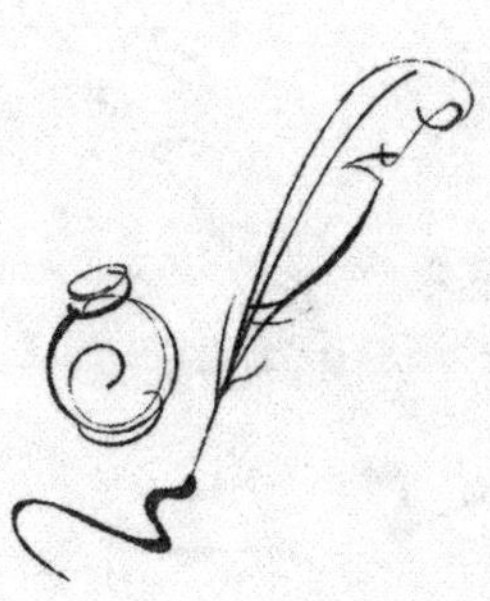

परंतु आपने मेरी आशाओं पर एक अनोक्षित क्रूर आघात कर दिया है। आपने अगणित नेताओं को कारागार में डाल दिया है और समाचार-पत्रों के स्वातंत्र्य का गला घोंट दिया है। पुलिस और सेना को भड़काना निःसंशय निषिद्ध है। परंतु किसी एक की कृति के कारण पूरी जनता का और समाचार-पत्रों का स्वातंत्र्य छीन लेना तो ठीक नहीं है।

इसका समर्थन कैसे किया जा सकता है? जनतंत्र के सुचारू रूप से चलने के लिए विरोधियों पर कुछ मात्रा में अंकुश रखना चाहिए, यह तो हमें मान्य है। परंतु आपकी वर्तमान कृतियाँ जनतंत्र को जड़मूल से उखाड़ने वाली हैं।

आज के समाचार-पत्र केवल शासन-पुरस्कृत समाचार प्रकाशित करने के

लिए बाध्य किए गए हैं। जनता की सच्ची भावनाओं को वे प्रकाशित नहीं कर सकते। क्या इसे जनतंत्र कहा जा सकता है? फिर जनतंत्र और तानाशाही में क्या अंतर है? जनतंत्र में कभी-कभी कोई अवांछनीय घटना हो जाती है। परंतु केवल उस कारण से पूरा जनतंत्र ही समाप्त करना तो योग्य नहीं होगा। सन् 1957 ईसवी की बात है। तब आप कांग्रेस की अध्यक्ष थीं और केरल में कम्युनिस्टों का मंत्रिमंडल था। उसे उखाड़ फेंकने के लिए आपने क्रांतिप्रवण जनता का नेतृत्व किया था और आपको उसमें सफलता प्राप्त हुई थी। उस समय आपने जो पद्धति अपनाई, वही आज विरोधी पक्ष अपना रहे हैं। ऐसी स्थिति में उन पर जनतंत्र-विरोधी बन जाने का आरोप लगाना क्या विचित्र नहीं है?

शासकीय पक्ष और विरोधी पक्ष, दोनों के लिए एक समान आचरण-विधान बनाना आवश्यक है। दोनों ओर के नेताओं को एक स्थान पर बैठकर चुनाव विषयक बरताव की नियमावली बनानी चाहिए। व्यक्तिगत स्वतंत्रता तथा जनतंत्र, दोनों जिससे सुरक्षित रहें, ऐसी वह नियमावली हो। मेरा यह सुझाव यदि मान्य हो तो मैं नम्रतापूर्वक कहना चाहूँगा कि अपनी सब शक्ति लगाकर मैं मध्यस्थता करने के लिए उद्यत हूँ।

विश्वेश तीर्थ स्वामी

(5)

नागपुर

श्री माधव राव मूले का एक पत्र

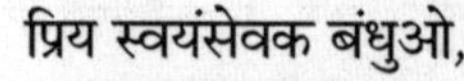

4 जुलाई, 1976

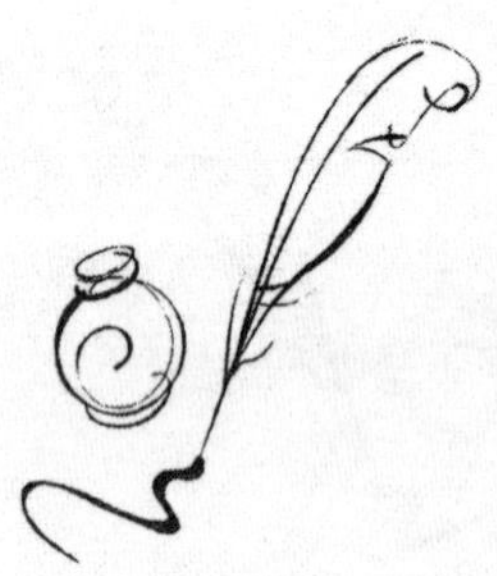

प्रिय स्वयंसेवक बंधुओ,

आज से ठीक एक वर्ष पूर्व संघ पर प्रतिबंध लगाया गया था। आपातस्थिति की घोषणा के साथ एक सप्ताह पूर्व जो राष्ट्रविरोधी तथा अन्यायी कार्य प्रारंभ हो गए थे, यह आक्रमण उसकी पराकाष्ठा था।

यह स्पष्ट है कि संघ जैसे निर्भीक देशभक्त तथा स्वतंत्रता प्रेमी संगठन को दबाए बिना एक भ्रष्टाचारी अधिनायिका जनता पर अपने पूर्ण नियंत्रण की आशा नहीं कर सकती थी।

गत एक वर्ष की घटनाओं ने यह प्रमाणित कर दिया है कि तानाशाह का यह

भय कि संपूर्ण सत्ता हथियाने के मार्ग में रा.स्व. संघ सबसे बड़ी बाधा बनेगा, सत्य सिद्ध हुआ है।

हमारे संगठन को दबाया नहीं जा सका, इतना ही नहीं, परंतु जैसा कि उसने स्वयं स्वीकार किया है, प्रतिबंध के पश्चात् संघ कार्य का प्रभाव दूर-दूर तक और भी व्यापक हुआ है।

संघ आज अपनी रक्षा के लिए ही केवल संघर्षरत नहीं है। वास्तविक तथ्य यह है कि यह कार्य हमारे राष्ट्र के सभी प्रिय जीवन-मूल्यों का रक्षक बना हुआ है। राष्ट्र को आशा तथा विश्वास के भाजन बनने के लिए हमें उसका आवश्यक मूल्य चुकाना पड़ा है। हमारे हजारों स्वयंसेवक बंधुओं को शारीरिक उत्पीड़न से लेकर लंबी जेलयात्रा जैसी विभिन्न प्रकार की परीक्षाएँ एवं भीषण दुख, कष्टों का सामना करना पड़ा है।

हमें यह ज्ञात होने के कारण कि जब राष्ट्र अपने जीवन-मूल्यों के लिए संघर्ष करते हैं, केवल तभी वे जीवित रहते हैं और जब पाशविक अत्याचार के आगे समर्पण कर देते हैं, तभी राष्ट्र की मृत्यु होती है। हमने जनमानस में प्रतिरोध की ज्वाला प्रज्वलित करने के लिए अपनी पूरी ताकत लगा दी।

समाज पर तानाशाही शासन थोप दिए जाने के प्रथम दिन से ही किसी-न-किसी रूप में देशव्यापी प्रतिरोध को वृद्धिंगत करने का प्रयत्न किया जाता रहा और उसकी पराकाष्ठा उस ऐतिहासिक सत्याग्रह के रूप में हुई, जो 14 नवंबर, 1975 से प्रारंभ हुआ था। उस सत्याग्रह से जनजीवन में निर्भीकता प्रतिरोध तथा जीवन-मूल्यों के प्रति जागरूकता की लहर उत्पन्न हुई है। सभी राष्ट्रीय शक्तियों के एकीकरण की प्रक्रिया प्रारंभ हो गई है।

समाज के चिंतनशील वर्ग को सक्रिय किया जा सका है। आचार्य सम्मेलन जिसका प्रतीक है। विश्व चेतना को जाग्रत् किया गया है, जिससे इस संघर्ष को नैतिक श्रेष्ठता की प्रतिष्ठा प्राप्त हुई। दूसरी ओर तानाशाह द्वारा पाशविक दमन का आश्रय देकर दिए गए उपायों से उसका नैतिक तथा सैद्धांतिक खोखलापन उभरकर सामने आया है।

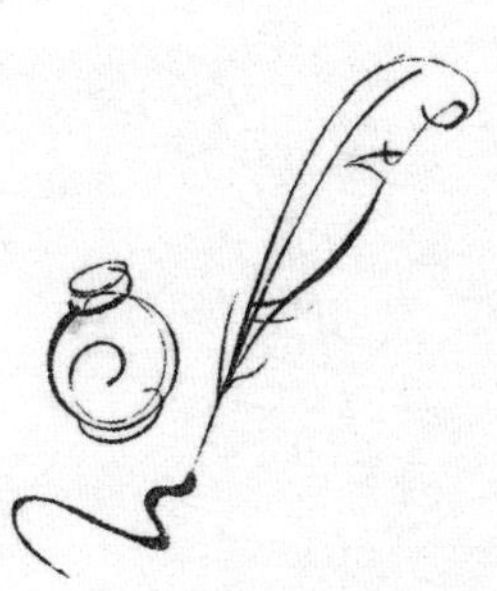

हमारे राष्ट्र ने यथार्थ में यह सिद्ध कर दिया है कि वह अत्यंत जागरूक है और किसी भी पाश्विक शक्ति से उसे दबाया नहीं जा सकता।

यह सबकुछ होने के बाद भी जैसा कि आपको भलीभांति ज्ञान है, संघर्ष का केवल अभी प्रारंभ ही हुआ है। आगामी समय में हमें एक लंबे और कठिन संघर्ष का सामना करना है। संघर्ष के प्रारंभिक दौर से हम विजयी होकर निकले हैं, इससे भविष्य का सामना करने का हमारा हौसला दुगना हो गया है।

प्रदीपी काल से जो लक्ष्य हमारे जीवन का श्वास बना हुआ है, आज उस ध्येय की प्राप्ति के लिए हम पुनः अपने को समर्पित करें।

हम विषय से पूर्णतया सचेत हैं कि संघर्ष से जो हमें प्रेरणादायी संस्कार मिले हैं, उनकी यह परीक्षा की घड़ी है। हमें यह भी ज्ञान है कि समाज की आशा भरी नजर हम पर लगी हुई है।

मानो राष्ट्र का भविष्य हमारी ओर ऐसी आशा भरी दृष्टि से देख रहा है कि हम ही वह व्यक्ति हैं, जिन पर भगवान् ने उसको बनाने की जिम्मेवारी डाली है। साठ करोड़ मनुष्यों का हमारा यह राष्ट्र एक स्वतंत्र एवं आत्मसम्मानपूर्ण राष्ट्र के समान जीवित रहेगा अथवा गुलामों और पशुओं के समान अस्तित्व बनाए रखेगा। आज इस बात का निर्णय होने जा रहा है और सौभाग्य से सर्वशक्तिमान परमेश्वर ने इस महत्त्वपूर्ण भूमिका के लिए हम संघ के स्वयंसेवकों को चुना है।

हमारे उद्‌देश्य की अंतिम विजय के प्रति हमारा विश्वास इस मातृभूमि की प्रेरणादायक परंपराओं से और भी सुदृढ़ होता है।

समय-समय पर जब भी दुष्ट दानवी शक्तियों ने अपने अन्यायी तथा अत्याचारी शासन का प्रभुत्व यहाँ जमाया है, राष्ट्र की सभी सात्त्विक शक्तियों ने अपने को सुदृढ़ कर उन्हें परास्त किया है। इस पवित्र भूमि पर सत्य, न्याय तथा मानवीय गुणों की सदा ही विजय हुई है।

कष्ट और बलिदानों की जो माँग होगी, उसके लिए तैयार रहते हुए एक बार पुनः उस राष्ट्रीय भवितव्य की पूर्ति हेतु हमें अपने को सन्नद्ध करना है। मार्ग में आनेवाली किसी भी प्रकार की बाधाओं का सामना करने तथा उसे पार करने का दुर्दम्य निश्चय लिये विजयश्री प्राप्त होने तक, अविराम, अथक हम आगे बढ़ते ही जाएँ।

मातृभूमि की सेवा में आपका

'माधव'

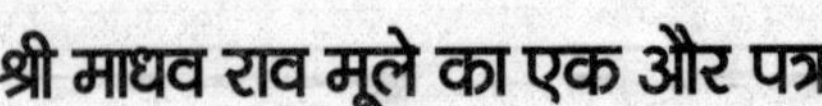

श्री माधव राव मूले का एक और पत्र

परम मित्र श्री,

सप्रेम नमस्कार।

मकर संक्रमण के तुरंत बाद ही देश की परिस्थिति में भी संक्रमण शुरू हो गया है। राजनीतिक दलों के नेता तथा कार्यकर्ता काफी संख्या में कारावास से

मुक्त हो गए हैं। परंतु संघ पर लगे अन्यायपूर्ण प्रतिबंध के संबंध में सरकार उदासीन है, और संघ के हजारों कार्यकर्ता अब भी जेलों में हैं। फिर भी हमें धैर्य के साथ इस सारी परिस्थिति में खड़ा रहना होगा।

हमारे जो बंधु जेल में हैं, उनका स्वाभिमान, ध्येयनिष्ठा तथा त्याग अलौकिक है। वे कारावास का दंड इसलिए नहीं भोग रहे कि उन्होंने कोई घृणित अपराध किया है। वे राष्ट्रभक्ति, जनतंत्र में निष्ठा तथा संघ पर लगे प्रतिबंध को हटाने की माँग के अपराधी हैं। अगर यह अपराध है तो उन्हें तथा हम सब को उस पर गर्व है।

इस महान् उद्देश्य की पूर्ति के लिए कारावास एक साधना है, जिसकी तुलना तो पौराणिक काल के प्रह्लाद की साधना से की जा रही है। यह साधना अवश्य ही हमें ध्येय सिद्धि तक ले जाएगी और हम अवश्य विजयी होंगे। अन्याय, असत्य तथा अनैतिकता के विरुद्ध संघर्ष करते हुए अनेकों कष्ट सहन करने वाले इन महात्माओं को मैं अभिवादन करता हूँ।

इन बंधुओं के कारावास में रहने के कारण आपका पारिवारिक जीवन कितना ध्वस्त हुआ है, कितने कष्ट आपको सहन करने पड़ रहे हैं, इसकी मुझे कल्पना है। किंतु जिस महान् उद्देश्य के लिए आपके घर के लोग जेल की कठोर यातना सहन कर रहे हैं, इस तपश्चर्या में आप भी उनके साथ सहभागी हैं, ऐसा ही आप मानें।

उससे आपको एक सात्त्विक समाधान का अनुभव अवश्य होगा, ऐसा मेरा विश्वास है। आपकी इस कठिन स्थिति में आपके दुख बँटाने का तथा आपकी यथाशक्ति सहायता करने का दायित्व हम सब बंधुओं पर है, जो बाहर हैं। मैं आपको आश्वासन देता हूँ, इस जिम्मेवारी को निभाने में हमारी ओर से कसर नहीं रहेगी। सर्वशक्तिमान प्रभु से प्रार्थना है कि वह जेलों में बंद बंधुओं तथा आपको इस अग्निपरीक्षा में आत्मिक बल प्रदान करे, जिससे सब का स्वाभिमान, दृढ़निश्चय तथा आत्मविश्वास बना रहे।

मेरे योग्य सेवा से सूचित करें।

—माधव मूले

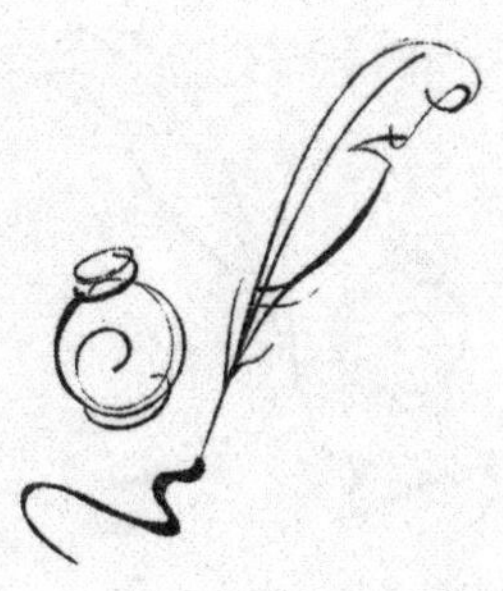

पत्रावली

एक सत्याग्रही का पत्र

बैरक नं. 4, जिला जेल, रोहतक

29-12-1975

पूज्य योग्य पिताजी,
चरण वंदना!

मैं यहाँ पर बिल्कुल ठीक-ठाक हूँ, आप की कुशलता श्री भगवानजी से नेक चाहता हूँ। आगे समाचार यह है 15 तारीख को मैं भी सत्याग्रहियों की एक टोली के साथ नारे लगाता हुआ रोहतक में गिरफ्तार कर लिया गया। 17 तारीख को कोर्ट में पेश किया गया और जेल में भेज दिया गया! इस जत्थे में कलानौर के तीन कॉलेज विद्यार्थी थे। इस के बाद अभी-अभी स्वयंसेवक कलानौर से आए हैं और शेष भी आने को हैं, ऐसी आशा है।

संख्या–इस समय जिस बैरक में मैं हूँ वहाँ पर 126 और भी सत्याग्रही हैं, जबकि यह बैरक केवल 50 आदमियों की है।

आगे जो लोग आएँगे तो शायद उन्हें अन्य जेलों में भेजा जाएगा या यहीं टैंट भी लगाए जा सकते हैं। बरामदों तक आदमी आ गए हैं। प्रायः रोज 8 या 12 आदमी इस जेल में हमारे साथ मिल जाते हैं। अर्थात् सख्या बढ़ रही है। हमारी दिनचर्या इस प्रकार से है :

प्रातः 5:15 से 5:45 तक जागरण होता है। 6 बजे प्रातः स्मरण, प्रार्थना और धार्मिक काज होते हैं। 6:45 से 7:15 तक शारीरिक व्यायाम होता है। पर लगभग 8:30 से 12:30 तक का समय विद्यार्थियों के लिए पढ़ने का होता है। इसमें केवल हमें स्नान करना होता है और शेष समय कॉलेज की तरह प्रोफेसर विद्यार्थियों की क्लासें लेते हैं। हमारी कक्षा के कुछ विद्यार्थी और कुछ प्राध्यापक भी पहुँचे हुए हैं। 12:30 बजे भोजन होता है और 3:00 तक का समय खाली होता है, इस समय पढ़ सकते हैं।

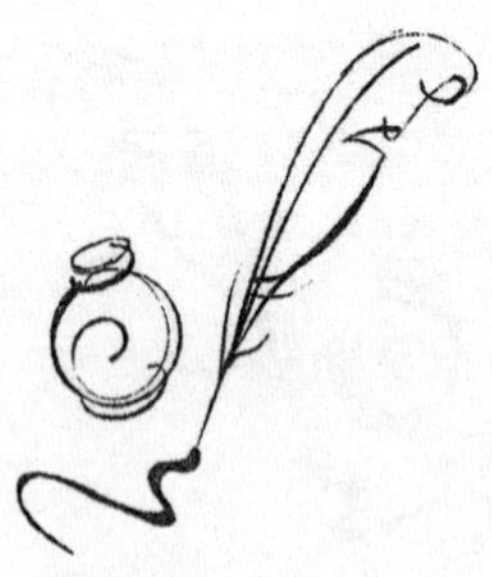

3:00 से 3:50 तक रामायण का पाठ होता है और तत्पश्चात् चाय होती है। फिर हम कुछ समय पढ़ने के बाद वॉलीबॉल खेलते हैं या पार्क में घूमते-फिरते हैं। संध्या के समय फिर प्रार्थना होती है और एक-दो भजन होते हैं। फिर रात्रि का भोजन करने के बाद विद्यार्थी पढ़ने लग जाते हैं। इस प्रकार हमारी नॉर्मल पढ़ाई जो घर पर होती है, वह यहाँ पर भी हो जाती है।

इस के अतिरिक्त सप्ताह में एक-एक दिन अंत्याक्षरी, बौद्धिक और कवि दरबार भी होता है। जिसमें बड़े-बड़े नेता, जैसे अशोक मेहता, पीलू मोदी,

सिकंदर बख्त व श्री समर गुहा भी कभी-कभी आते रहते हैं। यहाँ पर हमें किसी प्रकार की कमी नहीं है, भोजन हम सब का (सत्याग्रहियों) अलग से बनता है; इसके अतिरिक्त फल भी सब को अच्छी मात्रा में मिलते हैं। समाचार-पत्र भी पढ़ने को मिल जाता है। पुस्तकें हम ने घरों से मँगवा रखी हैं।

पिछले सप्ताह में दादी माँ व माताजी मिल गई थीं। आज मामाजी आए थे। इस के अतिरिक्त कई मित्र भी मिलने आते रहते हैं। मेरा स्वास्थ्य बिल्कुल ठीक-ठाक है। पढ़ाई भी ठीक प्रकार से चल रही है।

आजकल हमारे पत्रों पर सेंसर चलती है और पत्रों में कुछ भी अधिक नहीं लिख सकते। परंतु मैं यह पत्र किसी व्यक्ति के हाथ ही भेज रहा हूँ।

शेष सब कुशल है।

पत्र में कोई गलती हो तो क्षमा करें।

आपका सुपुत्र
कृष्ण पोपली
29.12.75

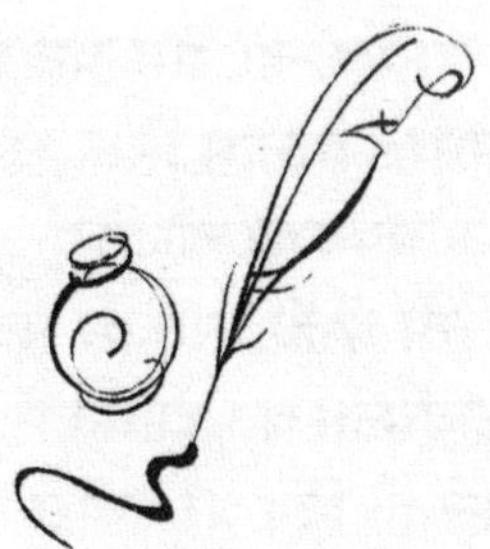

अध्याय- 10

हरियाणा में संघर्ष की गाथा

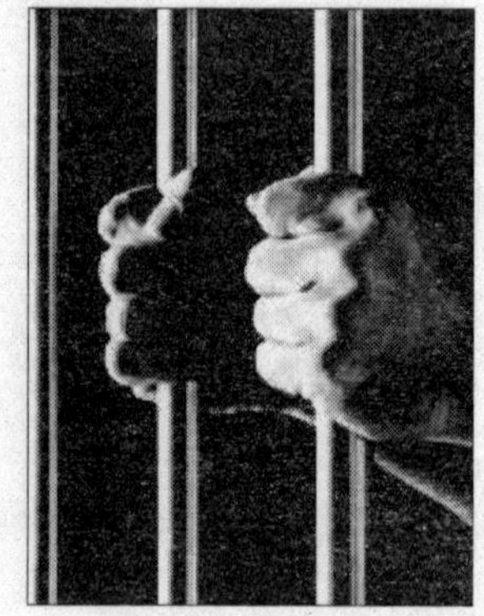

गिरफ्तार किए जाने वालों में डॉ. मंगल सेन, चौधरी देवीलाल, कमला वर्मा, रामलाल वधवा, बलवंत राय तायल, डॉ. प्रेम चंद जैन, कामरेड हरनाम सिंह, चौधरी ओमप्रकाश चौटाला आदि तो थे ही, संघ के सैंकड़ों कार्यकर्ता व पदाधिकारी भी पहले ही दिन धर दबोचे गए।

हरियाणा में आपातकाल का दुष्प्रभाव भी तीव्र था और प्रतिक्रिया भी उतनी ही तीव्र थी। पहले मुख्यमंत्री के रूप में व बाद में केंद्रीय मंत्री के रूप में श्री बंसी लाल ने हरियाणा में दमन-चक्र को जिस बर्बरता से चलाया, शायद देश के क्षेत्रीय इतिहास में उसकी मिसाल नहीं मिलती।

वैसे आपातकाल की बर्बरता से उत्तर प्रदेश, राजस्थान, बिहार व मध्य प्रदेश भी पीड़ित थे, लेकिन हरियाणा दिल्ली से लगभग तीन ओर से सटा होने के कारण 'दमन' का मुख्य केंद्र बन गया।

प्रदेश में यद्यपि सभी गैर-कांग्रेसी दलों ने इस दमन-चक्र का डटकर विरोध किया, लेकिन राष्ट्रीय स्वयंसेवक संघ ने जिला स्तर से लेकर खंड स्तर पर इसका प्रतिरोध किया। शांतिपूर्ण ढंग से जन-जागरण आंदोलन भी चलाया गया और साथ ही साथ अहिंसक ढंग से गिरफ्तारियाँ भी दी गईं। केंद्र की सरकार भी सर्वाधिक आतंकित संघ से ही थी, क्योंकि संघ के समर्पित स्वयंसेवक न केवल सुसंगठित थे, बल्कि अपने नेतृत्व के एक-एक संकेत को अपने लिए आदेश मानते थे।

आपातकाल लागू होने के पहले दिन ही गिरफ्तार किए जाने वालों में डॉ. मंगल सेन, चौधरी देवीलाल, कमला वर्मा, रामलाल वधवा, बलवंत राय तायल, डॉ. प्रेम चंद जैन, कामरेड हरनाम सिंह, चौधरी ओमप्रकाश चौटाला आदि तो थे ही, संघ के सैंकड़ों कार्यकर्ता व पदाधिकारी भी पहले ही दिन धर दबोचे गए।

हरियाणा में उन दिनों माधव राव मूले, संघ के संगठन को व्यापक स्वरूप देने का कार्यभार संभाले हुए थे।

हरियाणा में कई कारणों से आपातकाल के विरुद्ध संघर्ष सर्वाधिक तीव्रता के साथ चला। उसका एक कारण यह भी था कि अधिकांश प्रमुख राष्ट्रीय नेता, जिनमें जे.पी., चंद्रशेखर, आडवाणीजी व वाजपेयी भी शामिल थे, हरियाणा में ही नजरबंद रखे गए। दूसरा कारण यह भी था कि यह प्रांत संस्कारवश आततायी सत्ता केंद्रों के विरुद्ध जूझता रहा है।

जुलाई में विभिन्न स्थानों पर हुआ सांकेतिक सत्याग्रह इस संघर्ष के मूर्त प्रकाशन का प्रथम चरण था। इसके उपरांत विधिवत सत्याग्रह का आरंभ 14 नवंबर, 1975 से हुआ तथा यह फरवरी 76 तक चलता रहा। इसमें सैकड़ों लोगों ने भाग लेकर बड़े साहस, निर्भयता तथा उत्साह के साथ गिरफ्तारियाँ दीं।

आपातकाल की घोषणा : संघर्ष की पीठिका

उन दिनों वैश्य कॉलेज के प्रांगण में संघ का उत्तर भारत के स्वयंसेवकों का शिक्षा वर्ग चल रहा था। 26 जून की सुबह का प्रकाश पूरी तरह फैला भी नहीं था कि टेलीफोन की घंटी बज उठी। इतनी सुबह किसका फोन हो सकता है, सोचते हुए विश्वनाथ (दिल्ली संभाग प्रचारक) रिसीवर की तरफ बढ़ने लगे तो एकदम एक बात मन में उठी जरूर, कोई विशेष सूचना है वरना इतनी जल्दी वहाँ कौन फोन करेगा और क्यों? रिसीवर कान से लगाते ही बड़ी अजीब बात सुनने को मिली। दूसरी तरफ से बताया जा रहा था कि 'रात को दिल्ली के राष्ट्रीय स्वयंसेवक संघ के सभी प्रमुख कार्यकर्ता पकड़ लिए गए। विरोधी राजनीतिक दलों के नेता भी पकड़े गए थे।'

देश में आपातकाल की घोषणा कर दी गई है, अतः आप सभी लोग सावधान रहिए। इतनी बात कहते ही बताने वाले ने फोन रख दिया। बातें इतनी आकस्मिक और संक्षिप्त रूप में हुई थीं कि उन्हें मन में स्वीकार करने के लिए भी कुछ क्षणों का समय चाहिए था। सूचना की सत्यता पर अविश्वास करने का कोई कारण नहीं था। लेकिन विस्तार से कुछ भी पता नहीं चल सका था और इस समाचार के परिणामों पर विचार करते हुए श्री विश्वनाथ वैश्य कॉलेज का आंगन पार करते हुए संघ के वरिष्ठ नेता श्री माधवराव मूले तथा श्री प्रेमचंद गोयल के पास पहुँचे।

ये लोग वैश्य कॉलेज के प्रांगण में चल रहे संघ शिक्षा वर्ग के कारण उस समय वहीं उपस्थित थे। उन्हें फोन पर हुई बातचीत बतलाई।

इस प्रकार का दूसरा कोई समाचार अखबार या रेडियो किसी से भी उस समय तक प्रकाशित या प्रसारित नहीं हुआ था। वर्ग में सब लोग बाहर की दुनिया

हरियाणा में कई कारणों से आपातकाल के विरुद्ध संघर्ष सर्वाधिक तीव्रता के साथ चला। उसका एक कारण यह भी था कि अधिकांश प्रमुख राष्ट्रीय नेता, जिनमें जे.पी., चंद्रशेखर, आडवाणीजी व वाजपेयी भी शामिल थे, हरियाणा में ही नजरबंद रखे गए। दूसरा कारण यह भी था कि यह प्रांत संस्कारवश आततायी सत्ता केंद्रों के विरुद्ध जूझता रहा है।

की गतिविधियों से पूर्णतः अपरिचित थे। पिछली रात शहर में कहाँ क्या कुछ घटित हो चुका था, इसका कोई ज्ञान उन लोगों को नहीं था।

विषय की गंभीरता को देखते हुए श्री प्रेमचंद गोयल ने तुरंत संदेशवाहक को भेजकर नगर के कुछ प्रमुख लोगों डॉ. मंगलसेन, श्री कुकुमचंद्र गोयल तथा श्री श्याम खोसला आदि को बुला भेजा। इन लोगों के साथ बैठकर बातचीत द्वारा इस सारी स्थिति पर विचार करने की योजना बनाई गई। किंतु अकेले श्री श्याम खोसला ही वहाँ पहुँच सके। बाकी लोग रात को ही पुलिस द्वारा पकड़ लिए गए थे।

यों तो दिल्ली से आने वाले टेलीफोन पर भी पूरी तरह से विश्वास कर लिया गया था, किंतु अपने शहर में एकदम अपनी नाक के नीचे ही यह सबकुछ हो जाने के बाद स्थिति कुछ अधिक ही विकराल और गंभीर दिखने लगी थी। तानाशाही शासक के हाथों देखते-ही-देखते लोकतंत्र का गला घोंट दिया गया था। निकट भविष्य कितना अंधकारपूर्ण होगा, इसका अनुमान लगाया जाने लगा। गिरफ्तारियों का सिलसिला सिर्फ केंद्र दिल्ली में ही नहीं है, देशव्यापी है, यह पता लगने पर श्री माधव राव के मुँह से अचानक ही निकल गया–''बहुत अच्छा हुआ। तानाशाही शक्तियाँ अपना अंत इसी तरह बुलाया करती हैं। भले ही देश के लिए यह बहुत दुर्भाग्यपूर्ण हो।''

दिन के फैलते हुए प्रकाश के साथ-साथ रोहतक के आसपास के स्थानों पर हुई दूसरी गिरफ्तारियों की सूचनाएँ भी मिलनी शुरू हो गईं। कुछ ही देर में बहादुरगढ़ से श्री मनोहर लालजी को पकड़ लिए जाने का समाचार भी पहुँच गया।

दिन के फैलते हुए प्रकाश के साथ-साथ रोहतक के आसपास के स्थानों पर हुई दूसरी गिरफ्तारियों की सूचनाएँ भी मिलनी शुरू हो गईं। कुछ ही देर में बहादुरगढ़ से श्री मनोहर लालजी को पकड़ लिए जाने का समाचार भी पहुँच गया।

सारी स्थिति का जायजा लेने के लिए दिल्ली में नवभारत टाइम्स के विशेष संवाददाता श्री. एन.के. त्रिखा को श्री श्याम खोसला ने फोन किया। किंतु आपातकाल की घोषणा होते ही पूरे देश में दहशत, आतंक और भय इतना फैला गया था कि इसी प्रसंग से सर्वप्रथम स्पष्ट हुआ। श्री त्रिखा ने कुछ भी बताने से यह कहकर कि ''मैं अभी सो कर उठा हूँ, मुझे कुछ भी पता नहीं।'' साफ मना कर दिया।

घिर आए देशव्यापी संकट को मन-ही-मन सभी ने पहचान लिया था। फिर भी किसी दूसरी सूचना के मिलने से पहले ही वर्ग को छिन्न-भिन्न कर देना अधिकारियों ने उचित नहीं समझा। वर्ग में कहीं कुछ भी आपत्तिजनक या गलत नहीं हो रहा था।

इसलिए भी सरकार का संघ के प्रति नजरिया देखे बिना ही पलायन

करना कोई बुद्धिमानी नहीं थी। अतः उस दिन वर्ग ज्यों-का-त्यों चलता रहा। अधिकारियों को यही उचित लगा। श्री माधवराव मूले ने फैजाबाद (उत्तर प्रदेश) में भी चल रहे संघ शिक्षा वर्ग में जाकर श्री देवरस से विचार विनिमय करने की सोची। भविष्य में संघ की क्या भूमिका रहने वाली थी। इस पर विचार किए जाने की आवश्यकता अनुभव की।

उस दिन उन्होंने कुछ विद्यार्थियों की बैठक लेनी थी। उन लोगों को मिलने के बाद उन्होंने फैजाबाद जाने का अपना प्रोग्राम बना लिया। तभी सुबह 7:55 पर श्रीमती इंदिरा गांधी ने राष्ट्र के नाम अपने संदेश में आपातकाल की घोषणा कर दी। इसके बाद 8:20 पर आकाशवाणी से समाचारों में यह खबर आ गई। किंतु रा.स्व. संघ पर प्रतिबंध लगाने की बात दोनों प्रसारणों में ही नहीं कही गई थी। मगर रा.स्व. संघ के कार्यकर्ताओं के मन में यह साफ हो गया था कि जो व्यक्ति अपनी कुरसी बचाने के लिए आपातकाल की घोषणा कर सकता है, वह संघ जैसी अनुशासित और संगठित संस्था को कदापि सहन नहीं कर सकेगा।

आपातकाल की घोषणा जनसाधारण के लिए एक आकस्मिक प्रहार थी। भले ही राजनीति के क्षेत्र में गहरी सूझबूझ रखनेवालों ने किसी अनहोनी का पूर्वाभास पाया हो, किंतु जनसाधारण के लिए रातोरात एक लोकतंत्री व्यवस्था का गला घोंटकर तानाशाही लागू कर देने का समाचार एक गहरे वज्रपात जैसा ही था।

दस वर्षों के चले आ रहे श्रीमती गांधी के नेतृत्व के प्रति अविश्वास और आंदोलन तो देश के विभिन्न भागों में मुखर हो ही रहा था, उस पर जयप्रकाश के नेतृत्व में 'संपूर्ण क्रांति' की जोर पकड़ रही हवा उसकी व्यक्तिगत रूप से अपने ही विरुद्ध रचा जाने वाला षड्यंत्र सा लगा करता था। सोने पर सुहागे का काम न्यायमूर्ति श्री जगमोहन सिन्हा द्वारा श्रीमती गांधी के चुनाव को अवैध घोषित कर दिए जाने के कारण हो गया।

अपनी गलतियों और कमियों को खुले दिल से स्वीकार कर एक तरफ हट जाने का यह साहस श्रीमती इंदिरा गांधी में नहीं था, जो एक महान् चरित्र के नेता का अनिवार्य गुण होता है। श्रीमती गांधी की इसी दुर्बलता का परिणाम भारत के इतिहास में जुड़ा, वह कालिमापूर्ण अध्याय है, जो पूरे 21 मास लंबा था। श्रीमती इंदिरा गांधी में जहाँ एक ओर नैतिक साहस का अभाव था, वहीं सत्ता के साथ अतिरिक्त मोह तथा यह भ्रांति भी थी कि भारत के उज्ज्वल भविष्य के लिए हर तरह की प्रगति और उन्नति के लिए देश की नेता के रूप में उन्हीं का प्रधानमंत्री बने रहना अपरिहार्य था।

मगर रा.स्व. संघ के कार्यकर्ताओं के मन में यह साफ हो गया था कि जो व्यक्ति अपनी कुरसी बचाने के लिए आपातकाल की घोषणा कर सकता है, वह संघ जैसी अनुशासित और संगठित संस्था को कदापि सहन नहीं कर सकेगा।

भारत के दूसरे प्रांतों में जो दमनचक्र 25 जून, 1975 के बाद चला, उसे हरियाणावासी पिछले 9 वर्षों से श्री बंसीलाल की छत्रच्छाया में भोग रहे थे। शासन व्यवस्था की निरंकुशता हरियाणा में इतनी व्यापक थी कि जनसाधारण के लिए रिवासा-कांड जैसी घटनाओं का अनुभव उन्हें आपातकाल से पहले ही आतंकित कर चुका था।

जनसाधारण से अलग राजनीतिक क्षेत्र के अनुभवी दिग्गज तक इस जंगल राज से प्रभावित हुए बिना नहीं रहे थे। श्रीमती चंद्रावती रिवासा कांड के विरोध में आवाज उठाने के कारण मंत्रिमंडल से निकाल दी गई थीं। शासन की आलोचना करने वालों को इस राज्य में बिल्कुल बरदाश्त नहीं किया जाता था।

अधिनायकवाद का सीधा प्रभाव जहाँ जनसाधारण पर पड़ता है, वहाँ ब्यूरोक्रेसी भी सामान्य स्थिति की अपेक्षा अधिक अधिकार प्राप्त कर लेती है तथा अपने अधिकारों का प्रयोग शासकों के इशारों पर नाचने में करने लगती है। अफसरशाही का देश के प्रति यही उत्तरदायित्वहीन तथा स्वार्थी चलन अंग्रेजी की कहावत 'टायरनी ऑफ ए कांस्टेबल एंड पेटी ऑफिशियल' को हरियाणा में पूरी तरह चरितार्थ कर रहा था।

अतः संपूर्ण देश में आपातकाल लागू हो जाने के बाद हरियाणा में जो कि पहले से ही प्रताड़ित और आतंकित राज्य था, जोर-जुल्म की आंधी कुछ अधिक ही वेग के साथ आई, उस समय सत्ताधारी दल कांग्रेस के अतिरिक्त जनसंघ एवं भारतीय लोकदल तथा एकाध कोई दूसरी पार्टी के लोग प्रांत में थे। किंतु पहले ही दिन से बड़े-बड़े नेताओं की गिरफ्तारियाँ शुरू हो गई थीं।

प्रांत में राजनीतिक और सामाजिक दृष्टि से महत्त्वपूर्ण चौधरी देवीलाल, डॉ. मंगलसेन, श्रीमती कमला वर्मा, बलवंतराय तायल, श्री रामलाल वधवा, हर-द्वारी लाल, डॉ. प्रेमचंद जैन आदि व्यक्तियों को पकड़ लिया गया था। राजनीतिज्ञों से भी अधिक गिरफ्तार किए जाने वालों में रा.स्व. संघ के स्वयंसेवकों की संख्या थी।

पूरे प्रांत में राजनीतिक और सामाजिक दृष्टि से महत्त्वपूर्ण चौधरी देवीलाल, डॉ. मंगलसेन, श्रीमती कमला वर्मा, बलवंतराय तायल, श्री रामलाल वधवा, हरद्वारी लाल, डॉ. प्रेमचंद जैन आदि व्यक्तियों को पकड़ लिया गया था। राजनीतिज्ञों से भी अधिक गिरफ्तार किए जाने वालों में रा.स्व. संघ के स्वयंसेवकों की संख्या थी।

रा.स्व. संघ कोई राजनीतिक संगठन नहीं है, जिसके सत्ता हथिया लेने का भय तत्कालीन शासक वर्ग को होता, फिर भी प्रधानमंत्री के क्षोभ का सबसे अधिक यही संगठन शिकार रहा। आपातकाल की घोषणा से पूर्व ही संघ विरोधी अनेकानेक बातें प्रधानमंत्री अपने हर भाषण में कहती रहीं।

अपना चुनाव अवैध घोषित हो जाने के उपरांत उन्होंने जब लोगों को संबोधित किया, तब भी संघ को उन्होंने इस तरह कोसा जैसे जो कुछ घटित

हुआ है, उसमें संघ का ही हाथ थे। श्रीमती गांधी की संघ के प्रति जो गहरी विद्वेष भावना तथा चिढ़ थी, उसका कारण संभवतः संघ की शक्ति का, उसके स्वयंसेवकों के व्यक्तित्वों की गहराई का एहसास ही था।

आपातकाल की घोषणा के साथ ही राजनीतिक दृष्टि से महत्त्वपूर्ण हर विरोधी नेता को पकड़कर जेलों में ठूस देने का जो अभियान चला, उसके परिणामस्वरूप हरियाणा में कांग्रेस के अलावा हर दूसरी राजनीतिक पार्टी की शक्ति क्षीण हो गई, नेताओं की गिरफ्तारियों के बाद पीछे पार्टी के पास कोई शक्ति शेष नहीं रही और सूत्र निकल गई माला की भाँति हर मोती इधर-उधर छितरा तथा बिखर गया।

अपनी पूर्व निर्धारित योजना के अनुसार हरियाणा के राजनीतिक क्षेत्र में श्री बंसीलाल की निरंकुशता के अतिरिक्त कहीं कुछ भी उल्लेखनीय नहीं बचा। यहाँ तक कि श्री बंसीलाल के बाद बनने वाली कांग्रेस सरकार के मुख्यमंत्री बनारसीदास गुप्ता भी अपने निर्णयों तथा गतिविधियों में बंसीलाल की ही इच्छा-अनिच्छा पर निर्भर रहने को विवश थे।

श्री बंसीलाल श्रीमती गांधी के दाएँ हाथ तथा प्रमुख सलाहकार थे। 'मारुति' की स्थापना के लिए जमीन जुटाने का काम इन्हीं की कृपा द्वारा सैकड़ों लोगों को बेघर, बेरोजगार करके संपन्न हुआ था। संजय के मस्तिष्क की योजनाएँ हरियाणा की भूमि पर ही अपना व्यावहारिक रूप ग्रहण किया करती थीं। हरियाणा की धरती से विरोधी राजनीतिज्ञों की कभी कोई आवाज नहीं उठ सकती, इसके प्रति स्वयं बंसीलाल तो आश्वस्त थे ही, श्रीमती गांधी तथा उनके पुत्र को भी इस विषय में उन्होंने विश्वास दिला रखा था।

रा.स्व. संघ जैसी देशभक्त संस्था, जो उस समय तक देश की राजनीति से अपने को दूर रखकर राष्ट्रीय चरित्र निर्माण के अपने लक्ष्य तक ही सीमित थी, उस समय की आवश्यकता को अनुभव कर लोकतंत्र की प्राण-रक्षा हेतु मैदान में उतर पड़ी। आपातकाल की घोषणा के कुछ ही दिन बाद श्रीमती इंदिरा गांधी ने संघ पर प्रतिबंध लगाने की घोषणा कर दी।

रा.स्व. संघ जैसी देशभक्त संस्था, जो उस समय तक देश की राजनीति से अपने को दूर रखकर राष्ट्रीय चरित्र निर्माण के अपने लक्ष्य तक ही सीमित थी, उस समय की आवश्यकता को अनुभव कर लोकतंत्र की प्राण-रक्षा हेतु मैदान में उतर पड़ी।

वह अच्छी तरह से जानती थीं कि देश भर के राजनीतिक नेताओं को पकड़ कर बंद कर देना मात्र ही उनकी कुरसी की सुरक्षा के लिए पर्याप्त नहीं था बल्कि जब तक देश में संघ के कार्यकर्ता खुलेआम घूम-फिरकर काम करने में स्वतंत्र रहेंगे तब तक उनकी गद्दी के बने रहने की संभावना निरापद नहीं रह सकती।

यद्यपि संघ को प्रतिबंधित करने के लिए श्रीमती गांधी के पास कोई वैध कारण या प्रमाण नहीं था तो भी कुछ आधारहीन कहानियाँ घड़कर तथा संघ कार्यालयों से मिलने वाली चीजों में लकड़ी की तलवारों आदि के झूठे फोटो खिंचवाकर जनसाधारण को बहकाने तथा अपने कृत्य के औचित्य को दिखाने के लिए श्रीमती गांधी ने अपनी सत्ता का दुरुयोग किया।

आपातकाल के दौरान होने वाली दूसरी असंख्य घटनाओं के बीच यह सब करना बहुत आश्चर्यजनक या अनहोनी नहीं लगता। संघ पर प्रतिबंध लग जाने पर दो ही रास्ते संघ के कार्यकर्ताओं के सामने थे–पहला, सबकुछ छोड़-छाड़कर वर्तमान सत्ता की इच्छा के आगे घुटने टेककर मौन हो बैठना तथा दूसरा हर संभावित मूल्य चुका सकने का संकल्प कर तानाशाही के विरुद्ध क्रियाशील होकर संघर्ष छेड़ देने का। स्पष्ट ही था कि दूसरे विकल्प को ही चुना जा सकता था।

सुविधा, ख्याति और मानसिक गुलामी का जीवन किसी भी सच्चे स्वयंसेवक का लक्ष्य कभी नहीं रहा और न भविष्य में रह ही सकता है। 50 वर्षों में जो संस्कार स्वयंसेवकों को संघ द्वारा मिले थे, यह समय मानो उनकी परख की एक कसौटी बनकर सामने आया था।

आपातकाल की घोषणा के आकस्मिक प्रहार की चोट को सहकर सँभलने में कुछ समय तो लगना ही था, किंतु कुछ ही समय के उपरांत संघर्ष समिति का निर्माण हो गया। जो-जो राजनैतिक नेता किसी प्रकार पुलिस की आँखों से अपने को बचा सकने में सफल हुए थे, उन्होंने भविष्य की कार्य प्रणाली पर विचार विनिमय शुरू कर दिया और लोकतंत्र की पुनः स्थापना की संभावना की दिशा में क्या किया जा सकता था, उस दिशा में सोचा जाने लगा।

सुविधा, ख्याति और मानसिक गुलामी का जीवन किसी भी सच्चे स्वयंसेवक का लक्ष्य कभी नहीं रहा और न भविष्य में रह ही सकता है। 50 वर्षों में जो संस्कार स्वयंसेवकों को संघ द्वारा मिले थे, यह समय मानो उनकी परख की एक कसौटी बनकर सामने आया था।

केंद्र अर्थात् अखिल भारतीय स्तर पर जे.पी. आंदोलन के लिए 'लोक संघर्ष समिति' यद्यपि आपातकाल से पूर्व गठित हो चुकी थी किंतु अनेक नेताओं के जेल में बंद कर दिए जाने के कारण उसका पुनर्गठन अनिवार्य था। सभी विरोधी दलों और सर्वोदय तथा रा.स्व. संघ आदि सामाजिक संस्थाओं के नेताओं के आपसी विचार के परिणामस्वरूप श्री नानाजी देशमुख उसके महामंत्री चुन लिए गए तथा भूमिगत एवं प्रत्यक्ष संपूर्ण संघर्ष के नेतृत्व और दिशा-निर्देश का दायित्व उन्हें दिया गया।

यद्यपि रा.स्व. संघ के अधिकारी इसके सदस्य नहीं थे, किंतु उसके सहयोग की अपेक्षा को देखते हुए प्रत्येक निर्णय संघ के तत्कालीन प्रमुख श्री मोरोपंत पिंगले से विचार-विमर्श के पश्चात् लिया जाता था। संपूर्ण समिति इस बारे में

निर्विवाद रूप से एक मत थी कि संघ की भूमिका के महत्त्व को देखते हुए उन्हें साथ रखना ही होगा। इसीलिए नानाजी देशमुख के बंदी बना लिए जाने के बाद जब श्री रवींद्र वर्मा को संयोजक बनाया जाने लगा, तो उन्होंने समिति के सभी दलों के सामने यह पूर्व शर्त रखी थी कि वे संघ के नेताओं से परामर्श लेने और उसके सुझाव को मान्यता देने का आश्वासन देंगे, तभी वे यह जिम्मेदारी ग्रहण कर सकते हैं।

श्री मोरोपंत पिंगले ने भी उन्हें अपने सहयोग का पूरा आश्वासन दिया था। स्पष्ट है कि केंद्रीय तथा राज्य, सभी स्तरों पर संघर्ष का प्रत्यक्ष एवं अप्रत्यक्ष दायित्व अनायास ही संघ के कंधों पर आ पड़ा था। इसी क्रम में लोक संघर्ष समिति के निर्णयों को हरियाणा में कार्यान्वित करने का संपूर्ण भार हरियाणा के स्वयंसेवकों के हिस्से स्वतः ही आ गया, क्योंकि इस प्रदेश में जैसा कि ऊपर स्पष्ट किया जा चुका है कि ऐसा कोई सुसंगठित राजनीतिक दल नहीं बचा था, जो कि विद्रोह की आवाज को सुनियोजित ढंग से उठाए रख सके।

जनसंघ, भारतीय लोकदल तथा सर्वोदय के कुछ कार्यकर्ताओं ने निस्संदेह आपातकालीन संघर्ष में प्रशंसनीय योगदान दिया। आपातकालीन इतिहास को देखने पर यह विदित होता है कि लोक संघर्ष समिति ने भूमिगत रूप से तानाशाही के विरुद्ध लड़ने के जो निर्णय दो-तीन मास उपरांत किए, उन्हें रा.स्व. संघ के अधिकारी आपातकाल की घोषणा होते ही तुरंत व्यावहारिक रूप दे चुके थे। संघ की तरफ से भूमिगत आंदोलन की शुरुआत हरियाणा में 26 जून से ही हो गई थी।

संघ शिक्षा वर्ग (ट्रेनिंग कैंप) संघ की कार्य पद्धति में बहुत महत्त्वपूर्ण स्थान रखता है। 24 जून, 1975 से रोहतक में संपूर्ण पंजाब प्रांत का संघ शिक्षा वर्ग चल रहा था। धर्म, जाति, भाषा, वर्ग तथा स्थान की संकीर्णता से मुक्त जम्मू-कश्मीर से लेकर पंजाब, दिल्ली, हरियाणा, हिमाचल, चंडीगढ़ सभी प्रदेशों के एक हजार के लगभग स्वयंसेवक इस शिविर में आए हुए थे तथा अखिल भारतीय स्तर के अधिकारी भी उस दिन वहाँ उपस्थित थे।

धर्म, जाति, भाषा, वर्ग तथा स्थान की संकीर्णता से मुक्त जम्मू-कश्मीर से लेकर पंजाब, दिल्ली, हरियाणा, हिमाचल, चंडीगढ़ सभी प्रदेशों के एक हजार के लगभग स्वयंसेवक इस शिविर में आए हुए थे।

पूरे प्रांत (जम्मू-कश्मीर से दिल्ली तक) के सभी प्रचारक भी वहीं थे। वह 27 जून, 1975 का प्रातःकाल था। सभी शिक्षार्थी तथा शिक्षक प्रातःकालीन शारीरिक कार्यक्रम के लिए खुले मैदान में इकट्ठा हुए थे। चारों तरफ दंड, नियुद्ध तथा योग आदि के कार्यक्रम चल रहे थे, चारों तरफ एक शांत और भव्य अनुशासित दृश्य था। तभी पुलिस के सिपाहियों से भरी दो लारियाँ तथा कुछ पुलिस अफसर उस स्थान पर पहुँच गए। उन्होंने संघ के अधिकारियों

से इस शिक्षा वर्ग को तत्काल समाप्त कर देने के लिए कहा।

उपस्थित संघ के अधिकारियों ने उन लोगों को बतलाया कि इस कार्यक्रम की विधिवत् अनुमति लेकर एक संस्थान के प्रांगण में सारा कार्यक्रम शांतिपूर्वक संपन्न हो रहा है। इस सारे आयोजन में कहीं कुछ भी गैरकानूनी रूप में नहीं किया गया। इस स्थान पर आयोजन करने की आज्ञा को पूर्व स्वीकृति के रूप में इस संस्थान के प्रबंधकों से क्योंकि लिया जा चुका है, इसलिए बिना किसी कारण इस वर्ग को भंग कर देने की बात आश्चर्यचकित करने वाली तथा बुद्धि की कसौटी पर पूरी न उतरने वाली थी।

पुलिस अधिकारियों ने बतलाया कि यह आदेश उन्हें जिलाधीश से प्राप्त हुए थे। देश में आपातकाल की घोषणा कर दी गई थी और संघ को प्रतिबंधित कर दिया गया था। उन पुलिस वालों से लिखित आदेश दिखाने के लिए जब कहा गया तो वे उनके पास नहीं थे।

उस समय वर्ग के सर्वाधिकारी डॉ. ओमप्रकाश मैंगी तथा संघ के दो अन्य अधिकारी पुलिसवालों के साथ ही जिलाधीश से बात करने के लिए चल पड़े। वहाँ पहुँचकर जिलाधीश से जब बात की गई तो शुष्क स्वर में उसने यही कहा कि उसके शब्द ही कानून हैं और किसी लिखित आदेश से अधिक महत्त्व के हैं। रा.स्व. संघ पर प्रतिबंध लग चुका है और इस शिक्षा वर्ग को इसी क्षण समाप्त कर दिया जाए।

उनके जाने के बाद सभी शिक्षार्थियों को एकत्र करके अखिल भारतीय बौद्धिक प्रमुख श्री बापूराव मोघे ने संबोधित किया। मोघेजी का सारगर्भित एवं दूरदर्शितापूर्ण भाषण ही स्वयंसेवकों को अगले सारे कार्यक्रमों की दिशा, रूपरेखा तथा उत्तरदायित्वों का एहसास करवाने के लिए पर्याप्त था।

जिलाधीश से जब बात की गई तो शुष्क स्वर में उसने यही कहा कि उसके शब्द ही कानून हैं और किसी लिखित आदेश से अधिक महत्त्व के हैं। रा.स्व. संघ पर प्रतिबंध लग चुका है और इस शिक्षा वर्ग को इसी क्षण समाप्त कर दिया जाए।

वह ऐतिहासिक भाषण आनेवाले समय के लिए मार्गदर्शक तो था ही, साथ में कठिनाइयों की राह पर बढ़ते चले जाने का संबल और उनका पूर्वाभास करवा मानसिक रूप से कुछ सहने के लिए तैयार करने वाला भी था। उनके कुछ शब्द थे–

''आज देश एक नाजुक दौर से गुजर रहा है। दुर्भाग्य से देश के सारे शासक मदांध हो गए हैं। जिसका प्रमाण यह है कि उन्होंने संघ जैसी देशभक्त संस्था को भी प्रतिबंध किया है। (उपर्युक्त पुलिस अधिकारियों की सूचना के आधार पर ही यह बात कही गई, यद्यपि संघ पर प्रतिबंध 4 जुलाई, 1975 को घोषित किया गया) हमारे कार्यकर्ता रातोरात पकड़ लिए गए हैं। देश में आपातकाल घोषित किया गया है। देश के क्षितिज में घिर आया संकट केवल

राजनैतिक या संघ के अस्तित्व के लिए घातक होने के कारण ही निंदनीय या अनुचित नहीं है बल्कि बहुत व्यापक और गहरे प्रभाव का है।

देश के सारे जनतांत्रिक अधिकारों, मूल्यों, व्यक्तिगत स्वतंत्रता का हनन-देश और समाज के जीवन पर बहुत गहरे आघात हैं। देश और समाज विरोधी शक्ति के हथियार भी हमारे सामने स्पष्ट हैं–आतंक और दमन। इस दिशा में संघ पर बहुत बड़ी जिम्मेदारी आ जाती है। बिना आतंकित हुए देश में इस सारी स्थिति के प्रति एक आवाज पैदा करना और अपने काम करने के ढंग को परिवर्तित करके चलना जरूरी है।''

श्री बापू राव मोघे ने यह भी बताया कि वह संघर्ष पाँच वर्ष तक भी चल सकता है। कार्यकर्ता अपने-अपने स्थान पर लौटकर अगले दिशा-निर्देशों की प्रतीक्षा करें।

तानाशाही शक्ति के विरुद्ध संघर्ष का प्रारंभ अपने भूमिगत स्वरूप में इसी क्षण हो गया था। सभी के विसर्जित होते ही जहाँ सामान को समेटने का भार कुछ लोगों को सौंप दिया गया, वहीं अखिल भारतीय स्तर के वे सभी अधिकारी और प्रचारक, जिनके किसी भी क्षण पकड़ लिए जाने की आशंका थी, अपना रूप परिवर्तित करने में संलग्न हो गए।

सामने खड़ी विपत्तियों और अनिश्चितता के बावजूद अधिकारियों के इस वेशभूषा परिवर्तन के प्रसंग से वातावरण में एक मधुर व्यंग्य-विनोद व्याप्त हो रहा था। धोती-कुर्ताधारी, विशुद्ध भारतीय वेशभूषा वाले प्रचारक जब अप टू डेट सूट-बूटधारी तथा चश्मेधारी, फैशनेबल, आधुनिक रंगीले युवक बनकर तैयार हुए तो एक-दूसरे को देखकर चुहल करने, मुसकराने से स्वयं को रोक पाना हर किसी के लिए दुष्कर प्रतीत हो रहा था।

संघ शिक्षा वर्ग की आकस्मिक समाप्ति के साथ ही तानाशाही विरोधी कार्यप्रणाली का प्रथम चरण प्रारंभ हो गया। वर्ग में उपस्थित सभी प्रमुख अधिकारियों को सकुशल सुरक्षित वापस भेजना इस दिशा में पहला काम था। स्वयंसेवकों की उर्वरा कल्पनाशक्ति और तात्कालिक सूझ उसी क्षण से प्रकट होने लगी थी, जब सादगीपूर्ण भारतीय वेशभूषा में रहने वाले प्रचारकों ने विशुद्ध विदेशी चलन के कपड़े पहने, हाथों में जलती सिगरेट थाम बड़े नाटकीय ढंग से रोहतक बस स्टैंड और रेलवे स्टेशन से अपने-अपने गंतव्य स्थानों की ओर प्रस्थान किया।

उस समय उनके चेहरों पर भय या आतंक की मुर्दनी नहीं बल्कि दूरदर्शी परिपक्व मस्तिष्कों की गंभीरता विद्यमान थी। मुख्य द्वार के सामने विद्यमान

देश के क्षितिज में घिर आया संकट केवल राजनैतिक या संघ के अस्तित्व के लिए घातक होने के कारण ही निंदनीय या अनुचित नहीं है बल्कि बहुत व्यापक और गहरे प्रभाव का है।

गुप्तचर विभाग के व्यक्ति अपनी आँखों के आगे से बारी-बारी गुजरते जा रहे 'महत्त्वपूर्ण व्यक्तियों' में से किसी एक को भी पहचान नहीं पाए थे।

एक अजीब मानसिक ऊहापोह में जड़वत् खड़े निर्णय नहीं ले पा रहे थे कि सामने से गुजरते जा रहे किस व्यक्ति का उन्हें पीछा करना चाहिए और किसकी गतिविधियों पर नजर रखने के लिए उन्हें वहाँ भेजा गया था।

उस समय अखिल भारतीय बौद्धिक प्रमुख तथा पश्चिम-उत्तरी भारत के क्षेत्रीय प्रचारक श्रीमान बापू रावजी मोघे वहीं पर उपस्थित थे। सबसे पहले उन्हें ही किसी ऐसे सुरक्षित स्थान पर पहुँचाना जरूरी था, जहाँ से वे संपूर्ण देश की परिस्थिति का अध्ययन करते हुए भविष्य के लिए अपने निर्देश दे सकें। इसलिए उनका दिल्ली पहुँचना आवश्यक था।

उन्होंने अपनी मराठी वेशभूषा धोती-कुरता त्याग पैंट-बुशर्ट पहनी और तत्कालीन रोहतक नगर काररवाई डॉ. अशोक गर्ग मोटर साइकिल द्वारा बिल्डिंग के पिछले द्वार से उन्हें रोहतक बस स्टैंड पर दिल्ली की बस में सुरक्षित बिठाकर लौट आए।

दूसरे महत्त्वपूर्ण व्यक्ति प्रांतीय प्रचारक ठाकुर रामसिंहजी थे। इनकी पुलिस वालों तथा गुप्तचर विभाग वालों को विशेष तलाश थी। वे इधर-उधर उनके बारे में पूछताछ कर रहे थे। इन्हें भी मोटरसाइकिल द्वारा खरखौदा के रास्ते से बहादुरगढ़ पहुँचाया गया।

रोहतक से बहादुरगढ़ दिल्ली रोड द्वारा सीधा जुड़ा हुआ है, किंतु इस रास्ते से जाना हानिकारक सिद्ध हो सकता था, इसलिए चक्करदार रास्ता ही यात्रा करने के लिए उपयुक्त था। ऐसे ही श्री प्रेमचंद गोयल को भोजनालय की दीवार तोड़कर भवन के पीछे से निकालकर एक कार्यकर्ता के घर सुरक्षित पहुँचा दिया गया। वे और पंजाब-चंडीगढ़ के श्री नारायण दासजी विभिन्न घुमावदार रास्तों से होकर रोहतक से बाहर निकले और दूसरे स्थानों पर सुरक्षित पहुँचने में सफल हो गए।

एक अजीब मानसिक ऊहापोह में जड़वत् खड़े निर्णय नहीं ले पा रहे थे कि सामने से गुजरते जा रहे किस व्यक्ति का उन्हें पीछा करना चाहिए और किसकी गतिविधियों पर नजर रखने के लिए उन्हें वहाँ भेजा गया था।

प्रमुख अधिकारियों के चले जाने के बाद जिला स्तर पर सभी स्वयंसेवकों की बैठकें हुईं। मुख्यतः उन्हें निःशंक रहने, आत्मविश्वास बनाए रखने के साथ-साथ उनके वहाँ से सावधानीपूर्वक जाने के लिए निर्देश दिए गए। किसी एक स्थान के स्वयंसेवक किसी बस या गाड़ी के डिब्बे में इकट्ठे होकर न बैठें तथा अपनी बातचीत में संघ में प्रचलित शब्दावली का प्रयोग न करें, ऐसे सूक्ष्म संकेत तक उन्हें दिए गए। साथ ही अपने-अपने स्थानों पर जाकर स्वयंसेवकों को दूसरे ऐसे कार्यकर्ताओं जो कि अभी पुलिस के चंगुल में

नहीं फँसे थे, से संपर्क करके उन्हें स्थिति से अवगत कराने के लिए तथा अपनी आगामी योजना और कार्य-दिशा की प्रतीक्षा करने के संदेश दिए गए।

धीरे-धीरे सारा प्रांगण स्वयंसेवकों से खाली हो गया, लेकिन वर्ग के सामान को समेटने का बहुत बड़ा कार्य शेष था। आटे की बची हुई बोरियों से लेकर धोकर सूखने के लिए डाले गए कपड़ों तक, संघ के घोष (बैंड) से लेकर 'दंड', 'वेत्रचर्म' तथा 'लैजियम' आदि तक, कमरों में बिछी दरियों से लेकर बरतनों तक सभी कुछ सँभालकर उचित सुरक्षित स्थानों तक पहुँचाना शेष था।

शहर के कुछ संघ कार्यकर्ताओं के घरों को तथा एक शिक्षण संस्थान के कुछ कमरों का इसके लिए प्रयोग किया गया। इतने बड़े फैले हुए काम की व्यवस्था बिना किसी अन्य प्रौढ़ तथा अनुभवी मस्तिष्क की सहायता के एक मेधावी 22 वर्षीय नवयुवक तत्कालीन रोहतक संभाग प्रचारक डॉ. अशोक गर्ग ने की।

सर्वश्री गणपति चंद्र, सीताराम व्यास, प्रो. रमेश अग्रवाल, सुभाष डागर, ठाकुर चौबे, ओमप्रकाश डागर इत्यादि कार्यकर्ताओं ने सारा कार्य सिमटवाया। जोखिम तथा कठिनाई भरे इस समय के रूप में मानो शांत मन से धैर्यपूर्वक बिना संतुलन खोए कार्य करने वाले स्वयंसेवकों के लिए अचानक एक परीक्षा की घड़ी आ पहुँची थी। सौभाग्य और गर्व का विषय था कि इस क्षण से ही स्वयंसेवक इस कसौटी पर खरे उतरने शुरू हो गए थे।

यह एक उदाहरण तो उस वर्ग को समेटने का था, किंतु प्रांत में लगभग हर छोटे-बड़े नगर में संघ कार्यालय थे। उनके सामान की व्यवस्था तथा स्वयंसेवकों की किसी प्रकार की भी सूची आदि पुलिस को उपलब्ध न होने देने की सावधानी तत्कालीन स्थानीय कार्यकर्ताओं पर उस क्षण आ पड़ी थी।

धैर्यपूर्वक बिना संतुलन खोए कार्य करने वाले स्वयंसेवकों के लिए अचानक एक परीक्षा की घड़ी आ पहुँची थी। सौभाग्य और गर्व का विषय था कि इस क्षण से ही स्वयंसेवक इस कसौटी पर खरे उतरने शुरू हो गए थे।

इस उत्तरदायित्व को हर स्थानीय कार्यकर्ता ने बड़ी कुशलतापूर्वक हर स्थान पर निभाया। बरतन, बिस्तर, दंड, साहित्य, यहाँ तक कि दरी तथा पंखे तक भी कुछ ही घंटों में स्वयंसेवकों ने सँभाल लिये। अधिकांश स्थानों पर पुलिस ने केवल खाली कार्यालयों को ही सील किया। रोहतक जैसे केंद्रीय कार्यालय को कुछ ही घंटों में खाली कर दिया गया!

केवल छत का एक पंखा जो शीघ्रता में नहीं उतर सका, वहाँ पर छूट गया। कुछ कार्यालयों को बाकी सारा सामान समेटकर पुस्तकालयों तथा वाचनालयों के रूप में परिवर्तित कर दिया गया, जैसे हिसार में संघ कार्यालय विवेकानंद वाचनालय का ही एक अंग बन गया। स्वयंसेवकों की सूझ के कारण कई

कार्यालय पुलिस की सील बंदी से भी बचे और कार्यालय के ही रूप में भूमिगत गतिविधियों के केंद्र भी पूरे 21 मास तक बने रहे।

यह वह बिंदु था, जहाँ राष्ट्रीय स्वयंसेवक संघ की राष्ट्रीय संघर्ष के मंच पर भूमिका आरंभ होती है। यद्यपि संघ का लक्ष्य सामाजिक एवं सांस्कृतिक था तथापि इस समय राजनैतिक कारणों से देश में हुए परिवर्तनों के परिणामस्वरूप जो अन्याय और अत्याचार तथा दमनचक्र चारों तरफ व्याप्त होने जा रहा था, उसका सामना राजनैतिक संघर्ष से ही संभव था। क्योकि संघ का उद्देश्य राष्ट्रीय कल्याण रहा है, इसलिए उस समय राजनैतिक चुनौती को स्वीकार करना समय की माँग थी। एक तानाशाह शासक की पदलोलुपता पूरे राष्ट्र को आतंक की जंजीरों से जकड़ जड़वत् बनाने का कटिबद्ध थी। अपने उद्देश्य की पूर्ति के लिए उसके पास हर संभव साधन एवं सुविधाएँ भी थीं।

सबसे सशक्त एवं अचूक हथियार जनसाधारण में प्रचार का था, जिसे संघ के विरुद्ध पूरी शक्ति से प्रयोग किया गया। संघ जैसी देशभक्त एवं उच्चादर्श संस्था को विदेशी सहायता से चलने वाली फासिस्ट शक्ति का नाम देकर इसके विरुद्ध जमकर प्रचार किया गया। इस सबकी आवश्यकता इसलिए पड़ी कि संघ की सुसंगठित एवं अनुशासित जनशक्ति तानाशाह की आँखों में काँटे सी खटकती थी।

स्वयंसेवकों की इसी शक्ति से इंदिरा गांधी शुरू से ही परिचित थी, अतः स्वाभाविक रूप से भयभीत भी थी, इसीलिए संघ को प्रतिबंधित करने मात्र से ही इसे संतोष नहीं हुआ। उसके विरुद्ध दोषारोपणों की एक लंबी श्रृंखला आपातकाल की संपूर्ण अवधि में निरंतर चलती रही।

स्वयंसेवकों की इसी शक्ति से इंदिरा गांधी शुरू से ही परिचित थी, अतः स्वाभाविक रूप से भयभीत भी थी, इसीलिए संघ को प्रतिबंधित करने मात्र से ही इसे संतोष नहीं हुआ। उसके विरुद्ध दोषारोपणों की एक लंबी श्रृंखला आपातकाल की संपूर्ण अवधि में निरंतर चलती रही।

आपातकाल की घोषणा के कुछ दिन बाद ही इंदिरा गांधी का सार्वजनिक रूप से यह स्वीकार करना कि इस अवधि में रा.स्व. संघ की गतिविधियाँ कम नहीं हुईं बल्कि उन क्षेत्रों में भी बढ़ी हैं जहाँ पहले उनकी पहुँच नहीं थी, संघ की भूमिगत कार्यप्रणाली एवं ध्येयनिष्ठ संकल्पशक्ति का एक सार्वजनिक जयघोष था।

आपातकाल की घोषणा के साथ ही प्रांत भर में अनेक प्रमुख कार्यकर्ता रातोरात पकड़ लिए गए थे और जो बचे थे, वे भूमिगत हो गए थे। 26 जून से 4 जुलाई तक का समय इस आपातकाल की घोषणा के आकस्मिक प्रहार को सह जाने के बाद पुनः सँभालने का कहा जा सकता है। इन दिनों में छिन्न-भिन्न हो गए कार्यकर्ताओं से पुनः संपर्क जोड़ने का प्रयत्न किया गया। यह कार्य उस क्षण अपने आप में बहुत कठिन और जोखिम भरा था।

एक तो पुलिस और गुप्तचर विभाग उस समय बहुत सक्रिय हो उठा था, दूसरे सारे समाज की ही भाँति स्वयंसेवकों के परिवारों में भी एक अजीब दहशत और भय व्याप्त था। वे किसी भी व्यक्ति को किसी भी प्रकार की सूचना या जानकारी न देने की मनःस्थिति में थे।

कुछ परिवारों में भूमिगत परिजनों की सूचना यों ही नहीं थी, क्योंकि सभी कुछ इतनी हड़बड़ाहट और तेजी में घटित हुआ था कि घर से चलते समय कई लोग यह निर्णय भी नहीं ले पाए थे कि उन्हें कहाँ जाकर गुप्त रूप से रहना होगा।

बस अपना स्थायी निवास स्थान, जो पुलिस की जानकारी में था, उसे छोड़ देना ही सबसे पहली आवश्यकता समझी गई थी। हरियाणा में आपातकाल की घोषणा से दो-तीन वर्ष पूर्व से ही स्वयंसेवकों की गुप्तचर विभाग में फाइलें बननी शुरू हो चुकी थीं।

जिस कदम को श्रीमती गांधी ने 26 जून, 1975 को उठाया था, उस रास्ते-चौधरी बंसीलाल उससे कई वर्ष पहले ही चल निकले थे। संघ के हर छोटे-बड़े अधिकारी की गुप्तचर विभाग द्वारा समय-समय पर खोज-पड़ताल होती ही रहती थी, यह अलग बात है कि इस गुप्त इन्क्वायरी का स्वरूप इतना उजागर रहता था कि अपने प्रति अत्यधिक उत्सुकता दिखाने वाले आगंतुकों की स्वयंसेवकों को ही नहीं, उनके मित्रों, परिचितों एवं संबंधियों को भी पहचान हो चुकी थी।

अतः एकदम से छिन्न-भिन्न हो गए संपर्क सूत्रों को पुनः स्थापित करने में कुछ समय लगना बहुत स्वाभाविक था। भविष्य के लिए कार्यपद्धति का चयन भी इन्हीं दिनों में बहुत सजगता एवं कौशल से करने की आवश्यकता थी। इस समय यह बात एकदम स्पष्ट थी कि तानाशाही शक्ति के आगे घुटने टेक देने का कहीं कोई प्रश्न ही नहीं था।

समय की चुनौती को हर क्षेत्र में ही स्वीकार करके देश एवं समाज को दिशा देने का महत्त लक्ष्य संघ के सामने स्पष्ट था। इस लक्ष्य की पूर्ति हेतु स्वयंसेवकों के कर्तव्य की दिशाएँ आपातकाल में बहुमुखी हो गई थीं। अपनी शाखाओं के बौद्धिक और शारीरिक कार्यक्रमों में आगे बढ़कर अब हरियाणा का हर परिवार, गाँव, नगर ही उनका कार्यक्षेत्र बन गया था। किंतु इस बिंदु तक पहुँचने की प्रक्रिया शुरू-शुरू में बहुत श्रमसाध्य रही।

समय की चुनौती को हर क्षेत्र में ही स्वीकार करके देश एवं समाज को दिशा देने का महत्त लक्ष्य संघ के सामने स्पष्ट था। इस लक्ष्य की पूर्ति हेतु स्वयंसेवकों के कर्तव्य की दिशाएँ आपातकाल में बहुमुखी हो गई थीं।

सांकेतिक सत्याग्रह

आपातकाल की घोषणा होते ही इंदिरा गांधी की सरकार ने यह प्रचार पूरे जोर से प्रारंभ कर दिया था कि देश की जनता हमारे साथ है। कुछ लोग जो अराजकता फैला रहे थे, उन्हें जेलों में भेज दिया गया है, अब सारे देश में शांति है। अनुशासन व व्यवस्था आपातकाल के कारण सारे देश में बनी है। तत्कालीन सरकार यह भी प्रचार कर रही थी कि सर्वदूर आपात स्थिति का स्वागत किया जा रहा है।

इस सबको ध्यान में रखते हुए 'केंद्रीय लोक संघर्ष समिति' ने यह निर्णय किया कि देशभर में सांकेतिक सत्याग्रह इस सारी स्थिति के विरोध में किया जाए। हरियाणा राज्य में भी सभी जिला केंद्रों पर कम-से-कम एक व्यक्ति सत्याग्रह करे, ऐसा निश्चित हुआ। जुलाई 1975 में हुए इस सांकेतिक सत्याग्रह में हरियाणा भर में 64 व्यक्तियों ने भाग लिया।

योजना ऐसी बनाई कि पहले विभिन्न राजनैतिक दलों के कार्यकर्ताओं को मैदान में उतारा जाए। संघ के कार्यकर्ता अभी जेल नहीं जाएँगे। टोकन सत्याग्रह के द्वारा यह भी जायजा लिया जाना था कि पुलिस का तथा सरकार का उन सत्याग्रहियों से कैसा व्यवहार रहता है।

सत्याग्रह की झलकियाँ

इस प्रकार की योजना बनते ही जुलाई 1975 में स्थान-स्थान पर टोकन सत्याग्रह की तैयारियाँ प्रारंभ हुईं। भूमिगत कार्यकर्ता संभावित सत्याग्रहियों की सूचियाँ बनाकर व्यक्तिगत रूप से मिलते-जुलते हुए उनकी तैयारी करवाने लगे।

भूमिगत कार्यकर्ताओं के छोटे-छोटे सैल (3-3, 4-4 कार्यकर्ताओं) कई प्रमुख केंद्रों पर बन ही चुके थे। परंतु अभी अनेक स्थानों पर संगठन की अवस्था अस्त-व्यस्त ही थी। यहाँ यह बात ध्यान रखने योग्य है कि हरियाणा राज्य में लोक संघर्ष समिति नाम का कोई विधिवत् संगठन उस समय तो क्या- सारी आपात स्थिति में नहीं बन सका।

हरियाणा राज्य में भी सभी जिला केंद्रों पर कम-से-कम एक व्यक्ति सत्याग्रह करे, ऐसा निश्चित हुआ। जुलाई 1975 में हुए इस सांकेतिक सत्याग्रह में हरियाणा भर में 64 व्यक्तियों ने भाग लिया।

संघर्ष समिति जो आपातकाल से पहले बनी थी, उसके अधिकांश नेता जेल में पड़े थे। अतः संघर्ष का मुख्य भार राष्ट्रीय स्वयंसेवक संघ के कार्यकर्ताओं ने ही संभाला हुआ था। भूमिगत कार्यकर्ताओं ने भूमिगत आंदोलन को संचालित करने की दृष्टि से कुछ सावधानियाँ अतिशीघ्र अपना ली थीं। दिन में प्रायः लोगों से मिलते-जुलते नहीं थे।

पुलिस, गुप्तचर विभाग से बचने के लिए बैठकों के लिए भी कभी श्मशान घाट, कभी नगर से एक-आध मील दूर पेड़ों के झुरमुट में मिलना होता था। रोहतक नगर में जो सारे संघर्ष का मुख्य केंद्र रहा, प्रो. सीताराम व्यास, श्री राम बिलास शर्मा तथा प्रो. सुदर्शनजी धींगड़ा, रातोरात घूम-घूमकर सत्याग्रह की तैयारी करवा रहे थे। सब ओर भय, आतंक, अनिश्चितता का वातावरण था। सत्याग्रह क्यों? क्या बनेगा इससे? पुलिस मार-मारकर जान निकाल देगी? मीसा में बंदी बना लिए जाएँगे–जैसे सैकड़ों प्रश्नों का उत्तर इन भूमिगत कार्यकर्ताओं को देना पड़ता था।

पुलिस तथा गुप्तचर विभाग चप्पे-चप्पे पर सूँघ रहा था। सत्ता में बैठे कांग्रेसजन तथा आपातकाल में नए-नए कांग्रेसी दौड़धूप करके झूठे-सच्चे नाम पुलिस तथा गुप्तचर विभाग को बता रहे थे। गिरफ्तारियाँ पूरे यौवन पर थीं।

कफन बाँधकर परवाने निकल पड़े

दिनांक 15 से 25 जुलाई के दौरान सत्याग्रह होना था। अंबाला जिला में श्री शिवकुमारजी (जिला प्रचारक), गुड़गाँव जिले में श्री देशभक्त आर्य, सोनीपत में श्री विजयेंद्रजी तथा अजीत सिंहजी, हिसार में विभाग प्रचारक श्री कश्मीरी लालजी, सिरसा में जिला प्रचारक श्री जगदीश मित्तल सत्याग्रह की तैयारी में जुटे हुए थे। इन सभी संघ कार्यकर्ताओं की भूमिगत मंडली के प्रयास से 11 दिन के भीतर हरियाणा राज्य के सभी प्रमुख केंद्रों पर सत्याग्रह हुआ।

रोहतक नगर में श्री ओंकार प्रसाद व ईश्वरजी ने 15 जुलाई को सत्याग्रह का बिगुल बजा दिया। उधर दादरी की कचहरियों में दो सत्याग्रही श्री जीतराम व अरविंद कुमार 'भारत माता की जय' के नारों से आसमान गुँजा रहे थे। गुड़गाँव, पलवल नगरों में चार-चार सत्याग्रही सिर पर कफन बाँधकर तानाशाही के विरोध में सड़कों पर निकल पड़े।

हिसार नगर में तो 2-2 सत्याग्रही वीरों के जत्थे लगातार सात दिन तक अपनी गिरफ्तारियाँ देते रहे। डॉ. बलदेव का नाम इन सब में उल्लेखनीय है। इसी प्रकार सिरसा में निरंतर तीन दिन सत्याग्रह हुआ। सोनीपत नगर में श्री साधुराम (गोहाना निवासी) एवं श्री अशोक विरमानी ने 'गूँजे धरती और आकाश-देश का नेता जयप्रकाश', 'आपात स्थिति हटाओ', 'सेंसरशिप समाप्त करो', 'देश के नेताओं को रिहा करो', 'संघ पर से प्रतिबंध हटाओ' इत्यादि नारे लगाते हुए अपने आपको जेलों में बंद करवाना स्वीकार किया।

पुलिस तथा गुप्तचर विभाग चप्पे-चप्पे पर सूँघ रहा था। सत्ता में बैठे कांग्रेसजन तथा आपातकाल में नए-नए कांग्रेसी दौड़धूप करके झूठे-सच्चे नाम पुलिस तथा गुप्तचर विभाग को बता रहे थे। गिरफ्तारियाँ पूरे यौवन पर थीं।

पुलिस की अमानुषिक हरकतें

राष्ट्रयज्ञ में अपनी आहुति देने में करनाल नगर भी किसी से पीछे नहीं था। श्री ज्ञानचंद (ग्राम खेड़ी शरफअली असंध) तथा श्री दर्शनलाल (असंध) इन दोनों व्यक्तियों ने करनाल नगर में सत्याग्रह किया। पुलिस ने इन्हें तब पकड़ लिया, जब ये लोग नगर की प्रमुख सड़कों पर घूम रहे थे।

इनका मुँह काला किया गया, इन्हें गधे पर चढ़ा दिया गया, फिर सारे नगर में इनकी पीठ पर हंटर बरसाते हुए इन्हें घुमाया गया। हर हंटर के साथ इन्हें कहा जाता था कि बोलो इंदिरा गांधी की जय, परंतु इन भारत माता के लाडलों ने हर बार यही जवाब दिया कि 'जय प्रकाश जिंदाबाद, भारत माता की जय।'

सांकेतिक सत्याग्रह में काफी प्रयास के बावजूद अन्य किसी संगठन ने कोई हिस्सा नहीं लिया। राष्ट्रीय स्वयंसेवक संघ तथा जनसंघ के कार्यकर्ताओं ने ही इसमें महत्त्वपूर्ण भूमिका निभाई।

कड़ी सेंसर व्यवस्था के कारण समाचार उतने नहीं फैल सके, जितने चाहिए थे—न ही उतना जनजागरण का कार्य इससे हुआ, फिर भी उस भयानक सन्नाटे को तोड़ने का हरियाणा में यह प्रथम प्रयास हुआ। सागर की शांत लहरों में मानो किसी मनचले बालक ने कंकड़ फेंक दिया हो। तानाशाह सरकार को खुली चुनौती थी। आने वाले तूफान का यह पूर्व संकेत था।

बड़े सत्याग्रह की पूर्व तैयारियाँ

केंद्रीय लोक संघर्ष समिति प्रारंभ से ही तानाशाही के विरोध में जो संघर्ष होना था—उसका निश्चित स्वरूप तैयार करने में लगी थी। राष्ट्रीय स्वयंसेवक संघ का नेतृत्व अत्यंत दूरदर्शी था। संघर्ष का स्वरूप भले ही जो चाहे रहे, परंतु एक बात निश्चित ही थी कि संघर्ष के लिए संगठन का ढाँचा शक्तिशाली बनाए रखना प्रथम आवश्यकता थी।

सांकेतिक सत्याग्रह में काफी प्रयास के बावजूद अन्य किसी संगठन ने कोई हिस्सा नहीं लिया। राष्ट्रीय स्वयंसेवक संघ तथा जनसंघ के कार्यकर्ताओं ने ही इसमें महत्त्वपूर्ण भूमिका निभाई।

आपातकाल लागू होते ही हरियाणा में एक बार तो संघ का संगठनात्मक ढाँचा भी अस्त-व्यस्त हो गया। संपर्क सूत्र टूट चुके थे। अनेक प्रमुख कार्यकर्ता जेल चले गए थे। कौन कहाँ है, इसका भी पता कैसे चले? स्वयं प्रेरणा से अनेक कार्यकर्ता भूमिगत तो हो गए, परंतु उनका आपस में सजीव संपर्क नहीं जुड़ पाया और निश्चित योजना का अभाव होने के कारण कुछ किंकर्तव्यविमूढ़ता की सी स्थिति थी।

सब तरफ से आर्थिक बोझ भी बढ़ रहा था। किसी का कोई निश्चित ठिकाना

न होने के कारण सबकुछ बिखरा हुआ था। सभी संघ कार्यालय प्रतिबंध के फलस्वरूप सील बंद हो ही चुके थे। स्वयंसेवकों के घर टिकना भी खतरे से खाली नहीं लगता था। ऐसी स्थिति में प्रथम आवश्यकता इस बात की अनुभव हुई कि हरियाणा राज्य का एक केंद्र बनाया जाए, जहाँ से सारी गतिविधियों का संचालन हो। स्वाभाविक ही यह केंद्र अत्यंत सुरक्षित स्थान पर होना चाहिए।

फरीदाबाद गतिविधियों का प्रमुख केंद्र

संघ के हरियाणा राज्य के प्रमुख प्रचारक श्रीमान प्रेमचंद गोयल ने सब प्रकार से विचार करके दिल्ली के निकट उद्योग नगर फरीदाबाद को केंद्र बनाने के लिए सबसे उपयुक्त स्थान समझा। भूमिगत आंदोलन का केंद्र ऐसी ही कोई फैक्टरी क्यों न हो। सेक्टर-5 स्थित विजय इंडस्ट्रीज के मालिक श्री विजय कुमार आनंद संघ के पुराने जिम्मेवार कार्यकर्ता हैं।

श्री प्रेमचंद गोयल ने पुरुषोत्तम नाम से अपना डेरा वहीं डाल दिया। यह स्थान आनेवाले कई मास तक हरियाणा राज्य की गतिविधियों का प्रमुख केंद्र रहा। नीचे कारखाना ऊपर निवास। वहाँ पर श्री विजय कुमार आनंद तथा उनके परिवार का वर्णन करना उचित होगा। तानाशाही के विरुद्ध चले उस इक्कीस मास के कठिन संघर्ष में सजा में किस-किस कोने से कैसा-कैसा अद्‌भुत सहयोग मिला, यह परिवार उसका जीता-जागता प्रमाण है।

श्री प्रेमचंद गोयल के मीसा में वारंट थे, यह सब जानते हुए भी साक्षात् आपत्ति को निमंत्रण दिया जा रहा था, उसको सहर्ष गले लगाया जा रहा था। विजय आनंद की श्रद्धेय माताजी तो ममता व धैर्य की साक्षात् प्रतिमूर्ति ही थी। श्री प्रेमचंद कहीं से देरी से लौटे हैं तो भी गरमागरम भोजन, उनकी हर प्रकार से चिंता, अगर कहीं उनसे मिलने चार-छह कार्यकर्ता आ गए तो अन्नपूर्णा के भंडार में मानो कहीं कमी नहीं। विजय आनंद के बीर-गंभीर पिताश्री का इस कार्य में सहयोग तथा आशीर्वाद तो साथ था ही।

विजय कुमार आनंद तथा उनके परिवार का वर्णन करना उचित होगा। तानाशाही के विरुद्ध चले उस इक्कीस मास के कठिन संघर्ष में सजा में किस-किस कोने से कैसा-कैसा अद्‌भुत सहयोग मिला, यह परिवार उसका जीता-जागता प्रमाण है।

सेक्टर-5 स्थित इस केंद्र के साथ-साथ ही कुछ बड़ी बैठकें करने के लिए, अगर ज्यादा लोग आ जाएँ तो उनके रात्रि विश्राम के लिए, भूमिगत साहित्य को रखने के लिए एक अन्य स्थान भी खोज लिया गया। सेक्टर-24, इंडस्ट्रियल एरिया है। प्लॉट क्र. 301 में श्री सत्येंद्र अग्रवाल नामक एक अन्य कार्यकर्ता की अधूरी फैक्टरी बनी हुई थी। न कोई दरवाजा न कोई प्रकाश की व्यवस्था। इस भूतिया महल को जुलाई अंत तक हमारे मुख्य केंद्र के रूप में उपयोग किया जाने लगा।

अभी तक संघ कार्यालय रोहतक के प्रमुख श्री ठाकुर चौबे, जो रोहतक में ही भूमिगत रूप से रह रहे थे, उन्हें 24 सेक्टर स्थित इस अड्डे पर बुलाकर यहाँ का प्रमुख बना दिया गया। चौबेजी बिहार निवासी हैं, अभी हाल ही में संघ के प्रचारक बने थे।

श्री प्रेमचंद गोयल के अतिरिक्त इस 24 सेक्टर स्थित अड्डे पर श्री तिलक राजजी प्रचारक तथा श्री देशभक्त आर्य पलवल विद्यालय के प्राचार्य पद से त्याग-पत्र देकर आ जमे। देशभक्तजी को गुड़गाँव व महेंद्रगढ़ जिलों के भूमिगत आंदोलन का प्रमुख बनाया गया।

भारी भरकम श्री तिलक राजजी को हरियाणा राज्य में एक स्थान से दूसरे स्थान पर सूचनाएँ भेजने व संपर्क-सूत्र फिर से जोड़ने का कार्य मिला। केंद्रों की स्थापना के बाद अब नेतृत्व का पूरा ध्यान संगठन को पुनर्व्यवस्थित करने पर लगा।

संगठन की पुनर्व्यवस्था

जुलाई अंत में हरियाणा भर से कुछ प्रमुख कार्यकर्ताओं को एक बैठक के लिए फरीदाबाद सेक्टर-5 स्थित अड्डे पर बुलाया गया। श्री बजरंग लाल (सोनीपत) भी इस बैठक में उपस्थित थे।

आपात स्थिति लगने के बाद पहली बार हरियाणा के कार्यकर्ता इस प्रकार मिल रहे थे। कौन-कौन कार्यकर्ता पकड़े जा चुके हैं, बाहर जो कार्यकर्ता हैं उनकी क्या मनः स्थिति है? जो कार्यकर्ता पकड़े गए, उनका क्या हाल है? वे किस जेल में हैं? उनके परिवारों का हाल क्या है? विभाग व जिला स्तर पर कहाँ-कहाँ हमारे पास कार्यकर्ता नहीं हैं? किस जिम्मेदारी पर किस नए कार्यकर्ता को लाया जाए? यह सारा विचार किया गया।

क्लब रचना

संगठन के बने रहने के लिए इस बात पर बल दिया गया कि अब प्रतिबंध के कारण खुले मैदान में दैनिक शाखाएँ तो नहीं लग सकतीं तो इन शाखाओं को क्लब का रूप दे दिया जाए। कहीं फुटबॉल तो कहीं क्रिकेट, परंतु वॉलीबॉल अधिक प्रिय खेल सिद्ध हुआ।

संगठन के बने रहने के लिए इस बात पर बल दिया गया कि अब प्रतिबंध के कारण खुले मैदान में दैनिक शाखाएँ तो नहीं लग सकतीं तो इन शाखाओं को क्लब का रूप दे दिया जाए। कहीं फुटबॉल तो कहीं क्रिकेट, परंतु वॉलीबॉल अधिक प्रिय खेल सिद्ध हुआ।

जहाँ-तहाँ वॉलीबॉल के अनेकों क्लब देखते-ही-देखते शुरू हो गए। कई जगह पर इनडोर गेम्स प्रारंभ हुए। अकेले रोहतक नगर में 10 क्लब चलते थे। जहाँ सौ से भी अधिक व्यक्ति प्रतिदिन मिलते-जुलते थे; बाद में संघ की प्रार्थना

भी की जाती थी। प्रायः, सायं, रात्रि के समय सभी ने अपनी-अपनी सुविधानुसार ये क्लब प्रारंभ किए। प्रारंभ में ऐसी क्लब रचना हरियाणा राज्य के 60 स्थानों की संख्या बढ़ते-बढ़ते सौ तक चली गई। दैनिक मिलन के साथ-साथ जहाँ दैनिक मिलना संभव नहीं था, वहाँ साप्ताहिक, पाक्षिक, मासिक मिलन पर जोर दिया गया।

सारे संगठन को क्लब रचना में बाँध देने का अत्यंत सफल प्रयास था। इन क्लबों में जहाँ सभी स्वयंसेवक आपस में मिल-जुल लेते थे, संघ का संगठन ज्यों-का-त्यों बरकरार था। वहीं पर सब सूचनाओं का आदान-प्रदान, आगामी कार्यक्रमों की तैयारी, संघर्ष के लिए मन की भूमिका बनाए रखना इत्यादि कार्यों के लिए ये क्लब अत्यधिक सहायक सिद्ध हुए।

इस सबके अलावा दो प्रमुख कार्यों के लिए ये क्लब अत्यधिक सहायक सिद्ध हुए। इस सबके अलावा दो प्रमुख कार्य इन क्लबों के द्वारा सफलतापूर्वक निभाए जाते थे। पहला, मासिक धन-संग्रह का कार्य, दूसरा भूमिगत साहित्य के घर-घर वितरण का कार्य।

यहाँ इस बात पर ध्यान देना आवश्यक है कि आपात स्थिति लागू होने से पहले हरियाणा राज्य में लगभग एक सौ दस स्थानों पर संघ का दैनिक कार्य चलता था। इन क्लबों ने एक और महत्त्वपूर्ण भूमिका यह भी निभाई कि अनेकों नए-नए युवक, जो सरकार की तानाशाही गतिविधियों से चिढ़े बैठे थे, अब राष्ट्रीय स्वयंसेवक संघ के स्वयंसेवक बन रहे थे तथा संघर्ष को और अधिक तेज करने में सहायक सिद्ध हो रहे थे।

इन क्लबों ने एक और महत्त्वपूर्ण भूमिका यह भी निभाई कि अनेकों नए-नए युवक, जो सरकार की तानाशाही गतिविधियों से चिढ़े बैठे थे, अब राष्ट्रीय स्वयंसेवक संघ के स्वयंसेवक बन रहे थे तथा संघर्ष को और अधिक तेज करने में सहायक सिद्ध हो रहे थे।

जींद में दूसरी बैठक

फरीदाबाद बैठक में यह विश्वास बना कि हरियाणा राज्य में भी जमकर संघर्ष किया जा सकता है। संगठनात्मक पक्षों को और अधिक मजबूत करने के लिए अगस्त मास में हरियाणा राज्य के प्रमुख कार्यकर्ताओं की दूसरी बैठक जींद में श्री राधेश्याम तायल की फैक्टरी में बुलाई गई।

यह बैठक श्रीमान ठाकुर रामसिंह ने ली। ठाकुर रामसिंहजी दिल्ली, हरियाणा, पंजाब, हिमाचल तथा जम्मू-कश्मीर राज्यों के प्रमुख प्रचारक थे। उनका प्रमुख केंद्र अमृतसर (पंजाब) में था। नए-नए उत्साही कार्यकर्ताओं को जिम्मेदारी देकर उन्हें कार्य में लगाया जाए तथा जहाँ-जहाँ जिला स्तर पर, नगर पर अभी स्थान रिक्त थे, वहाँ-वहाँ उनकी नियुक्तियाँ करने का निर्णय इस बैठक में लिया गया।

श्री गणपतिचंद्र रोहिल्ला (हिंदू कॉलेज रोहतक के पुस्तकालयाध्यक्ष) को रोहतक जिले का प्रमुख बनाया, डॉ. अशोक गर्ग (मेडिकल कॉलेज रोहतक) को रोहतक तहसील तथा प्रो. सुदर्शन धींगड़ा को रोहतक नगर का प्रमुख बनाया गया।

इसी बैठक में यह बात भी ध्यान में आई कि सांकेतिक सत्याग्रह करके जेल जाने वाले तथा डी.आई आर. 107/151 में पकड़े गए अनेकों कार्यकर्ता किसी अन्य निर्देश के अभाव में जमानतें करवा कर बाहर आ रहे हैं। ठाकुर रामसिंहजी इस पर अत्यंत क्षुब्ध हुए और यह निर्णय सभी ओर बता दिया गया कि बिना संगठन की अनुमति के संघ का कोई भी सदस्य स्व इच्छा से जेल से घर नहीं आएगा।

हरियाणा की स्थिति

जुलाई-अगस्त मास में हरियाणा राज्य में स्थिति अत्यंत विचित्र हो गई थी। भूमिगत आंदोलन के संचालकों के सामने समस्त बाधाएँ संगठित होकर खड़ी थीं। सबसे ज्यादा भय तथा आतंक का वातावरण हरियाणा राज्य में ही था। चौधरी बंसीलाल के मुख्यमंत्री होने के कारण अत्यधिक संत्रास की स्थिति हरियाणा राज्य में थी। शक्तिशाली विपक्षी राजनैतिक दल का भी हरियाणा में सर्वथा अभाव था। राजनैतिक दृष्टि से यहाँ सूनापन ही था।

सबसे ज्यादा भय तथा आतंक का वातावरण हरियाणा राज्य में ही था। चौधरी बंसीलाल के मुख्यमंत्री होने के कारण अत्यधिक संत्रास की स्थिति हरियाणा राज्य में थी। शक्तिशाली विपक्षी राजनैतिक दल का भी हरियाणा में सर्वथा अभाव था। राजनैतिक दृष्टि से यहाँ सूनापन ही था।

दूसरी ओर राष्ट्रीय स्वयंसेवक संघ के अनेक पुराने अनुभवी कार्यकर्ता भी पकड़े जा चुके थे। दीनानाथ बतरा (कुरुक्षेत्र), डॉ. प्रेमचंद जैन (कुरुक्षेत्र), दर्शनलाल जैन (जगाधरी), श्याम खोसला (रोहतक), रामकुमार लोहिया (हिसार), प्रो. सतीश मित्तल (कुरुक्षेत्र), मनोहरलाल गांधी (बहादुरगढ़) जैसे मँजे हुए कार्यकर्ता जेलों में बंद होने के कारण आंदोलन का मार्गदर्शन करने के लिए अब उपलब्ध नहीं थे। अनेकों अन्य कार्यकर्ता इधर-उधर चले गए थे, जिनका कोई पता ही नहीं चल रहा था।

इस सारी स्थिति से हरियाणा राज्य को निकालकर सत्याग्रह की तैयारी करवाना अपने आप में बहुत बड़ी बात थी। प्रेमचंद गोयल व बजरंगलाल गुप्त, जिन पर सारे राज्य के भूमिगत आंदोलन को दिशा देने की जिम्मेदारी आ पड़ी थी, को भूमिगत आंदोलन के विविध क्रियाकलापों का कोई पूर्व अनुभव न था। ऐसी स्थिति में अपनी मौलिक प्रतिभा और अथक परिश्रम के आधार पर ही वे इस संपूर्ण आंदोलन को सही दिशा तथा सफलता के मार्ग पर बढ़ा सके, इसमें कोई संदेह नहीं।

भूमिगत आंदोलन के प्रमुख कार्यकर्ता

बजरंगलाल गुप्त—दुबले-पतले शरीर और योजनासिद्ध मस्तिष्क वाले श्री बजरंग गुप्त को एक सितंबर, 1975 को हरियाणा राज्य का राष्ट्रीय स्वयंसेवक संघ का कार्यवाह (सेक्रेटरी) घोषित किया गया। हरियाणा राज्य के कार्यवाह डॉ. प्रेमचंद जैन (कुरुक्षेत्र) 25 जून रात्रि को ही मीसा में गिरफ्तार कर लिए गए थे।

कहने को तो संघ प्रतिबंधित हो चुका था, परंतु संघ का संगठन ज्यों-का-त्यों बरकरार था। जहाँ-जहाँ जेल में बंदी होने के कारण स्थान खाली हो गए थे, वहाँ-वहाँ नए कार्यकर्ताओं को जिम्मेवारी देकर एक मास के भीतर ही हरियाणा राज्य में सारे संगठन को लगभग व्यवस्थित कर लिया गया था। बजरंगलाल गुप्त आपातकाल लगते ही संघर्ष में सक्रिय हो गए थे।

अंत तक पुलिस इन्हें गिरफ्तार नहीं कर सकी। बचाव इसलिए भी होता रहा कि रहते थे सोनीपत में और पढ़ाने जाते थे दिल्ली के श्रद्धानंद कॉलेज में। सोनीपत में वारंट थे और गुप्तचर विभाग अंत तक उनके महत्त्व को नहीं जान पाया। वे इतना ही समझते रहे कि दिल्ली में रहकर बजरंगाल गुप्त सोनीपत का आंदोलन चला रहे हैं। सुधीर, डॉ. महाबीर आदि अनेकों नाम से इन्होंने कार्य किया।

प्रेमचंद गोयल–साफ-सुथरा रंग, ऊँचा कद, अच्छे डील-डौल का शरीर तथा मृदु भाषी, इन शब्दों में श्री प्रेमचंद गोयल के व्यक्तित्व का वर्णन किया जा सकता है। सन् 1972 से ही हरियाणा में संघ के प्रमुख प्रचारक थे, अतः सभी छोटे-बड़े कार्यकर्ताओं से उनका अंतरंग एवं आत्मीयतापूर्ण परिचय था ही।

आपातकाल लगते ही मीसा में वारंट जारी हो गए। परंतु अंत तक लाख सर पटकने पर भी सरकार उनको गिरफ्तार नहीं कर सकी। धोती-कुरते में तो उनका व्यक्तित्व निखरता ही है, परंतु अब पैंट-बुशर्ट-चश्मे में भी वे किसी बड़े सरकारी अधिकारी के सामान लगते थे।

अनेकों बार बस, रेल गाड़ी में राह चलते उन्हें कोई बड़ा सरकारी अधिकारी समझकर बस कंडक्टर तथा अन्य कर्मचारी सलाम ठोक देते थे। वे हरियाणा राज्य में भूमिगत आंदोलन की आत्मा थे। धैर्य, साहस, दूरदर्शिता, परिश्रम, संगठन कौशल्य जैसे अनेक गुणों से युक्त उनके व्यक्तित्व ने हरियाणा में भी संघर्ष का रंग जमा दिया। कभी 'प्रकाश' तो कभी 'पुरुषोत्तम' ऐसे अनेक नाम वाले इन प्रेमचंद गोयल ने आपातकाल समाप्त होने तक राज्य भर में घूम-घूमकर संघर्ष की ज्वाला प्रज्वलित की।

ज्यों-का-त्यों बरकरार था। जहाँ-जहाँ जेल में बंदी होने के कारण स्थान खाली हो गए थे, वहाँ-वहाँ नए कार्यकर्ताओं को जिम्मेवारी देकर एक मास के भीतर ही हरियाणा राज्य में सारे संगठन को लगभग व्यवस्थित कर लिया गया था। बजरंगलाल गुप्त आपातकाल लगते ही संघर्ष में सक्रिय हो गए थे।

रामबिलास शर्मा—हरियाणा के वर्तमान शिक्षामंत्री रामबिलास शर्मा का वैसे तो समूचा जीवन ही संघर्षों में बीता, लेकिन आपातकाल के मध्य जो कष्ट इन्होंने निजी रूप में झेले, वे इनकी जिजीविषा और संघर्ष क्षमता के विलक्षण उदाहरण हैं।

25 जुलाई, 1951 को जिला महेंद्रगढ़ के गाँव राठीवास में जनमे श्री रामबिलास ने प्राथमिक शिक्षा समीपस्थ गाँव देवराली और स्वरूपगढ़ से प्राप्त की। उच्च शिक्षा के लिए माधोगढ़ स्कूल में पढ़े और स्नातक स्तर की शिक्षा के लिए महेंद्रगढ़ स्थित डिग्री कॉलेज में प्रवेश लिया। उन्हीं दिनों संघ में दीक्षा हुई। सन् 1970 में विवाह हुआ और उसके तत्काल बाद वे झंडेवालान दिल्ली में संघ कार्य को समर्पित हो गए।

उन्हीं दिनों उन्होंने संघ समर्थक दैनिक समाचार-पत्र 'मदर लैंड' में एक प्रूफ रीडर एवं उप-संपादक के रूप में भी कार्य किया। उन्हीं दिनों एम.ए. अंग्रेजी की शिक्षा के लिए रोजाना गाजियाबाद भी जाते थे। पढ़ाई व जीवन यापन का खर्च जुटाने के लिए उन दिनों कड़ा संघर्ष करना होता था। बी.एड. की डिग्री उन्होंने किरोड़ी मल कॉलेज, भिवानी से प्राप्त की। वे दिन इतने संघर्षपूर्ण थे कि पार्ट टाइम चौकीदारी भी करनी पड़ी।

इन दिनों संघ ने उन्हें झज्जर में प्रचारक के रूप में नियुक्त कर दिया। शिव-भक्ति में गहरी आस्था थी और वह आस्था इतनी अगाध थी कि 17 बार पैदल काँवड़-यात्राएँ संपन्न कर चुके थे।

सन् 1974 में वे जे.पी. आंदोलन का एक अंग बन गए। इसी बीच जनसंघ के प्रादेशिक शिखर पुरुष डॉ. मंगलसेन उन्हें रोहतक ले आए थे, जहाँ उन्हें जनसंघ का महासचिव नियुक्त कर दिया गया था।

पढ़ाई व जीवन यापन का खर्च जुटाने के लिए उन दिनों कड़ा संघर्ष करना होता था। बी.एड. की डिग्री उन्होंने किरोड़ी मल कॉलेज, भिवानी से प्राप्त की। वे दिन इतने संघर्षपूर्ण थे कि पार्ट टाइम चौकीदारी भी करनी पड़ी।

आपातकाल में उन्हें असह्य यातनाओं से गुजरना पड़ा था। संघ एवं भारतीय जनसंघ के एक प्रमुख नेता के रूप में पुलिस सदा उनके पीछे पड़ी रहती थी। जब गिरफ्तार हुए तो उन्हें अनेक अमानुषिक यातनाएँ दी गईं, लेकिन इस जुझारू शख्सियत का मनोबल नहीं टूटा।

महेंद्रगढ़ से भाजपा के विधायक के रूप में 6 बार निर्वाचित श्री रामबिलास 1987 से 1990 तक जनस्वास्थ्य मंत्री और 1996 से 1999 तक शिक्षा मंत्री रहे। उन्होंने चौधरी बंसीलाल के मंत्रिमंडल में भी मंत्री के रूप में सेवाएँ दीं और श्री ओमप्रकाश चौटाला के समय भी मंत्री बने।

उसके बाद लंबी अवधि तक वे प्रदेशाध्यक्ष बने और 2014 में भाजपा की पूर्ण बहुमत की सरकार के गठन में उनकी प्रमुख भूमिका थी।

प्रचारक वर्ग–राष्ट्रीय स्वयंसेवक संघ में प्रचारकों का अत्यंत महत्त्वपूर्ण स्थान रहता है। पूरा समय देकर अवैतनिक, स्वकर्तव्य तथा निस्स्वार्थ भाव से कार्य करने वाले इन प्रचारकों ने आपातकाल में भी अच्छी धूम मचाई थी।

हरियाणा राज्य की इस मंडली में कश्मीरी लाल (मुकेश नाम से हिसार, सिरसा, भिवानी, जींद जिला प्रचारक), मदनलाल (कुरुक्षेत्र, करनाल, अंबाला जिलों में चोपड़ा नाम से), डॉ. अशोक गर्ग (सुनील नाम से सोनीपत, रोहतक, महेंद्रगढ़, गुड़गाँव व फरीदाबाद जिलों के विभाग प्रचारक), जगदीश मित्तल (सिरसा जिला प्रचारक), सत्य भूषण (सोनीपत जिला प्रचारक), कृष्णदेव (करनाल जिला प्रचारक), शिवकुमार (अंबाला जिला प्रचारक), चौ. सुरजनसिंह (कुरुक्षेत्र) आदि प्रचारकों के नाम उल्लेखनीय हैं।

इनके अलावा मंगलसेन, खैरातीलाल, कुलवंत राय, राजेंद्र कुमार, चंद्र किरण, ठाकुर चौबे आदि प्रचारक भी विभिन्न स्थानों पर कार्यरत थे। प्रचारकों की इस धुरंधर टोली में श्री तिलकराज का उल्लेख करना आवश्यक है। श्री तिलकराज गुड़गाँव जिले में प्रचारक थे। भारी-भरकम शरीर, रोबदार मूँछें और उस पर उतनी ही भारी आवाज उनके व्यक्तित्व को निराला अंदाज प्रदान करती थी।

आपातकाल लगते ही इन्हें फरीदाबाद अड्डे पर बुला लिया गया था। यहीं तिलकराज अब क्लीन शेव्ड, कंधों तक लटकते बड़े-बड़े बाल धारण कर, पैंट-बुशर्ट में सारे हरियाणा भर में दनदनाते हुए घूम रहे थे। 50 वर्ष की आयु पार करने पर भी उनकी फुरती और साहस युवकों को भी लजाने वाला था।

पुलिस, गुप्तचर विभाग अब उन्हें और क्या पहचानेगा, वर्षों से उन्हें जानने वाले मित्र भी एक बार तो धोखा खा जाते थे कि हाँ, इस व्यक्ति को कहीं देखा अवश्य है। पलवल नगर में जब वे पहली बार एक परिचित कार्यकर्ता से मिले तो वह इन्हें कुछ देर देखकर पहचानने की कोशिश करता रहा।

पुलिस, गुप्तचर विभाग अब उन्हें और क्या पहचानेगा, वर्षों से उन्हें जानने वाले मित्र भी एक बार तो धोखा खा जाते थे कि हाँ, इस व्यक्ति को कहीं देखा अवश्य है। पलवल नगर में जब वे पहली बार एक परिचित कार्यकर्ता से मिले तो वह इन्हें कुछ देर देखकर पहचानने की कोशिश करता रहा।

अंत में इन्होंने ही जब उसे पुकारा तो वे श्रीमान इनकी आवाज से इन्हें पहचान गए और इनसे लिपट गए। बाबा बिशनदास नाम से श्री तिलकराज भूमिगत सामग्री तथा 'दर्पण' नामक साप्ताहिक पत्र, जो पलवल से छपता था, उसकी हजारों प्रतियाँ दो बड़े ट्रंकों में भरकर हरियाणा के चार बड़े प्रमुख केंद्रों पर पहुँचाने का कार्य करते थे। उनके व्यक्तित्व व उनके कार्य को देखकर साक्षात् पवनसुत हनुमान की ही याद आ जाती थी, जो समाज-रूपी लक्ष्मण की मूर्च्छा दूर करने के लिए संजीवनी का पहाड़ लेकर चला आ रहा हो।

यहाँ यह बता देना भी उचित होगा कि इस प्रचारक वर्ग को पुलिस तथा

गुप्तचर विभाग शक्ल से नहीं जानता था। क्योंकि किसी का कोई निश्चित पता-ठिकाना नहीं होता था। दूसरे अब इन्होंने परंपरागत कुरते, धोती इत्यादि छोड़कर आधुनिक वेश अपना लिया था। अनेकों परिवारों में ये लोग ठहरते थे, हर रोज स्थान बदल लेते थे। अतः अंत तक सरकार के लिए यह प्रचारक वर्ग परेशानी का कारण बना रहा और बहुत थोड़े ही इनमें से सरकार के काबू आए।

अन्य कार्यकर्ता—प्रचारक वर्ग के अतिरिक्त अनेक अन्य स्थानीय कार्यकर्ता भी अपना काम-धंधा करते हुए इस सारे संघर्ष को स्थान-स्थान पर गति देने में लगे थे। महेंद्रगढ़ जिले में दशरथ चौहान, राजकुमार (कोसली) व कांतिलाल सैनी सक्रिय थे तो करनाल में फकीरचंद शाह, कुरुक्षेत्र में, कुलभूषण (शाहबाद) के जिम्मे तो अंबाला जिले का काम मुख्यतः नरदेव शर्मा ने सँभाला।

27 जून को समाप्त होने वाले संघ शिक्षा वर्ग के पश्चात् उन्हें भूमिगत आंदोलन के लिए आह्वान किया गया तो स्वाभाविक तत्परता और उत्साह से उन्होंने यह कठिन उत्तरदायित्व स्वीकार कर लिया। जींद में जसवंत राय गुप्त अपनी कचहरी के समय के अलावा रात-दिन संगठन को पुनर्व्यवस्थित करने में लगे थे।

स्थान-स्थान पर ऐसे स्थानीय कार्यकर्ता सब प्रकार के खतरे मोल लेते हुए लोकतंत्र की पुनर्प्रतिष्ठा की इस लड़ाई में अपना सहयोग कर रहे थे। यह काम करते-करते जेल भी जाना पड़ा तो हँसते-मुसकराते हुए गए। नौकरी छूटी तो वह विष का घूँट भी मुसकराहट के साथ ग्रहण किया। सर हथेली पर रखकर जाँबाजों की टोलियाँ जिस प्रकार संघर्षरत रहीं, आने वाली पीढ़ियाँ उससे सदा प्रेरणा लेती रहेंगी।

काम करते-करते जेल भी जाना पड़ा तो हँसते-मुसकराते हुए गए। नौकरी छूटी तो वह विष का घूँट भी मुसकराहट के साथ ग्रहण किया। सर हथेली पर रखकर जाँबाजों की टोलियाँ जिस प्रकार संघर्षरत रहीं, आने वाली पीढ़ियाँ उससे सदा प्रेरणा लेती रहेंगी।

अहिंसात्मक सत्याग्रह ही क्यों

किसी भी संघर्ष को अगर रचनात्मक आधार देना हो तो संघर्षरत कार्यकर्ताओं की वैचारिक तथा सैद्धांतिक स्पष्टताएँ अत्यंत आवश्यक हुआ करती हैं। इसके बिना संघर्ष का अंतिम लक्ष्य प्राप्त करना तो असंभव है ही, साथ में यह भय भी बना रहता है कि संघर्ष अपने ठीक पथ से भटककर कहीं अन्यत्र ही न खो जाए।

सुव्यवस्था की बजाय उसमें से अराजकता निर्माण होने की पूरी संभावना रहती है। साथ ही यह वैचारिक स्पष्टता कार्यकर्ताओं को दीर्घकालिक संघर्ष के लिए भी तैयार करती है। अतः प्रारंभ से ही केंद्रीय लोक संघर्ष समिति ने लंबे

तथा गहरे विचार-विमर्श के बाद यह तय कर दिया था कि सारा संघर्ष पूर्णतया अहिंसात्मक रहेगा।

हिंसात्मक क्रांतियाँ विश्व में जहाँ-जहाँ हुईं (चाहे वह रूस में हुईं अथवा फ्रांस में), वहाँ-वहाँ एक तानाशाही शासन गया, दूसरा आया अर्थात् व्यक्ति बदल गए, व्यवस्था वैसी ही रही। दूसरी बात यह भी ध्यान में रखी गई कि सब प्रकार से साधन-संपन्न सरकार से निहत्था समाज अहिंसा मार्ग से ही संघर्ष कर सकता है।

धीरे-धीरे जन-जागरण करते हुए सारे समाज को तानाशाही के विरोध में खड़ा करना ही उचित मार्ग है। अब संघर्ष के पुरोधाओं के सिर पर यह जिम्मेवारी आ पड़ी कि इन सब विचारों को नीचे तक पहुँचा दिया जाए। इसी हेतु फरीदाबाद स्थित केंद्र पर हरियाणा के प्रत्येक जिले से प्रमुख कार्यकर्ताओं को 1 सितंबर, 1975 को बुलाया गया।

यह बैठक दो हिस्सों में दो विभिन्न स्थानों पर आयोजित की गई। उत्तर-पश्चिम अंचल (राजस्थान, दिल्ली, हरियाणा, पंजाब, हिमाचल, जम्मू-कश्मीर) के प्रमुख प्रचारक श्रीमान बापू राव मोघे ने ये दोनों बैठकें लीं। इसी बैठक में श्री बजरंग लाल गुप्त को हरियाणा के कार्यवाह की जिम्मेदारी सौंपी गई। श्री बापू राव मोघे ने शीघ्र ही प्रारंभ होनेवाले देशव्यापी सत्याग्रह के विभिन्न पहलुओं को विस्तार से सभी को समझाया।

अहिंसात्मक मार्ग का अवलंबन क्यों करना है, यह भी ठीक प्रकार से समझाया। सत्याग्रह देश भर में होगा, सभी राजनैतिक दल तथा राष्ट्रीय स्वयंसेवक संघ सहित सभी संगठन पूरी शक्ति से मिलकर सत्याग्रह करेंगे, ऐसा उन्होंने बताया। विद्यार्थी परिषद् जैसे संगठन विद्यार्थियों की माँगें उठाकर आंदोलन करेंगे।

सभी राजनैतिक दल तथा राष्ट्रीय स्वयंसेवक संघ सहित सभी संगठन पूरी शक्ति से मिलकर सत्याग्रह करेंगे, ऐसा उन्होंने बताया। विद्यार्थी परिषद् जैसे संगठन विद्यार्थियों की माँगें उठाकर आंदोलन करेंगे।

मजदूर संगठन मजदूरों की माँगें उठाएगा, ऐसे ही विभिन्न संगठन अपने-अपने क्षेत्रों की माँगें लेकर आंदोलन प्रारंभ करेंगे और अंत में सभी इसी सत्याग्रह में शामिल हो जाएँगे। सत्याग्रही की तैयारी कैसे? उसके लिए आवश्यक सावधानियाँ इत्यादि पर विस्तार से विचार-विमर्श हुआ।

उन्होंने कार्यकर्ताओं को यह भी ध्यान दिलाया कि विश्व के लोकतांत्रिक देशों में प्रारंभ में जनमत व प्रेस भारत में लागू आपात-स्थिति के विरोध में था, परंतु उन देशों के समाचार-पत्रों ने यह देखकर कि भारत में तो इस तानाशाही व्यवस्था के विरोध में कोई आवाज नहीं उठा रहा, अपना स्वर भी मंद कर दिया था।

इसी बैठक में यह निर्णय भी लिया गया कि एक मास के भीतर ही प्रत्येक जिला स्वतंत्र रूप से भूमिगत साहित्य को छापने के लिए साइक्लोस्टाइल मशीनें स्थापित करेगा। एक अत्यंत महत्त्वपूर्ण निर्णय जो इस बैठक में लिया गया, वह था प्रतिवर्ष की भाँति गुरु दक्षिणा कार्यक्रम संपन्न करने का। सभी कार्यकर्ता अपने-अपने स्थान पर जाकर सत्याग्रह की तैयारियों में जुट जाएँ, इस आह्वान के साथ यह बैठक समाप्त हुई।

सन् 1975 की गुरु दक्षिणा—प्रतिवर्ष अगस्त, सितंबर में गुरु दक्षिणा होती थीं। आपात-स्थिति के कारण संगठन का कार्य खुले रूप में होना संभव नहीं था, अतः विचार यह किया गया कि व्यक्तिगत रूप से घर-घर जाकर गुरु दक्षिणा के रूप में धन एकत्र कर लिया जाए।

जहाँ संभव हुआ, वहाँ घरों में बंद कमरों के अंदर संघ के सदस्य एकत्र हुए व सितंबर, अक्तूबर मास में सारे हरियाणा में गुरु दक्षिणा संपन्न हुई। परिस्थिति की इस सारी अस्तव्यस्तता के बावजूद 1975 की गुरुदक्षिणा राशि पिछले वर्ष की राशि से कुछ ही कम रही। इसी से यह अनुमान लगाया जा सकता है कि दो मास के भीतर ही संगठन कितने व्यवस्थित रूप से अपना कार्य करने लगा था।

तैयारियाँ तेज हो गईं—सत्याग्रह की तैयारियों को अंतिम रूप देने के लिए हरियाणा राज्य के प्रमुख कार्यकर्ताओं की फरीदाबाद में अक्तूबर के दूसरे सप्ताह में दो-तीन हिस्सों में फिर से श्रीमान बापू राव मोघे ने बैठकें लीं। नवंबर मास में सत्याग्रह करना है। (निश्चित तिथि बाद में बताई जाएगी) ऐसी घोषणा भी कर दी गई। सभी जिला प्रमुखों से सत्याग्रहियों की संभावित संख्या पूछी गई। प्रत्येक जिले को सत्याग्रहियों की संख्या का लक्ष्य दे दिया गया।

सितंबर, अक्तूबर मास में सारे हरियाणा में गुरु दक्षिणायें संपन्न हुई। परिस्थिति की इस सारी अस्त-व्यस्तता के बावजूद 1975 की गुरु-दक्षिणा राशि पिछले वर्ष की राशि से कुछ ही कम रही।

दिल्ली का अशोक विहार केंद्र–दर्पण का शुभारंभ

घटना-चक्र बड़ी तेजी से घूम रहा था। हर क्षण नई परिस्थितियाँ निर्माण हो रही थीं। केंद्र में क्या हो रहा है तथा सारे हरियाणा राज्य में क्या-क्या घट रहा है, यह जानने के लिए दो बातों की आवश्यक्ता थी, पहली तो यह कि दिल्ली में भी एक केंद्र की स्थापना की जावे। दूसरे संपर्क सूत्र जोड़ने व सारे हरियाणा में तेजी से घटित हो रही घटनाओं का ब्योरा अतिशीघ्र भूमिगत आंदोलन के कर्ता-धर्ताओं को मिले और उनके अनुसार लिए निर्णय शीघ्रातिशीघ्र ही कार्यान्वित भी हो जाए, इसलिए एक अति सुदृढ़ संपर्क प्रणाली की भी आवश्यकता थी।

इन दोनों की आवश्यकताओं को ध्यान में रखते हुए दिल्ली में अक्तूबर के अंत में अशोक-विहार में एक मकान किराए पर लेकर केंद्र की स्थापना कर दी गई।

प्रत्येक बुधवार श्री प्रेमचंद गोयल व श्री बजरंग लाल गुप्त वहाँ मिलते थे और केंद्र तथा राज्य से एकत्र सूचनाओं के माध्यम से परिस्थिति का आकलन कर उसके अनुसार निर्णय लेते थे। हरियाणा राज्य के समस्त कार्यकर्ताओं से मिलने, सूचनाएँ एकत्र करने, केंद्र से संबंध बनाए रखने की जिम्मेवारी श्री रामकुमार (गोहाना) व श्री टेकचंद (प्रचारक सिरसा जिला) पर थी। जो निर्णय दिल्ली केंद्र पर होते थे, उनको समस्त भूमिगत कार्यकर्ताओं तक पहुँचाने का कार्य भी ये दोनों ही करते थे।

श्री प्रेमचंद गोयल या अन्य अधिकारियों के प्रवास कार्यक्रमों की सूचना भी ये लोग ही भिन्न-भिन्न स्थानों पर पहुँचाते थे। संपर्क की यह व्यवस्था इतनी सुदृढ़ थी कि 24 घंटे के अंदर-अंदर कोई भी सूचना हरियाणा से दिल्ली या दिल्ली केंद्र से हरियाणा भर में पहुँचाई जा सकती थी।

दिल्ली अशोक विहार स्थित इसी केंद्र पर अपना काम-धाम छोड़ अंबाला से सरदार सुखनंदन सिंह भी आ जमे। साइक्लोस्टाइल मशीनों से छपने वाले भूमिगत साहित्य की क्षमता की सीमाओं को ध्यान में रखते हुए यह निर्णय किया गया कि छापेखाने से छपवाकर सच्ची खबरों का एक बुलेटिन हरियाणा भर में नियमित रूप से वितरित होना चाहिए; अंतः 7 नवंबर के दिन 'दर्पण' का प्रथम अंक निकला। पहला अंक तो साइक्लोस्टाइल ही था, परंतु फिर दर्पण का दूसरा अंक प्रेस से छपकर पूरी शान के साथ निकला। दर्पण के ऊपर लिखा था–'कार्यालय चलता-फिरता संपादक, नारद, मूल्य पढ़ो-पढ़ाओ।' आगे आने वाले समय में दर्पण ने राज्य भर में जो धूम मचाई, उसका अपना अलग इतिहास है।

संपर्क की यह व्यवस्था इतनी सुदृढ़ थी कि 24 घंटे के अंदर-अंदर कोई भी सूचना हरियाणा से दिल्ली या दिल्ली केंद्र से हरियाणा भर में पहुँचाई जा सकती थी।

भूमिगत आंदोलन : कुछ महत्त्वपूर्ण पक्ष

भूमिगत आंदोलन का राज्य भर में संचालन करने के लिए कार्यकर्ताओं की पूरी टोली एकजुट होकर कार्य में लगी थी। दिन-प्रतिदिन यह टोली बड़ी होती गई। नए-नए कार्यकर्ता इसमें आकर मिलते गए। यह पूरी टीम अधिक-से-अधिक समय तक भूमिगत रहकर आंदोलन का संचालन कर सके, इसके लिए अनेक सावधानियों का बड़ी कठोरता से पालन किया जाता था।

सभी कार्यकर्ताओं ने अपने वेश बदल लिए थे। विशेष रूप से संघ के

प्रचारक वर्ग ने धोती-कुरता, पायजामा छोड़कर अब पैंट-बुशर्ट अपना लिया था। बाल बढ़ा लिए थे। किसी-किसी की आँखों पर चश्मा भी नजर आता था या फिर शून्य अंक की ऐनक भी एकाध ने चढ़ा ली थी। पुलिस तथा गुप्तचर विभाग ने अगर संदेह में पकड़ भी लिया तो अपने आपको निर्दोष साबित कर सकें, इसलिए कुछ कार्यकर्ता बीड़ी या सिगरेट तथा माचिस जेब में रखते थे, क्योंकि गुप्तचर विभाग के लोग जानते थे कि संघ के लोग बीड़ी-सिगरेट नहीं पीते। वेश के साथ-साथ सभी प्रमुख कार्यकर्ताओं ने नकली नाम भी रख लिए थे, जो समय-समय पर बदल लिए जाते थे, इन्हीं नकली नामों से इन सबको पुकारा जाता था।

एक स्थान से दूसरे स्थान पर सूचनाएँ पहुँचाने का कार्य डाक या टेलीफोन इत्यादि की बजाय ज्यादातर व्यक्तियों द्वारा ही लिया जाता था। उन्हें भी लिखित सूचनाएँ नहीं दी जाती थीं, अपितु सूचना याद करवा दी जाती थी, ताकि पकड़े जाने पर झज बोलकर बचा जा सके। बाद में पुलिस के लिए अनजाने स्वयंसेवकों के पते तथा टेलीफोन नंबर सभी प्रमुख स्थानों पर तय कर दिए गए थे, जिन पर गुप्तचर विभाग की नजर नहीं थी। पत्रों में या टेलीफोन पर सांकेतिक भाषा का प्रयोग किया जाता था।

> अगर एक ही बस में चढ़ते तो भी अपना-अपना टिकट खरीदकर अलग-अलग स्थानों पर बैठते थे। यात्रा पूरी होते ही बस या गाड़ी से उतरकर पहला काम टिकट फाड़कर फेंकने का होता था। अगर कभी रिक्शा वगैरह करना होता तो उसे भी निश्चित स्थान से काफी पहले ही छोड़कर पैदल ही गंतव्य स्थान की ओर बढ़ा जाता था।

भूमिगत कार्यकर्ताओं को स्पष्ट निर्देश थे कि कोई भी कार्यकर्ता डायरी वगैरह ऐसी चीज अपने पास नहीं रखेगा, जिसमें लिखित रूप में भूमिगत अड्डों के पते या कार्यकर्ताओं के पते हों। सभी बातें मस्तिष्क में समेटकर रखी जाती थीं। कोई दो कार्यकर्ता एक साथ प्रवास नहीं करते थे, अगर एक ही बस में चढ़ते तो भी अपना-अपना टिकट खरीदकर अलग-अलग स्थानों पर बैठते थे। यात्रा पूरी होते ही बस या गाड़ी से उतरकर पहला काम टिकट फाड़कर फेंकने का होता था। अगर कभी रिक्शा वगैरह करना होता तो उसे भी निश्चित स्थान से काफी पहले ही छोड़कर पैदल ही गंतव्य स्थान की ओर बढ़ा जाता था।

भूमिगत कार्यकर्ताओं के ठहरने के लिए भी कोई निश्चित स्थान नहीं रखा जाता था। दो दिन किसी जगह, एक रात कहीं, दिन में कहीं, ऐसे लगातार उनके स्थान बदले जाते थे। प्रवासी भूमिगत कार्यकर्ता न तो मुख्य बस स्टैंड या स्टेशन से बस, गाड़ी में चढ़ते थे और न ही उतरते थे। छोटे स्टेशनों से चढ़ना-उतरना, मुख्य मार्गों का कम प्रयोग करना इत्यादि सावधानियों का विशेष ध्यान रखा जाता था।

बैठकें इत्यादि करने के लिए भी स्थानों का बड़ी बारीकी से चयन किया जाता था। घर में, कम-से-कम दो मार्ग हों, यदि भागना भी पड़े तो दूसरे मार्ग का उपयोग किया जा सके। अंदर ही शौचालय, स्नान, भोजन की व्यवस्था रखी जाती थी, यानी एक बार उस घर में या फैक्टरी में प्रविष्ट हुए तो बैठक समाप्ति पर ही वहाँ से निकलते थे। एक-एक करके आना तथा एक-एक करके ही निकलना ऐसा नियम बना लिया था।

जिन परिवारों में भूमिगत कार्यकर्ता ठहरते थे, उन्हें भी समझा दिया जाता था कि अगर पड़ोसी पूछे कि कौन आए हैं, तो अपना रिश्तेदार, मित्र बता देना।

वाहनों का उपयोग

बस, रेल के अलावा भूमिगत कार्यकर्ताओं की कार्यगति को बढ़ाने के लिए स्कूटर, मोटर साइकिल, कार इत्यादि का भी खूब उपयोग किया जाता था। जिन नंबरों पर पुलिस तथा गुप्तचर विभाग की निगाह थी, उनका प्रयोग वर्जित था। अनजाने नामों से वाहन खरीद लिए थे या फिर अनेक मित्रों के वाहनों का उपयोग किया जाता था। यदि कोई प्रमुख कार्यकर्ता पकड़ा गया तो उसे जितने भी प्रमुख अड्डों का पता होता था, उन्हें एकदम बदल दिया जाता था या छोड़ दिया जाता था, ताकि अगर पुलिस की पिटाई से घबराकर कुछ बता भी दे तो भी उनके हाथ कुछ न लगे।

पुलिस, गुप्तचर विभाग तथा भूमिगत आंदोलनकारी

अनेक भूमिगत कार्यकर्ताओं के पुलिस तथा गुप्तचर विभाग के पास नाम थे। उनके नाम वारंट जारी किए हुए थे। पुलिस उनका पता लगाने तथा उन्हें गिरफ्तार करने के चक्कर में थी। आंदोलनकारियों तथा सरकार के बीच आँख-मिचौनी के कई रोमांचक क्षण इस दौरान देखने को मिले।

यदि कोई प्रमुख कार्यकर्ता पकड़ा गया तो उसे जितने भी प्रमुख अड्डों का पता होता था, उन्हें एकदम बदल दिया जाता था या छोड़ दिया जाता था, ताकि अगर पुलिस की पिटाई से घबराकर कुछ बता भी दे तो भी उनके हाथ कुछ न लगे।

गुप्तचरों को चकमा

हिसार का संघ कार्यालय विवेकानंद पुस्तकालय एवं वाचनालय के भवन में स्थित था। अतः आपातस्थिति में यह भवन सील नहीं हुआ। इस भवन का उपयोग यदा-कदा भूमिगत कार्यकर्ता कर लिया करते थे। एक दिन गुप्तचर विभाग के लोगों को पता चला कि जगदीश मित्तल (प्रचारक) इसी भवन में हैं, सी.आई.डी. का एक व्यक्ति सीढ़ियाँ चढ़ रहा था और जगदीशजी सीढ़ियाँ उतर रहे थे। सी. आई.डी. का व्यक्ति भागते-भागते ऊपर और जगदीश मित्तल

आराम से टहलते हुए सड़क पर आए और साथ वाली गली में जा घुसे।

थैला संभालो, अभी आता हूँ

रोहतक में भूमिगत श्री रामबिलास शर्मा को एक दिन अचानक दादरी बस अड्डे पर एक सी.आई.डी. के इंस्पेक्टर महोदय ने पकड़ लिया। श्री राम बिलास ने सहज भाव से कहा, ये मेरा थैला पकड़ो, मैं पेशाब करके आया। इंस्पेक्टर ने थैला सँभाला और वे साथ खड़ी बस के पीछे हो गए। संयोग से एक ट्रक स्टार्ट होकर वहाँ खड़ा था। श्री रामबिलास छलाँग लगाकर उसमें चढ़ गए (ट्रक के पिछले हिस्से में कोई नहीं था) और दम साधकर लेट गए। ट्रक चल पड़ा और जब थोड़ा चलने पर श्रीराम बिलास ने छिद्र में से ट्रक ड्राइवर से पूछा कि भाई, कहाँ जा रहे हो? उधर इंस्पेक्टर ने सारा बस स्टैंड छान मारा कि राम बिलास गया कहाँ? क्या उसे धरती निगल गई?

तिमंजिले से छलाँग

नारनौल के श्री कांतिलाल सैनी की तलाश पुलिस बड़ी सतर्कता से कर रही थी। 2 नवंबर को रात्रि में जब कांतिलालजी घर में ही थे, तब सब तरफ से पुलिस ने घर को घेर लिया। कांतिलालजी अभी गिरफ्तारी नहीं देंगे बल्कि बाहर रहकर आंदोलन चलाएँगे, ऐसा निश्चित था। उन्होंने तिमंजिले से ही रस्सी के द्वारा गली में छलाँग लगाकर भाग निकलने का प्रयास किया, किंतु अँधेरे में खड़े अनेक पुलिस के सिपाहियों ने तुरंत दबोच लिया।

कांतिलालजी अभी गिरफ्तारी नहीं देंगे बल्कि बाहर रहकर आंदोलन चलाएँगे, ऐसा निश्चित था। उन्होंने तिमंजिले से ही रस्सी के द्वारा गली में छलाँग लगाकर भाग निकलने का प्रयास किया, किंतु अँधेरे में खड़े अनेक पुलिस के सिपाहियों ने तुरंत दबोच लिया।

पुलिस परेशान–वीरेंद्र शर्मा नहीं मिले

रोहतक जिला प्रमुख श्री गणपति चंद्र रोहिल्ला वीरेंद्र नाम से सारे जिले में सत्याग्रह की तैयारी करवाते घूम रहे थे। गुप्तचर विभाग तथा पुलिस परेशान थी कि यह वीरेंद्र शर्मा कौन है? इनाम भी घोषित किया कि जो वीरेंद्र शर्मा को पकड़वाएगा, उसे एक हजार रुपया मिलेगा, लेकिन ठीक उनकी नाक के नीचे यही वीरेंद्र शर्मा रात-दिन घूम रहे थे और अंत तक उनकी पकड़ से बाहर रहे।

बच्चे भी निडर हो गए थे

बजरंग लाल गुप्त के सोनीपत स्थित निवास पर पुलिस का छापा पड़ा तो उस समय वे वहाँ नहीं थे। उनकी सात वर्षीया बच्ची मंजु से जब पुलिसवालों ने डाँटकर पूछा कि क्या यहाँ कोई प्रो. बजरंग लाल रहते हैं तो बच्ची ने बड़ी

निडरता व सहज भाव से उत्तर दिया कि यह घर तो हमारा है यहाँ कोई प्रोफेसर नहीं रहते। पुलिस अपना सा मुँह लेकर लौट गई।

चलते ट्रक से छलाँग लगाकर भाग निकले

14 नवंबर से प्रारंभ होने वाले देशव्यापी सत्याग्रह के लिए 12 नवंबर को रोहतक व हिसार के सत्याग्रहियों के लिए चार हजार भूमिगत साहित्य के परचे लेकर ओम प्रकाश नामक एक कार्यकर्ता दिल्ली से रोहतक आ रहे थे कि साँपला में उन्हें पकड़ लिया।

पुलिस एंटी स्मगलिंग गैंग की थी। चढ़ी तो बस में इसलिए थी कि स्मगलिंग से संबंधित कोई सामान किसी के पास न हो, लेकिन पकड़े गए ओमप्रकाशजी अपने परचों के बंडल सहित। इन्हें वहाँ से रोहतक पुलिस स्टेशन लाया गया। हाथ-पाँव बाँधकर उल्टा लटकाकर तब तक मारा गया, जब तक वे बेहोश नहीं हो गए।

जब उन्हें होश आया तो देखा, पुलिस वाले उनके तलवों की मालिश कर रहे हैं। तरह-तरह के प्रश्नों की बौछार शुरू हो गई–कहाँ से चले, किसने तुम्हें पोस्टर दिए, पोस्टर कहाँ छपवाए, आगे किसको देने हैं इत्यादि। बड़े भोलेपन से उत्तर दिया कि पहली बार ही चला था।

20 रुपए एक चक्कर का निश्चित हुआ था। चाँदनी चौक के फव्वारे पर किसी ने बंडल थमाया, 20 रुपए थमाए व बताया कि हिसार बस अड्डे पर एक निश्चित कोने में हरी चादर ओढ़े एक व्यक्ति मिलेगा, उसे यह बंडल थमा देना। पुलिस वाले ओम प्रकाश को ट्रक में बिठाकर हथकड़ियाँ डालकर हिसार की ओर ले चले। ये खिड़की के पास बैठे थे।

रात्रि हो गई थी, पुलिसवालों की ऊँघ का लाभ उठाकर ट्रक ड्राइवर को मना लिया कि वह ट्रक को आहिस्ता कर ले और ट्रक आहिस्ता होते ही ये चुपचाप ट्रक से हथकड़ियाँ सहित उतर गए। भाग नहीं सकते थे, क्योंकि मार से हाथ-पैर सूजे हुए थे, हाथों में हथकड़ियाँ थीं। अतः आहिस्ता-आहिस्ता सड़क के किनारे विपरीत दिशा में बढ़ चले।

पीछे से पुलिसवालों की आँख खुली तो ओम प्रकाश को गाड़ी में न देख ड्राइवर को मारपीट कर धमकाने के बाद उनके उतर जाने की बात जान गाड़ी पीछे लौटाई और शीघ्र ही सड़क पर चलते हुए इन्हें पकड़ लिया गया। रोहतक स्टेशन लाकर पैरों में बेड़ियाँ डाल दी गईं। चारपाई से बाँध दिया गया और खूब पिटाई की गई। सैकड़ों प्रश्नों के साथ यह पूछा गया कि प्रेमचंद गोयल कौन है

किसी के पास न हो, लेकिन पकड़े गए ओमप्रकाशजी अपने परचों के बंडल सहित। इन्हें वहाँ से रोहतक पुलिस स्टेशन लाया गया। हाथ-पाँव बाँधकर उल्टा लटकाकर तब तक मारा गया, जब तक वे बेहोश नहीं हो गए।

और कहा है? दो दिन की लगातार पिटाई और कष्ट के बावजूद बड़ी जिंदादिली से उन्होंने उत्तर दिया–

'तिलक बाजार दिल्ली में हलवाई है और मैं उन्हें खूब अच्छी तरह जानता हूँ।' अपना क्रोध मिटाने के लिए पुलिस ने एक बार फिर जमकर पिटाई की। रोहतक जेल में पहुँचने के बाद कितने ही दिन तक उनके अन्य जेल साथियों ने उनकी लगातार मालिश और सिंकाई की, तब जाकर ओम प्रकाश स्वस्थ हुए।

सत्याग्रह की रणभेरी बज उठी

सत्याग्रह प्रारंभ होने की तिथि नजदीक आती जा रही थी। आवश्यकता इस बात की थी कि साधारण-से-साधारण सदस्यों को भी सत्याग्रह क्यों, किसलिए? इत्यादि समझाकर उनके मन की थाह लेकर उन्हें सत्याग्रह करके जेल जाने के लिए तैयार किया जाए। यह अत्यंत दुष्कर कार्य था।

अभी तक साधारण सदस्यों का मन जमता नहीं था कि कुछ लोग सत्याग्रह करके इस भयानक स्थिति में जेलों में भी जा सकने का साहस कर सकते हैं। बड़े-बड़े स्थानों पर तो फिर भी क्लब के द्वारा, अधिकारियों के प्रवास के कारण तैयारी अपेक्षाकृत ठीक थी, परंतु अनेक छोटे-छोटे कस्बों व ग्रामों में अत्यंत भय छाया हुआ था। घोर निराशा, उत्साहहीनता सर्वत्र दिखाई देती थी।

संगठन का सूत्र सारे देश में जुड़ गया है यह भी उन लोगों को सहसा विश्वास नहीं होता। ऐसे समय में श्री प्रेमचंद गोयल ने अत्यंत साहसिक तथा खतरों से भरी हुई एक योजना बनाई। 16 अक्तूबर रात्रि से उनका सारे हरियाणा राज्य का तूफानी दौरा प्रारंभ हुआ। 16 अक्तूबर रात्रि को दिल्ली से रोहतक रेलगाड़ी द्वारा पधारे। डिब्बे से उतरकर लाईन के साथ-साथ आगे बढ़ चले। हवा के मस्त झोंके भी उनके कदम से ताल मिलाकर गा रहे थे–

संगठन का सूत्र सारे देश में जुड़ गया है यह भी उन लोगों को सहसा विश्वास नहीं होता। ऐसे समय में श्री प्रेमचंद गोयल ने अत्यंत साहसिक तथा खतरों से भरी हुई एक योजना बनाई।

रात अँधेरी कंटक पथ हो, गीत निराशा के मत गाना,
साहस की ध्रुव ज्योति जगाए, ध्येय मार्ग पर बढ़ते जाना।

दो फर्लांग चलकर जब फाटक आया तो अँधेरे में ही दो युवक उन्हें लेने आगे बढ़े। उनके स्कूटर स्टार्ट थे। एक स्कूटर पर उन्हें बिठाकर अंधेरे में ही यह काफिला रोहतक-हिसार बाईपास पर स्थित श्री प्रीतम आहूजा की एरोमा सर्जिकल फैक्टरी पर पहुँचा। फैक्टरी में श्री आहूजा ने उनके भोजन तथा सोने की व्यवस्था की हुई थी। भोजन के बाद विश्राम करते हुए वे सो गए।

जंगल में पहला आह्वान

17 अक्तूबर की भोर का सर्ज्य अंधकार को मानो यह चुनौती देता उग रहा था कि स्वतंत्रता के सर्ज्य का उदय भी अब रोका नहीं जा सकता। जैसे काली ने रक्तबीज का आह्वान किया था कि अपने वरदान का अब दंभ न भरे, उसने अपना खप्पर सँभाल लिया है।

प्रातः 5:00 बजे रोहतक नगर से 3 मील दूर जींद रोड पर सिंहपुरा गाँव के निकट कीकर के जंगल में दीवानों की महफिल जमी थी। सर्दी प्रारंभ हो चुकी थी, भोर का धुँधलका अभी शेष था। जींद मार्ग पर खड़े सुभाष आहूजा आनेवाले साइकिल, मोटर साइकिल सवारों को सड़क से उतर कर जंगल में प्रवेश करने का संकेत आँखों-ही-आँखों में कर रहे थे।

आनेवालों का ताँता बढ़ता जा रहा था, परंतु सभी निस्तब्ध, शांत अपने लक्ष्य की ओर अग्रसर थे। पेड़ों के झुरमुटों के नीचे इधर-उधर पंक्तियों में साइकिलें, मोटर साइकिलें, स्कूटर खड़े थे। घेरा बनाकर सभी बैठते जा रहे थे। शांत भीगा समीर बह रहा था। सभी के मन में अनजाना उत्साह था। आपात-स्थिति के बाद पहली बार 85 कार्यकर्ता एकत्र हुए थे।

कलानौर, बैंसी, महम, झज्जर, साँपला इत्यादि निकट के कस्बों से भी एक-एक, दो-दो, कार्यकर्ता इस बैठक में उपस्थित थे। एक-दूसरे की ओर देखकर सभी मन-ही-मन आनंद का अनुभव कर रहे थे और महसूस कर रहे थे कि संगठन ज्यों-का-त्यों बना हुआ है। मजे की बात यह है कि एक पिता और उनके पुत्र, इस बैठक में उपस्थित थे। दोनों प्रातः चार बजे उठे। पिता ने पुत्र से पूछा कि इतनी जल्दी क्यों उठे हो? पुत्र के मन में पिता के प्रति भी यही प्रश्न था। दोनों मौन रहे, कोई उत्तर नहीं। जल्दी-जल्दी तैयार होकर अपनी-अपनी साइकिलें उठाकर अलग-अलग मार्गों से गंतव्य स्थान के लिए चल पड़े। लक्ष्य स्थान पहुँचकर जब आमना-सामना हुआ तो सारा भेद खुल गया। सूचनाओं का इसी गोपनीयता से पालन किया जाता था।

कलानौर, बैंसी, महम, झज्जर, साँपला इत्यादि निकट के कस्बों से भी एक-एक, दो-दो, कार्यकर्ता इस बैठक में उपस्थित थे। एक-दूसरे की ओर देखकर सभी मन-ही-मन आनंद का अनुभव कर रहे थे और महसूस कर रहे थे कि संगठन ज्यों-का-त्यों बना हुआ है।

किसी को जानकारी नहीं, किसलिए बुलाया है—कौन आने वाले हैं? श्री प्रीतम आहूजा अपने स्कूटर पर श्री प्रेमचंद गोयल को लेकर जैसे ही पहुँचे, वहाँ उपस्थित सभी स्वयंसेवकों का मन अपने प्रिय अधिकारी को अपने बीच पाकर खिल उठा। सम्मान में सभी खड़े हुए और फिर एक साथ ही बैठ गए। श्री प्रेमचंद गोयल ने बैठक बुलाने की भूमिका संक्षेप में रखते हुए यह प्रश्न किया कि ''सत्य और न्याय के लिए प्रारंभ होनेवाले इस सत्याग्रह के बारे में आप लोगों को कैसा

लगता है?'' बारी-बारी अनेकों ने अपने मन की बात रखी और यही सर्वोचित मार्ग है, ऐसा अनुमोदन भी किया।

और फिर श्री गोयल का देश की सारी परिस्थिति का विश्लेषण करता हुआ तथा उसमें संघ के स्वयंसेवकों द्वारा निभाई जानेवाली महत्त्वपूर्ण भूमिका एवं उनके बढ़े हुए उत्तरदायित्व का बोध करवाने वाला सारगर्भित भाषण हुआ। नवयुवकों के दिल मचल उठे। भाषण ऐसा कि शांत सिंधु में भी ज्वार आ जाए। डेढ़ घंटे बाद सभी को केले, सेब का प्रसाद खिलाकर कार्यक्रम समाप्त किया। एक-एक करके सभी चुपचाप मन में उबाल लिये सावधानीपूर्वक जंगल के गर्भ से बाहर निकलने लगे।

इस सम्मेलन की आशातीत सफलता के बाद ऐसी ही बैठकें दूसरे स्थानों पर भी करने की योजना बनाई गई। अगली मीटिंग के लिए तानाशाही व्यवस्था की आँखों में धूल झोंकते हुए शहर के बिल्कुल बीचोबीच मिलने का विचार बनाया गया। फरीदाबाद का नीलम सिनेमा हॉल हरियाणा भूमिगत आंदोलन के इतिहास में अपना एक विशेष स्थान रखता है।

क्योंकि एक बैठक चल रही फिल्म के बीच में ली गई थी, जिसमें भिवानी के लोगों को बुलाया गया था। इसमें रोचकता इसी बात की रही कि बकायदा टिकटें कटवाकर चल रही फिल्म के सामने बैठकर पूरे तीन घंटे वैधानिक रूप से उस सार्वजनिक स्थान का मीटिंग करने के लिए प्रयोग किया जाता रहा। स्क्रीन पर फिल्म चलती रही और हाल में बैठे स्वयंसेवक आपस में देश के भविष्य पर विचार-विनिमय करते रहे।

अगली मीटिंग के लिए तानाशाही व्यवस्था की आँखों में धूल झोंकते हुए शहर के बिल्कुल बीचोबीच मिलने का विचार बनाया गया। फरीदाबाद का नीलम सिनेमा हॉल हरियाणा भूमिगत आंदोलन के इतिहास में अपना एक विशेष स्थान रखता है।

किसी सिनेमा हॉल का इस रूप में प्रयोग हरियाणा ही नहीं, संभवतः संपूर्ण भारत के भूमिगत आंदोलन के इतिहास में अपनी तरह का एक मात्र उदाहरण है। बिना किसी विशेष व्यवस्था या दौड़-भाग के बड़े सहज रूप में पुलिस की आँखों से बचकर इतनी लंबी अवधि तक यह मीटिंग निर्विघ्न चलती रही। उस स्थान का इस प्रयोजन के लिए चयन करने की योजना बनाने वाले की बुद्धि की दाद देने को मन चाहता है।

प्रेमचंद गोयल का यह प्रवास नवंबर के प्रथम सप्ताह तक चला। लगभग सभी तहसील केंद्रों पर वे गए। छोटे-छोटे स्थानों के कार्यकर्ताओं को उत्साह देने व उनका विश्वास जमाने के लिए उन्हें इन तहसील केंद्रों पर हर जगह बुलाया गया। सभी स्थानों पर बड़ी-से-बड़ी बैठकों का आयोजन किया गया था। कहीं तीस-चालीस तो कहीं अस्सी, पचासी स्वयंसेवक बैठकों में उपस्थित थे।

सोनीपत में बहुत प्रातः ही एक फैक्टरी में बैठक हुई तो फरीदाबाद टाउनशिप में भी बहुत तड़के ही नब्बे लोगों की ऐसी बैठक हुई। करनाल, पानीपत, हिसार, सिरसा, अंबाला, जींद, नरवाना, कैथल, दादरी, यमुनानगर, रिवाड़ी, नारनौल तथा पलवल जैसे अनेक स्थानों पर सैकड़ों संघ सदस्यों को सत्याग्रह के लिए प्रेरित कर श्री गोयल अपने केंद्र पर वापस आ गए।

दीवाली की रात भी कार्य जारी था–इधर दीवाली पर लोग खुशियाँ मना रहे थे, उधर भूमिगत आंदोलनकारी संघर्ष की चिनगारी सुलगाते अपनी ही मस्ती में स्थान-स्थान पर घूम रहे थे। नवंबर से हरियाणा राज्य का दौरा प्रारंभ किया, प्रांत प्रचारक ठाकुर रामसिंहजी ने।

हरियाणा के सभी जिला केंद्रों पर जाकर स्वयंसेवकों की ऐसी ही अनेक बैठकें लेकर सत्याग्रह के लिए उन्हें प्रेरित किया। 3 नवंबर दीवाली की रात्रि 12:00 बजे हिसार से वे रोहतक पधारे। संघर्षरत इन कार्यकर्ताओं का एक ही पर्व था कि यह सत्याग्रह सफल होना चाहिए।

रात-रात भर जागकर मिट्टी के कुल्हड़ों में रंग घोलकर नगर, ग्रामों की दीवारें रँगी जाने लगीं। पुलिस, गुप्तचर विभाग को भी 14 नवंबर से प्रारंभ होने वाले इस सत्याग्रह का समाचार मिल चुका था। इनकी सरगर्मियाँ बढ़ गई थीं। पुलिस की गश्त भी दुगनी हो गई थी।

फिर भी आज शहर की यह कॉलोनी तो कल दूसरी कॉलोनी सत्याग्रह के सूचनात्मक नारों से पोत दी जाने लगी। पुलिस के लोगों को दिनभर उन्हें मिटाने का एक कार्य और मिल गया। सारा देश अब 14 नवंबर से प्रारंभ होने वाले सत्याग्रह की आतुरता से प्रतीक्षा कर रहा था।

दीवाली की रात भी कार्य जारी था—इधर दीवाली पर लोग खुशियाँ मना रहे थे, उधर भूमिगत आंदोलनकारी संघर्ष की चिनगारी सुलगाते अपनी ही मस्ती में स्थान-स्थान पर घूम रहे थे। नवंबर से हरियाणा राज्य का दौरा प्रारंभ किया, प्रांत प्रचारक ठाकुर रामसिंहजी ने।

हरियाणा भूमिगत आंदोलन के आधार स्तंभ

1. प्रेमचंदजी गोयल, हरियाणा के भूमिगत आंदोलन के सूत्रधार, हरियाणा संभाग प्रचार राष्ट्रीय स्वयंसेवक संघ,
2. बजरंग लाल गुप्ता, हरियाणा संभाग प्रमुख, (श्रद्धानंद कॉलेज, अलीपुर, दिल्ली-36)
3. सरदार सुखनंदन सिंहजी, प्रकाशन कार्य
4. तिलकराजजी, ठाकुर चौबे, रामकुमार, सत्यनारायण (इन्फॉर्मर)

जिलानुसार व्यवस्था

1. महेंद्रगढ़ जिला–दशरथ चौहान, श्री कांतिलाल
2. रोहतक जिला–गणपति रोहिल्ला, डॉ. अशोक गर्ग

3. हिसार–कश्मीरीलालजी, प्रचारक, राष्ट्रीय स्वयंसेवक संघ, रामकुमार लोहिया, बाबू गणेश लाल भार्गव, गुप्त भार्गव, एडवोकेट
4. जींद–जसवंत गुप्त, एडवोकेट
5. भिवानी–टेकचंदजी, (संपर्क सूत्र) श्याम कुमार
6. सिरसा–प्रो. गणेशी लालजी, जगदीशजी, प्रचारक राष्ट्रीय स्वयंसेवक संघ
7. अंबाला विभाग–मदनजी (अंबाला-कुरुक्षेत्र-करनाल जिला)
8. अंबाला–शिव कुमार, प्रचारक; श्री नरदेव
9. कुरुक्षेत्र–रघुनाथजी
10. करनाल–शाहजी
11. सोनीपत–शास्त्री अमरनाथजी, प्रो. विजयेंद्र जैन

सत्याग्रह

(14 नवंबर, 1975 से 26 जनवरी, 1976 तक)

तानाशाही विरोधी भूमिगत आंदोनल का मूर्त और व्यापक रूप सरकार और जनता के सामने सत्याग्रह के द्वारा प्रकट होने वाला था। इसकी तैयारी में एक तरफ तो संबंधित व्यक्ति कार्यरत थे, दूसरी तरफ सरकार-विरोधी कुछ भी कर सकने की संभावना जनता को या जेलों में बंद नेताओं को एकदम असंभव लग रही थी।

तत्कालीन परिस्थितियों में कुछ भी विरोध या विद्रोह के रूप में प्रकट किए जाने की कल्पना नहीं की जा सकती थी। जब बिना कुछ किए घर बैठे लोगों को ही पकड़-पकड़कर जेलों में ठूँसा जा रहा था उस समय स्वयं ही अधिनायकवाद से टक्कर लेने के लिए कौन लोग हिम्मत कर सकते थे?

ऐसे ही रोहतक जेल में केंद्र के कई बड़े नेता-सर्वश्री सिकंदर बख्त, पीलू मोदी, समर गुहा तथा अशोक मेहता आदि उस समय सत्याग्रह होने की सूचना पाकर भी इसकी संभावना पर विश्वास नहीं कर पा रहे थे।

इसकी तैयारी में एक तरफ तो संबंधित व्यक्ति कार्यरत थे, दूसरी तरफ सरकार-विरोधी कुछ भी कर सकने की संभावना जनता को या जेलों में बंद नेताओं को एकदम असंभव लग रही थी।

जनसंघ के नेता को हृदय में यह अनहोनी कल्पना की बातें ही लगा करतीं और एक दिन जेल के बंद फाटक के बाहर ड्योढ़ी में से अचानक आने वाले उद्घोषों–'भारत माता की जय', 'देश के नेता जयप्रकाश', 'हमारे नेता रिहा करो', 'तानाशाही नहीं चलेगी', को सुनकर सभी को वह सुखद आश्चर्य हुआ कि प्रसन्नता और खुशी आँखों में पानी की एक हल्की पारदर्शी परत में झलक उठी।

जीवन में अपने गलत सिद्ध होने की खुशी भी कितनी सुखद और आह्लादकारी हो सकती है। कई नेताओं ने यह पहली बार अनुभव किया। श्री अशोक मेहता जैसे वरिष्ठ व्यक्ति के मुँह से उनके हृदय की भावनाएँ गद्‌गद स्वर में इस तरह प्रकट हुईं, 'आज मन निश्चिंत हो गया है कि देश का भविष्य इन लोगों के हाथों में सुरक्षित रहेगा¨¨।' क्योंकि यह प्रदेश तानाशाही शक्ति से सबसे अधिक प्रभावित, प्रताड़ित प्रदेश था। केंद्र में लोक संघर्ष समिति के संयोजक श्री नानाजी देशमुख ने जब विभिन्न राजनैतिक दलों के लोगों से सत्याग्रह की बात की थी, उस समय भी इसकी सफलता सभी के मन में एक आशंका सी ही पैदा किए थी, किंतु जब राष्ट्रीय स्वयंसेवक संघ के लोगों ने अपने इतिहास में पहली बार देश के राजनीतिक दलों के साथ मिलकर काम करने का आश्वासन दिया, तभी सत्याग्रह की सफलता की संभावना का लोगों के मन में विश्वास हुआ।

विभिन्न दलों के नेताओं ने सत्याग्रह में भाग लेने वाले अपने कार्यकर्ताओं की संख्या बताई। सबसे अधिक संख्या राष्ट्रीय स्वयंसेवक संघ ने अपने संभावित सत्याग्रहियों की एक लाख बतलाई, जिनमें से 90,000 लोगों ने सत्याग्रह में भाग लिया, क्योंकि बहुत से कार्यकर्ता उन दिनों पुलिस द्वारा पकड़कर पहले से ही जेलों में डाल दिए गए थे। राष्ट्रीय स्वयंसेवक संघ के बाद दूसरे स्थान पर भारतीय मार्क्सवादी पार्टी ने अपने संभावित सत्याग्रहियों की संख्या 25000 बतलाई थी जिनमें से 800 लोग ही सत्याग्रह करके जेलों में जा सके।

इस निराशापूर्ण परिणाम से उनके नेता श्री ए.के. गोपालन का हृदय पीड़ा से भर उठा था, जिसे उन्होंने सभी के सामने बाद में स्वीकार किया। दूसरे दलों में सत्याग्रहियों की संख्या इनसे भी कम रही।

सर्वोदय कार्यकर्ता इसमें अपवाद थे। जयप्रकाश के सभी सर्वोदय अनुयायी देश के जिस स्थल पर भी बैठे थे, वहीं से उन्होंने इस संघर्ष में पूरे मनोयोग से भाग लिया। पूरे देश में इनकी संख्या लगभग दो हजार थी, जिन्होंने सत्याग्रह में भाग लिया और हरियाणा में इनकी संख्या सात थी।

जयप्रकाश के सभी सर्वोदय अनुयायी देश के जिस स्थल पर भी बैठे थे, वहीं से उन्होंने इस संघर्ष में पूरे मनोयोग से भाग लिया। पूरे देश में इनकी संख्या लगभग दो हजार थी, जिन्होंने सत्याग्रह में भाग लिया और हरियाणा में इनकी संख्या सात थी।

हरियाणा में एक हजार लोग सत्याग्रह करने वाले थे और इस दौरान 1013 लोग जेलों में गए। कुछ बाकायदा सत्याग्रह करके और कुछ सत्याग्रह की तैयारी करते हुए बीच में ही पकड़कर जेल में डाल दिए गए। प्रदेश में से 143 स्थानों से लोगों ने सत्याग्रह किया। इन 1013 जेलयात्रियों में रा.स्व. संघ के अलावा अन्य दलों के 42 लोग थे, इनमें से 7 सर्वोदय के तथा 22 बीएलडी के और 13 अन्य दलों के लोग थे।

इन आँकड़ों को देखकर मुक्त स्वर से यही कहा जा सकता है कि हरियाणा का सत्याग्रह पूर्णतः रा.स्व. संघ के स्वयंसेवकों तथा जनसंघ के कार्यकर्ताओं के सिर पर ही सफलतापूर्वक किया गया, किसी अन्य राजनैतिक दल के बूते से यह बाहर की ही कल्पना थी। उनका योगदान आटे में नमक के बराबर ही रहा। सत्याग्रहियों में सातवीं में पढ़ने वाले बालकों से लेकर 75 साल तक के वृद्ध कार्यकर्ताओं ने भाग लिया। इन लोगों को राजनैतिक बंदियों के रूप में न रखकर अलग-अलग आरोप लगाकर दफा 107, 151 या डी.आई.आर. के अंतर्गत झजी कहानियाँ गढ़, बेसिर-पैर के किस्से चलाकर जेलों में रखा गया।

सत्याग्रह शुरू होने से पहले इतनी व्यवस्था कर ली गई थी कि पूरे प्रदेश में होनेवाली घटना की सूचना 24 घंटों के भीतर ही अशोक विहार, दिल्ली में स्थित राज्य के केंद्रीय कार्यालय में पहुँचाई जा सके और वहाँ से आवश्यकता पड़ने पर उचित निर्देश और सहायता प्राप्त की जा सके।

सत्याग्रह में एक तरफ तो स्वयंसेवकों के मनोबल को बनाए रखकर अधिक-से-अधिक संख्या में उन्हें सत्याग्रह के लिए प्रेरित किया जाना था, दूसरी तरफ पुलिस और प्रशासन के लोगों के साथ इस रूप से संपर्क स्थापित करने की कोशिश की गई थी कि नजरबंद लोगों की स्थिति से बाहर वाले परिचित रह सकें। सत्याग्रह की सूचना, समाचार शीघ्रातिशीघ्र प्रदेश भर में प्रचारित हो देशवासियों के हृदय में नई ज्योति भरें, इसकी भी व्यापक व्यवस्था की गई थी। इन्हीं विविध स्तरों पर प्रबंध करने में कार्यकर्ता प्रयत्नशील हुए। यह सारा प्रबंध बहुत खामोशी से बिना किसी प्रदर्शन के किया गया।

संघ के स्वयंसेवकों की एक विशेषता इन दिनों में यह उभरकर आई कि कम-से-कम बात करके इन्होंने अपने कार्य को संपन्न किया। आवश्यकता से अधिक किसी बात की भी चर्चा ये कार्यकर्ता किसी दूसरे के साथ तो क्या परस्पर भी नहीं करते थे।

संघ के स्वयंसेवकों की एक विशेषता इन दिनों में यह उभरकर आई कि कम-से-कम बात करके इन्होंने अपने कार्य को संपन्न किया। आवश्यकता से अधिक किसी बात की भी चर्चा ये कार्यकर्ता किसी दूसरे के साथ तो क्या परस्पर भी नहीं करते थे। सूचनाएँ मात्र संबंधित व्यक्ति तक ही सीमित रहती थीं। दूसरे कार्यकर्ता भी इनसे अपरिचित ही रहते थे। अनुशासन और मर्यादापालन के अभ्यास के कारण ही ये कार्यकर्ता जनसाधारण के बीच मुक्त रूप से काम करते हुए भी पुलिस वालों की दृष्टि और पकड़ से बचे रह सके।

यह एक कटु सत्य है कि आपातकाल के लागू होने के बाद से संपूर्ण देश की जनता क्षुब्ध, भयभीत, परंतु मौन थी। अपने भीतर के असंतोष को समाज का कोई भी वर्ग प्रशासन के सामने प्रकट करने का साहस नहीं जुटा पाया था। जिन इक्के-दुक्के लोगों ने व्यक्तिगत रूप से अपनी आवाज उठानी चाही थी,

उन्हें तत्काल गिरफ्तार कर लिया जाता था।

तानाशाह शासक किसी स्तर पर भी अपना विरोध सुनने या सहने को तैयार नहीं था और उसकी इच्छा के लिए हर कायदे-कानून को ताक पर रखकर विद्रोही आवाज को सदा के लिए दबा देने के लिए पूरा प्रशासन तंत्र कटिबद्ध था। सरकार की निर्ममता, अत्याचार और दमननीति के नित नए उदाहरण जनता के सामने आते थे, जिस कारण जनसाधारण अपने को दिन-प्रतिदिन अधिक डरा, सहमा और विवश महसूस कर रहा था।

यद्यपि अन्याय और अत्याचार के विरुद्ध हर व्यक्ति मन-ही-मन क्षुब्ध था, किंतु प्रकट रूप में कुछ भी कर सकने का साहस किसी में नहीं था। जनता में फैली खामोशी और निश्चेष्टा की तानाशाही शक्तियाँ अपनी विजय का चिह्न मानकर दमन चक्र को और भी तेजी से चलाने लगी थीं।

नगरों के सौंदर्यीकरण और परिवार नियोजन के नाम पर मनमाने अत्याचार हो रहे थे। हरियाणा इस संदर्भ में पूरे देश में सबसे आगे था। चाहे चौ. बंसीलाल रक्षामंत्री बन केंद्र में श्रीमती इंदिरा गांधी के मुख्य सहयोगी की हैसियत से दिल्ली में रहते, परंतु संपूर्ण हरियाणा का प्रशासन उन्हीं के इशारों पर चलता था। विशेष रूप से पुलिस और गुप्तचर विभाग इस दिशा में अग्रसर थे।

इस वातावरण में फैले मरघट के सन्नाटे को भेद जब अचानक सभी को आचश्चर्यचकित करती 'भारत माता की जय, जय प्रकाश जिंदाबाद, देशभक्त संस्थाओं से बेन हटाओ, हम मस्तों में आन मिले कोई हिम्मतवाला रे, मेरा रंग दे बसंती चोला, माँ मेरा रंग दे बसंती चोला' की आवाज सड़कों, बाजारों में ऊँचे नारों के रूप में सुनी गई, तब एक बार तो लोगों को विश्वास ही नहीं हुआ कि अपना सिर हथेली पर रखकर भी कोई स्वेच्छा से जलती आग में कूदने को तैयार हो सकता है।

अन्याय और अत्याचार के विरुद्ध हर व्यक्ति मन-ही-मन क्षुब्ध था, किंतु प्रकट रूप में कुछ भी कर सकने का साहस किसी में नहीं था। जनता में फैली खामोशी और निश्चेष्टा की तानाशाही शक्तियाँ अपनी विजय का चिह्न मानकर दमन चक्र को और भी तेजी से चलाने लगी थीं।

सारी वस्तुस्थिति से परिचित होते हुए भी तथा पुलिस और प्रशासन की क्रूरता को भली-भाँति जानते हुए भी तानाशाही के सामने खुले संघर्ष की घोषणा करते हुए ये व्यक्ति उस समय मैदान में उतर पड़े थे। जब गहन निराशा और जड़ता में भारतीय समाज पूरी तरह जकड़ा हुआ था, इन शूरवीरों के प्रत्यक्ष साक्षात् उदाहरण मात्र ही मृतप्रायः जनता के हृदयों में पुनः प्राणप्रतिष्ठा कर प्रजातंत्र के प्रति उनकी ललक को पुनर्जीवित कर सकते थे।

जनता में चेतना फूँकने के अतिरिक्त सत्याग्रह द्वारा सरकार के सामने अपने असंतोष का प्रकटीकरण करना दूसरा महत्त्वपूर्ण काम था। अपने सतत अंधाधुंध

प्रचार द्वारा आपातकाल को एक 'अनुशासन पर्व' या 'प्रगति की ओर चरण' के रूप में सरकार प्रस्तुत कर रही थी।

उस समय वस्तुस्थिति क्या है और जनता के मन में देश की स्थिति के बारे में क्या भावनाएँ हैं, इसका एहसास अपने विरोध द्वारा सरकार को करवाना बहुत आवश्यक था। यद्यपि यह बहुत कठिन और दुष्कर कार्य था, किंतु लोकतंत्र की रक्षा के लिए अनिवार्य था। इस बात का पता सरकार को लगना ही चाहिए कि सरकार का प्रचारतंत्र अपने उद्‌देश्य में असफल रहा है तथा लोग वास्तविकता को समझते हैं और देश की जनता को मूर्ख नहीं बनाया जा सकता।

सारी दमन नीति तथा प्रचार व्यवस्था के बावजूद देश भयभीत नहीं है, इस तथ्य का उद्‌घाटन सत्याग्रहियों द्वारा ही हुआ। तीसरे, देश में व्याप्त अन्य अनेक दलों और संगठनों के साथ अपनी तुलनात्मक शक्ति एवं सामर्थ्य का अनुमान लगा सकने की भी सत्याग्रह एक कसौटी थी, जिसमें रा.स्व. संघ के स्वयंसेवक कितने खरे उतरते हैं, यह निर्णय भी होनेवाला था।

तानाशाही सरकार के मन में एक बात बहुत स्पष्ट थी कि हरियाणा की जनता बंसीलाल के आतंक के कारण कभी सत्याग्रह नहीं कर सकती। परंतु 14 नवंबर को हरियाणा के सभी जिलों में से सैकड़ों नौजवानों ने तानाशाही के इस दावे को झुठला, प्रांत भर को अपने विद्रोही स्वरों से गुँजा दिया और 200 से अधिक युवकों ने पहले ही दिन अपने आपको पुलिस के आगे गिरफ्तारी के लिए पेश किया। भूमिगत रूप से निकलने वाली हरियाणा की क्रांतिकारी पत्रिका 'दर्पण' (15-11-75) के अनुसार पलवल, हिसार, जींद, रोहतक, सोनीपत, पानीपत, सिरसा, भिवानी तथा अंबाला शहर से अनेक जत्थे 18 तारीख तक निकल चुके थे।

यद्यपि यह बहुत कठिन और दुष्कर कार्य था, किंतु लोकतंत्र की रक्षा के लिए अनिवार्य था। इस बात का पता सरकार को लगना ही चाहिए कि सरकार का प्रचारतंत्र अपने उद्‌देश्य में असफल रहा है।

भिवानी जो कि बंसीलाल का गृह जिला था, वहाँ किसी प्रकार के सत्याग्रह की कल्पना भी नहीं की जा सकती थी, किंतु इस प्रयास को सत्याग्रह शुरू होने के पहले ही दिन श्री प्रेमचंद गोयल के नेतृत्व में निकाले गए जत्थे ने झुठला दिया, जिसके परिणामस्वरूप श्री रामभक्त को सरकार के क्रोध और झल्लाहट का शिकार होना पड़ा। उन्हें अधिक-से-अधिक शारीरिक एवं मानसिक कष्ट देकर जहाँ एक तरफ अपनी खिसियाहट मिटाई गई, वहीं भविष्य में कोई व्यक्ति ऐसा दुस्साहस न कर सके, इसके लिए आम जनता को सबक सिखाने के लिए उन्हें खूब मारा-पीटा गया, बाल कटवा दिए गए, कपड़े उतारकर शहर में जुलूस निकाला गया, उनकी दुर्दशा को देख जन-साधारण के मन में तानाशाही सरकार के प्रति घृणा की भावना और गहरी हो गई। स्वयं

सत्याग्रहियों के मन में कहीं कोई कमजोरी नहीं आई, बल्कि संघर्ष-पथ पर आगे बढ़ते जाने की भावना अधिक विस्तार पाने लगी। पानीपत में श्री सुलतान सिंह के नेतृत्व में जब सत्याग्रहियों का जत्था निकला तो उनके उत्साह और जोश को देखकर पुलिस व प्रशासन व्यवस्था बौखला उठी और उसने बहुत निर्ममता से सत्याग्रहियों पर लाठीजार्च किया। सुल्तान सिंह पर नेतृत्व करने के कारण अधिक गुस्सा निकाला गया। मार-पिटाई के बाद बाजारों, सड़कों पर उन्हें घसीटा गया, पुलिस की बर्बरता के कारण उनके पैरों के घावों में पीप तक पड़ गई। चलना-फिरना एकदम कठिन हो गया, पर उन्होंने अपना मनोबल सदा ऊँचा बनाए रखा।

यों तो सत्याग्रह करने के लिए आगे आनेवाले व्यक्ति हर तरह के परिणामों को सोच-समझकर तथा किसी भी मूल्य को चुकाने के लिए पूरी तरह तैयार होकर ही संघर्ष-पथ पर आगे बढ़ते हैं, पर कई बार मानव सुलभ मन की कमजोरी कई कारणों से हावी भी हो जाती है।

रोहतक से 24-11-75 को डॉ. अशोक शर्मा के नेतृत्व में एक दल सत्याग्रह करके जेलयात्रा के लिए चला। अपना निर्धारित मार्ग उन लोगों ने खूब जोरों-उमंगों के साथ तय किया, किंतु थाने में पहुँचकर पुलिस अधिकारियों की व्यवहारकुशलता के कारण उनमें से कुछ व्यक्तियों का हृदय डोल गया और पुलिसवालों के बुलावे पर थाने में आए माता-पिता तथा दूसरे संबंधियों के हतोत्साहित करने पर वे लोग जेल न जाकर वापस अपने घरों को चले गए। किंतु उस क्षण की दुर्बलता उन लोगों के हृदय को उतनी देर सालती रही, जब तक कि उनमें से गुलशन, प्रमोद तथा रमेश चुघ आदि दोबारा सत्याग्रह करके जेल नहीं गए। यह उनके हृदय की भावना का स्पष्ट प्रमाण है।

सोनीपत में पहला सत्याग्रही जत्था 14-11-75 को डॉ. रामलालजी और श्री अजीतसिंह के नेतृत्व में निकला। इन दोनों के अलावा सर्वश्री लोकनाथजी, प्राणनाथजी, मनोहरलालजी, वीरेंद्रजी, आत्मप्रकाशजी तथा अशोक कुमारजी ने भाग लिया।

यहीं से दूसरा जत्था 22-11-75 को सत्याग्रह करते हुए निकला। इसका नेतृत्व श्री आजाद सिंहजी बिंदरौली निवासी ने किया। इनके साथ श्री लक्ष्मण सिंहजी, श्री साधुरामजी, श्री राधेश्यामजी तथा श्री सुरेश कुमारजी थे। इन लोगों के साथ पुलिस द्वारा बहुत ही अभद्र व्यवहार किया गया। भद्दी गालियाँ दी गईं, जमीन पर लिटाकर कपड़े उतरवाकर बुरी तरह पीटा गया, टाँगें पकड़कर सारे ग्राउंड में घसीटा गया। आपस में एक-दूसरे के गुप्तांगों को पकड़वाया गया तथा

कपड़े उतारकर शहर में जुलूस निकाला गया, उनकी दुर्दशा को देख जन-साधारण के मन में तानाशाही सरकार के प्रति घृणा की भावना और गहरी हो गई। स्वयं सत्याग्रहियों के मन में कहीं कोई कमजोरी नहीं आई, बल्कि संघर्ष-पथ पर आगे बढ़ते जाने की भावना अधिक विस्तार पाने लगी।

इस सबके बाद फिर मारा गया। श्री आजाद सिंह के मुँह और नाक से लहू बहने लग गया। 23 तारीख को एस.डी.ओ. के सामने पेश कर फिर तीन दिन का रिमांड ले लिया गया। मार-मारकर मुँह-गला सूखने पर पीने के लिए पानी तक नहीं दिया जाता था। इस यातना को सहते-सहते श्री राधेश्याम बीमार हो गए, जिन्हें डॉक्टर को दिखलाने के लिए बाकी सब लोगों ने भूख हड़ताल कर दी। बाद में एस.डी.ओ. के सामने पेश होने के लिए इस भूख हड़ताल का ही सहारा लेना पड़ा, जिसके बाद उन्हें रोहतक जेल में भेज दिया गया।

5-12-75 को श्री भगवानदास के नेतृत्व में जो सात लोग फिर सत्याग्रह के लिए आगे बढ़े, वे थे—सर्वश्री सुरेश कुमार, सतीश कुमार, सुरेशजी, लेखराजजी, धवनजी, विमलकुमारजी तथा नरेंद्र कुमारजी। इनको भी पुलिस वालों ने डंडों, जूतों, थप्पड़, मुक्कों द्वारा उल्टे लिटाकर खूब मारा।

सोनीपत से ही श्री रामपालजी कोहली के नेतृत्व में सर्वश्री अशोकजी, ज्ञानचंदजी, ललित कुमारजी, विजय कुमारजी, कृष्ण चंद्रजी, नरेंद्रजी, महेशजी, आत्मसिंह तथा तिलक राजजी ने 18-12-75 को सत्याग्रह किया। इनमें बाल स्वयंसेवकों के उत्साह और साहस को देखते हुए ही संभवतः इन लोगों पर कोई ज्यादती नहीं की गई।

यहीं से 23-12-75 के दिन श्री बलजीत गुडिया एडवोकेट, हरसाना के नेतृत्व में सर्वश्री राजेंद्र सिंह सुखानिया, धर्मपाल, जयपाल तथा बंगालीजी ने तो विधिवत् सत्याग्रह किया। किंतु इन्हें पकड़कर जब पुलिस थाने ले जाया गया तो छह अन्य लोगों को सर्वश्री लालचंद्रजी शास्त्री, रहीमुद्दीनजी, अमरनाथजी, प्रेमचंदजी, यशपालजी तथा चंद्रभान, नसीर को कुछ करने की आशंका मात्र से ही पकड़ लिया गया।

इस यातना को सहते-सहते श्री राधेश्याम बीमार हो गए, जिन्हें डॉक्टर को दिखलाने के लिए बाकी सब लोगों ने भूख हड़ताल कर दी। बाद में एस.डी.ओ. के सामने पेश होने के लिए इस भूख हड़ताल का ही सहारा लेना पड़ा, जिसके बाद उन्हें रोहतक जेल में भेज दिया गया।

इसके बाद 7-1-76 को अजीतजी के नेतृत्व में आठ व्यक्तियों ने फिर सत्याग्रह किया। सर्वश्री लछमन सिंहजी, नरेश कुमारजी, सुभाष कुमारजी इस जत्थे में थे। इन लोगों में रमेशजी की आयु 12 वर्ष की थी। पुलिस ने अनेक प्रश्न करके उसे डरा-धमका कर उसके मनोबल को कम करना चाहा, किंतु वह बालक अपने संकल्प पर दृढ़ रहा। सभी सत्याग्रहियों की खूब पिटाई कर लेने के बाद पुलिस वालों ने कड़ककर पूछा, 'तुम्हें यहाँ कौन लाया है?'

कोई दूसरा बच्चा होता तो घबरा जाता, किंतु रमेश ने दृढ़ता से उत्तर दिया, 'मैं स्वयं आया हूँ।'

पुलिसवालों को विश्वास नहीं हुआ और अधिक कठोरता से प्रश्न किया, 'तुम्हारा गुरु कौन है, किसने तुम्हें यहाँ आने को कहा है?'

रमेश ने पूरे आत्मविश्वास से उत्तर दिया, 'भगवान् मेरे गुरु हैं। अपनी आत्मा की आवाज सुनकर मैं यहाँ आया हूँ।'

'क्या चाहते हो तुम, क्यों आए हो यहाँ?'

बालक ने निर्भीक स्वर में कहा, 'मैं रा.स्व. संघ पर से प्रतिबंध हटवाना चाहता हूँ।' जींद में 21-11-75 को दोपहर के तीन बजे मंडी चौक से रामेश्वरदासजी के नेतृत्व में सर्वश्री पुरुषोत्तमजी, मोहनलालजी, अशोकजी, खजानचंदजी, रामेश्वर दत्तजी, सत्यनारायणजी एवं पुरुषोत्तमजी ने सत्याग्रह किया। इन सभी की पिटाई तो पुलिस ने की ही, लेकिन नरवाना निवासी श्री पुरुषोत्तमजी की सबसे अधिक धुनाई की गई। उनको बाकी लोगों के साथ जेल न भेजकर डी.आई.आर. 48 लगाकर दो दिन का अधिक रिमांड लेकर पुलिस वालों ने अपने पास पिटाई तथा पूछताछ करने के लिए रखा।

बहादुरगढ़ से 25-11-75 को श्री दुलीचंदजी गौतम के नेतृत्व में सर्वश्री सत्यप्रकाशजी, रामलालजी, ईश्वरदासजी, मोतीरामजी ने सत्याग्रह किया। इन लोगों पर पुलिस ने मारने-पीटने से लेकर डराने-धमकाने तक के अपने सभी हथकंडे सात दिन तक इस्तेमाल किए। गाली-गालौज और मार-पिटाई करने के बाद दुकानें बंद करवा देने, लड़कों की नौकरियाँ छुड़वा देने तथा लड़कियों को पुलिस थाने बुलाकर अपमानित करने की धमकियाँ दी गईं। किंतु इनमें से कोई भी व्यक्ति अपने मन में दुर्बल नहीं पड़ा।

28-11-75 को इन सबने मिलकर भूख-हड़ताल कर दी कि इन्हें किसी मजिस्ट्रेट की कचहरी में पेश किया जाए, जिसके परिणामस्वरूप इन्हें हथकड़ियाँ लगाकर चारपाइयों से बाँध दिया गया। आहत व्यक्तियों की बहादुरगढ़ निवासी डॉ. अहलावत द्वारा मरहम-पट्टी तो करवा दी गई, लेकिन मेडिकल रिपोर्ट नहीं बनाई। अंत में 31-11-75 को बिना पेश किए एस.डी.एम. से ऑर्डर लेकर इन्हें रोहतक जेल में भेज दिया गया। बहादुरगढ़ से ही 5-1-76 को सर्वश्री ओंकारप्रसादजी, कंवलसिंह तथा हरिसिंह ने सत्याग्रह किया। इन्होंने आपातकालीन शक्ति का दुरुपयोग कर रहे अफसरों के विरुद्ध आवाज उठाकर कमेटी के सामने धरना दिया था। तत्कालीन पुलिस का तानाशाही व्यवस्था के साथ ऐसा तादात्म्य स्थापित हो चुका था कि इंदिरा विरोधी या तानाशाही विरोधी हर स्वर पुलिस अधिकारियों को अपनी व्यक्तिगत निंदा या आलोचना लगा करता था, जिसके कारण वे संघर्षरत वीरों के साथ पशुवत् व्यवहार किया करते थे या शायद मानवता की कसौटी से अधिक तानाशाह की कसौटी पर

उनको बाकी लोगों के साथ जेल न भेजकर डी.आई.आर. 48 लगाकर दो दिन का अधिक रिमांड लेकर पुलिस वालों ने अपने पास पिटाई तथा पूछताछ करने के लिए रखा।

पूरे उतरकर कुछ इनाम या प्रशंसा पा लेना ही उन्हें अपने जीवन की सार्थकता लगती रही होगी।

तभी तो दिसंबर 19 की ठिठुरती सर्दी में अंबाला छावनी में एक सत्याग्रही श्री जयप्रकाश के शरीर पर पूरी रात ठंडे पानी के पचासों घड़े डाले गए और साथ ही पिटाई भी की गई। उनके शरीर पर 2 इंच भी जगह बिना खून बहते घाव के खाली नहीं बची थी, पर भारत माँ का यह वीर सपूत सधे स्वर में 'भारत माता की जय' का नारा लगाता रहा और हर नारे के उत्तर में एक डंडा खाता रहा। ऐसी ही अमानवीयता की कहानी यमुनानगर की पुलिस ने श्री सत्यपाल के साथ दोहराई। सत्याग्रह करते समय बाजार में ही पकड़कर इतना मारा कि वे तीन घंटे बेहोश पड़े रहे। उसके मुँह में पेशाब किया गया था। उनके नग्न शरीर को बीड़ी-सिगरेट से जलाया गया। उनके क्षत-विक्षत शरीर की दुर्दशा को देख उन्हें बाद में मिलने गई उनकी माँ बेहोश होकर गिर पड़ीं।

हरियाणा में पलवल से श्री मूलचंद मंगला तथा श्री देवीप्रसाद सचान अध्यक्ष, फिजिक्स विभाग, एस.डी. कॉलेज, पलवल के नेतृत्व में 14 नवंबर को ही 31 सत्याग्रहियों का सबसे बड़ा जत्था निकला था, जोकि तीन घंटों तक नगर के विभिन्न भागों में सरकार विरोधी नारे लगाते हुए घूमते रहे। इस जत्थे में आधा दर्जन स्कूल विद्यार्थी भी थे।

सिरसा में पुरुषों के अतिरिक्त चार महिलाओं ने विधिवत् सत्याग्रह कर सरकार के प्रति अविश्वास का नारा लगा दिया। पता नहीं क्यों उन्हें पकड़ा नहीं गया। यहाँ से पहला जत्था गोस्वामी पूर्णनाथ जी के नेतृत्व में निकला था। इस सत्याग्रह की विशेषता यह रही कि पूरे शहर में एक रात पहले ही यह पोस्टर चिपका दिए गए थे कि कल दोपहर दो बजे सत्याग्रह होगा।

सत्याग्रहियों के इकट्ठे होने का स्थान भी बता दिया गया था। यह सारी सूचना पूलिस को पथभ्रष्ट करने के लिए दी गई थी, ताकि पुलिस गलत स्थान और समय पर अपना ध्यान और शक्ति केंद्रित कर ले। असली जत्था दूसरे समय और स्थान पर निर्विघ्न रूप से हजारों लोगों के हृदय में नई प्रेरणा और उत्साह भरता अपने लक्ष्य की ओर सफलता से बढ़ गया।

उनके नग्न शरीर को बीड़ी-सिगरेट से जलाया गया। उनके क्षत-विक्षत शरीर की दुर्दशा को देख उन्हें बाद में मिलने गई उनकी माँ बेहोश होकर गिर पड़ीं।

हरियाणा के हर नगर से ही सत्याग्रहियों के जत्थे बार-बार अपना विरोध प्रकट करते पुलिस की दमननीति और अत्याचारों को अँगूठा दिखाते निकलते रहे। जहाँ एक तरफ हरियाणा पुलिस अपने अधिकारियों के आदेशों का पूरी मुस्तैदी से पालन कर रही थी, वहीं हरियाणावासी अपनी अंतरात्मा की पुकार को विरोध के निडर स्वरों में साहसपूर्वक बुलंद कर रहे थे।

दोनों तरफ एक मौन मुकाबला चल रहा था कि कौन अपनी धुन में अधिक पक्का निकलता है। हिसार के जिला संघचालक डॉ. रामप्रकाश का नाम भी उन अनेक वीरों में से एक है, जिन्होंने पुलिस के अमानुषिक अत्याचारों को सहते हुए भी अपनी प्रतिज्ञा और संकल्प को कायम रखा। जिनके हल्के-फुल्के, भय-आतंकमुक्त उत्तरों को सुन हरियाणा पुलिस अपनी पाशविकता को व्यर्थ जाते देख अधिक झल्ला उठती थी।

'हरियाणा के संपूर्ण सत्याग्रह का संचालन करने वाला व्यक्ति प्रेमचंद गोयल है।' यह सूचना पुलिस के पास शुरू से ही थी, किंतु वह कौन है? कैसा है? कहाँ रहता है? क्या करता है? इन सब बातों का पता लोगों से पूछताछ करने के बाद भी उसे नहीं मिल पाता था। डॉ. रामप्रकाश की पिटाई करके भी उनसे इसी प्रश्न का उत्तर पुलिस वाले चाहते थे और इस प्रश्न का उत्तर उन्हें मिला भी बहुत सहज टिके हुए स्वर में। पुलिस का प्रश्न था–'प्रेमचंद कैसा है?' उत्तर मिला–'न मोटे हैं न पतले हैं, न लंबे हैं, न नाटे हैं, न आप जैसे हैं, न मुझ जैसे हैं। अब आप ही समझ लीजिए--कैसे हैं?'

हिसार से ही सी.पी.एम. के बाबू मोहर सिंह तथा रा.स्व. संघ के नेतृत्व में एक जत्था निकला। इस नगर के लोगों में फैले आपातकाल के प्रति रोष, असंतोष तथा प्रजातंत्र के प्रति गहरी आस्था का अनुमान इसी बात से लगाया जा सकता है कि यहाँ से सत्याग्रहियों का पहला जत्था 74 वर्षीय वयोवृद्ध एडवोकेट बाबू गणेशी लाल तथा जिला के नौजवान नेता श्री रामकुमार लोहिया के नेतृत्व में 15 देशभक्त नागरिकों के साथ 14 नवंबर को ही निकला और देश के इस तीसरे स्वाधीनता संग्राम में अंत तक अपना योगदान देता रहा।

सत्याग्रहियों का पहला जत्था 74 वर्षीय वयोवृद्ध एडवोकेट बाबू गणेशी लाल तथा जिला के नौजवान नेता श्री रामकुमार लोहिया के नेतृत्व में 15 देशभक्त नागरिकों के साथ 14 नवंबर को ही निकला और देश के इस तीसरे स्वाधीनता संग्राम में अंत तक अपना योगदान देता रहा।

इसी संग्राम की उल्लेखनीय घटना 17 दिसंबर को घटी। हरियाणा के मुख्यमंत्री श्री बनारसी दास गुप्त उस दिन नगर में पहली बार पधारे थे। स्थानीय कांग्रेस कमेटी की ओर से उनका भव्य स्वागत करने हेतु समारोह का आयोजन किया गया था।

मुख्यमंत्री जैसे ही बोलने के लिए खड़े हुए, उपस्थित जन-समूह में से जोरदार नारा गूँज उठा–'भारत माता की जय' और साथ ही क्षेत्र के एक किसान युवक श्री कंवल किशोर खड़े होकर बोलने लगे, 'मुख्यमंत्री महोदय! जनता आपका हार्दिक स्वागत तभी कर सकती है, जब आप लोकतंत्र बचाओ आंदोलन में सक्रिय होकर सेंसरशिप हटाने, संघ से प्रतिबंध हटाने, बंदी नेताओं को तुरंत रिहा कराने के लिए प्रधानमंत्री पर दबाव डालने का आश्वासन दें।'

'लाठी चलेगी-गोली चलेगी, एमरजेंसी की होली जलेगी', 'बोलो-बोलो बनारसीदास-एमरजेंसी का सत्यानाश' आदि नारे लगने शुरू हो गए और ग्यारह देशभक्तों ने पुलिस के आगे गिरफ्तारी दी। एक तरफ ये वीर दमन, अत्याचार और तानाशाही के विरुद्ध खड़े हो रहे थे, दूसरी ओर राजभक्ति के मद में चूर स्थानीय कांग्रेसी विधायक श्री गुलाब सिंह जैन अपनी सहज मानवता त्यागकर इन स्वतंत्रता सेनानियों को आकर स्वयं पीटने लगे।

इस पर सभा में उपस्थित अनेकानेक स्वरों ने उन पर 'शेम-शेम' की आवाज कसकर लानत भेजी। इस पर पुलिस को और अधिक जहर चढ़ गया और सत्याग्रहियों पर लाठियाँ बरसाने तथा उनके दाढ़ी-मूँछों के बाल निर्ममतापूर्वक नोचते हुए अपनी राजभक्ति का परिचय दिया, पर हर लाठी के वार के उत्तर में 'भगतसिंह की जय', 'चंद्रशेखर की जय' का उद्‌घोष करने वाले श्री नवल किशोर (रतियावाले) तथा श्री बलवीर सिंह और उनके साथियों को देख सारी जनता एक ही बात कहने लगी थी कि हमने भगतसिंह और चंद्रशेखर के आज तक तो नाम ही सुने थे, देखा आज जीवन में पहली बार–इन सत्याग्रहियों के रूप में ही।

और यह भगतसिंह, चंद्रशेखर कोई इक्के-दुक्के उदाहरण के या अपवाद के रूप में नहीं, हजारों की संख्या में पूरे देश में उठ खड़े हुए थे, जो लोकतंत्र और स्वाधीनता के नाम पर अपना सर्वस्व अर्पित कर देने के लिए तैयार हो गए थे। बड़ी से बड़ी चुनौती को भी स्वीकारने के लिए कटिबद्ध खड़े थे।

इन वीरों में जहाँ एक तरफ डॉक्टरी पास किए अपने सुनहले भविष्य को दाँव पर लगाते हुए मेधावी युवक थे, वहीं रोज की रोज मजदूरी करके बच्चों का पेट पालने वाले राजगीरी का काम करने वाले प्रौढ़ भी शामिल थे, जिन्हें अपने पीछे अपने परिवार के सहारे के रूप में एक व्यक्ति तक नजर नहीं आता था। स्कूलों की दहलीज के पीछे खड़े बच्चों और विश्वविद्यालयों में अध्यापन करने वाले बुद्धिजीवियों, दुकानदारों तथा किसान मजदूरों, वकीलों और उद्योगपतियों अर्थात् समाज के हर वर्ग के लोगों ने इसमें भाग लिया। पुलिस सत्याग्रहियों के साथ अमानवीय अत्याचार करती है, इस एहसास के बावजूद स्वतंत्रता सैनानियों ने इस रास्ते पर कदम आगे बढ़ाए।

एक तरफ ये वीर दमन, अत्याचार और तानाशाही के विरुद्ध खड़े हो रहे थे, दूसरी ओर राजभक्ति के मद में चूर स्थानीय कांग्रेसी विधायक श्री गुलाब सिंह जैन अपनी सहज मानवता त्यागकर इन स्वतंत्रता सेनानियों को आकर स्वयं पीटने लगे।

हिसार में हुए मुख्यमंत्री के 'स्वागत का समाचार' सुन रोहतक के स्वयंसेवकों के मन में भी कुछ कर गुजरने का जोश उमड़ा, क्योंकि 21 दिसंबर को श्री बनारसी दास रोहतक भी आनेवाले थे। उस दिन पूर्व निर्धारित योजना के अनुसार रोहतक से सत्याग्रह नहीं होने वाला था।

सामान्यतः पूरे प्रदेश में हर स्थान से सत्याग्रह करने वाले लोगों और तिथियों का पहले से ही निर्णय हो चुका था। किंतु कुछ उत्साही युवकों ने श्री गुप्ता के आने के अवसर का पूरा फायदा उठाने का निश्चय कर लिया। हिसार में उनकी सभा में सत्याग्रह हो चुका था। इसलिए अब सी.आई.डी. और पुलिस बहुत सचेत थी तथा हर दृष्टि से सावधानी रख रही थी।

बहुत भारी संख्या में सिपाहियों को सभा की सुरक्षा और व्यवस्था के लिए तैनात किया गया था। पुलिस की भारी भरकम तैयारी के अनुरूप ही अपनी धुन के पक्के देशभक्तों ने अपनी तरफ की तैयारी भी नई सूझबूझ के साथ की। इस तैयारी में साहस के साथ-साथ दूरदृष्टि भी काम कर रही थी। सभी कुछ बड़े नाटकीय ढंग से किया गया। एक मोर्चेबंदी जैसा रोचक दृश्य था। कुल तेरह स्वयंसेवकों ने पूरे पंडाल के चारों कोनों और एक बीच के स्थान पर भीड़ के बिल्कुल बीचोबीच बैठने के लिए अपना स्थान चुन लिया। हर स्वयंसेवक के हाथ में एक साधारण सा थैला था, जैसा कि हरियाणा के ग्रामीण अकसर ही हाथों में लिये हर जगह आते-जाते हैं।

उस थैले में एक-एक फूलमाला तथा खूब सारे पर्चे, जिसमें साधारण जनता के लिए तानाशाही के विरुद्ध जमकर लोहा लेने का संदेश लिखा था, ज्यों ही मुख्यमंत्री बोलने को खड़े हुए, सभी सत्याग्रहियों ने अपने-अपने थैलों में से फूलमालाएँ निकाल अपने गले में डाल तथा जनता के बीच में एक कोने में से दो-तीन ने खड़े होकर उच्च स्वर में–'भारत माता की जय' का नारा लगा दिया।

सारी पुलिस एकदम से उस तरफ भाग खड़ी हुई और उन सत्याग्रहियों ने झटपट थैलों में से छपे हुए पर्चे अपने आसपास के लोगों में बिखेरने शुरू कर दिए तथा भारत माता की जय के नारे लगाते रहे। कुछ ही क्षणों में पुलिस ने उन्हें दबोच लिया और पकड़कर बाहर निकालने लगे। तभी दूसरे कोने में से दो तीन ने खड़े होकर 'हमारे नेता रिहा करो' का नारा लगाना शुरू कर दिया तथा पर्चे बाँटने लगे। बौखलाकर पुलिस के कुछ लोग उनकी तरफ भागे।

उन्हें पकड़कर मारना ही शुरू किया था कि सभा के मध्य में से 'हमारे नेता जयप्रकाश' का नारा लगाते तीसरे दल ने पर्चे बाँटने तथा नारे लगाने शुरू कर दिए। पुलिस झल्लाकर उनकी तरफ बढ़ी कि पंडाल के तीसरे कोने से खड़े होकर 'तानाशाही नहीं चलेगी' का नारा सत्याग्रहियों ने लगाना शुरू कर दिया।

उनकी तरफ पुलिस के कुछ लोग दौड़े तो एकदम विपरीत दिशा के कोने से भी 'देशभक्त संस्था से बैन हटाओ' के नारों की आवाजें आने लगीं। अब तक सारी सभा में हंगामा हो गया था। मुख्यमंत्री का भाषण सुनने के लिए आई

एक मोर्चेबंदी जैसा रोचक दृश्य था। कुल तेरह स्वयंसेवकों ने पूरे पंडाल के चारों कोनों और एक बीच के स्थान पर भीड़ के बिल्कुल बीचोबीच बैठने के लिए अपना स्थान चुन लिया।

जनता सरकार विरोधी लगने वाले नारों के साथ अपना स्वर मिलाकर नारे लगाने लगी थी।

पुलिस विभाग इन सत्याग्रहियों से बुरी तरह चिढ़ गया था और सभा की व्यवस्था और शांति को भंग करने वालों को बुरी तरह लाठियों से पीटा जाने लगा। जनता में पुलिस की इस क्रूरता की बुरी तरह आलोचना की जाने लगी और सत्याग्रहियों के साहस व उत्साह की प्रशंसा करती घरों को लौट गई। स्पष्ट ही था कि इन लोगों को थाने में ले जाकर बहुत पीटा गया। हर तरह से कष्ट पहुँचाए गए। इस जत्थे में सर्वश्री राजकुमार बहल, रामचंद्र मनचंदा, सुभाषचंद्र डागर, बलवीर सिंह, अभयसिंह, गणेशदत्त भारद्वाज, अरविंद कुमार, आदेश कुमार, दिनेश कुमार, गुलशन कुमार, राजेंद्रसिंह, अशोक कुमार तथा राकेश ने भाग लिया।

यों तो सभी को बहुत मारा गया, किंतु श्री रामचंद्र मनचंदा को उनके अत्यधिक ऊँची और उत्साही वाणी के कारण विशेष रूप से पीटा गया। उन्होंने अपनी मस्ती में एक पुलिस वाले का डंडा छीन उसी को एकाध लगाने का प्रयत्न किया था। वैसे धक्कम-धक्का में कुछ पुलिसवालों को चोटें आई भी थीं। इस सारी चुस्ती का पुलिस वालों ने ब्याज समेत बदला चुका लिया।

पर पुलिस की इस मारपीट का कुछ भी प्रभाव उन लोगों पर नहीं पड़ रहा था। पुलिस वाले मारते-मारते सत्याग्रहियों के बेअसर चेहरों को देख बुरी तरह खीज और ऊब गए। तब बोले, 'ससुरो मरना ही था (सत्याग्रह करना) तो और कहीं मर लेते। मुख्यमंत्री के सामने तुम लोगों ने यह सब क्यों किया?' एक सत्याग्रही ने उत्तर दिया, 'स्वागत किया।' उसके चेहरे पर हंसी और व्यंग्य के भाव मुखरित हो रहे थे। इनाम में ढेरों घूँसे और डंडे पड़े।

दूसरे सत्याग्रही की आवाज बीच में से ही उभरकर आई–'तानाशाही नहीं चलेगी।'

अब तक सारी सभा में हंगामा हो गया था। मुख्यमंत्री का भाषण सुनने के लिए आई जनता सरकार विरोधी लगने वाले नारों के साथ अपना स्वर मिलाकर नारे लगाने लगी थी।

पुलिस ने घूँसों, डंडों, जूतों के शास्त्रीय संगीत के साथ ही सुर मिलाया, 'चलेगी'; सत्याग्रहियों का समवेत स्वर गूँजने लगा, 'नहीं चलेगी।'

'चलेगी।'

इस शाब्दिक लड़ाई को पुलिसवालों ने एक गंभीर केस बनाकर दर्ज कर लिया। अत्याचारी हाथ एक सीमा के बाद थककर स्वयं ही बंद हो गए। इन हाथों के प्रहारों को सहने के लिए हर स्वयंसेवक मानसिक रूप से तैयार होकर ही संघर्ष-पथ पर आगे बढ़ा था। किंतु श्री अरविंद कुमार मानसिक ही नहीं शारीरिक रूप से भी सत्याग्रह करने के कुछ दिन पूर्व से तैयार होने लगे थे। रोज तेल लेकर

अपने शरीर की काफी देर तक मालिश करने के बाद स्वयं ही खूब जोर-जोर से अपनी पीठ पर जूतों का प्रहार किया करते थे। इस तरह से मन के साथ ही पीठ पक्की करके सत्याग्रह में भाग लेने का उन्होंने शायद अपनी तरह का पहला उदाहरण पेश किया।

रोहतक के मेडिकल कॉलेज की शाखा के स्वयंसेवकों का यों तो पूरे संघर्ष में ही बहुत उल्लेखनीय योगदान रहा है किंतु सत्याग्रह करके जो स्वयंसेवक जेलयात्रा में गए, उनके उत्साह, उमंग और मस्ती का अनुमान वही लगा सकता है, जिसने स्वयं अपनी आँखों से उन्हें सत्याग्रह करते हुए देखा हो।

ये ऐसे वीर सेनानी थे, जो अपने व्यक्तिगत हित-चिंतन से ऊपर उठ देश और समाज के लिए पहले सोचते थे। उन्होंने अपने भविष्य की कोई चिंता न करते हुए लोकतंत्र की प्रतिष्ठा के लिए बड़े-से-बड़े त्याग करने के लिए मन में संकल्प किया हुआ था। इनमें कुछ ऐसे युवक थे, जो एम.बी.बी.एस. कर चुके थे, कुछ इनटर्नशिप कर रहे थे और कुछ पढ़ रहे थे।

देश की स्थिति को देखते हुए इन्होंने भी संघर्ष में क्रियाशील होकर देश के प्रति अपनी गहरी वेदना का परिचय दिया। 2 जनवरी, 1976 के दिन डॉ. श्री दीपचंद गर्ग के नेतृत्व में डॉ. सुनील क्षेत्रपाल, डॉ. रमेश चंद्र अग्रवाल, डॉ. शिव नारायण, डॉ. रमेश बत्रा तथा श्री प्रमोद कुमार एवं श्री ज्ञानचंद्र ने श्री अमीर चंद बब्बर के घर इकट्ठे होकर सत्याग्रह करने की पूरी तैयारी की। श्री अमीरचंद जो कि उन दिनों जेल में थे, उनके घर में इन लोगों के एकत्र होने की पुलिस कल्पना भी नहीं कर सकी।

भीतर के कमरे में इकट्ठे होकर जब ये लोग अपना रास्ता कि शहर के किस-किस भाग में से होकर उन्होंने निकलना है तथा नारे क्या-क्या लगाने हैं और पुलिस जो पूछताछ करेगी, उन सबका क्या उत्तर देना है, पर विचार-विमर्श कर रहे थे, उस समय श्रीमती बब्बर घर के बरामदे में गेट के सामने बैठ ढेर सारी गाजरों को कद्दूकस कर रही थीं, ताकि गुप्तचर विभाग या पुलिस के आने की आशंका हो तो इन लोगों को सावधान कर सकें।

एक-दूसरे के गले में डालने के लिए फूलमालाएँ हाथों में लिये तथा वहाँ विदाई देने के लिए आये लोगों को टीका लगाया, मुँह मीठा कर ये सत्याग्रह करने के लिए निकल पड़े। इन्हें विदा देते समय वहाँ उपस्थित महिलाओं की आँखों में इनकी वीरता और साहस की भावना से अभिभूत हो तरलता छलक आई। मॉडल टाउन के चौक में इन्होंने एक-दूसरे को मालाएँ डालीं तथा 'भारत माता की जय' का उद्घोष किया।

रोहतक के मेडिकल कॉलेज की शाखा के स्वयंसेवकों का यों तो पूरे संघर्ष में ही बहुत उल्लेखनीय योगदान रहा है किंतु सत्याग्रह करके जो स्वयंसेवक जेलयात्रा में गए, उनके उत्साह, उमंग और मस्ती का अनुमान वही लगा सकता है, जिसने स्वयं अपनी आँखों से उन्हें सत्याग्रह करते हुए देखा हो।

रोहतक शहर में विभिन्न स्थानों से सत्याग्रही लोग सत्याग्रह करते गुजर चुके थे, किंतु मॉडल टाउन के इस इलाके से अभी तक सत्याग्रहियों का कोई जत्था नहीं गुजरा था। इसलिए लोगों के मन में इन सत्याग्रहियों को देख बहुत अचंभा हो रहा था। मेडिकल कॉलेज के निकट का इलाका होने के कारण सड़क के किनारों की दुकानों और घरों के बहुत से लोग इन्हें पहचानते थे। कुछ इन्हें इनके साहस और देशभक्ति के कारण भावविभोर हुए एकटक देखते हुए जा रहे थे। मन-ही-मन इनकी बहादुरी की प्रशंसा कर रहे थे। कुछ इनके कृत्य के औचित्य को ही नहीं समझ पा रहे थे। दिन-रात की कठोर पढ़ाई करने के बाद माँ-बाप का ढेरों पैसा खर्च करवाने के बाद व्यवस्था से टक्कर लेकर इन्हें क्या मिलने वाला है। ये चार-छह लोग तानाशाही विरोधी नारे लगाकर देश का क्या सँवार लेंगे, ऐसे कुछ प्रश्न कई लोगों के दिमाग में उठते थे।

और हर प्रश्न का उत्तर इन लोगों के चेहरे से छलकने वाला उत्साह तथा शरीर के रोम-रोम से फूटने वाली उमंग थी। 'भारत माता की जय', 'तानाशाही नहीं चलेगी' के नारे लगाते हवा के झोंके की तरह तेजी से आगे बढ़ते जा रहे थे। पुलिस के हाथों पकड़े जाने से पहले ये शहर का अधिक से अधिक हिस्सा अपनी तानाशाही विरोधी आवाज से गुँजा देना चाहते थे। बच्चों, युवकों, प्रौढ़ों के दल के दल इनके पीछे इकट्ठे होकर चलने लगे थे। देखते ही देखते एक जुलूस सा बन गया था और उसके आगे उछलते-नाचते-गाते सभी को चुनौती देते वे जा रहे थे।

'हम मस्तों में आन मिले कोई हिम्मत वाला रे!'

रास्ते में स्थान-स्थान पर उन पर पुष्पवर्षा कर लोगों ने अपने हृदय की प्रसन्नता के उद्‌गार प्रकट किए। गांधी कैंप के चौराहे पर पहुँच उन्होंने वहाँ देशभक्ति की भावना से परिपूर्ण एक कव्वाली गाई, फिर तेज कदमों से सर्कुलर रोड से नारे लगाते हुए कचहरी की तरफ चल निकले और डिप्टी कमिश्नर की कोठी के थोड़ा आगे जाने तक पुलिस इन्हें पकड़ने के लिए पहुँच गई।

रोहतक शहर में विभिन्न स्थानों से सत्याग्रही लोग सत्याग्रह करते गुजर चुके थे किंतु माडल टाउन के इस इलाके से अभी तक सत्याग्रहियों का कोई जत्था नहीं गुजरा था।

पुलिस द्वारा घेर लिए जाने पर ये लोग खड़े होकर 'भारत माता की जय, तानाशाही नहीं चलेगी' के नारे लगाने लगे। इन लोगों के नेता डॉ. दीपचंद ने आवाज उठाई–'भारत माता की···' और सत्याग्रही साथियों के साथ की भीड़ में से एक उत्साही स्वर उभरा–'जय'। पुलिस वालों ने उस युवक को भी इन लोगों के साथ पकड़ लिया। इस युवक का नाम रमेश बत्रा था। यह भी मेडिकल कॉलेज का विद्यार्थी था और कुछ ही दिनों बाद इसकी वार्षिक परीक्षा होने वाली थी। रमेश बत्रा को भी सत्याग्रह करके जेल जाने की बहुत इच्छा थी, किंतु

कार्यकर्ताओं द्वारा इसकी परीक्षा के कारण इसे रोक दिया गया।

लेकिन अपने हृदय की उत्सुकता को न दबा सकने के कारण यह सत्याग्रहियों की टोली के पीछे चलता रहा। और जब उन्होंने मातृभूमि की जय-जयकार करनी शुरू की तो इसके मुँह से भी अनायास ही भारत माता की जय के शब्द फूट पड़े। पुलिस द्वारा पकड़ लिए जाने पर इस युवक को हार्दिक प्रसन्नता अनुभव हुई, क्योंकि उसकी अपनी इच्छा ही दूसरे ढंग से पूर्ण हो रही थी। बाद में यह पुलिस की गाड़ी में बैठ सिपाहियों के साथ परीक्षा के दिनों में जेल से परीक्षा देने जाया करता था। परीक्षा या परीक्षा परिणाम की अपनी धुन के ये पक्के वीर चिंता नहीं किया करते थे। जिस दिन इन्होंने सत्याग्रह किया, उसी दिन डॉ. रमेश अग्रवाल और डॉ. शिवनारायण के परीक्षाफल निकले थे, जिन्हें बिना जाने ही ये सत्याग्रह करके जेल यात्रा के लिए निकल पड़े थे।

यहीं से 12 दिसंबर, 1975 को श्री सुदर्शन धींगड़ा, रमेश चौहान, अशोकजी मेहता, सतीश कुमार, गुलशन कुमार, सतपाल, रमेश कुमार, धर्मपाल एवं रमेश कुमार ने सत्याग्रह किया था। इनके साथ भी पुलिस ने अपने वहीं मारने-पीटने-धमकाने के सारे ढंग इस्तेमाल किए थे। श्री सुदर्शन धींगड़ा के पिता को बुलाकर जब पुलिस द्वारा यह कहा गया कि आपके पूरे परिवार को ही नहीं बख्शा जाएगा–दुकान पर छापा मारकर काम बंद कर दिया जाएगा तो उन्होंने कहा कि परिवार के दो व्यक्ति तो हम इस समय आपके थाने में मौजूद ही हैं, बाकी छोटे बेटे को भी अभी जाकर बुला लाओ, साथ ही दुकान पर भी रेड करते आना तो पुलिस वाले अपना सा मुँह लेकर रह गए।

बेटे को कमजोर करने के लिए पिता को बुलाया गया था, लेकिन उसके उत्तर में स्वयं पुलिस वाले मौन हो गए और अपना मार-पिटाई का एक मात्र हथियार चलाते रहे। जिसका न मार खाने वालों पर और न ही शारीरिक कष्ट के समाचार सुनकर, भविष्य में सत्याग्रह, करके आने वालों पर ही कोई असर हुआ। बल्कि तीन दिन बाद ही 15 दिसंबर, 1975 को राजगीरी का काम करने वाले श्री रामजीदास के नेतृत्व में सात लोगों का जत्था फिर सत्याग्रह करने निकल पड़ा। सर्वश्री ओमप्रकाश, सुभाष, कृष्ण दत्त, रामप्रकाश, भोलानाथ, रिछपाल सिंह इसमें भाग ले रहे थे। ये लोग भी नारे लगाते पोस्टर बाँटते शहर के विभिन्न भागों में से निकलकर भिवानी स्टैंड पर पुलिस द्वारा पकड़ लिये गए थे। 26 दिसंबर, 1975 को श्री सुभाष आहूजा के नेतृत्व में श्री नवीन कुमार तथा श्री बसंतलाल व श्री श्याम सुंदर ने बैंसी गाँव से आकर रोहतक से सत्याग्रह किया। श्री वीरभान तथा श्री ऊमेद को पुलिस बिना सत्याग्रह किए ही पकड़ लाई।

भारत माता की जय के शब्द फूट पड़े। पुलिस द्वारा पकड़ लिए जाने पर इस युवक को हार्दिक प्रसन्नता अनुभव हुई, क्योंकि उसकी अपनी इच्छा ही दूसरे ढंग से पूर्ण हो रही थी। बाद में यह पुलिस की गाड़ी में बैठ सिपाहियों के साथ परीक्षा के दिनों में जेल से परीक्षा देने जाया करता था।

सभी सत्याग्रहियों के लिए मुक्के, डंडे, थप्पड़, रबड़ के जूते खाना बिल्कुल सामान्य सी बात थी। सत्याग्रह कर रहे हैं तो यह सब सहना ही पड़ेगा। इस स्थिति को मन में स्वीकार करके ही ये लोग घर से निकला करते थे। तभी तो पुलिस की गिरफ्त में दमन और अत्याचार के दम घोंटू वातावरण में भी व्यंग्य-विनोद की सृष्टि कर पाना इन लोगों के लिए संभव हो सकता था। सोनीपत के सत्याग्रहियों ने अपनी इस विशेषता का परिचय गिरफ्तार होने के बाद दिया। नगर का सिक्योरिटी ऑफिसर संघ के एक अधिकारी का परिचित था और अधिकारी ने अपने स्तर पर उसे यह विश्वास दिला रखा था कि सोनीपत में कुछ भी घटित नहीं होगा।

सत्याग्रह कर सकने के लायक दृढ़ता और उत्साह नगरवासियों में नहीं है। सभी इंदिराजी के हक में हैं। इस प्रकार के आश्वासन पाकर सिक्योरिटी ऑफिसर आखिर तक निश्चिंत बैठा रहा। पर निश्चित दिन अचानक 15 लोगों ने श्री अजीतसिंह जैन तथा डॉ. रामलाल के नेतृत्व में सत्याग्रह कर दिया, जिसको देखकर सरकारी हलके में बहुत क्रोध छा गया। इन लोगों की जमकर पिटाई करने का आदेश दिया गया। थाने के अंदर कमरे में बंद लोगों को एक-एक करके बाहर बुलाकर खूब मारा जाने लगा। अंदर के लोगों ने बाहर के व्यक्ति की होने वाली दुर्दशा को कुछ देर देखा, फिर यह निश्चित किया कि चुपचाप मुँह बंद कर मार खाने में कोई तुक नहीं थी। इसलिए खूब जोर-जोर से चिल्लाकर हाय-तौबा मचाकर पास-पड़ोस में सुन सकने वालों को पुलिस के अत्याचारों का परिचय दिया जाए।

निश्चित कार्यक्रम के अनुसार अगला व्यक्ति मार खाने की अपनी बारी आने पर जब बाहर गया तो उसने योजना अनुसार खूब शोर मचाना शुरू कर दिया। लीतर हाथ में लिये अभी पुलिस वालों ने मारने के लिए हाथ ही उठाए थे कि 'हाय-हाय मार दिया, बड़ा जोर से मार दिया' का उच्च स्वर सारे वातावरण में फैल गया। इस शोर-शराबे का पुलिस पर यही प्रभाव पड़ा कि उसने और भी निर्दयता से बाकी सत्याग्रहियों की पिटाई की।

सत्याग्रह कर रहे हैं तो यह सब सहना ही पड़ेगा। इस स्थिति को मन में स्वीकार करके ही ये लोग घर से निकला करते थे। तभी तो पुलिस की गिरफ्त में दमन और अत्याचार के दम घोंटू वातावरण में भी व्यंग्य-विनोद की सृष्टि कर पाना इन लोगों के लिए संभव हो सकता था।

यों तो हर सत्याग्रही को ही पुलिस के हाथों शारीरिक-मानसिक कष्ट मिलना स्वाभाविक ही था और उसके लिए मानसिक रूप से तैयार होकर ही भारत माँ के वीर सपूत इस पथ पर चले थे। लेकिन कुछ लोगों को मिलने वाली यातना पुलिस की पाशविकता का नग्न नृत्य था। श्री रामबिलास का नाम उन यातनाभोगी व्यक्तियों में सर्वोपरि रहा। 29 नवंबर को उन्हें पुलिस की गाड़ी रोकने पर नाहड़ नामक स्थान से पकड़ा गया था। उनके पकड़े जाने की कहानी के पीछे

रोहतक से 14 नवंबर को श्री अमीरचंद बब्बर के नेतृत्व में हुए सत्याग्रह की रोमांचक और किसी पढ़े-सुने जासूसी कथानक जैसी सनसनी खोज कहानी निहित है। 14 नवंबर को रोहतक में गवर्नर आनेवाला था और सत्याग्रह शुरू होने का भी यही पहला दिन था। इस दिन आठ व्यक्तियों सर्वश्री अमीरचंद, श्याम सुंदर पसरीजा, भगवान दास, अतरचंद, लद्धाराम, जगदंबा, सुरेंद्र कुमार तथा मदन लाल ने किला रोड से सत्याग्रह करना शुरू किया और डेढ़ घंटे के करीब तत्कालीन सरकार और व्यवस्था के विरुद्ध नारे लगाते रहे। ये शहर के बाजारों में घूमते रहे।

सवा बारह बजे पुलिस ने आकर इन्हें हिरासत में ले लिया और 17 तारीख तक पुलिस चौकी में ही रखा। 17 तारीख रात को अचानक वहाँ से अपनी बस में बिठा किसी दूसरी जगह भेज दिया गया। उन्हें कहाँ भेजा गया और इनके साथ क्या बीत रही है, यह किसी को कुछ भी पता नहीं था। पूरे 17 दिन इन्हें गैरकानूनी ढंग से पकड़कर रखा गया और इनका किसी न्यायाधीश के आगे चालान नहीं भेजा गया। इससे सभी संबंधित व्यक्ति बहुत परेशान हो गए। ये लोग कहाँ पर किस हालत में हैं, जीवित भी हैं या नहीं, ऐसी ही आशंकाएँ सभी के मन में उठ रही थीं। हरियाणा की पुलिस से कुछ भी अपेक्षित था, इसलिए इन लोगों की खोज-पड़ताल के लिए इनके परिवार वालों के साथ-ही-साथ कार्यकर्ता भी जुट गए। आसपास के सभी पुलिस थानों को छान मारा गया, पर इन लोगों का कोई सुराग नहीं मिला।

बीतते हुए समय के साथ ही चिंता बढ़ती जा रही थी। रोहतक में से जितनी भी सड़कें इधर-उधर फूटती थीं, सभी पर दूर-दूर तक जाकर इन लोगों को ढूँढने की कोशिश की गई। नारे लगाते लोगों की कोई पुलिस वाली बस उधर से गुजरी हो, कहीं किसी ने इन लोगों को देखा हो, इस तरह की पूछताछ सब ओर चल रही थी। और इसी तरह बारह दिन बीत गए। पुलिस ने उन्हें जरूर कहीं जाकर मार डाला होगा, कुछ लोगों ने ऐसी आशंका प्रकट करनी शुरू कर दी थी कि एक दिन अचानक रोहतक से झज्जर आने वाली सड़क, जहाँ बेरी की तरफ मुड़ती है, वहाँ एक व्यक्ति ने बताया कि 17 तारीख रात पुलिस बस में बैठकर कुछ लोग नारे लगाते उसने नाहड़ की तरफ जाते देखे थे।

नाहड़ एक छोटा सा कस्बानुमा गाँव है, जिसकी एक पुरानी गढ़ी में छोटा सा पुलिस थाना स्थित है। वहाँ पहुँचकर गढ़ी के सामने एक चाय-दूध की दुकान से पता चला कि पिछले कुछ दिनों से शाम को चार बजे के लगभग आठ कप चाय अंदर जाया करती है। वे लोग दीवार के एक सुराख में खटका कर सूचना

हर सत्याग्रही को ही पुलिस के हाथों शारीरिक-मानसिक कष्ट मिलना स्वाभाविक ही था और उसके लिए मानसिक रूप से तैयार होकर ही भारत माँ के वीर सपूत इस पथ पर चले थे। लेकिन कुछ लोगों को मिलने वाली यातना पुलिस की पाशविकता का नग्न नृत्य था।

भेजते हैं और इसके बाद चाय अंदर भेज दी जाती है। शाम के चार बजे तक यहाँ रुकने के बाद जब चाय मँगवाने के लिए अंदर से संकेत किया गया तो उस सुराख में से श्री अतरचंदजी की झलक पड़ गई।

उस समय किसी को कुछ भी न कहकर वापस रोहतक पहुँचकर दूसरे दिन के लिए कमीशन तय करवाने की योजना बनाई गई। रोहतक में इन लोगों की सूचना मिलते ही अनेक लोग इकट्ठे हो गए। कानूनी सहायता लेने के लिए कुछ लोगों ने प्रयास करने शुरू कर दिए और इस बीच पुलिस उन्हें नाहड़ से निकाल किसी अन्य जगह न ले जाए, इसके लिए कुछ लोगों को साथ लेकर श्री रामबिलास नाहड़ पहुँच गए। वहाँ के ग्रामीण भी काफी संख्या में इकट्ठे हो गए। परंतु इस समय तक रोहतक के वायरलैस द्वारा नाहड़ की पुलिस को कमीशन आने की संभावना से सचेत कर दिया गया था और इन लोगों को ट्रक में बिठाकर नाहड़ पुलिस स्टेशन से कहीं ओर ले जाने के लिए योजना बना ली गई थी। ऐसा होने वाला था, यह एहसास श्री रामबिलास को शुरू से ही था, इसलिए वे पुलिस ट्रक के आगे खड़े हो गए और कह दिया कि इन लोगों को कहीं लेकर जाना है तो ट्रक को मेरे ऊपर से निकालकर ले जाना होगा। यहाँ से पुलिस के साथ उनके संघर्ष की कहानी शुरू होती है।

अपने स्वभाववश ही पुलिस वालों ने दो-चार गालियाँ निकालकर श्री रामबिलास को एक तरफ हट जाने को कहा तो उनका स्वाभिमानी खून खौल उठा। वैसे चाहे खाल उधेड़ लो, पर गाली दी तो अच्छा न होगा। उन्होंने पुलिस वालों को कड़ककर कहा। पुलिस वाले ऐसी भाषा सुनने के आदी नहीं थे। उन्होंने वहाँ श्री रामबिलास को पीटना शुरू कर दिया और इतना मारा कि उनके नाक-कान-मुँह तीनों जगह से खून टपकने लगा। तब नाहड़ से रोहतक वायरलैस द्वारा सूचना भेजी गई कि रामबिलास नाम का एक व्यक्ति काररवाई में बाधा डाल रहा है। रोहतक से निर्देश मिले, वह बहुत खतरनाक व्यक्ति है, उसे तुरंत गिरफ्तार कर लो। इसके बाद रामबिलासजी के साथ क्या कुछ घटित हुआ, उसकी कहानी बहुत लंबी और लोमहर्षक है, किंतु उनके प्रयत्नों द्वारा पुलिस उन आठ लोगों को अन्य किसी गुप्त अज्ञात स्थान पर लेकर जाने में सफल नहीं हो सकी और मजबूर होकर इन लोगों को झज्जर अदालत में पेश करना पड़ा।

उन्होंने पुलिस वालों को कड़क कर कहा। पुलिस वाले ऐसी भाषा सुनने के आदी नहीं थे। उन्होंने वहाँ श्री रामबिलास को पीटना शुरू कर दिया और इतना मारा कि उनके नाक कान मुँह तीनों जगह से खून टपकने लगा।

किंतु अपनी इस हार का बदला पुलिस ने श्री रामबिलास से बराबर लिया। वहाँ पर खूब मार-पिटाई करके उन्हें अंबाला इंटेरोगेशन सेंटर भेज दिया गया। आँखों में लालमिर्च डालने से लेकर गुप्त अंगों को जलती सिगरेट-बीड़ी से

छुआने, पजामे में चूहे बाँध देने, कितनी ही रातें लगातार सोने, खाने-पीने न देने के बाद नंगे शरीर की पिटाई करने, उल्टे लटकाकर रखने तक के हर तरीके को इन पर आजमाया गया। ये सारी यातनाएँ देने के बाद वही तीन-चार प्रश्न बार-बार वे लोग पूछते, 'हरियाणा के भूमिगत संघर्ष को चलाने वाला प्रेमचंद कौन है? कैसा है? दर्पण कहाँ छपता है? संघ के पास धन कहाँ से आ रहा है?'

इनमें से किसी एक प्रश्न का उत्तर भी पुलिस वाले नहीं पा सके। अंत में चिढ़कर वहाँ उपस्थित गुप्तचर विभाग के डी.आई.जी. ने कह दिया, यह ऐसे नहीं बतलाएगा। चीर दो इसको। क्षत-विक्षत शरीर और लहू टपक रहे चेहरे पर एक सहज मुस्कान लाकर उसने उत्तर दिया।

'जरूर चीर दो। मेरा जीवन सफल हो जाएगा। देश के नौजवान इस घटना के बाद जाग्रत् हो जाएँगे और तुम्हारा प्रमोशन हो जाएगा। हम सभी का इसमें फायदा है।'खूँखार सा दिखने वाला पुलिस अफसर भी उस उत्तर से अभिभूत हो गया। उसके मुँह से स्वयमेव ही निकल गया, 'धन्य है वह संगठन, जिसमें ऐसे-ऐसे वीर जवान हैं।' बाद में श्री प्रेमचंद गोयल को अपने एक पत्र में श्री रामबिलास ने लिखा कि 'आपकी पकाई ईंट कच्ची नहीं निकली।' देश के प्रति, संगठन के प्रति और अधिकारियों के प्रति इतनी यातना सहने के बाद भी ऐसा श्रद्धाभाव रखने वाले स्वयंसेवक ही राष्ट्रीय स्वयंसेवक संघ की पूँजी है।

उन दिनों पुलिस विभाग ने भी प्रशासन के दूसरे विभागों की भाँति अपनी तरफ से इंदिरा भक्ति में कोई कोर कसर नहीं रखी थी। सत्याग्रहियों को अधिक-से-अधिक पीड़ा पहुँचाना भी उनकी इस भक्ति भावना का ही एक अंग था। रिवाड़ी निवासी श्री ओमप्रकाश ग्रोवर को हर समय डाकुओं को पहनाई जाने वाली 20 किलो की बेड़ी पहना कर रखी जाती थी। जींद में पुरुषोत्तमजी के नेतृत्व में जिन 11 लोगों ने सत्याग्रह किया था, उन्हें भी बहुत बेरहमी से मारा गया था। इस प्रकार जहाँ एक तरफ पुलिस अपनी अमानवीयता से बाज नहीं आती थी। वहीं दूसरी तरफ पुलिस के अत्याचारों को एक सहज स्वाभाविक प्रक्रिया मानकर लोकतंत्र के दीवाने नित नए स्थान से अपने विद्रोह की ध्वनि मुखरित करते रहते थे।

श्री रामबिलास ने लिखा कि 'आपकी पकाई ईंट कच्ची नहीं निकली।' देश के प्रति, संगठन के प्रति और अधिकारियों के प्रति इतनी यातना सहने के बाद भी ऐसा श्रद्धाभाव रखने वाले स्वयंसेवक ही राष्ट्रीय स्वयंसेवक संघ की पूँजी है।

सत्याग्रह की इस प्रचंड आँधी में सोनीपत के एक बाल सत्याग्रही ने देशभक्ति के प्रबल और प्रखर विचारों का उदाहरण अपने माता-पिता के सामने यह कहकर दिया कि मैं सरकारी इशारों पर चलने वाले टेलीविजन के प्रोग्रामों में लोकतंत्र की हत्या करने वालों का मुँह नहीं देखना चाहता। मैं जेल में अच्छा हूँ। कचहरी में पेशी पर आए हुए इस बालक को उसके माता-पिता नए लाए गए टेलीविजन

का प्रलोभन देकर घर ले जाना चाहते थे।

पूरे हरियाणा में गुड़गाँव जिले में से सत्याग्रहियों की संख्या सबसे अधिक रही। यह तथ्य तब और भी रोचक लगता है, जब वहाँ के डी.एस.पी. के दावे को कि गुड़गाँव शहर में सत्याग्रह नहीं हो सकता। गुड़गाँव के अनुभवी कार्यकर्ताओं ने इस चुनौती को स्वीकार कर 19 जनवरी को प्रो. दशरथ चौहान के नेतृत्व में नंदराम डागर एवं श्री रामकुमार आदि ने सत्याग्रह किया। दो घंटों तक इन लोगों ने बाजारों में पोस्टर बाँटे एवं तानाशाह विरोधी नारे लगाए। श्री रामकुमारजी ने खादी के कपड़े व गांधी टोपी पहन रखी थी। प्रांत के प्रमुख उद्योग नगर फरीदाबाद में श्री विजय आनंद की अध्यक्षता में जो सत्याग्रही जत्था निकला, सत्याग्रह के इतिहास में उसका नाम विशेष महत्त्व रखता है। क्योंकि यह जत्था सेक्टर पाँच से सायं पाँच बजे शुरू हुआ था और नारे लगाते नुक्कड़ सभाएँ करते हुए सेक्टर-1, 2 के सभी बाजारों में रात के 9 बजे तक घूमते-घूमते अंत में तानाशाही सरकार की पिट्ठू पुलिस के हाथों में बिना पड़े ये लोग अपने-अपने घरों को लौट गए।

रात भर आराम से सोने के बाद इन्हीं लोगों ने बल्लभगढ़ में जाकर सत्याग्रह कर गिरफ्तार होने का निर्णय लिया। 22 जनवरी दोपहर को इन लोगों ने बल्लभगढ़ जाकर दुगने जोश और उत्साह से सरकार विरोधी नारे लगाए और अपनी गिरफ्तारी दी। इस जत्थे के दुस्साहस और चुनौती से चिढ़कर इन सभी लोगों को अंबाला ले जाया गया। अंबाला का एंटेरोगेशन सेंटर और जेल दोनों ही प्रांत भर में अपनी अमानवीयता और अत्याचारों के लिए प्रसिद्ध रहा है।

कहा जाता है कि इतिहास अपने को दोहराता है, इस उक्ति को चंडीगढ़ में हरियाणा की विधानसभा में श्री ओमप्रकाश अतरेजा ने अपने साथियों श्री गुलशन भाटिया तथा श्री राजेंद्र कुमार सहित सत्य कर दिखाया, जब उन्होंने 15 जनवरी के दिन तानाशाही विरोधी नारे लगाए, पर्चे फेंके तथा जनसाधारण के दिलों की आवाज को चापलूसी, चाटुकारिता के आधार पर बने पंगु मंत्रियों तथा मुख्यमंत्री के सामने सत्याग्रह कर के बुलंद कर दिया। उस समय वहाँ पर वैसा ही सन्नाटा पैदा हो गया था, जैसा एक दिन भगत सिंह के असेंबली हॉल में बम फेंके जाने पर हुआ होगा। उस भगत सिंह की परिणति से आज का भगत सिंह अपरिचित नहीं था, पर अपना सिर हथेली पर लेकर ही देशभक्त सदा अपने रास्ते पर आगे बढ़ा करते हैं।

उस समय वहाँ पर वैसा ही सन्नाटा पैदा हो गया था, जैसा एक दिन भगत सिंह के असेंबली हॉल में बम फेंके जाने पर हुआ होगा। उस भगत सिंह की परिणति से आज का भगत सिंह अपरिचित नहीं था, पर अपना सिर हथेली पर लेकर ही देशभक्त सदा अपने रास्ते पर आगे बढ़ा करते हैं।

हरियाणा से 23 जनवरी को स्थान-स्थान से सत्याग्रहियों के अंतिम जत्थे ने

गिरफ्तारियाँ दीं। रोहतक से डॉ. अशोक गर्ग के नेतृत्व में तथा सिरसा से युवक नेता राजेंद्र कुमार के नेतृत्व में इस यज्ञ में अंतिम आहुति दी गई।

लोकतंत्र की रक्षा के लिए और प्रधानमंत्री को उसके कृत्यों के अनौचित्य को जतलाने के लिए सत्याग्रह का माध्यम था। लोकसंघर्ष समिति के आह्वान पर दो मास तक निरंतर यह सत्याग्रह चलता रहा। इसके माध्यम से देशव्यापी असंतोष और अस्वीकार की भावना को सरकार के सामने प्रकट कर दिया था और भय-आतंक के ऐसे दमघोंटू वातावरण में भी लोग अपना सिर उठा सकते हैं, इस संकेत को सत्याग्रह के द्वारा तानाशाही शक्ति तक पहुँचा दिया गया। लोकसंघर्ष समिति का उद्देश्य देश में अराजकता या अनुशासनहीनता अथवा विरोध को बढ़ावा देना नहीं था। तानाशाही शक्ति जो निर्ममता से मानव अधिकारों का हनन कर लोकतंत्र को अपने पैरों तले कुचल रही थी, उसे सचेत कर जनसामान्य के अंदर चेतना, उत्साह तथा अत्याचारों के प्रति विरोधी आवाज पैदा करना इसका मुख्य कार्य था। आचार्य विनोबा भावे की अध्यक्षता में हुए आचार्यों के सम्मेलन द्वारा पारित प्रस्ताव को देखते हुए लोकसंघर्ष समिति ने 26 जनवरी, 1976 से देशभर में चल रहे सत्याग्रह को स्थगित कर दिया। इसके पीछे नेताओं की यह आशा काम कर रही थी कि जनता के हृदय की बात को जान लेने के बाद तथा अपने कृत्यों के परिणामों को जानने के बाद संभवतः अनुकूल शांतिपूर्ण वातावरण पाकर आपातस्थिति पर पुनर्विचार करने के लिए प्रधानमंत्री तैयार हो जाएँ।

प्रभाव

यह सत्याग्रह अनेक दृष्टियों से महत्त्वपूर्ण रहा। सर्वप्रथम इसका प्रभाव सरकारी क्षेत्रों पर पड़ा। श्रीमती गांधी आपातकाल की घोषणा को अपनी कुरसी को बचाए रखने का एक अचूक और प्रभावशाली साधन मान रही थीं। कुछ मुँह लगे और चापलूसों के विशिष्ट वर्ग से ही हर समय घिरी रहकर देश की वास्तविक स्थिति का उन्हें ज्ञान शायद नहीं था। उन्हें बड़े-बड़े राजनैतिक योद्धाओं का ही डर था, जिन्हें वह पहले ही कारागार की सींखचों में बंद कर चुकी थीं। भारतीय जनमानस से उन्हें किसी किस्म के विरोध की आशंका नहीं थी। अपने हर जलसे-जुलूस में हजारों की संख्या में किराए के लोगों की उपस्थिति को प्रतिदिन देखने की अभ्यस्त होने के कारण अपनी नीतियों की लोकप्रियता का उन्हें गलत अहसास रहता था।

आचार्य विनोबा भावे की अध्यक्षता में हुए आचार्यों के सम्मेलन द्वारा पारित प्रस्ताव को देखते हुए लोकसंघर्ष समिति ने 26 जनवरी, 1976 से देशभर में चल रहे सत्याग्रह को स्थगित कर दिया।

प्रेस पर सेंसरशिप होने के कारण जनता के मूर्ख बने रहने की भी उन्हें

गलतफहमी थी, लेकिन सत्याग्रह द्वारा अपना प्रत्यक्ष विरोध देख पहली बार उन्हें अपने निर्णय पर पुनर्विचार करने की आवश्यकता अनुभव हुई। भले ही कुरसी का मोह ज्ञानचक्षुओं पर पर्दे की भाँति छाया हुआ था, तो भी जनसामान्य में से इतनी अधिक संख्या में लोगों को सत्याग्रह करते देख तानाशाह के हृदय में एक बार तो बौखलाहट छा गई और इतने विस्तृत धरातल पर विरोध को मुखरित हुआ देख इसके पीछे रा.स्व. संघ का सशक्त हाथ होने की संभावना को उसने आम स्पष्ट शब्दों में स्वीकार किया। कांग्रेस के चंडीगढ़ में हुए अखिल भारतीय कांग्रेस सम्मेलन में देशव्यापी सत्याग्रह की सच्चाई को स्वीकार कर श्रीमती इंदिरा गांधी ने अपने भाषण में कहा कि रा.स्व. संघ अवैध घोषित किया जाने के बाद भी इसकी गतिविधियाँ निरंतर चल रही हैं। जिन क्षेत्रों में आपातकाल से पहले इसका प्रभाव नहीं था, उन प्रदेशों में भी इसका प्रादुर्भाव हो गया है।

स्वयंसेवक दबे नहीं हैं, बल्कि पहले से अधिक बढ़ गए हैं। इसके लिए केरल और कर्नाटक के उदाहरण दिए गए। बाहर से चाहे तानाशाही सरकार का व्यवहार कुछ भी रहा हो, पर बहुत भीतर कहीं वह यह महसूस करने लगी थी कि इस देश में ऐसे लोग अभी सींखचों से बाहर बचे हुए हैं, जो अन्याय, अत्याचार के आगे झुकते नहीं हैं, स्वार्थ सुविधाओं के हाथों बिकते नहीं हैं।

भारत में आपात् स्थिति की घोषणा होने पर विदेशों में शुरू-शुरू में इस पर प्रतिक्रिया दिखाई गई। किंतु सरकारी प्रचार और सेंसरशिप के कारण देश के बाहर हमारी यही स्थिति उभर रही थी कि वास्तव में देश के हित को देखते हुए जन सामान्य से उसके मौलिक अधिकारों को छीन लिया गया है। अखबारों पर सेंसरशिप लगा दी गई है, संविधान को संशोधित किया जा रहा है, तानाशाही सरकार ही भारतीयों के लिए सही सरकार हो सकती है और आम आदमी इस आपातकाल की घोषणा से संतुष्ट व खुश है।

अखबारों पर सेंसरशिप लगा दी गई है, संविधान को संशोधित किया जा रहा है, तानाशाही सरकार ही भारतीयों के लिए सही सरकार हो सकती है और आम आदमी इस आपातकाल की घोषणा से संतुष्ट व खुश है।

इंदिरा की नीतियों को पूरे देश का समर्थन प्राप्त है। इंदिरा ही इंडिया है। उसके नेतृत्व में प्रगति के रास्ते पर चलते हुए देश सुनहरे भविष्य की ओर बढ़ रहा है। यद्यपि शुरू-शुरू में आपातकाल की घोषणा के आगे पूरे भारत के मौन आत्मसमर्पण पर विदेशों में हैरानी भी प्रकट की गई और आलोचना भी की गई, परंतु बाद में भारत के भीतर व्याप्त खामोशी को देख दूसरों ने भी चुपचाप रहना ही अधिक उचित समझा। किंतु सत्याग्रह का आंदोलन शुरू होते ही विदेशों के सामने यह स्पष्ट हो गया कि सभी भारतीय अपने को चुपचाप बलिवेदी पर अर्पण नहीं कर रहे।

भारत के भीतर भी जुल्म अत्याचार को समझने, महसूस करने वाले और

उसका विरोध करने वाले व्यक्ति विद्यमान हैं और सारा देश तानाशाही के समर्थन में मौन नहीं बैठा है, बल्कि कुछ कर गुजरने की ताक में योजनाबद्ध चिंतन-मनन कर रहा है। भारतीयों के स्वाभिमानी और नैतिक दृष्टि से जीवित होने का प्रमाण सत्याग्रह के रूप में विदेशियों को मिला और उनके अखबारों में भारत संबंधी खबरों के रूप में परिवर्तन हुआ। आपातकाल की घोषणा से जनसामान्य के हृदय में गहरा क्षोभ था और मन-ही-मन सभी लोग इससे अप्रसन्न और रुष्ट थे। समय के बीतने के साथ सरकार के अन्याय, अत्याचार भी बढ़ रहे थे और जनमानस क्षुब्ध हो रहा था।

लेकिन खुलकर विरोध का स्वर उठाने की हिम्मत किसी की नहीं हो रही थी। यह सत्याग्रह अनेकानेक लोगों के हृदय के मौन हाहाकार का मुख-स्वर था, जिसे सुनकर जनता संतोष और राहत महसूस करने लगी थी। सत्याग्रहियों के रूप में हर व्यक्ति को अपने ही भीतर एक विद्रोही अंश संघर्ष के धरातल पर उतर आया महसूस होने लगा था।

यही कारण था कि जनसामान्य के बीच यह आंदोलन इतनी सफलता के साथ चल सका। जनता का समर्थन और सहयोग मौन रूप से इसके साथ रहा। देश में जो कुछ घट रहा है, उसके विरुद्ध आवाज उठाने का साहस कुछ लोग कर रहे हैं, यह एहसास ही जनता को हो जाना अपने आप में एक महत्त्वपूर्ण उपलब्धि थी।

अन्याय अत्याचार के विरुद्ध खड़े हो सकने का उदाहरण प्रत्यक्ष रूप से देख लेने के बाद व्यावहारिक रूप में चाहे लोगों ने सरकार के विरोध में कोई हिंसक प्रतिक्रिया नहीं दिखाई, लेकिन भीतर-ही-भीतर उनकी घृणा और वितृष्णा तत्कालीन सरकार के प्रति प्रबल रूप धारण कर गई। सत्याग्रही जब पेशी पर कोर्ट-कचहरी में जाते थे, तब भी आते-जाते समय कुछ जोर-शोर से नारे लगाते थे–'हमने क्या अपराध किया है, देशधर्म का साथ दिया है, खोलो-खोलो जेल के फाटक सत्याग्रही आए हैं', 'लोकतंत्र के दुश्मन तीन, इंदिरा, बरुआ, फखरुद्दीन'।

चारों ओर सैकड़ों व्यक्ति एकत्र हो जाते थे। इस प्रकार निरंतर जन-जागरण का कार्य इन सत्याग्रहियों ने किया। सत्याग्रहियों पर किए गए अत्याचार और ज्यादतियाँ जनसामान्य के हृदय में अमिट छाप छोड़ गईं, जिसका परिणाम चुनाव में स्पष्ट हो गया। दूसरे अनेक स्तरों पर सत्याग्रह का जो प्रभाव पड़ा, उसकी तुलना में कहीं अधिक महत्त्वपूर्ण प्रभाव संघ के कार्यकर्ताओं की मानसिकता पर पड़ा। जो लोग सत्याग्रह करके जेलों में गए, उनके मन पर से सरकार के हौवे

निरंतर जन-जागरण का कार्य इन सत्याग्रहियों ने किया। सत्याग्रहियों पर किए गए अत्याचार और ज्यादतियाँ जनसामान्य के हृदय में अमिट छाप छोड़ गईं, जिसका परिणाम चुनाव में स्पष्ट हो गया।

का डर समाप्त हो गया। वे भविष्य की किसी भी चुनौती का सामना करने के लिए तैयार हो गए।

संघ का कार्यक्षेत्र तब तक शाखाओं और स्वयंसेवकों के साथ व्यक्तिगत संपर्क के धरातल तक ही सीमित था, किंतु इस समय जो स्वयंसेवक तथा दूसरे लोक सत्याग्रह करने या भूमिगत आंदोलन की गतिविधियों से संबंधित होने के कारण जेलों में गए, उनके परिवारों के साथ पीछे से स्वयंसेवकों का घनिष्ट और आत्मीयतापूर्ण संबंध तथा आर्थिक कठिनाई पैदा हो जाती थी। संबंधित परिवारों का एक व्यक्ति नहीं, पूरा परिवार ही इस आत्मीयता और देखभाल से कृतकृत्य हो संघ की विचारधारा का समर्थक बन गया। जेलों में बंद स्वयंसेवकों के व्यवहार को निकट से देखने-समझने का अवसर मिलने पर भिन्न-भिन्न राजनीतिक दलों तथा दूसरी संस्थाओं के हृदय में संघ को लेकर जो अनेकानेक शंकाएँ व्याप्त थीं, उनका निवारण हुआ और संघ को उसके सही रूप में समझने का पहली बार अवसर गैर संघी लोगों को मिला तथा रा.सं. संघ की देशभक्ति, लोकतंत्र में गहरी निष्ठा, अनुशासन तथा सहयोग की भावना को देख संघ के प्रति एक नया दृष्टिकोण सभी तरफ पनपना शुरू हुआ। संघ पर सरकार ने जो प्रतिबंध लगाया था, उसके कारण जेलों के बाहर यद्यपि शाखाओं को उनके पूर्ववर्ती रूप में लगाना कठिन हो गया था और सामूहिक कार्यक्रमों की संख्या पर इसका प्रभाव पड़ा था, किंतु जेलों के अंदर यह काम खुले रूप में सुचारू रूप से चलने लगा।

संघ पर सरकार ने जो प्रतिबंध लगाया था, उसके कारण जेलों के बाहर यद्यपि शाखाओं को उनके पूर्ववर्ती रूप में लगाना कठिन हो गया था और सामूहिक कार्यक्रमों की संख्या पर इसका प्रभाव पड़ा था, किंतु जेलों के अंदर यह काम खुले रूप में सुचारू रूप से चलने लगा।

वर्ग, जाति, मत के भेदभावों से ऊपर उठे स्वयंसेवकों के परस्पर व्यवहार और उनकी मस्ती तथा एकता को देख, यहाँ तक कि विभिन्न क्लासों में रखे गए स्वयंसेवकों का एक ही रसोई में खाना, एक ही स्थान पर उठना-बैठना, एक-दूसरे का भरपूर सम्मान करना, दूसरे लोगों को आश्चर्यचकित कर देता था। आपातकाल का यह समय इस दृष्टि से अभिशाप के रूप में वरदान सिद्ध हुआ कि कठिनाइयों की कसौटी पर हर स्वयंसेवक परखा गया। परीक्षा का यह समय हर अवसर से अधिक कड़ा और लंबा था।

अध्याय- 11

संघर्ष की कहानी—अपनी ज़ुबानी

संघर्ष के रास्ते पर चलने वाले यह सोच-समझकर ही इस राह पर चलते हैं कि उन्हें कदम-कदम पर काँटों पर पैर रखकर आगे बढ़ना होगा। इसीलिए तो इतने बड़े समाज में से कुछ गिने-चुने लोग ही संघर्षशील हो पाते हैं, अपना नाम अमर कर पाते हैं।

आपातकाल में जहाँ समाचार-पत्रों से लेकर बुद्धिजीवियों, कलाकारों, मंत्रियों, अफसरों तक ने अपने इंदिराभक्त होने का परिचय देकर किसी-न-किसी ढंग से कुछ व्यक्तिगत लाभ उठाना चाहा या और कुछ नहीं तो तानाशाही की कुदृष्टि से बचे रह सकने का जुगाड़ किया, वहीं पर जो देशभक्त तानाशाही से सीधे टक्कर लेने के लिए उठ खड़े हुए, उनका दूसरे ढंग से 'पुरस्कृत' होना बहुत स्वाभाविक और अनिवार्य था।

हरियाणा में जहाँ तानाशाही विरोधी एक पत्ता तक न हिल सकने की स्थिति वर्षों से पैदा की जा रही थी, वहीं पर जब अनेक वीर अपना सिर उठाकर विद्रोह की ध्वनि गुंजाने लगे तो बाकी प्रदेशों के देशभक्तों से कुछ अधिक ही इन लोगों को सहना पड़ा।

हरियाणा में जहाँ तानाशाही विरोधी एक पत्ता तक न हिल सकने की स्थिति वर्षों से पैदा की जा रही थी, वहीं पर जब अनेक वीर अपना सिर उठाकर विद्रोह की ध्वनि गुंजाने लगे।

यों तो हर व्यक्ति को ही आपातकाल में किसी-न-किसी रूप में तानाशाही दमन-चक्र के हाथों पिसना पड़ा, किंतु कुछ लोगों की यातनाओं की कहानी इस सारे संघर्ष में पीड़ा की नोक से रेखांकित होकर कुछ अधिक ही हृदयस्पर्शी होकर उभरती है।

आर्थिक, मनोवैज्ञानिक, भावनात्मक, सामाजिक, हर स्तर पर अनगिनत यातनाएँ हरियाणा के लोगों को इन दिनों में सहनी पड़ीं। जो लोग सत्याग्रह करके

या भूमिगत आंदोलन किए, उनको शब्दबद्ध करना किसी दूसरे व्यक्ति के लिए तो कल्पना मात्र ही हो सकती है। स्वयं उन्हीं लोगों ने अपनी यातनाओं को जितना वे लिखकर बता सके, उन्हें इन पृष्ठों पर दिया है।

यातनाओं की दास्तान : एक झलक

16 जुलाई, 1975, सायंकाल 5 बजे का समय। आपातकालीन स्थिति की उद्घोषणा के उपरांत जनता त्राहि-त्राहि कर रही थी। मानवीय अधिकारों का छीनना व अत्याचारों का नंगा नाच भला देशभक्त एवं जागरूक नागरिकों को कैसे बरदाश्त होता! आजादी के मतवाले दो नौजवान दर्शनलाल टक्कर व ज्ञानचंद लूथरा करनाल में जी.टी. रोड पर लोकनायक जयप्रकाश का संपूर्ण क्रांति का स्वप्न मन में सजोये 'भारत माता की जय', 'तानाशाही नहीं चलेगी', 'आपात स्थिति वापस लो', 'राष्ट्रीय स्वयंसेवक संघ से प्रतिबंध हटाओ' के नारे लगाते आगे बढ़े।

जनता में एक आशा की किरण जागी। जनसाधारण के चेहरों पर मुसकान फूटी। मंद-मंद मुसकराहटों से जनता ने इन नौजवानों का अभिवादन किया। दमघोंटू वातावरण में पहली बार हलचल थी, परंतु जैसे ही देशभक्ति के ये मतवाले नौजवान तानाशाही शासन को चुनौतियाँ देते हुए आगे बढ़े, पुलिस के एक दस्ते ने उन्हें घेर लिया।

और फिर प्रारंभ हुआ दानवता का नंगा नाच। ऐसा क्रम, जिसे देखकर इनसानियत चीत्कार कर उठी। इन नौजवानों पर पुलिस के 10 सिपाही लाठियाँ लेकर कूद पड़े व बर्बरता से अंधाधुंध लाठी प्रहार करना शुरू कर दिया। कोई प्रहार मुँह पर पड़ा तो कोई पेट पर। शरीर के हर अंग पर गहरा घाव बन गया, पर इन देशभक्तों ने आह तक नहीं की और यह सब हुआ सार्वजनिक सड़क जी.टी. रोड पर—सारी जनता के सामने।

कोई प्रहार मुँह पर पड़ा तो कोई पेट पर। शरीर के हर अंग पर गहरा घाव बन गया, पर इन देशभक्तों ने आह तक नहीं की और यह सब हुआ सार्वजनिक सड़क जी.टी. रोड पर—सारी जनता के सामने।

देखने वाले खून के आँसू पीए जा रहे थे और मन-ही-मन तानाशाही शासन के पतन की कामना कर रहे थे। शासन शायद लोगों को यह सबक सिखाना चाहता था कि आजादी के माँगने वालों को यह पुरस्कार दिया जाता है। पुलिस घसीटते हुए, पीटते हुए उन्हें पुलिस स्टेशन की ओर ले चली। खून से लथपथ नीम बेहोशी की हालत, फिर भी साहस कर ये नौजवान चलने के लिए स्वयं प्रयास करने लगे, परंतु चल नहीं पाए।

इस असहाय अवस्था में पुनः दौर चला बर्बरता से मारपीट का, जिस से ये नौजवान बेहोश हो गए। इस बेहोशी की हालत में उन्हें थाने के एक सैल में

बंद कर दिया गया। रिसते हुए खून व घावों पर दवाई लगाना तो दूर रहा, पानी की एक-एक बूँद के लिए उन्हें तरसाया गया। पानी माँगा ही था कि चार-चार सिपाहियों का एक दल उन पर टूट पड़ा व मार-मारकर अधमरा कर दिया। यह था तानाशाही शासन में पानी माँगने का परिणाम।

फिर आरंभ हुआ थानेदार बेअंत सिंह व नरसिंह हवलदार द्वारा पूछताछ का दौर। जब इन नौजवानों ने कुछ भी बताने से इनकार कर दिया तो उन्हें उलटा लटकाकर इनके पैरों के तलवों पर बैंतों से प्रहार आरंभ कर दिया। मार के कारण पैर सूजकर फूल गए, परंतु प्रहार बंद न हुए। बेअंत सिंह ने फिर पूछा, 'अगर अपनी जान की खैरियत चाहते हो तो अब भी माफी माँग लो व इंदिरा गांधी की जय बोल दो।' परंतु यह मतवाले चुप रहे। अंत में बेहोशी की हालत में उन्हें थाने की कोठरी में डाल दिया गया।

चलने में असमर्थ, प्यास से व्याकुल, जब होश आने पर पानी व खाना देने के लिए कहा तो उत्तर मिला–'बंदोबस्त करते हैं।' थोड़ी देर बाद कोठरी का फाटक खुला व पुलिस के चार सिपाहियों ने फिर से मारना-पीटना शुरू कर दिया। मार-मारकर फिर बेहोश कर दिया गया और यह अमानवीय बर्बरतापूर्ण अत्याचारों का दमनचक्र पूरे तीन दिन तक चलता रहा। पूरे तीन दिन तक इन नौजवानों को खाने व पीने के लिए कुछ भी नहीं दिया गया। प्यास व भूख से बिलखते हुए इन देशभक्तों को 20 जुलाई को पुलिस थाने से जेल जाने पर पानी एवं खाने के दर्शन नसीब हुए।

जेल में पहुँचने पर जब जेल अधिकारियों से अपने रिसते हुए घावों व असहनीय पीड़ा का विवरण देकर डॉक्टरी परीक्षण की माँग की और जेल मैनुअल का हवाला दिया तो भी कोई सुनवाई नहीं हुई।

यह थी दो देशभक्तों की मर्मस्पर्शी घटना, जिन्होंने अपने प्राणों की परवाह न करते हुए तानाशाही शासन को चुनौती दी थी। कटते हुए पिटते गए, परंतु इंदिरा गांधी की जय नहीं बोली।

पूरे तीन दिन तक इन नौजवानों को खाने व पीने के लिए कुछ भी नहीं दिया गया। प्यास व भूख से बिलखते हुए इन देशभक्तों को 20 जुलाई को पुलिस थाने से जेल जाने पर पानी एवं खाने के दर्शन नसीब हुए।

(2)

आपातकालीन स्थिति में कांग्रेसी शासन के दौरान देश को किस तरह एक जेलखाना बना दिया गया था और निर्दोष, निरपराध एवं संभ्रांत नागरिकों पर झूठे आरोप लगाकर किस तरह उन्हें पुलिस के रहमो-करम पर जीवित रहने के लिए मजबूर कर दिया गया। उसकी एक अपनी राम कहानी मैं आपके सामने उपस्थित कर रहा हूँ।

आश्चर्य की बात तो यह है कि निचले स्तर पर न्यायपालिका से संबंधित अधिकारी भी इस हालत को मूक दर्शक की तरह देखते रहे। उनके इस दृष्टिकोण के पीछे आतंक या भय का वातावरण कारण बना था या दूसरा कोई अन्य आधार, यह तो मैं नहीं जानता, लेकिन मैं इतना अवश्य निवेदन करूँगा कि न्याय की आशा मैं संबंधित मजिस्ट्रेट से छोड़ बैठा था।

मैं गौरीनाथ रस्तोगी एम.ए., पी-एच.डी., मुकंदलाल नेशनल कॉलेज, यमुनानगर में स्नातकोत्तर राजनीति शास्त्र विभाग में प्राध्यापक के रूप में जुलाई 1970 से कार्य कर रहा हूँ। उसके पूर्व मैं राजस्थान की राजधानी जयपुर के सुबोध जैन कॉलेज में प्राध्यापक था। पी-एच.डी. मैंने राजस्थान विश्वविद्यालय, जयपुर से सुप्रसिद्ध विद्वान् डॉ. काशी प्रसादजी मिश्र के मार्गदर्शन में की थी। प्रोफेसर मिश्रजी इस समय जवाहर लाल नेहरू विश्वविद्यालय, नई दिल्ली में अंतरराष्ट्रीय राजनीति विभाग के अध्यक्ष और प्रोफेसर हैं।

जयपुर में ही मैंने आदरणीय मिश्रजी के साथ भारत सरकार की मानक ग्रंथ योजना के अंतर्गत प्रसिद्ध अमरीकी विद्वान् चार्ल्सजी फेनोविक की प्रसिद्ध पुस्तक 'इंटरनेशनल लॉ' का हिंदी अनुवाद किया था।

मुझे 3 सितंबर, 1975 को प्रातःकाल सवा छह या साढ़े छह बजे के आसपास मेरे निवास स्थान, एम.एल.एन.सी. टीचर्ज कॉलोनी से बंदी बनाया गया। एफ.आई.आर. के अनुसार मेरे विरुद्ध 9 अगस्त, 1975 के दिन शाम के समय 7 बजे तत्कालीन प्रधानमंत्री श्रीमती इंदिरा गांधी के विरुद्ध नारे लगाने आदि के बेबुनियादी आरोप लगाए गए। उसमें यह भी कहा गया है कि पुलिस को खबर मिलने पर जब पुलिस घटनास्थल पर पहुँची तो गौरीनाथ रस्तोगी अपने दो साथियों सर्वश्री आज्ञाराम गांधी और प्रोफेसर प्राणनाथ साहनी के साथ भाग गए और चौथे व्यक्ति श्री सुखदेव शर्मा (अध्यापक) बंदी बना लिए गए।

जब पुलिस घटनास्थल पर पहुँची तो गौरीनाथ रस्तोगी अपने दो साथियों सर्वश्री आज्ञाराम गांधी और प्रोफेसर प्राणनाथ साहनी के साथ भाग गए और चौथे व्यक्ति श्री सुखदेव शर्मा (अध्यापक) बंदी बना लिए गए।

सच्चाई यह है कि मैं 9 अगस्त, 1975 की दोपहर में साढ़े तीन बजे बस द्वारा यमुनानगर से मुजफ्फरनगर के लिए चल पड़ा था। मेरे मित्र श्री गिरजाशंकर वर्मा मुजफ्फरनगर नगर में इंडोडान फैक्टरी में पर्सनल ऑफिसर के पद पर कार्यरत थे। आवश्यक कार्यवश मैं उनके यहाँ गया हुआ था। श्री आज्ञाराम गांधी यमुनानगर के सम्मानित नागरिकों में से एक हैं।

उनकी आयु 70 वर्ष के ऊपर है। तीसरे व्यक्ति प्रोफेसर प्राणनाथ साहनी दिल्ली में बीमार थे। चौथे व्यक्ति को भी अस्वस्थता की हालत में उनके घर से 9 अगस्त, 1975 की शाम को 7 बजे के लगभग बंदी बनाया गया था। इस

तरह यह पूरी मनगढ़ंत कहानी थी।

3 सितंबर, 1975 की प्रातः जब मुझे बंदी बनाया गया, उस समय मुझे कोई भी गिरफ्तारी वारंट नहीं दिया गया। वारंट की माँग करने पर ए.एस.आई. मलिक ने मुझे कहा कि आप थाने चलें, वहाँ बातें स्पष्ट हो जाएँगी। उस समय आपातकालीन स्थिति के कारण देश में तो भय और आतंक का राज्य था। उसके कारण अधिक कुछ तर्क कर पाना व्यर्थ मालूम हुआ। मैंने ए.एस.आई. मलिक और साथ आए हुए तीन सिपाहियों से 10-15 मिनट का समय माँगा, जिससे मैं शौचादि से निपट लूँ। मैंने उन्हें यह भी कहा कि शायद तब तक वर्षा रुक जाए, पर उन्होंने मुझे इतना भी समय नहीं दिया।

फलतः अपने एक सहयोगी प्राध्यापक बिशंभर नाथ अरोड़ा को बुलाकर उन्हें अपने बंदी बनाए जाने की जानकारी देकर मैं पुलिस पार्टी के साथ वर्षा में भीगता हुआ घर से निकल पड़ा। चलते समय मुझे कोई भी वस्त्र आदि नहीं लेने दिया गया। प्रो. अरोड़ा को यह जानकारी देनी इसलिए आवश्यक थी कि जिससे वे कॉलेज के प्रिंसिपल श्री तिलक राज चड्ढा को सूचित कर सकें। लिखित प्रार्थना-पत्र देने का समय भी पुलिस दल ने मुझे नहीं दिया।

घर से बाहर आते ही ए.एस.आई. मलिक ने मुझ पर इस बात के लिए बहुत अधिक दबाव डाला कि मैं उनके साथ प्रोफेसर प्राणनाथ साहनी के घर चलूँ। मेरे बराबर इनकार करने पर ए.एस.आई. मलिक ने मुझे एक कांस्टेबल के साथ लगभग एक मील दूर स्थित यमुनानगर थाने के लिए वर्षा में भीगते हुए ही रवाना कर दिया। मैं भीगता हुआ पैदल थाने तक गया। कांस्टेबल के पास छाता था, जिसे वह अपने लिए उपयोग करता रहा। थाने में ले जाकर मुझे बैरक में जमीन पर एक बिछे हुए गंदे टाट पर बैठा दिया गया।

लगभग साढ़े नौ या दस बजे मुझे ए.एस.आई. मलिक के कमरे में बुलाया गया और उसने आई.बी. विभाग के कर्मचारी जेतली के साथ अनेक प्रश्न पूछने शुरू कर दिए। प्रश्न प्रोफेसर प्राणनाथ, शिवकुमार प्रचारक, राष्ट्रीय स्वयंसेवक संघ, दूसरे कार्यकर्ताओं और पोस्टर तथा पत्रक छपने और बँटने आदि से संबंधित थे। पर जब उन्हें इस संबंध में कोई जानकारी नहीं मिल सकी तो उन दोनों ने मुझे इंस्पेक्टर सुखदेव शर्मा के सामने पेश कर दिया।

मैं भीगता हुआ पैदल थाने तक गया। कांस्टेबल के पास छाता था, जिसे वह अपने लिए उपयोग करता रहा। थाने में ले जाकर मुझे बैरक में जमीन पर एक बिछे हुए गंदे टाट पर बैठा दिया गया।

इंस्पेक्टर सुखदेव शर्मा ने अपमान पूर्ण शब्दों के साथ मेरा स्वागत किया। उसने भी मुझसे वही जानकारी प्राप्त करनी चाही जो कि ए.एस.आई. मलिक और आई.बी. विभाग के कर्मचारी जेतली ने प्राप्त करनी चाही थी। जब मैंने इंस्पेक्टर सुखदेव शर्मा से सभ्यतापूर्ण व्यवहार करने की माँग की तो उसने

धमकाते हुए कहा, ''तुम्हें कल सुबह तक का समय दिया जाता है। इस बीच अच्छी तरह से सोच-समझकर प्राणनाथ शिवकुमार और दूसरे कार्यकर्ताओं के बारे में ठीक-ठीक जानकारी दे दो और यह भी बताओ कि पोस्टर वगैरह कहाँ छपते हैं? बाहर से लाकर किसके घर रखे जाते हैं? उन्हें कौन बाँटता है? तुम्हारे कॉलेज में विद्यार्थी परिषद् से संबंधित विद्यार्थी कौन-कौन से हैं और कितने प्रोफेसर आर.एस.एस. से संबंधित हैं या उसके सदस्य हैं? अगर तुमने यह जानकारी कल सुबह तक सीधे तरह नहीं दी तो मैं तुम्हारी प्रोफेसरी का अच्छी तरह इलाज कर दूँगा।

''जब पुलिस हथकंडे इस्तेमाल किए जाएँगे तब तुम केवल पाँच मिनट में ही सारी बातें उगल दोगे। लेकिन तब तक समय तुम्हारे हाथ से निकल चुका होगा और तुम्हें पछताने के सिवा कुछ हाथ नहीं लगेगा।'' इसके बाद मेरी जेब में पड़े हुए तीन रुपए और अंगुलियों में पहनी दोनों अँगूठियाँ उतरवाकर पुलिस के मालखाने में जमा करवा दी गईं।

3 सितंबर के पूरे दिन और उसके बाद रात में मुझे बैरक के गंदे टाट पर बैठे रहने और सोने के लिए विवश किया गया। पूरा दिन मुझे भूखा रखा गया और भोजन या चाय कुछ भी नहीं दिया गया। सोते समय भी हाथों में हथकड़ी लगाकर रखा गया था।

अगले दिन 4 सितंबर को सवा नौ बजे लगभग ए.एस.आई. मलिक और इंस्पेक्टर सुखेदव शर्मा मेरे सामने मौजूद थे। कमरे में मेरे पहुँचने के पश्चात् दरवाजा और खिड़की बंद कर दी गई। सुखदेव शर्मा ने मुझे पैंट उतारने का हुक्म दिया। मेरे मना करने पर इंस्पेक्टर सुखदेव शर्मा ने मुझे गालियाँ देनी शुरू कर दीं। इसके बाद उसने पुलिस के छह सिपाहियों को कमरे में बुलाया। उन्होंने जोर-जबरदस्ती करके मेरी पैंट उतार ली। उसके बाद उसने मुझे फिर धमकी देकर जानकारी प्राप्त करने की कोशिश की और कहा कि अगर तुम कुछ भी नहीं बतलाओगे तो तुम्हारे दिल और दिमाग अभी दुरुस्त कर दिए जाएँगे।

उसके बाद उसने मुझे फिर धमकी देकर जानकारी प्राप्त करने की कोशिश की और कहा कि अगर तुम कुछ भी नहीं बतलाओगे तो तुम्हारे दिल और दिमाग अभी दुरुस्त कर दिए जाएँगे।

लेकिन जब इस पर भी पुलिस को मुझसे कोई 'महत्त्वपूर्ण जानकारी' नहीं मिली तो इंस्पेक्टर सुखदेव शर्मा ने बुलाए गए छह सिपाहियों को अपनी करामात दिखाने को कहा। उन्होंने मेरी हथकड़ियाँ खोलकर मेरे दोनों हाथ पीठ पीछे ले जाकर उनमें एक साथ हथकड़ियाँ लगा दीं और उसके बाद मुझे जमीन पर बिठाया गया और दोनों पैर सीधे जोड़कर रखने को कहा गया। स्थिति को भाँपकर

पुलिस अधिकारियों को बताया कि मैं हर्निया (आँत रोग) का रोगी रहा हूँ और मेरा ऑपरेशन भी किया जा चुका है। इसलिए वह ऐसा कुछ न करें, जिससे मुझे उस रोग से संबंधित कोई पीड़ा फिर से हो जाए। मैंने यह भी कहा कि मेरा स्वास्थ्य पिछले तीन-चार दिनों से ठीक नहीं था और मैं बराबर औषधि ले रहा था। यहाँ तक कि 3 सितंबर के दिन थाने के अंदर मैं अपनी जेब में पड़ी औषधि की गोलियाँ बराबर सेवन करता रहा था।

पर इंस्पेक्टर सुखदेव शर्मा पर इसका कोई असर नहीं हुआ। उसने सिपाहियों को डाँटकर कहा कि तुम अपना करतब क्यों नहीं दिखाते? फिर क्या था। उन छहों सिपाहियों ने मेरे दोनों पैरों को पकड़कर विपरीत दिशा में लंबवत् एक सीध में चीरने का क्रम शुरू कर दिया, इससे मुझे मर्मांतक पीड़ा हुई और मैं चीखता-चिल्लाता रहा। मेरे यह कहने पर भी कि इससे हर्निया रोग की शिकायत फिर से हो सकती है, सुखदेव शर्मा टस से मस न हुआ।

हाँ, उसने गालियों की बौछार अवश्य शुरू कर दी। इसके साथ-साथ मेरे दोनों पैरों को चीरने का क्रम जारी रहा। यह सिलसिला 20-25 मिनट तक तब तक चलता रहा, जब तक कि मैं असहनीय दर्द में अचेत नहीं हो गया। 20-25 मिनट के इस कांड के दौरान बीच-बीच में एक सिपाही, सर के बालों को पकड़कर मुझे जमीन से डेढ़-दो फुट ऊँचा उठाकर जोर से जमीन पर पटकता रहा।

दस बारह मिनट बाद होश आने पर मुझे खड़ा होने को कहा गया। पर जब मैं खड़ा न हो पाया तो दो सिपाहियों ने मुझे पकड़कर बैंच पर बिठा दिया। इस समय मुझे असहनीय पीड़ा हो रही थी। इसके लगभग 45 मिनट बाद जब मेरी पत्नी भोजन और वस्त्र लेकर आई, तब मेरे लिए पायजामा पहनना भी मुश्किल हो रहा था।

मैं असहनीय दर्द में अचेत नहीं हो गया। 20-25 मिनट के इस कांड के दौरान बीच-बीच में एक सिपाही, सर के बालों को पकड़कर मुझे जमीन से डेढ़-दो फुट ऊँचा उठाकर जोर से जमीन पर पटकता रहा।

उसी दिन 4 सितंबर की दोपहर में एक बजे के बाद मुझे यमुनानगर पुलिस थाने से जगाधरी में श्री बी.आर. वोहरा प्रथम श्रेणी के न्यायिक दंडाधिकारी की अदालत में पेश करने के लिए ले जाया गया। उस समय भी मुझे पुलिस स्टेशन से अदालत तक ले जाने के लिए एक पेशेवर अपराधी के साथ हथकड़ी लगाई गई। जब मैंने इसका विरोध किया तो सुखदेव शर्मा गुस्से में बोला, ''लगता है, इस प्रोफेसर को अभी अक्ल नहीं आई है। यह अब भी नहीं समझता कि यह व्यक्ति पेशेवर खूँखार डाकू से भी अधिक खतरनाक है।'' अदालत में पेश किए जाने से पहले मुझे अदालत के अहाते में उसी पेशेवर अपराधी के साथ हथकड़ी

लगाए हुए घुमाया गया। इसका उद्‌देश्य यही हो सकता है कि लोग यह समझें कि यह प्रोफेसर भी कोई पेशेवर अपराधी है।

अदालत के अंदर भी मुझे उस अपराधी के साथ हथकड़ी लगाए हुए ही पेश किया गया और मजिस्ट्रेट ने उस पर कोई आपत्ति नहीं की। इस संबंध में यह भी ध्यान रखना चाहिए कि 3 सितंबर की सुबह साढ़े छह बजे बंदी बनाने के बाद अगले दिन 4 सितंबर की दोपहर 2 बजे के बाद मुझे न्यायालय में पेश किया गया। उस समय मुझे अपने आपको खड़ा रख पाना भी कठिन हो रहा था।

मैंने अपने ऊपर हुए अत्याचारों की कहानी मजिस्ट्रेट को सुनाने के लिए मुँह खोला ही था कि ए.एस.आई. मलिक ने 'चुप रहो, और अब जेल में जाकर मौज करो' का फरमान दे डाला। मजिस्ट्रेट साहब चुपचाप अपनी कुरसी पर बैठे रहे। परिणामस्वरूप मैं अपनी दास्तान सुनाए बगैर ही पुलिस के सिपाहियों के द्वारा अदालत से बाहर ले जाया गया और मुझे 31 घंटे से अधिक समय तक हवालात में अवैध रूप से रखने के बाद जगाधरी के न्यायिक हिरासत में भेज दिया गया।

4 सितंबर, 1975 की दोपहर से लेकर 8 सितंबर, 1975 की दोपहर तक मुझे न्यायिक हिरासत में रखा गया। 12 अपराधियों को रखने वाले उस कमरे में 35 व्यक्ति पहले से ही मौजूद थे। भीषण गरमी में मुझे वहीं 36वाँ व्यक्ति बनाया गया। हिरासत में मुझे बिस्तर, तौलिया आदि तो दूर, दातुन तक नहीं दी गई। अंदर ही शौचादि के लिए जाना पड़ता था।

मैं अपनी दास्तान सुनाए बगैर ही पुलिस के सिपाहियों के द्वारा अदालत से बाहर ले जाया गया और मुझे 31 घंटे से अधिक समय तक हवालात में अवैध रूप से रखने के बाद जगाधरी के न्यायिक हिरासत में भेज दिया गया।

गंदगी और बदबू के कारण बुरा हाल था। पहले से मौजूद 35 व्यक्तियों में से 34 पेशेवर अपराधी थे। एक व्यक्ति श्री कृष्णलाल (जगाधरी) मेरी ही तरह डी.आई.आर. में पकड़ा गया और पिछले दस-बारह दिनों से उसे वहीं रखा गया था। 8 सितंबर को काफी हील-हुज्जत के बाद हम दोनों को अंबाला केंद्रीय कारागार भेज दिया गया।

जेल में डॉक्टर सोनी से मेडिकल सहायता के नाम पर केवल एनलजीन की टिकिया सुबह शाम खाने को दी गई। जब दो-तीन दिन बाद मैंने जेल के डॉक्टर सोनी से कोई उचित औषधि देने और उपचार करने को कहा तो उनका जवाब था कि तुम्हारे नेताओं को भी जेल में एनलजीन ही दवा के रूप में दी जाती है। जेल में पानी की व्यवस्था बहुत बुरी थी।

जेल में मुझे 'बी' श्रेणी देने की भी अपनी कहानी है। 4 सितंबर को 'लाकअप' में भेजने के अगले दिन से ही मेरी पत्नी ने मुझे 'बी' श्रेणी देने के

लिए अदालत से माँग की। लेकिन उस माँग को किसी-न-किसी तरह से टाला जाता रहा। एक बार तो मेरे लिए प्रस्तुत प्रार्थना-पत्र को यह कहकर खारिज कर दिया गया कि इस बात का कोई प्रमाण नहीं दिया गया कि अभियोगी आयकर अदा करता है। उसका सामाजिक स्तर क्या है? यह भी समझ में नहीं आता। जब इसके बाद दूसरा प्रार्थना-पत्र दिया गया और उसमें आयकर संबंधी प्रमाण-पत्र पेश करने के साथ-साथ यह भी कहा गया कि अभियोगी एम.ए., पी-एच.डी. तक की उच्चतम शिक्षा प्राप्त प्रोफेसर है और समाज में एक सम्मानित व्यक्ति है तो उस प्रार्थना-पत्र को आगामी 18 सितंबर, 1975 तक के लिए स्थगित कर दिया गया।

18 सितंबर, 1975 को मुझे जब अंबाला केंद्रीय कारागार से लाकर जगाधरी में प्रथम श्रेणी के न्यायिक मजिस्ट्रेट श्री बी.आर. वोहरा के सामने पेश किया गया तो उन्होंने 3 सितंबर, 1975 की अगली तारीख दे दी। जब मैंने 'बी' श्रेणी के बारे में जानकारी चाही तो मजिस्ट्रेट ने मुझसे कुछ न कहते हुए साथ में आए दोनों सिपाहियों को हुक्म दिया कि वे अभियोगी को ले क्यों नहीं जाते? फलतः मैं अदालत के कमरे से बाहर आ गया।

बाहर आते ही एक वकील के द्वारा मैंने 'बी' श्रेणी का मामला वोहरा साहब की अदालत में उठवाया। उन्होंने मेरे शैक्षणिक प्रमाण-पत्र (मूल रूप में) उपस्थित करने को कहा। सभी प्रमाण-पत्रों के तुरंत पेश किए जाने पर मजिस्ट्रेट वोहरा उन्हें कई मिनट तक उलट-पलट कर देखते रहे।

फिर बहस के लिए अगले दिन की तारीख देते हुए यह भी कह गए कि 'शक्ल से तो रस्तोगी पी-एच.डी. नहीं मालूम होते'। खैर, कुछ भी हो, अगले दिन बहस के बगैर ही मजिस्ट्रेट वोहरा ने मुझे 'बी' श्रेणी देने के आदेश दे दिए। इमरजेंसी की कार्य-कुशलता में यह आदेश जेल में पूरे सप्ताह बाद 26 सितंबर, 1975 को पहुँचा।

जब मैंने 'बी' श्रेणी के बारे में जानकारी चाही तो मजिस्ट्रेट ने मुझसे कुछ न कहते हुए साथ में आए दोनों सिपाहियों को हुक्म दिया कि वे अभियोगी को ले क्यों नहीं जाते? फलतः मैं अदालत के कमरे से बाहर आ गया।

30 अक्तूबर, 1975 को जेल से जमानत पर रिहा होने के समय तक मैं दर्द से पीड़ित रहा। बाहर आकर जब मैंने अपनी डॉक्टरी जाँच कराई तो मुझे यही पता लगा कि हर्निया के ऑपरेशन से संबंधित अंदर के टाँके टूट चुके हैं और इस तरह मैं फिर से हर्निया रोग का शिकार बना दिया गया हूँ। आज भी मैं इस रोग के दर्द से आए दिन पीड़ित रहता हूँ।

संक्षेप में यह है मेरी राम कहानी, जिससे यह पता चलता है कि समाज के एक सम्मानित व्यक्ति के साथ इमरजेंसी के दौरान ऐसा नृशंस व्यवहार किया

गया, जैसा व्यवहार करने की छूट जिनेवा अभिसंधि युद्ध अपराधियों के साथ भी करने की इजाजत नहीं देती।

—गौरी शंकर रस्तोगी
यमुनानगर

(3)

25 जून, 1975 को आपातस्थिति की घोषणा होने के बाद जब 4 जुलाई, 1975 को रा.स्व. संघ पर प्रतिबंध भी लगा दिया गया तो मैं भूमिगत हो गया। मैं सत्यपाल रा.स्व. संघ का एक निष्ठावान स्वयंसेवक हूँ।

5 जुलाई, 1975 से लेकर 24 नवंबर, 1975 तक पुलिस यमुनानगर के कैंप तिलकनगर स्थित मेरे मकान पर अनेक बार गई। जब कभी पुलिस दल मेरे घर गया और मुझे जब उन्होंने वहाँ नहीं पाया तो पुलिस दल ने मेरी पत्नी, परिवार के अन्य सदस्यों और पड़ोसियों को भी डराया-धमकाया और उन्हें अश्लील गालियाँ दीं। यह सबकुछ मेरे बारे में जानकारी पाने के लिए किया जाता था।

इसी बीच 19 नवंबर, 1975 को मेरा उस समय एक मात्र पुत्र, जोकि 5 महीने का था, गंभीर रूप से बीमार हो गया। उसकी बिगड़ती हालत को देखकर 21 नवंबर, 1975 को उसे मिशन अस्पताल, जगाधरी में भर्ती कराया गया। वहाँ उसे इमरजेंसी वार्ड में भी रखा गया, क्योंकि उसकी हालत बहुत गंभीर थी।

25 नवंबर, 1975 को प्रातः सर्ज्योदय से पहले ही एस.आई. जोगिंद्र सिंह ने हवलदार, रणबीर सिंह और कुछ दूसरे सिपाहियों के साथ फिर मेरे घर पर छापा मारा। मुझे घर पर न पाकर पुलिस दल ने मेरी पत्नी, भाभियों और पड़ोसियों की डंडों से पिटाई की। मेरे कमरे की चाभी भी उन्होंने माँगी।

जाते समय उन्होंने परिवार की महिलाओं और पड़ोसियों को धमकी देते हुए कहा कि जब तक सत्यपाल को थाने में पेश नहीं किया जाएगा, इन्हें छोड़ा नहीं जाएगा। थाने ले जाते समय उन्हें कोई वारंट आदि नहीं दिया गया।

पर जब वह न मिली तो पुलिस दल में से एस.आई. जोगिंद्र सिंह और हवलदार रणबीर सिंह ने मेरे भाई श्री धर्मपाल और श्री शरणपाल की खूब पिटाई की और उन्हें जबर्दस्ती पकड़कर थाना यमुनानगर ले गए। जाते समय उन्होंने परिवार की महिलाओं और पड़ोसियों को धमकी देते हुए कहा कि जब तक सत्यपाल को थाने में पेश नहीं किया जाएगा, इन्हें छोड़ा नहीं जाएगा। थाने ले जाते समय उन्हें कोई वारंट आदि नहीं दिया गया।

थाने ले जाकर दोनों भाइयों को नंगा करके जमीन पर घिसटने के लिए मजबूर किया गया। पेट के बल उलटा लिटाने के बाद पैरों के तलुओं पर एस.आई. जोगिंद्र सिंह और एक अन्य पुलिस कर्मचारी ध्यानसिंह ने डंडे मारे। उसी हालत में घुटनों के पीछे खूब मोटा डंडा फँसाकर उन दोनों के पैरों को बुरी

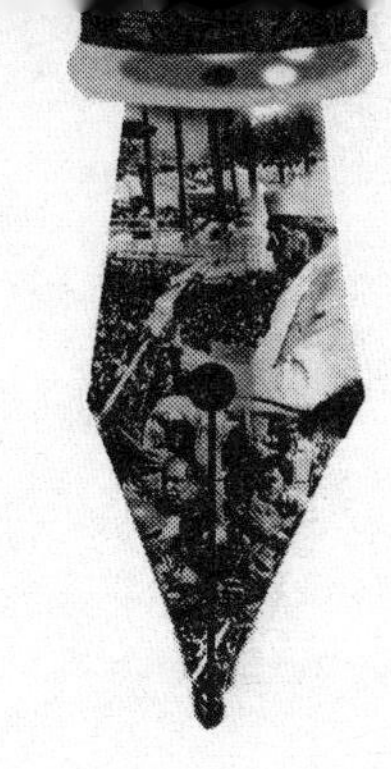

तरह मरोड़ा गया। उसे पुलिस की भाषा में 'फतहसिंह चढ़ाया जाना' कहा जाता है और उनके सिर के बाल बुरी तरह नोचे गए।

मुझे यह समाचार दिन में ही जगाधरी के मिशन अस्पताल में मिला। उस समय भी मेरा एकमात्र 5 मास का पुत्र अस्पताल के इमरजेंसी वार्ड में था। अपने कारण परिवार के दूसरे सदस्यों की यातना को सुनकर मैंने उसी दिन सत्याग्रह करने का निश्चय किया। (वैसे मुझे पुत्र की दशा सुधरने पर 4-5 दिन बाद सत्याग्रह करना था) पत्नी और अपने पुत्र को मिशन अस्पताल के इमरजेंसी वार्ड में ही छोड़कर मैं वहाँ से चल पड़ा।

जगाधरी के श्री पवनकुमार और यमुनानगर के मालिकचंद्र डंग से मिलकर हमने यह तय किया कि हमें आज ही 3 बजे रेलवे स्टेशन जगाधरी के बाहर से चलते हुए यमुनानगर शहर में सत्याग्रह करना चाहिए।

25 नवंबर, 1975 को दिन के तीन बजे हम तीनों ने जगाधरी रेलवे स्टेशन के बाहर से 'भारत माता की जय, आपातस्थिति खत्म करो, जयप्रकाश जिंदाबाद' आदि के नारों के साथ सत्याग्रह शुरू कर दिया।

नगर का बाजार घूमते हुए पत्रक और इश्तहार बाँट कर हम लोग शिवाजी पार्क चौक पर पहुँचे और वहाँ से मॉडल टाउन घूमते हुए लगभग 4:30 बजे भगतसिंह पार्क, सरनी चौक पहुँच गए। इस बीच सी.आई.डी. का ज्ञानसिंह नामक व्यक्ति हमारे साथ चल रहा था।

मार्ग में उसने अनेकों बार टेलीफोन किए। भगतसिंह पार्क के पास एस.आई. जोगिंद्र सिंह, ड्राइवर रणबीर सिंह और कई सिपाहियों ने हमें घेर लिया। हमारे गले में पड़ी फूलमालाओं को तोड़ डाला, सरे बाजार हमें लाठियों और डंडों से मारा और सिर के बालों को पकड़कर हमें घसीटते हुए पुलिस गाड़ी में फेंक दिया।

थाने पहुँचते ही पुलिस के 30-35 जवान हम पर टूट पड़े। उन्होंने जबर्दस्ती हमारे सभी कपड़े उतारकर हमें बिल्कुल नंगा कर दिया। थाने के अहाते में नग्न हालत में जबर्दस्ती दौड़ाया गया। साथ-साथ मुक्कों, लातों और डंडों से हमारी पिटाई की जाती रही। दौड़ते-दौड़ते जब हम थककर गिर पड़े तो हमें जमीन पर घसीटा जाता रहा।

थाने के अहाते में नग्न हालत में जबर्दस्ती दौड़ाया गया। साथ-साथ मुक्कों, लातों और डंडों से हमारी पिटाई की जाती रही। दौड़ते-दौड़ते जब हम थककर गिर पड़े तो हमें जमीन पर घसीटा जाता रहा।

हमारे शरीर अनेक जगहों से फट गए थे। शरीर के पिछले भाग से कई स्थानों पर खून भी बह रहा था। पर उसी हालत में मुझसे श्री मालिकचंदजी और श्री पवन कुमारजी के माथे पर लगे तिलक को पेशाब से धोने के लिए कहा गया। मेरे इनकार करने पर सिपाहियों ने हमारे चेहरों पर पेशाब करके माथों पर लगे

तिलक धोए। इसके बाद हमें अलग-अलग कर दिया गया।

फिर मुझे उल्टा लिटाकर 'फतहसिंह' नामक डंडा चलाया गया।

इसके बाद मुझे दीवार के साथ बिठाकर छह सिपाहियों ने मेरे दोनों पैरों को विपरीत दिशाओं में कमर की सीध में चीरना शुरू किया। बीच-बीच में एस.आई. जोगिंद्र सिंह मेरे बालों को इतनी बुरी तरह खींचता और नोंचता रहा कि मेरे बाल तक टूटकर उसके हाथों में आ गए। मैं इस पीड़ा को सह न सका और बेहोश हो गया।

रात जब मुझे होश आया तो मैंने अपने आपको एक अँधेरे कमरे में पड़ा पाया। कुछ ही क्षणों बाद मुझे पता चला कि मेरे दोनों साथी मालिकचंद और पवन भी वहीं पड़े हैं और शारीरिक यातनाओं के कारण कराह रहे हैं। हम लोगों को उस दिन खाना तो दूर, माँगने पर पानी भी नहीं दिया गया। ड्यूटी पर तैनात सिपाही ने गालियाँ अवश्य दीं।

सर्दी की रात में हमें कोई बिस्तर नहीं दिया गया। फटे हुए बोरियों के टुकड़े हम पर डाल दिए। रात में ही आई.बी. विभाग का कर्मचारी जेतली और सी.आई.डी. के नारंग, ज्ञानसिंह और चोपड़ा बारी-बारी से हमारे पास आए और रा.स्व. संघ के प्रचारक श्री शिवकुमार तथा अनिल के बारे में पूछताछ करके चले गए। (ध्यान रहे भूमिगत अवस्था में शिवकुमारजी ने अपना नाम अनिल जैन रख लिया था।)

26 नवंबर, 1975 की सुबह एस.आई. जोगिंद्रसिंह ने एक-एक करके हमें बुलाया। लकड़ी के डंडे से टाँगे चीरकर मुझे फिर असह्य यातना दी। पैरों के तलुओं पर खूब डंडे मारे। थाने के अहाते में दौड़ने को कहा और मेरे न दौड़ पाने पर डंडों द्वारा मेरी मरम्मत कराई। मैं जब बुरी तरह टूट गया और उठ भी नहीं सकता था, तब जोगिंद्रसिंह ने मुझे अँधेरे कमरे में भेजते हुए कहा कि अब तो तेरी और तेरे साथियों की लाशें ही यहाँ से बाहर जाएँगी।

थाने के अहाते में दौड़ने को कहा और मेरे न दौड़ पाने पर डंडों द्वारा मेरी मरम्मत कराई। मैं जब बुरी तरह टूट गया और उठ भी नहीं सकता था, तब जोगिंद्रसिंह ने मुझे अँधेरे कमरे में भेजते हुए कहा कि अब तो तेरी और तेरे साथियों की लाशें ही यहाँ से बाहर जाएँगी।

इसी दिन शाम को मुझे फिर उसी तरह यातना दी गई। दिन में मेरे साथी पवनजी को बुरी तरह से मारा गया कि उनका पेशाब होना बंद हो गया। मगर किसी डॉक्टर को नहीं दिखाया गया।

26 नवंबर को मेरे दोनों भाइयों और मालिकचंदजी के रिश्तेदारों को भी हमारी तरह ही मारा-पीटा गया और यातनाएँ दी गईं। मेरी पत्नी और मेरा भानजा केवलकृष्ण जब रोटी लेकर आए तो जोगिंद्रसिंह ने पत्नी को भद्दी गालियाँ दीं और उसे मुझसे मिलने नहीं दिया। मेरे भानजे केवलकृष्ण को भी थाने में बैठा लिया और उसकी भी पिटाई की।

27 नवंबर, 1975 की सुबह एस.एच.ओ. सुखदेव शर्मा हमारे कमरे में आया। माँ-बहन की गालियाँ देता हुआ मेरे सर के बालों को खींचता हुआ वह मुझे बाहर लाया और मुझे उल्टा लिटा दिया। फिर उसने मेरे पैरों के तलुओं पर तब तक डंडे मारे जब तक कि वह डंडा टूट नहीं गया। इसके बाद मेरे दोनों पैरों को चीरने और 'फतहसिंह' चढ़ाने की यातना दी गई।

फिर मुझे एक और कमरे में ले जाया गया। वहाँ मुझे पैर लटकाकर लोहे की चारपाई पर बिठाया गया और रस्सी से बाँधकर मेरे पैरों को सुखदेव शर्मा ने विपरीत दिशाओं में खींचा और खिंचवाया। इसके कारण आज भी मेरी हालत यह है कि मैं ठीक तरह से बैठ नहीं पाता हूँ, लेकिन सुखदेव शर्मा को इतने से ही तसल्ली नहीं हुई। उसने मुझे रस्से से बाँधकर छत से उलटे लटकवा दिया। मेरे दोनों हाथों को पीठ की ओर करके उनमें हथकड़ी लगा दी गई थी।

मुझे पता नहीं मैं कब बेहोश हो गया और कब मुझे उतारकर जमीन पर पटक दिया गया। बहरहाल जब मुझे होश आया तो मुझे पता चला कि मेरे हाथों में हथकड़ी लगी हुई है और मैं जमीन पर पड़ा हूँ। मेरे ही पास मालिकचंदजी और पवनजी जमीन पर पड़े थे और पीड़ा एवं आतंक से कराह रहे थे।

सायंकाल के समय सुखदेव शर्मा ने फिर वही टाँगों को चीरने, मारने-पीटने और 'फतहसिंह' चढ़ाने की प्रक्रिया दोहराई। रात्रि में जोगिंद्रसिंह ने हम लोगों को अपने कमरे में बुलवाकर कागज और पेन देकर हमें कहा कि जो मैं कहता हूँ, वह लिखते चलो। इसी बीच सुखदेव शर्मा भी वहाँ आ गया।

वह जोगिंदरसिंह से बोला कि अगर यह लिखने में आनाकानी करें तो इसे पेड़ पर उल्टा लटका दो, इसकी गुदा में मिर्च भर दो और बोतल चढ़ा दो। फिर मुझसे रा.स्व. संघ और जनसंघ के 30-35 कार्यकर्ताओं के नाम लिखवाए। उन नामों में से किसी के आगे 2000 रु., किसी के आगे 1000 रु. या 100 रु. 51 रु. और 11 रु. आदि लिखवाए।

इसका अर्थ यह है कि मैंने इन लोगों से इतना पैसा आंदोलन चलाने के लिए इकट्ठा किया है। इसी सूची में दिए गए लोगों में से कुछ को उसी रात, कुछ को अगले दिन या तीसरे दिन बुलाकर उनके पैंट-पाजामा उतरवाए और उनकी पिटाई की। बाद में कहा जाता है कि उनसे लंबी रिश्वत लेकर सुखदेव शर्मा ने उन्हें छोड़ दिया।

फिर मुझे एक और कमरे में ले जाया गया। वहाँ मुझे पैर लटकाकर लोहे की चारपाई पर बिठाया गया और रस्सी से बाँधकर मेरे पैरों को सुखदेव शर्मा ने विपरीत दिशाओं में खींचा और खिंचवाया।

मेरे दोनों भाइयों धर्मपाल और शरणपाल को भी तीन दिन तक यातनाएँ दी जाती रहीं। 28 नवंबर, 1975 की सुबह से दोपहर तक फिर हमें पहले की तरह शारीरिक यातनाएँ दी जाती रहीं। उसके बाद दिन में 3 बजे के लगभग सुखदेव

शर्मा ने हम तीनों को बुलाकर हमसे जबर्दस्ती पुराने जूतों के हार बनवाए और उन्हें अपने गले में डालने को मजबूर किया।

इस हालत में हमें थाने से शहीद मदनलाल ढींगड़ा चौक पर स्थित नया फव्वारा तक लाया गया। पुलिस के जवान डंडे लिए हमारे साथ चल रहे थे। अगर हम में से किसी का हाथ कान से हट जाता या हमारी आवाज बंद हो जाती तो हमारी पीठ पर, सिर पर डंडे पड़ने लगते थे। मार्ग में इंटक के कार्यालय पर उस समय के कांग्रेसी विधायक श्री गिरीशचंद्र जोशी हमें उस हालत में देखकर मुसकराते रहे।

नया फव्वारा पर हमें देखने के लिए बड़ी भीड़ इकट्ठा हो गई। सभी के सामने डंडों से हमारी पिटाई की गई। वहाँ से हमें थाने लाकर फिर तुरंत मॉडल टाउन में से घुमाकर शिवाजी पार्क चौक पर प्यारा टी स्टाल के समीप पुलिस जीप में बैठाकर लगभग साढ़े चार बजे प्रथम श्रेणी के मजिस्ट्रेट श्री बी.आर. वोहरा की अदालत में पेश कर दिया गया।

एस.आई. जोगिंदर सिंह ने एक सप्ताह का रिमांड माँगा। हमने मजिस्ट्रेट साहब से निवेदन किया कि हमें अमानुषिक यातनाएँ 25 नवंबर से दी जाती रही हैं, इसलिए वे पुलिस को रिमांड नहीं देवें; हमारी डॉक्टरी जाँच कराएँ; हमें वकील करने का मौका दें। पर मजिस्ट्रेट साहब ने हमारी बातें अनसुनी कर दीं और हँसते हुए सात दिन का रिमांड दे दिया।

हमें तुरंत जीप द्वारा यमुनानगर लाया गया और जब सुखेदव शर्मा को यह पता चला कि हमने यातनाओं की शिकायत मजिस्ट्रेट से की है तो उस रात उसने हमें और अधिक यातना दी। एस.आई. जोगिंदर सिंह, हवलदार ध्यानसिंह, हवलदार रणबीर सिंह और कई सिपाहियों ने हमें बुरी तरह पीटकर बेदम कर दिया।

29 और 30 नवंबर को भी हमें इसी तरह यातनाएँ दी जाती रहीं। एस.आई. जोगिंदर सिंह, हवलदार जोगिंदर सिंह और हवलदार ध्यान सिंह को यह धमकी भी देते रहे कि अभी हुआ ही क्या है? इन तीनों की नसबंदी करके ही इन्हें यहाँ से भेजा जाएगा।

30 नवंबर की रात से 2 दिसंबर के दिन तक हमें सोने नहीं दिया गया और थाने में ही बराबर चलते रहने पर मजबूर किया गया। रुकने पर या आँख झपकने पर हमारे ऊपर पानी फेंका जाता था, डंडों से पीटा जाता था और पीठ पर जलती हुई सिगरेट और बीड़ी लगाई जाती थी। आखिरकार एक बार तो मैं ऐसा गिरा कि डंडों का भी कोई असर मुझ पर न हुआ, क्योंकि मैं बेहोश हो गया था।

रुकने पर या आँख झपकने पर हमारे ऊपर पानी फेंका जाता था, डंडों से पीटा जाता था और पीठ पर जलती हुई सिगरेट और बीड़ी लगाई जाती थी। आखिरकार एक बार तो मैं ऐसा गिरा कि डंडों का भी कोई असर मुझ पर न हुआ, क्योंकि मैं बेहोश हो गया था।

2 दिसंबर को ही मुझे और मालिकचंदजी को मॉडल टाउन स्थित उस मकान पर ले जाया गया जहाँ हम आपातकाल में ठहरा करते थे। वहाँ से पुलिस बिस्तरे और कुछ सामान उठाकर थाने ले आई। पर उसकी कोई सूची नहीं बनाई गई। 2 दिसंबर की रात्रि को ही सी.आई.डी. के नारंग और ज्ञानसिंह तथा आई. बी.के. जेतली ने हमें अलग-अलग करके बुलाया और हमसे पूछकर हमारी जीवन कथाएँ लिखीं। नारंग ने तो मेरे सिर पर ऐसे कस करके डंडे मारे, जिनके निशान मैं आज भी लिए हुए हूँ।

3 दिसंबर को सुबह सुखदेव शर्मा ने हमें एक-एक करके बुलाया और धमकी दी कि आज मजिस्ट्रेट के सामने अगर हमने यातनाओं की शिकायत की तो पुलिस 15 दिन का रिमांड ले लेगी। आखिरकार हमें 5 बजे से कुछ पहले मजिस्ट्रेट बी.आर. वोहरा की अदालत में पेश किया गया।

उस समय हमसे खड़ा भी नहीं हुआ जा रहा था। पर मजिस्ट्रेट वोहरा ने हमसे कुछ न पूछकर हमें जगाधरी जुडीशियल लॉक-अप भेज दिया। उन्होंने हमारे घर वालों को हमसे मिलने तक की इजाजत नहीं दी। हमें कपड़े वगैरह भी घर वालों से नहीं लेने दिए गए और वही फटे और गंदे कपड़े हमें पहनने पर मजबूर किया गया।

जुडीशियल लॉकअप के उस कमरे में 12 व्यक्तियों के रहने की जगह थी। पर उसमें 44 लोग पहले से थे। 3 व्यक्ति हम और भेज दिए गए। वहाँ 3 दिसंबर की रात को हमें रोटी भी नहीं दी गई। जूँओं और खटमलों के कारण बुरा हाल था। सफाई का कोई प्रबंध नहीं था।

आखिरकार 6 दिसंबर, 1975 को हमें सेंट्रल जेल अंबाला भेज दिया गया। वहाँ भी हमारी डॉक्टरी जाँच उचित ढंग से नहीं हुई और दवा भी ठीक तरह नहीं दी गई। दो महीने तक मेरा शरीर बुरी तरह दर्द करता रहा। तीन महीने तक तो मुझे बैठने में भी दिक्कत होती थी। आज भी मैं पद्मासन में नहीं बैठ पा रहा हूँ। सेशन जज तक घर वालों ने डॉक्टरी जाँच कराने के लिए तार भेजे, पर कोई परिणाम नहीं निकला।

उन्होंने हमारे घर वालों को हमसे मिलने तक की इजाजत नहीं दी। हमें कपड़े वगैरह भी घर वालों से नहीं लेने दिए गए और वही फटे और गंदे कपड़े हमें पहनने पर मजबूर किया गया।

हम पर भारत सुरक्षा कानून की धारा 33, 43 और 46 का मुकदमा चला। हर 14 दिन बाद जगाधरी में मजिस्ट्रेट वोहरा की अदालत में हमें लाया जाता। पर जेल या पुलिस की ओर से हमारे भोजन की कोई व्यवस्था नहीं थी। हमारे घर वाले भोजन लेकर आते, पर उन्हें मिलने नहीं दिया जाता था।

मेरी पत्नी ने हर बार मजिस्ट्रेट वोहरा से मुझे भोजन कराने की अनुमति लिखित रूप में माँगी। पर श्री वोहरा ने कभी भी अनुमति नहीं दी। एक बार

तो उन्होंने यहाँ तक कहा कि मैं चोर-डाकू या 302 के अपराधी को तो खाना खिलाने की अनुमति दे सकता हूँ, मगर भारत सुरक्षा कानून से संबंधित व्यक्तियों को नहीं।

लगभग साढ़े चार मास हमारा मुकदमा चला। पुलिस के सभी गवाह झूठे सिद्ध हुए। फिर भी मजिस्ट्रेट वोहरा ने भारत सुरक्षा कानून की धारा 33 और 46 के अंतर्गत हमें 15 मास का सपरिश्रम कारावास का दंड 7 अप्रैल, 1976 को सुना दिया। अगले दिन हमें जेल में कैदियों के कपड़े पहना दिए और हमें एक मास तक, जब तक हमारी जमानतें सेशन जज से नहीं हो गईं, घास खोदने आदि के कामों पर लगाए रखा गया।

आपातस्थिति से पहले रेलवे फाटक के उस पार सहारनपुर रोड के कोने पर ऑटोमोबाइल इलेक्ट्रिक बैटरियों और डायनमों स्टार्टर ठीक करने की एक छोटी सी दुकान थी। मगर आपातस्थिति में बुलडोजरों ने उसे भी नष्ट कर दिया।

उस समय से लेकर 5 जुलाई, 1977 तक मैं बेकार बैठा रहा हूँ, क्योंकि मेरे पास कोई दुकान ही नहीं थी। जो दुकानें सरकार ने गिराईं, उनकी जगह नगरपालिका यमुनानगर ने दुकानें बनवाई हैं, लेकिन उनका किराया बहुत अधिक होने के अलावा नसबंदी के केस लाने की भी शर्त थी; तभी उनमें से दुकान मिल सकती थी या फिर अधिकारियों को खिलाने के लिए चार-पाँच हजार रुपए होने चाहिए थे।

मेरे पास दोनों में से कुछ भी नहीं था और इसलिए मई, 1976 में जमानत पर रिहा होने के बाद से लेकर 5 जुलाई, 1977 तक बेकार रहा हूँ। अब किसी तरह फिर से कुछ काम-धंधा शुरू किया है। आर्थिक स्थिति इतनी बिगड़ चुकी है कि मैं अपने दोनों बच्चों की बीमारी की उचित चिकित्सा भी नहीं करा पा रहा हूँ। संक्षेप में मेरी यह अपनी राम कहानी है। जिसमें घटनाओं को सही रूप में रखने की कोशिश की गई है। उद्देश्य यही है कि देश की भावी पीढ़ी को फिर कभी ऐसे काले दिन देखने को न मिलें।

अगले दिन हमें जेल में कैदियों के कपड़े पहना दिए और हमें एक मास तक, जब तक हमारी जमानतें सेशन जज से नहीं हो गईं, घास खोदने आदि के कामों पर लगाए रखा गया।

सत्यपाल
कैंप तिलक नगर
यमुनानगर (अंबाला)

(4)

25 जून, 1975 को देश में आपातस्थिति की घोषणा हुई। उसके बाद 3 जुलाई, 1975 को पुलिस द्वारा न्यू मार्केट, यमुनानगर स्थित मेरी दुकान पर पहुँच

तलाशी ली गई और मेरी पत्नी और बच्चों को डराया-धमकाया गया कि अगर मालिकचंद ने थाने आकर आत्मसमर्पण नहीं किया तो उन्हें भी बुरी तरह तंग किया जाएगा। मैं यह समाचार पाते ही भूमिगत हो गया।

जब 16 नवंबर, 1975 तक पुलिस मेरा पता न कर सकी तो 17 नवंबर को पुलिस मेरे अजीज जगदीश लाल को पकड़कर थाने ले गई। वहाँ उन्हें मारा-पीटा गया और बेइज्जत किया गया। उन्हें वहीं बैठा लिया गया। दो दिन बाद मेरा भानजा ओमप्रकाश मखीजा थाने गया और एस.आई. जोगिंदर सिंह की खुशामद करके तथा उसे 200 रुपए रिश्वत देकर जगदीश लाल को थाने से वापस ले आया।

पर 25 नवंबर, 1975 को सुबह मेरे भानजे ओमप्रकाश मखीजा और मेरे साले देशराज बतरा को पुलिस पकड़ कर थाने ले गई। उसी दिन कैंप तिलकनगर के सत्यपालजी के दो भाइयों श्री धर्मपाल और श्री शरणपाल को भी पुलिस पकड़कर थाने ले गई। वहाँ इन सभी को नंगा करके बुरी तरह मारा-पीटा गया। ओमप्रकाश मखीजा के दोनों पैरों को इतनी बुरी तरह चीरा गया कि उसके हर्निया के ऑपरेशन के टाँके टूट गए।

यह समाचार मुझे मिलने पर मैं सत्यपालजी और पवनजी आपस में मिले। हमने 1 दिसंबर, 1975 को सत्याग्रह करना था। पर इन घटनाओं को देखकर हमने 1 दिसंबर, 1975 को ही जगाधरी रेलवे स्टेशन के बाहर से चलकर यमुनानगर में सत्याग्रह करना तय किया। उसी दिन 3 बजे दोपहर को हम तीनों जगाधरी रेलवे स्टेशन के बाहर से 'भारत माता की जय, इमरजेंसी खत्म करो, जय प्रकाश जिंदाबाद' आदि नारे लगाते हुए नगर के मुख्य बाजार में घूमने लगे।

सत्याग्रह करते हुए, पत्रक तथा इश्तहार बाँटते हुए हम शिवाजी पार्क चौक पहुँचे और वहाँ से मॉडल टाउन घूमते हुए हम लगभग साढ़े चार बजे भगत सिंह पार्क, सरनी चौक पहुँच गए। वहाँ पर एस.आई. जोगिंदर सिंह, ड्राइवर रणबीर सिंह और कई सिपाहियों ने हमें घेर लिया। सरे बाजार हमारी पिटाई की और हमें घसीट-घसीटकर पुलिस की गाड़ी में फेंक दिया।

वहाँ इन सभी को नंगा करके बुरी तरह मारा-पीटा गया। ओमप्रकाश मखीजा के दोनों पैरों को इतनी बुरी तरह चीरा गया कि उसके हर्निया के ऑपरेशन के टाँके टूट गए।

थाने पहुँचते ही पुलिस के 30-35 जवान हम पर टूट पड़े। मुक्कों, लात और डंडों से हमारी पिटाई की गई। फिर हमें जबर्दस्ती नंगा कर दिया गया। पुलिस वालों ने हमारे चेहरों पर पेशाब करके माथों पर लगे तिलक धोए। नंगी हालत में थाने के अहाते में हमें दौड़ाया गया।

दौड़ते-दौड़ते हम जब गिर पड़े तो हमें जमीन पर ही पुलिस वालों द्वारा

घसीटा जाता रहा। हमारे शरीर बुरी तरह फट चुके थे और कई जगहों से खून बह रहा था। पर उस हालत में भी मुझे उल्टा करके लिटाया गया और 'फतहसिंह' नामक डंडा मुझ पर चढ़ाया गया (इसमें घुटनों के पीछे 6 इंच मोटे डंडे को फाँसकर दोनों पैरों को मोड़ा जाता है और जबर्दस्ती दोनों पैरों की एड़ियों को पीछे से लगाया जाता है।) मैं इस असह्य यातना को सह न सका और बेहोश हो गया।

रात जब मुझे होश आया तो मैंने अपने आपको अँधेरी जगह पर पड़ा पाया। उस रात हमें खाना तो दूर पीने के लिए पानी भी नहीं दिया गया। ड्यूटी पर तैनात पुलिस के सिपाहियों ने मुझे धमकी देते हुए यह भी कहा कि अब तो तुम्हारी लाशें ही यहाँ से बाहर निकलेंगी।

रात में आई.बी. विभाग का कर्मचारी जेतली और सी.आई.डी. के नारंग, ज्ञानसिंह और चोपड़ा बारी-बारी से हमसे पूछ-ताछ करने आए। पवनजी और सत्यपालजी भी वहीं पड़े हुए थे। रात में हमें बिस्तर न देकर फटे-पुराने चीथड़े और फटी हुई बोरियाँ हम पर डाल दी गईं।

26 नवंबर, 1975 को भी सुबह-शाम मेरी इसी तरह पिटाई की गई और यातनाएँ दी गईं। यही हाल मेरे भानजे और साले का किया गया। 27 नवंबर, 1975 को एस.एच.ओ. सुखदेव शर्मा हमारे पास आया। उसने भी मेरी बुरी तरह पिटाई कराई। जब मैं बेहोश हो गया, तभी मुझे शायद बख्शा गया।

इसी तरह 26 नवंबर को पवनजी की इस तरह पिटाई की गई थी कि उनका पेशाब होना बंद हो गया था। 27 तारीख को ही हमें हथकड़ी लगाई गई। उसी दिन सायंकाल के समय सुखदेव शर्मा ने फिर वही टाँगों को चीरने, मारने-पीटने और 'फतहसिंह' चढ़ाने की प्रक्रिया दुहराई। रात में सुखदेव शर्मा और जोगिंदर सिंह ने जबर्दस्ती करके हमसे रा.स्व. संघ और जनसंघ के 30-35 कार्यकर्ताओं के नाम लिखवाए और उनके आगे 2000 रु., 1000 रु., 100 रु., 51 रु. और 11 रु. आदि लिखवाए।

ज्ञानसिंह और चोपड़ा बारी-बारी से हमसे पूछ-ताछ करने आए। पवनजी और सत्यपालजी भी वहीं पड़े हुए थे। रात में हमें बिस्तर न देकर फटे-पुराने चीथड़े और फटी हुई बोरियाँ हम पर डाल दी गईं।

कहा जाता है कि सुखदेव शर्मा ने उन लोगों को भी थाने में बुलाकर तंग किया और उनसे रिश्वतें लेकर उन्हें छोड़ दिया। मेरे दोनों संबंधियों श्री ओमप्रकाश मखीजा और श्री देशराज बतरा से भी कुछ धन ऐंठ उन्हें 27 नवंबर, 1975 को छोड़ दिया।

28 नवंबर, 1975 को भी सुबह 10 बजे से लेकर 12 बजे तक हमारी पिटाई की जाती रही। दोपहर में 3 बजे के लगभग सुखदेव शर्मा ने जबर्दस्ती हमसे पुराने जूतों की मालाएँ बनवाकर उन्हें गले में डालने को मजबूर किया।

फिर डंडों से पिटाई करके हमें इस बात के लिए भी मजबूर किया कि हम अपने कान पकड़कर सड़क पर यह कहते चलें कि 'सत्याग्रह करके हमने अपनी लड़की से बुरा किया है।' हमें इस हालत में नए फव्वारा चौक से ले जाया गया। नया फव्वारा चौक पर पहुँचने पर भारी भीड़ के सामने हमारी पिटाई कराई गई।

वहाँ से हमें वापस थाने लाया गया और तुरंत मॉडल टाउन में से घुमाकर शिवाजी पार्क चौक पर प्यारा टी स्टाल के पास पुलिस जीप में बैठा कर साढ़े चार बजे के लगभग प्रथम श्रेणी के मजिस्ट्रेट बी.आर. वोहरा की अदालत में पेश किया गया। एस.आई. जोगिंदर सिंह ने हमारे लिए एक सप्ताह का रिमांड माँगा।

हम लोगों ने अपनी हालत वोहरा साहब को बताई और उनसे विनती करते हुए डॉक्टरी जाँच करवाने की अपील की। हमने यह भी कहा कि वे पुलिस को रिमांड न देवें। पर वोहरा साहब ने हमारी बातें अनसुनी कर दीं और हँसते हुए सात दिन का रिमांड दे दिया।

थाना यमुनानगर वापस आते ही जब सुखदेव शर्मा को यह पता चला कि हमने मजिस्ट्रेट से यातना देने की शिकायत की है तो डंडे से इस तरह मेरी पिटाई की गई कि मैं बेदम हो गया। जब डंडा टूट गया, तभी उसने मुझे मारना बंद किया।

29 नवंबर को सुबह 10 बजे के लगभग सुखदेव शर्मा ने मुझे बुला भेजा। मुझे नंगा कर दिया गया और फिर उसके कहने पर एस.आई. जोगिंदर सिंह ने मेरी गुदा में काले रंग की बोतल चढ़ा दी। इससे मुझे असह्य कष्ट हुआ। यहाँ तक कि मैं बुरी तरह चीख-चिल्ला रहा था और मेरी गुदा से खून बह रहा था। सुखदेव शर्मा ने मुझे यह भी कहा कि अगर तुम सभी जानकारी दे दो और माफी माँग लो तो तुझे छोड़ दिया जाएगा।

30 नवंबर को भी यातनाओं का यही सिलसिला चलता रहा। एक चारपाई पर मुझे बिठाकर पैरों में रस्सी बाँधकर मेरे दोनों पैर खींचे गए। शाम को भी हमारी पिटाई की गई।

30 नवंबर की रात 1 बजे से 2 दिसंबर के दिन तक हमें सोने नहीं दिया गया और बैरक में ही बराबर चलते रहने पर मजबूर किया गया। रुकने पर हमारे ऊपर पानी फेंका जाता था, डंडों से पीटा जाता था और पीठ पर जलती हुई सिगरेट और बीड़ी लगाई जाती थी। मैं अनेक बार गिरा और यही हालत सत्यपालजी की भी थी। चूँकि पवनजी को पेशाब बंद होने की तकलीफ हो चुकी

थाना यमुनानगर वापस आते ही जब सुखदेव शर्मा को यह पता चला कि हमने मजिस्ट्रेट से यातना देने की शिकायत की है तो डंडे से इस तरह मेरी पिटाई की गई कि मैं बेदम हो गया। जब डंडा टूट गया, तभी उसने मुझे मारना बंद किया।

थी, इसलिए उन्हें इस यातना से बख्श दिया गया।

2 दिसंबर को ही मुझे और सत्यपालजी को मॉडल टाउन स्थित उस मकान पर ले जाया गया, जहाँ हम आपातकाल में ठहरा करते थे। पुलिस वहाँ से सामान उठा ले गई, पर उसकी कोई सूची नहीं बनाई गई।

2 दिसंबर को रात्रि को ही सी.आई.डी. के नारंग और ज्ञानसिंह तथा आई. बी.के. जेतली ने हमें अलग-अलग करके बुलाया और हमारी जीवनकथाएँ लिखीं।

3 दिसंबर को हमें साढ़े चार बजे के बाद जगाधरी में श्री वोहरा मजिस्ट्रेट की अदालत में पेश किया गया। उस समय हम लोगों की हालत ऐसी हो रही थी कि हम खड़े भी नहीं हो सकते थे।

अतः अदालत में ले जाने से पहले ही सुखदेव शर्मा ने हमें यह धमकी दी थी कि अगर आज तुम तीनों में से किसी ने भी पुलिस यातनाओं के बारे में मुँह खोला तो 15 दिन का रिमांड लेकर तुम्हारे रहे-सहे होश भी ठिकाने लगा दिए जाएँगे। अदालत में वोहरा साहब ने हमसे कुछ भी नहीं पूछा और हमें जगाधरी जुडीशियल लॉक-अप में भेज दिया। उन्होंने हमें अपने घरवालों से मिलने और कपड़े आदि लेने तक की भी अनुमति नहीं दी।

जुडीशियल लॉक-अप में बुरा हाल था। 12 व्यक्तियों के रहने की जगह में 44 लोग पहले से मौजूद थे। अंदर ही टट्टी आदि के लिए जाना पड़ता था, खटमल और जुएँ बहुत थे। बहुत ही बुरी अवस्था थी।

6 दिसंबर, 1975 को हमें अंबाला सेंट्रल जेल में भेज दिया गया। वहाँ हमारी डॉक्टरी जाँच भी ठीक तरह नहीं हुई और दवा भी उचित रूप से नहीं दी गई। बार-बार कहने पर भी डॉक्टर सोनी ने हमारी दशा की ओर कोई ध्यान नहीं दिया। 9 दिनों में हमारी जो दुर्गति की गई थी, उसके कारण 2 मास से भी अधिक समय तक हम परेशान रहे।

अदालत में वोहरा साहब ने हमसे कुछ भी नहीं पूछा और हमें जगाधरी जुडीशियल लॉक-अप में भेज दिया। उन्होंने हमें अपने घरवालों से मिलने और कपड़े आदि लेने तक की भी अनुमति नहीं दी।

हम पर भारत सुरक्षा कानून की धारा 33, 43 और 46 का मुकदमा चला। हर 14 दिन बाद हमें जगाधरी अदालत में लाया जाता। जेल या पुलिस की ओर से हमारे भोजन की कोई व्यवस्था नहीं थी। घरवालों ने हर बार लिखित रूप में मिलने और भोजन कराने की अनुमति अदालत से माँगी, पर मजिस्ट्रेट वोहरा ने कभी भी इजाजत नहीं दी। उनका कहना था कि ''मैं चोर, डाकू या 302 के अपराधी को तो खाना खिलाने की अनुमति दे सकता हूँ, पर भारत सुरक्षा कानून से संबंधित व्यक्तियों को नहीं।''

करीब साढ़े चार मास तक हमारा मुकदमा चला। पुलिस के गवाह झूठे

साबित हुए। फिर भी मजिस्ट्रेट वोहरा ने भारत सुरक्षा कानून की धारा 33 और 46 के अंतर्गत हमें 15 महीने की सश्रम कारावास की सजा 7 अप्रैल, 1976 को सुना दी। अगले दिन हमें जेल में कैदियों के कपड़े पहना दिए गए और जब तक अपील करने पर हमारी जमानतें सेशन जज की अदालत से नहीं हो गईं, हमें जेल में ट्राली पर से चने उतारने, घास खोदने आदि के काम में लगाए रखा गया।

इस तरह इमरजेंसी में जो शारीरिक यातना सही, उसका असर आज भी हमारे शरीर पर है और उसी कारण मेरी आँखें भी बहुत अधिक कमजोर हो गई हैं। इसके अतिरिक्त व्यापार आदि में जो नुकसान हुआ, वह अलग। अस्तु, राष्ट्र व समाज के हित तो यह आहुति तुच्छ ही है।

मालिकचन्द डंग
दुकान नं. 123, न्यू मार्केट
यमुना नगर

(5)

आपातकाल–अँधेरी घटनाओं की उजली यादें

—सुभाष मल्होत्रा

एमरजेंसी–बाल्यकाल से देशभक्ति के गाए गीतों और नित्यप्रति की शाखा से निर्मित हमारे यौवन की एक परीक्षा थी। रोहतक के संघ शिक्षा वर्ग में मैं प्रथम वर्ष का शिक्षार्थी था। वर्ग अपने अंतिम चरण पर था। उन्हीं दिनों इलाहाबाद उच्च न्यायालय ने प्रधानमंत्री इंदिरा गांधी के चुनाव को अवैध घोषित कर दिया। 25 जून को समाचार सुना गया कि देश में आपातकाल लग गया है। नागरिकों के मौलिक अधिकारों को निलंबित कर दिया गया है और रात्रि को सभी विपक्षी राजनेताओं को बंदी बनाकर, जेलों में बंद कर दिया गया है। जिला प्रशासन ने वर्ग को समाप्त कर वैश्य कॉलेज परिसर खाली करने का निर्देश दिया। हमारे अखिल भारतीय बौद्धिक प्रमुख माननीय बापू राव मोघे ने यहाँ आए स्वयंसेवकों को संघ पर प्रतिबंध लगने का आभास दिया। कार्यकर्ताओं ने कॉलेज परिसर खाली कर दिया। गुप्तचरों ने प्रांत के सभी प्रचारकों व अधिकारियों को अपने निशाने पर ले लिया था।

जिला प्रशासन ने वर्ग को समाप्त कर वैश्य कॉलेज परिसर खाली करने का निर्देश दिया। हमारे अखिल भारतीय बौद्धिक प्रमुख माननीय बापू राव मोघे ने यहाँ आए स्वयंसेवकों को संघ पर प्रतिबंध लगने का आभास दिया। कार्यकर्ताओं ने कॉलेज परिसर खाली कर दिया।

ओ.टी.सी. से वापस आने के एक सप्ताह के अंदर अनुभव हुआ कि आपातकाल के भय का असर आम जन तक व्याप्त हो गया है। खौफजदा मित्र हमारी नमस्ते लेने से भी कतराने लगे। एक दिन अचानक पुलिस ने मुझे

गिरफ्तार कर लिया और हिसार सेंट्रल जेल में बंद कर दिया। जेल पहुँचने पर बंदी स्वयंसेवक बंधुओं के उत्साहित खिले चेहरों से मेरा स्वागत हुआ। हाँसी के पुलिस थाने में अपराधी मुलजिमों के साथ बदबूदार तंग कोठरी में कटी बेचैन रात की सारी वेदना दूर हो गई। लेकिन अन्य विपक्षी राजनीतिक दलों के नेताओं की हालत दयनीय थी।

वे मेले की भीड़ में खोए अपने माँ-बाप से बिछुड़े बच्चों की तरह मायूस थे। बड़े-बड़े मंचों पर गरजने वाले, भारी-भरकम राजनेता जेल के बाहर की खुली हवा में, साँस लेने की उम्मीद छोड़े हुए थे। चौधरी देवीलाल के इस वाक्य को मैं नहीं भूल सकता, जब उन्होंने श्री श्याम खोसला को कहा कि ''अब तो जेल से मेरी लाश ही बाहर जाएगी।'' जेल के निराशा के भयंकर वातावरण से राजनेता बुरी तरह पस्त थे।

लेकिन इस माहौल में भी हम स्वयंसेवक मस्त थे। बरसात के एक दिन मैंने सिरसा पुलिस से बुरी तरह पीटे गए प्रो. गणेशी लाल को मित्रों के साथ- 'तुम से मिले हम बरसात में'··· इस फिल्मी गाने पर झूमते देखा। लोकतंत्र के हत्यारों ने हमें अपने परिवारों से अलग कर दिया था। लेकिन जेल में भी हम एक परिवार थे।

प्रभात से लेकर रात्रि तक हमारे पास व्यस्त दिनचर्या थी। हमारी आँखों में तानाशाही से देश को मुक्त कराने का सजीव और दृश्यमान सपना था। मैं पूरे विश्वास से कह सकता हूँ कि अगर संघ ने सत्याग्रह के द्वारा कार्यकर्ताओं को जेल न भेजा होता, तो विभिन्न पार्टियों के राजनेताओं की कमर सदा-सदा के लिए इंदिरा गांधी के द्वारा तोड़ दी गई होती।

चौधरी देवीलाल के इस वाक्य को मैं नहीं भूल सकता, जब उन्होंने श्री श्याम खोसला को कहा कि ''अब तो जेल से मेरी लाश ही बाहर जाएगी।'' जेल के निराशा के भयंकर वातावरण से राजनेता बुरी तरह पस्त थे।

जेल में हमारे साथ वामपंथी और समाजवादी साथी भी थे। इन लोगों की धारणा थी कि संघी रूढ़िवादी और देश की प्रगतिशीलता में बाधा हैं। राजनीतिक दृष्टि से ये लोग हमें नासमझों का टोला समझते थे। लेकिन यह मेरा अटल विश्वास है कि एकात्म भारतीय परिवेश की किसी भी जीवन पद्धति की तुलना में समाजवादी विचारों के प्रकाश में कल्पित की गई जीवन-व्यवस्था नितांत बौनी है।

पेशी पर जाने वाले स्वयंसेवक या मुलाकात के दौरान हम कार्यकर्ताओं के परिजन, जो खाद्य पदार्थ घर से लाते थे, हम उन्हें सभी मिलकर खाते थे। भले ही हमारी बैरक में हमसे वैचारिक साम्य न रखने वाले कैदी भी क्यों न हों। मेरा मतलब, हमारी भोजन सामग्री पर सभी का अधिकार था। एक घटना को बताने का लोभ मुझ से छोड़ा नहीं जा रहा। हमारी बैरक में सेकेंड और थर्ड क्लास कैदी

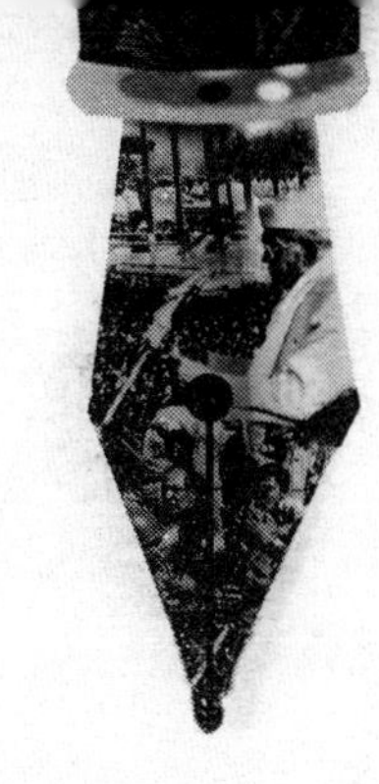

इकट्‍ठे थे। जेल प्रशासन द्वारा सेकेंड क्लास कैदियों को दूध मिलता था। संघ की सहचरी पद्धति में हिस्से-पत्ति का विचार कैसा? सारा दूध सब में बराबर बँटता था। एक दिन हमारे एक केशधारी वकील साथी (जो फतेहाबाद विधानसभा क्षेत्र से विधायक भी बने) ने एतराज किया कि ''जेल प्रशासन द्वारा जिन के लिए दूध तय नहीं है, उन्हें क्यों दिया जाता है?'' सिरसा के श्री श्याम लालजी के जिम्मे भोजन व्यवस्था होती थी।

शाम को जब दूध आया तो उन्होंने सारा दूध उन सज्जन के सामने रखते हुए कहा कि 'इसे आप ने ही पीना है।' इसे और कोई नहीं पीएगा। वह सज्जन लज्जित हो गए। उस दिन के बाद तेरे-मेरे का प्रश्न ही समाप्त हो गया। मैं दावे से कह सकता हूँ कि संघ की इसी स्वाभाविकता साहचर्य की जीवन पद्धति से अभिभूत हुए विपक्षी नेताओं को जेल में बंद संघ के वरिष्ठ अधिकारी उन्हें 'जनता पार्टी' के साझे मंच पर लाने में सफल हुए और तानाशाही की प्रतीक कांग्रेस पार्टी को चारों खाने चित्त कर दिया।

आधुनिक भारत के स्वतंत्रता सेनानियों की कुर्बानी को अपनी बपौती समझने वाली कांग्रेस ने विपक्षियों के प्रति जिस असहिष्णुता का परिचय दिया, उसकी दूसरी मिसाल देश में नहीं मिल सकती। आपातकाल के सत्याग्रहियों को शारीरिक यातनाएँ देने में इंदिरा सरकार ने अंग्रेजों को भी मात कर दिया।

भूमिगत रहकर आंदोलन की बागडोर सँभाले संघ के प्रचारकों ने इंदिरा गांधी से मौलिक अधिकारों को लुटवा चुकी जनता और जेलों में बंद, राजनीतिक दलों के निराश हो गए नेताओं का मनोबल ऊँचा करने के लिए छोटी-छोटी टोलियों में सत्याग्रह आयोजित करने का निर्णय किया।

संयोग से हिसार में हरियाणा के नए मुख्यमंत्री बनारसी दास गुप्ता का अभिनंदन समारोह था। मुख्यमंत्री का भाषण जैसे ही शुरू हुआ; श्री नवल किशोरजी के नेतृत्व में सात कार्यकर्ताओं ने 'भारत माता की जय'; 'जय प्रकाश जिंदाबाद' और 'एमरजेंसी समाप्त करो' के नारे लगाने शुरू कर दिए। भाड़े पर लाई गई भीड़ में भगदड़ मच गई। पुलिस द्वारा इन कार्यकर्ताओं को हिरासत में लेकर बुरी तरह पीटा गया।

'भारत माता की जय'; 'जय प्रकाश जिंदाबाद' और 'एमरजेंसी समाप्त करो' के नारे लगाने शुरू कर दिए। भाड़े पर लाई गई भीड़ में भगदड़ मच गई। पुलिस द्वारा इन कार्यकर्ताओं को हिरासत में लेकर बुरी तरह पीटा गया।

इन सत्याग्रहियों में 18-19 साल के एक कार्यकर्ता अयोध्या प्रसाद थे, मात्र 5 फुट ऊँचे, बिल्कुल पतले और कमजोर लगने वाले इस सिंह शावक को पहलवानों जैसे 3-4 पुलिस वाले, बुरी तरह पीटने में जुट गए। पीट-पीटकर जब वे थक गए तो अयोध्या ने उन्हें कहा कि 'बस! मैंने तो सुना था कि तुम मार-मारकर आदमी की खाल उधेड़ देते हो।' झोटों जैसे वे जल्लाद उसका मुँह

देखते ही रह गए। सातों आंदोलनकारी क्षत-विक्षत शरीर लेकर हिसार जेल में आ गए। वहाँ पहले से मौजूद कार्यकर्ताओं ने उनका स्नेहपूर्ण स्वागत किया। गरम कपड़ों की सिंकाई और मालिश के द्वारा कुछ ही दिनों में उन्हें स्वस्थ कर लिया गया। इन सात सत्याग्रहियों में हाँसी के श्री रामदित्ता मलजी भी थे। आज वे इस दुनिया में नहीं हैं। लेकिन जेल में उनके द्वारा सुनाई गई यह कविता–

''देश के अनगिनत शहीदों का, जर्रे-जर्रे में खून बिखरा है,
परचमे हिंद, तब कहीं जाकर, तेरे चेहरों का रंग निखरा है।
मौत की मंडियों में, जा-जाकर बोलियाँ दी हैं,
माँगा है अगर एक सर, तो हमने भर-भर के झोलियाँ दी हैं।

हमारे कानों में आज भी गूँजती है।

आखिर कांग्रेसी तानाशाहों के विकृत दिमाग और हाथ जुल्म करते-करते थक गए। सुसंगठित और समर्पित संघ शक्ति के सहयोग से जनता ने कांग्रेस सरकार को आपातकाल के साथ इतिहास के कूड़ेदान में फेंक दिया। देश ने दीवाली मनाई।

(6)

आपातकाल की खट्टी-मीठी यादें

—हरीश मनोचा

25 जून को आपातकाल लगते ही रोहतक में संघ शिक्षा वर्ग बीच में ही समाप्त हो गया। हाँसी नगर प्रचारक संघ शिक्षा वर्ग से वापस आकर सभी कार्यकर्ताओं को भूमिगत होने को कहा। श्री सुशीलजी को भूमिगत रखने के लिए हम स्थानीय प्राचीन मंदिर लक्ष्मण चौतरा के महंत स्वामी दीनानाथजी के पास गए और उनको सारी स्थिति बताकर सुशीलजी को मंदिर में छुपाने की प्रार्थना की।

सुशीलजी को भूमिगत रखने के लिए हम स्थानीय प्राचीन मंदिर लक्ष्मण चौतरा के महंत स्वामी दीनानाथजी के पास गए और उनको सारी स्थिति बताकर सुशीलजी को मंदिर में छुपाने की प्रार्थना की।

स्वामी दीनानाथजी स्वयं भी संघ के स्वयंसेवक थे और पाकिस्तान में संघ शिक्षा वर्ग किया हुआ था। उन्होंने हमारी प्रार्थना स्वीकार करके सुशीलजी का मुंडन करवाकर भगवे कपड़े पहनाकर साधु बनाया व मंदिर में बिठा दिया। हम प्रातःकाल व सायं काल छुपकर मंदिर जाते व सूचना का आदान-प्रदान करते थे। 5-7 दिन बाद सुशीलजी ने बताया कि साधु का वेश बनाने से बुजुर्ग महिलाएँ व पुरुष मेरे पाँव छूने लगते हैं। यह उनसे सहन नहीं हुआ तथा अधिकारियों से सलाह करके उनको वापस अपने घर भेज दिया।

माफी मत माँगना

15 जुलाई, 1975 को संघ के 14 कार्यकर्ता गिरफ्तार हुए। उन 14 कार्यकर्ताओं में श्री नौनिहालजी भी थे। 9 दिन के पुलिस रिमांड के बाद जब हमें पैदल हथकड़ी लगाकर कचहरी ले जाया जा रहा था तो रास्ते में श्री नौनिहालजी की माताजी ने हमें रोका व सबको तिलक लगाकर कहा कि चाहे कुछ भी हो जाए, कितने ही कष्ट दिए जाएँ, माफी न माँगना और अपनी माँ के दूध की लाज रखना। धन्य है ऐसी माँ!

जेल में 'दर्पण'

आपातकाल लगते ही अखबारों पर सेंसर लग गया। कोई भी अखबार सरकार के विरुद्ध कुछ भी नहीं लिख सकता था। संघ के कार्यकर्ता पानीपत में छुपकर दर्पण नाम का अखबार छापते थे और छुप-छुपकर पूरे हरियाणा में लोगों तक पहुँचाते थे। जेल में स्वयंसेवकों तक अखबार पहुँचे, इस योजना के तहत हिसार के कार्यकर्ता श्री धर्मदेवजी बिंदल (जो स्वयं भी जेल में थे) के घर से लस्सी का 20 किलोग्राम का ड्रम प्रतिदिन जेल में आता था। योजनानुसार साप्ताहिक दर्पण अखबार पॉलिथीन में लपेटकर पत्थर से बाँधकर लस्सी के ड्रम में डालकर जेल पहुँचता था व हम लोग जेल के अंदर 'दर्पण' अखबार के इंतजार में लस्सी के ड्रम का इंतजार करते थे, सबको रात्रि के समय अखबार पढ़कर सारे समाचार बताते थे। सी.आई.डी. व जेल प्रशासन परेशान था कि जेल के अंदर दर्पण अखबार कैसे पहुँचता है।

पुलिस का सहयोग

आपातकाल लगने पर पूरे देश की जनता में आक्रोश था। पुलिस कर्मचारी भी सरकार की इस तानाशाही का अंदर-ही-अंदर विरोध कर रहे थे। ऐसा ही एक उदाहरण, जब हम लोगों को जेल से तारीख के लिए कोर्ट में ले जा रहे थे, तो जेल और कचहरी का फासला कुछ ही दूर का था। पैदल भी जेल से कोर्ट जाया जा सकता था, लेकिन एक ए.एस.आई. (सरदारजी) अपने पुलिस के साथियों के साथ हमें अन्य कैदियों के साथ गाड़ी में बिठाकर गाड़ी में तेल डलवाने के बहाने सारे बाजार में घुमाकर बस स्टैंड से तेल डलवाते थे। सारे बाजार में हम आपात स्थिति के विरोध में नारे लगाते थे। ए.एस.आई. (सरदारजी) अन्य कैदियों को भी हमारे साथ नारे लगाने के लिए कहते थे।

योजनानुसार साप्ताहिक दर्पण अखबार पॉलिथीन में लपेटकर पत्थर से बाँधकर लस्सी के ड्रम में डालकर जेल पहुँचता था व हम लोग जेल के अंदर 'दर्पण' अखबार के इंतजार में लस्सी के ड्रम का इंतजार करते थे।

इस प्रकार पुलिस के कुछ भाई आपात स्थिति का विरोध करते हुए हमारा सहयोग करते थे।

जज का सहयोग

दफा डी.आई.आर. 33 के कैदियों की तारीख सेशन जज हिसार में लगती थी। सेशन जज श्री अग्रवालजी हिसार में लगे हुए थे। वे भी अंदर-अंदर आपातकाल के विरोधी थे। हम दफा डी.आई.आर. 33 के 37 लोगों का बैच जब श्री अग्रवालजी की अदालत में पेश हुए तो हमारे बैच में तत्कालीन तहसील संघ चालक हिसार मा. स्व. श्री गणेशी लाल जी भी थे।

सेशन जज श्री अग्रवालजी मा. गणेशी लालजी के पूर्व परिचित थे। उन्होंने मा. गणेशी लालजी की हथकड़ी खुलवाकर अपने कैबिन में बुलाया और बाबूजी को बताया कि सरकार की नीयत ठीक नहीं है। आप लोग जैसे भी हो जेल से बाहर जाने का प्रयत्न करो। बाबूजी ने उनको बताया कि हम सभी संघ के निष्ठावान स्वयंसेवक हैं।

जब तक संगठन हमें आज्ञा नहीं देता, तब तक हम जेल से बाहर नहीं आएँगे। बाबूजी ने जज साहब को बताया कि हमारा कोई भी स्वयंसेवक सरकार से माफी नहीं माँगेगा और आप हमें जेल से बाहर कैसे निकालेंगे। जज महोदय ने कहा कि जब आपको बाहर आने का आदेश मिले, मुझे बता देना। आपको कैसे छोड़ना है, यह मेरा काम है।

नवंबर 1975 में हमारे पास सूचना आई कि आगे की रणनीति तैयार करने के लिए सभी स्वयंसेवक जेल से बाहर आने का प्रयत्न करें। इस सूचना के बाद कोर्ट में तारीख पर जाने पर मा. गणेशी लालजी ने जज साहब को इशारों-इशारों में सारी बात बता दी। जज साहब जो हमें 14 दिन बाद की तारीख देते थे, उस दिन उन्होंने हमें एक दिन की तारीख दी तथा समझाया कि कल तारीख पर आप लोगों से मैं व्यक्तिगत जो भी बात पूँछू, उसका हाँ में जवाब देना है। अगले दिन जब हम तारीख पर गए तो जज साहब ने हम सभी से व्यक्तिगत जो सरकार ने हमारे ऊपर झजे केस बना रखे थे, के बारे में पूछा तो हमने हाँ भर दी। जज साहब ने जो स्वयंसेवक जितने दिन जेल में रहा, उतने दिन की सजा देकर हमारी हथकड़ी खुलवाकर हमें छोड़ते गए। जब सरकारी वकील ने इसका विरोध करना चाहा तो जज साहब ने उससे कहा कि मुझे मेरा काम करने दीजिए। मेरे साथ सरकार जो कुछ करेगी, देखा जाएगा।

आप लोगों से मैं व्यक्तिगत जो भी बात पूँछू, उसका हाँ में जवाब देना है। अगले दिन जब हम तारीख पर गए तो जज साहब ने हम सभी से व्यक्तिगत जो सरकार ने हमारे ऊपर झजे केस बना रखे थे, के बारे में पूछा तो हमने हाँ भर दी।

स्वयंसेवकों का मनोबल

नवंबर 1975 में जेल से छूटने के बाद किसी भी स्वयंसेवक का मनोबल नहीं टूटा। संघ पर प्रतिबंध होने के बावजूद हम सभी स्वयंसेवक प्रातःकाल बरवाला पुल के पास केले के बाग में प्रतिदिन मिलते व सूचना का आदान-प्रदान कर संघ की प्रार्थना करके अपने-अपने घरों पर चले जाते थे।

दर्पण अखबार का वितरण

सभी अखबारों पर सेंसर लगा हुआ था। कोई भी अखबार सरकार के विरुद्ध कुछ भी नहीं लिख सकता था। अपने संगठन का दर्पण नाम का अखबार सरकार की आँखों में मिर्च डालकर पूरे हरियाणा में वितरित किया जाता था। बस स्टैंड के सामने मेरी स्पेयर पार्ट्स की दुकान थी। स्व. तिलकराजजी तत्कालीन प्रचारक प्रत्येक सप्ताह दर्पण का बंडल मेरी दुकान पर पहुँचाते थे। कार्यकर्ताओं की टोली बाजार निश्चित करके दर्पण अखबार रात्रि को दुकानों के अंदर डालने का काम करते थे।

सी.आई.डी. व पुलिस परेशान थी कि अखबार कहाँ से कैसे आता है। मेरी दुकान बस स्टैंड के सामने होने के कारण सी.आई.डी. को मुझ पर शक होने लगा व लेखराज शर्मा (सी.आई.डी. इंस्पेक्टर) को मेरी दुकान की निगरानी का काम सौंपा गया। लेकिन सी.आई.डी. भी इस काम में फेल हो गई कि अखबार कहाँ से आता है। एक दिन क्रांतिकारी स्वयंसेवक श्री राजेंद्रजी ढींगड़ा (जो अब इस दुनिया में नहीं हैं) सिटी थाना वाले बाजार में दर्पण डालते हुए सिटी थाना के गेट के शीशे पर गोंद से दर्पण अखबार को चिपकाकर भाग गया।

प्रातःकाल पुलिस व शहर के लोगों में थाने पर लगा हुआ अखबार देखकर चर्चा का विषय बना। पूरे पुलिस विभाग व सी.आई.डी. में भगदड़ मच गई। पुलिस ने मेरे ऊपर शक करके मुझे डी.आई.आर. 33 में गिरफ्तार करके जेल भेज दिया।

हरियाणा में वितरित किया जाता था। बस स्टैंड के सामने मेरी स्पेयर पार्ट्स की दुकान थी। स्व. तिलकराजजी तत्कालीन प्रचारक प्रत्येक सप्ताह दर्पण का बंडल मेरी दुकान पर पहुँचाते थे।

जेल का वातावरण

आपात स्थिति लगते ही संघ के प्रमुख कार्यकर्ताओं को पुलिस ने पकड़ना शुरू कर दिया। डी.आई.आर. 33 व धारा 107/151 में हिसार जिले के हम लगभग 140 लोग पकड़े गए। जिस प्रकार संघ शिक्षा वर्ग में प्रातः 5 बजे से

रात्रि 10 बजे तक अलग-अलग कार्यक्रम होते हैं, इसी प्रकार जेल के अंदर भी प्रातः व सायं काल शाखा लगाकर शारीरिक करना व दिन भर संघ के अनुरूप बौद्धिक व धार्मिक कार्यक्रम करना, ऐसा प्रतिदिन का नियम बन गया था। किसी भी स्वयंसेवक को जेल जैसी महसूस नहीं होती थी। ऐसा महसूस होता था, जैसे हम लोगों का अनिश्चित काल का संघ शिक्षा वर्ग लगा हुआ है।

(7)

श्री चाँदराम की डायरी से...

(हरियाणा के वरिष्ठ नेता एवं पूर्व केंद्रीय मंत्री स्व. श्री चाँदराम ने आपातकाल के दौरान जेल में रहकर डायरी लिखी थी। प्रस्तुत है, उन डायरी से एक अंश)

रात 2 बजे के करीब खड़काली से आकर सोये थे। करीब 4 बजे दरवाजे खटखटाए जा रहे थे। जब किसी ने दरवाजा नहीं खोला तो मैंने खुद दफ्तर की तरफ का दरवाजा खोला तो दो थानेदार तथा 6-7 सिपाही भाले सँभाले आए। कहा इंस्पेक्टर ने थाने बुलाया, मैंने कहा, अभी आधे घंटा में हाजर होता हूँ। कुछ घंटे से ज्यादा समय तैयारी में लग गया। दुर्गा उदास हुई, रोई मगर मेरे हौसला देने पर हौसले में रही। हैजे की बीमारी से कमजोर थी, सारे बच्चे जाग गए। अपनी जीप में पुलिस थाने लाई। जहाँ पं. श्रीराम, डॉ. मंगलसेन, स्वामी इंद्रवेश, लक्ष्मी, तुलसी थे। बहादुरगढ़ से रामलाल हितैषी आ गया। खाना घर से मँगाकर थाने में खाया। जेल रोहतक जय बोलते आए। जेल में पहली यात्रा-बंदी बीजू पटनायक, अशोक मेहता, पीलू, शेखर, रामशरन, जयपाल सिंह, मलकानी, महावीर, सिकंदर, बख्शी जगदेव, राजनारायण पहले ही देहली से जेल लाए गए थे। (26.6.1975)

हैजे की बीमारी से कमजोर थी, सारे बच्चे जाग गए। अपनी जीप में पुलिस थाने लाई। जहाँ पं. श्रीराम, डॉ. मंगलसेन, स्वामी इंद्रवेश, लक्ष्मी, तुलसी थे। बहादुरगढ़ से रामलाल हितैषी आ गया। खाना घर से मँगाकर थाने में खाया।

(8)

आपातकाल की कुछ यादें

—प्रेम प्रकाश ग्रोवर

25 जून रात्रि 12 बजे यानी 26 जून, 1975 को भारत की प्रधानमंत्री इंदिरा गांधी द्वारा आपातकाल की घोषणा करके देश में प्रजातंत्र की हत्या करके विपक्षी पार्टियों के बड़े-बड़े नेताओं, जबकि कांग्रेस भी कई कथित असंतुष्ट

नेताओं सहित रात्रि के समय ही जेलों में गिरफ्तार करके नजरबंद कर दिया गया। समाचार-पत्रों पर सेंसरशिप लागू कर दी गई, यानी कि पूरा देश ही जेलखाना दिखाई देने लगा। पूरे देश में ही सरकारी अफसरों द्वारा कठोर से कठोर निर्णय लिए जाने लगे व आम नागरिकों को परेशान किया जाने लगा।

जैसे फैमिली प्लानिंग योजना लागू करके दो बच्चों से अधिक प्रत्येक नागरिकों को जबरदस्ती पकड़कर नसबंदी की जाने लगी, जिसमें कई अधिकारियों को ज यादा से ज्यादा नसबंदी केस लाने के लिए कोटा सिस्टम लागू करके तरक्की से सम्मानित किया जाने लगा, जिससे ज्यादा केस देने की होड़ सी लग गई, जिसमें अयोग्य व सीधे-साधे बहरे-गूंगों व अनमैरिड नौजवान तक को भी पकड़कर नसबंदी कर दी गई।

लोग डर के मारे रात्रि को अपने घरों में नहीं सोते थे। समाचार-पत्रों पर सेंसरशिप लागू होने के कारण सही-सही जानकारी जनता तक नहीं पहुँच रही थी। इस प्रकार की ज्यादती के विरुद्ध कोई भी अपील-दलील व फरियाद सुनने को अधिकारी या जनता का प्रतिनिधि नहीं था, अतः 19 माह तक आपातकाल के कारण जनता ने तरह-तरह के जुल्म सहन किए।

अखिल भारतीय जनसंघ ने विपक्ष की सबसे बड़ी पार्टी होते हुए व राष्ट्रीय स्वयंसेवक संघ ने मिलकर आपातकाल के विरुद्ध आंदोलन चलाने का फैसला लेते हुए जिला स्तर पर गिरफ्तारियाँ देने का कार्यक्रम बनाया व सदस्यों द्वारा भूमिगत आंदोलन भी जारी रखा, जो कि आपातकाल के 19 माह तक जारी रहा। छोटे-छोटे समाचार-पत्र गुप्त रूप से छपवाए जाते, बड़ा खतरा मोल लेते हुए जनता व वर्करों तक सही जानकारी पहुँचाने के लिए इन समाचार-पत्रों को गुप्त रूप से वर्करों द्वारा बाईहैंड पहुँचाया जाता था, जबकि जेल में बंद अपने साथियों के पास भी इन पत्रिकाओं को मिठाई व फ्रूट के डिब्बों में पैक करके पहुँचाया जाता था। हरियाणा प्रदेश में आंदोलन यानी गिरफ्तारियाँ देने का कार्यक्रम 14 जुलाई, 1975 को हिसार शहर से शुरू हुआ, जिसमें निम्नलिखित कार्यकर्ता–

1. ओम प्रकाश ग्रोवर, रतिया, जिला फतेहाबाद
2. नवल किशोरजी, रतिया, जिला फतेहाबाद
3. सत्यपाल ग्रोवरजी, रतिया, जिला फतेहाबाद
4. सुरेंद्र कुमारजी मलहोत्रा, सिरसा, जिला सिरसा
5. अमरनाथजी गोयल, सिरसा, जिला सिरसा

हम पाँचों सदस्यों ने संगठन के आदेशानुसार हिसार शहर के मेन बाजार में

अपील-दलील व फरियाद सुनने को अधिकारी या जनता का प्रतिनिधि नहीं था, अतः 19 माह तक आपातकाल के कारण जनता ने तरह-तरह के जुल्म सहन किए।

नागोरी गेट के अंदर चैक में राष्ट्रपिता महात्मा गांधीजी की मूर्ति को माला अर्पित कर हम वहाँ से ही बाजारों में नागोरी गेट होकर कांग्रेस की केंद्र सरकार, श्रीमति इंदिरा गांधी व आपातकाल के विरोध में नारे लगाते हुए मेन कचहरी रोड व पुरानी अनाज मंडी होते हुए घूमकर जब वापस अनाज मंडी रोड सुशीला भवन के पास ही पहुँचे थे कि सिटी पुलिस स्टेशन से पुलिस की टीम पहुँची व हमें गिरफ्तार करके सिटी थाना ले गई। वहाँ हमें 14 जुलाई रात्रि को थाने में लाकर बंद कर दिया। 15 जुलाई को हमें हिसार न्यायालय में माननीय सी.जी.एम चीफ ज्युडिशियल मजिस्ट्रेट महोदय की अदालत में पेश किया। जज साहब ने हमारे पाचों सदस्यों के ऊपर U/s 107/151 C.R.P.C City HISSAR धारा लगाकर सेंट्रल जेल हिसार भेज दिया।

हिसार जेल में हमें पहले से गिरफ्तार राजनैतिक बंदियों के साथ रखा गया। सितंबर मास में संगठन ने अपनी रणनीति के अनुसार जमानत अप्लाई करने को कहा। वहाँ हिसार न्यायालय में जमानत सरकार की नीति के अनुसार माफी माँगने पर ही दी जाती थी। हमने माफी तो माँगनी नहीं थी, अतः हमारी पाँचों की जमानत के लिए माननीय पंजाब हरियाणा हाईकोर्ट चंडीगढ़ जाना पड़ा। न्यायालय के आदेश पर C.I.M. हिसार न्यायलय ने दिनांक 10-9-75 Order No. 57 को हमें जमानत दे दी।

उसके बाद संगठन के आदेशानुसार हम अपने शहर रतिया में अंडर ग्राउंड कार्य करते रहे। जनवरी 1976 में पार्टी के एक कार्यकर्ता को रतिया पुलिस पकड़कर पूछ-ताछ के लिए थाना में ले गई तो हम छिप गए व 11.1.76 को प्रातः हम 3 कार्यकर्ता–

1. ओम प्रकाश ग्रोवर, पुत्र श्री मोती राम, रतिया, जिला फतेहाबाद
2. कमलकिशोर, पुत्र श्रीसोहना राम, रतिया।
3. भगत राम गंगा, पुत्र श्रीराम, रतिया, हाल राजस्थान चला गया।

वहाँ हिसार न्यायालय में जमानत सरकार की नीति के अनुसार माफी माँगने पर ही दी जाती थी। हमने माफी तो माँगनी नहीं थी, अतः हमारी पाँचों की जमानत के लिए माननीय पंजाब हरियाणा हाईकोर्ट चंडीगढ़ जाना पड़ा।

सुबह मंदिर में पूजा करके हम तीनों रतिया शहर के मेन बाजार में सरकार व आपातकाल के विरुद्ध नारे लगाते हुए चल दिए। कुछ देर बाद रतिया पुलिस हमें पकड़कर पुलिस स्टेशन ले गई व हमारी गिरफ्तारी दिखाकर पेपर तैयार करके 11.1.76 को ही हमें रतिया पुलिस ने हमारे उपर Uo/5 107/151 C.R.P.C S/o धारा लगाते हुए एस.डी.एम. महोदय फतेहाबाद न्यायालय में पेश किया व उसी दिन हमें पुलिस पार्टी शाम को ही सेंट्रल जेल हिसार छोड़ आई, इस के कुछ दिन बाद ही रतिया में मेरे लड़के की मृत्यु हो गई थी, जिस कारण घर वालों ने प्रयास किया व मेरी जमानत हो गई, ताकि मैं इस दुख की

घड़ी में शामिल हो सकूँ।

जैसा प्रारंभ में ही बताया जा चुका है, आपातस्थिति के दौरान अनेकानेक कार्यकर्ताओं द्वारा सही अमानवीय यातनाओं की दास्तान की यह एक झलक मात्र ही है, अन्यथा जैसे राजपूताने का एक-एक कण जौहर की कथा कहता है, वैसे ही प्रत्येक कार्यकर्ता की बलिदान, उत्सर्ग एवं सहनशीलता की अपनी-अपनी कहानी है।

ओमप्रकाशजी को दी गई यातनाओं का एक संक्षिप्त उल्लेख समानांतर प्रचार व्यवस्था वाले भाग में किया गया है, जो वस्तुतः अपने आप में एक पूरा प्रसंग है। प्रचार व्यवस्था में ही जुटे सरदार सुखनंदन सिंहजी ने ही क्या कम सहा है! कॉलेज में अध्यापक की नौकरी छूटी, आत्मसम्मान की कीमत पर भांड बनकर सरकारी गुणगान करना उन्हें मंजूर नहीं था।

तानाशाही के विरुद्ध संघर्ष में संपूर्ण सक्रियता से जुटने के लिए पूरा समय देकर इस कार्य में जुटे। पत्नी की मानसिक विक्षिप्तता, मीसा में अपनी गिरफ्तारी तथा इंटेरोगेशन की मानसिक, शारीरिक यातना भी उन्हें डिगा नहीं सकी। वृद्ध पिता जब जेल में मिलने आए तो मानो पुरस्कार दे गए। उनके शब्द थे–''बेटा, मुझे तुम पर गर्व है। 1942 में हिंद की आजादी के लिए मैं इस जेल में आया था और आज 34 वर्ष पश्चात् शख्सी (व्यक्तिगत) आजादी के लिए तुमने उस परंपरा को निभाया है। मेरा सिर ऊँचा हुआ है।'' आर्द्र नेत्रों से गद्गद कंठ से कहे एक पिता के ये शब्द इतिहास की धरोहर बनेंगे।

सोनीपत के प्राणनाथजी आजीवन पक्षाघात के रोगी बने। आपातस्थिति में दो बार जेल गए, एक पेशी पर अदालत में ही पक्षाघात ने दबोच लिया। साइकिल मुरम्मत का काम तो खत्म हुआ ही, रोग के उपचार की अलग से चिंता किसी पुलिस यातना से कम नहीं।

एक कवि के शब्द इस संदर्भ में अत्यंत सार्थक हैं–

कण-कण में सोया शहीद,
पत्ता-पत्ता इतिहास है।

प्रचार व्यवस्था में ही जुटे सरदार सुखनंदन सिंहजी ने ही क्या कम सहा है! कॉलेज में अध्यापक की नौकरी छूटी, आत्मसम्मान की कीमत पर भांड बनकर सरकारी गुणगान करना उन्हें मंजूर नहीं था।

भूमिगत गतिविधियाँ

कुछ यादें—जगदीश मित्तल, हिसार

प्रतिबंध लगने के बाद हिसार का संघ कार्यालय सील नहीं किया गया। केवल एक-दो बार सरकारी व्यक्ति आकर दिन में सँभाल कर जाते थे। बाद में वह भी उन्होंने छोड़ दिया। अपनी ओर से विचार हुआ कि भवन को खाली

देखकर कोई कब्जा न कर ले, इसलिए उसका उपयोग करना चाहिए। उसे एक छात्रावास का रूप देकर कुछ विद्यार्थियों 1. हसंराज Prep-बरवाला, 2. सुभाष चंद्र बी.ए. (तृतीय वर्ष) गोहाना, 3. अर्जुन कुमार बी.ए. तृतीय गोहाना, 4. मोरध्वज VII जोधकां (सिरसा) को वहाँ रखा गया जो कि सभी स्वयंसेवक भी थे। उन्हें बता दिया कि कोई व्यक्ति कभी पूछताछ के लिए आए तो उसे उलटा-सीधा उत्तर दे दें। एक-दो बार गुप्तचर विभाग के व्यक्ति आए, पूछकर चले गए। उन्हें कुछ विश्वास हो गया।

इस स्थिति का लाभ उठाने का मन बना कि इस स्थान को ही अपनी गतिविधियों का संचालन केंद्र बनाएँ, क्योंकि इस स्थान पर किसी प्रकार का संदेह नहीं होगा। कार्यालय के नीचे एक वाचनालय है। वहाँ पर ही सभी को मिलने का समय दिया जाता था और साहित्य वितरण, सत्याग्रह की तैयारी आदि सभी का संचालन वहीं से होता रहा। सबकुछ सफलतापूर्वक चला।

एक रात्रि में सारे हिसार नगर में 'वाल राइटिंग' (Wall writing) करने का निर्णय हुआ। यह कार्य करने वालों में प्रमुख थे–सुभाष जैन, विनोद, टेकचंद, सुरेश, सुशील, सुभाष। रात्रि में बहुत देर तक यह सब चला। कुछ स्थानों पर तो लिखते समय ही कुछ लोग पढ़ भी रहे थे। रात भर में दीवारों में जान आ गई अन्य बातों के साथ लिखा था–''अखबार नहीं बोलेंगे, पर दीवारें तो बोलेंगी।''

प्रातःकाल गुप्तचर विभाग द्वारा छानबीन प्रारंभ हो गई। उनका संदेह इसी कार्यालय के भवन पर गया। रात्रि में Wall writing करने के बाद रंग-ब्रुश आदि ससमान वहीं पर रखा गया था। प्रातःकाल मैं भी वहीं पर था। प्रातः विधि से निवृत्त होकर आया तो वहाँ के सी.आई.डी. इंस्पेक्टर और ए.एस.आई. दोनों आ पहुँचे और अनेक प्रश्न पूछने प्रारंभ कर दिए। मैं भी भवन की मान्यता के अनुसार ही छात्रावास में एक विद्यार्थी के रूप में परिचय एवं प्रश्नों के उत्तर देता रहा। पूछा कि कौन-कौन रहता है तो बताया कि 2-3 विद्यार्थी और हैं। उनमें से केवल एक वहाँ था।

वहाँ पर ही सभी को मिलने का समय दिया जाता था और साहित्य वितरण, सत्याग्रह की तैयारी आदि सभी का संचालन वहीं से होता रहा। सबकुछ सफलतापूर्वक चला।

मैंने उन दोनों को उस कार्यकर्ता हंसराज (प्रैप कक्षा के विद्यार्थी) के हवाले किया और संकेत कर दिया कि इन्हें सँभाल लो, मैं जा रहा हूँ और पूछे तो बता देना कि यूनिवर्सिटी चला गया है। मेरे चले जाने के बाद उन दोनों ने कहा कि वह तो विद्यार्थी नहीं लगता। जो पता उन्हें दिया था, वहाँ से किसी प्रकार कुछ पता नहीं लगा। इससे पूर्व मुख्यमंत्री के स्वागत में सत्याग्रह करने वालों के द्वारा मेरा नाम पुलिस की सूची में आ चुका था।

बाद में रंग-रोगन, ब्रुश आदि वहाँ से हटा दिया गया। कई दिन उन्होंने चक्कर लगाए, पर निष्फल रहे। इसी प्रकार एक बार और उसी भवन में पहले भी मुठभेड़ हो चुकी थी। उपरोक्त घटना से लगभग 15 दिन पूर्व सी.आई.डी. इंस्पेक्टर अकेला आया था। उस दिन हम कुछ कार्यकर्ता साहित्य प्रेषण का काम कर रहे थे।

उसे मैं पहचानता और जानता था, पर वह मुझे नहीं जानता था। उसे आते देखकर मैंने द्वार पर ही रोककर बातचीत प्रारंभ की। यहाँ कैसे आए, किसे मिलना है। कोई विशेष बात उसने की नहीं, बस ऐसे ही आ गया था। यहाँ क्या होता है देखने। जब तक मैं बात करता रहा, इतने में उस साहित्य पर सहयोगी बंधुओं ने रजाई डालकर ढक दिया। उसने कमरे में चक्कर लगाया और चला गया। कुल मिलाकर सारा काम करने वाली टीम उत्साहपूर्वक जुटी रही। वे किसी प्रकार की भी हानि नहीं पहुँचा सके, क्योंकि सभी जागरूक रहकर कार्य में लगे हुए थे।

नवंबर 1975, अंतिम सप्ताह, सत्याग्रह का शंख बज चुका था। मैं उस समय सिरसा में था। एक सूचना मिली कि रात्रि तक दिल्ली पहुँचना है। मैं वहाँ से चला तो हिसार बस स्टैंड से दो पुलिसमैन मेरी ओर देखते हुए उसी बस में एक साथ ही चढ़े, परंतु दोनों अलग-अलग दरवाजों से चढ़े और वहीं बैठ गए। मन में संदेह हो गया कि किसी प्रकार बैठक की जानकारी पुलिस को मिल गई है।

मन में इच्छा हुई कि यहीं उतर जाऊँ, क्योंकि इन्होंने दूर तक पीछा किया तो बहुत नुकसान होगा। परंतु दूसरा पक्ष यह भी था कि बैठक में भी पहुँचना चाहिए। इस प्रकार संगठन का हित और कर्तव्य के मध्य मन में संघर्ष चलता रहा। परंतु कुछ समय बाद ही वे दोनों शहर के बाहर मॉडल टाउन के स्टोपेज पर उतर गए। शीघ्र उतरने की दृष्टि से दोनों दरवाजों के निकट की सीट पर बैठे थे, परंतु मेरे मन में यह रहा कि यह मुझे घेरकर बैठे हैं।

दिल्ली से लौटते समय हरियाणा राज्य का भूमिगत साप्ताहिक पत्र 'दर्पण' लेकर लौट रहा था। लगभग 5000 प्रतियाँ थीं। ब्रीफकेस में डालने पर भी कुछ बच गईं, वे श्री कश्मीरी लाल जी (विभाग प्रचारक) ने मनी बैग में डाल लीं। इस प्रकार का साहित्य साथ होने पर एक बात निश्चित की हुई थी कि रेल द्वारा ही सफर करेंगे।

परंतु एक कठिनाई थी कि रेल द्वारा गंतव्य स्थान पर जाने में समय, किराया अधिक लगता था और फिर समय पर पहुँच पाने में भी असमर्थता दिखाई दे रही

जब तक मैं बात करता रहा, इतने में उस साहित्य पर सहयोगी बंधुओं ने रजाई डालकर ढक दिया। उसने कमरे में चक्कर लगाया और चला गया।

थी। रात्रि में एलनाबाद में सत्याग्रह की तैयारी के लिए बैठक थी। वहाँ समय पर न पहुँच पाने से सत्याग्रह ठीक समय पर होने में कठिनाई आ सकती थी। इस कारण दिल्ली से रोहतक तक तो रेल में आए, रोहतक से एलनाबाद (सिरसा) के लिए बस से चले।

रास्ते में रोहतक-हाँसी के बीच में मुंढाल में पुलिस के फ्लाईंग स्क्वैड ने बस को रोककर सभी का सामान खुलवाकर चेक करना शुरू कर दिया। मेरे पास आकर कहा कि 'इसे खोलो, मैंने कहा कि कपड़े हैं।' उसने कहा, 'नहीं, खोलकर दिखाओ।' अब उसे खोलकर क्या दिखाता।

उसमें तो केवल मात्र दर्पण ही था। क्षण भर के लिए रुका बाद में अटैची खोलने का प्रयास किया। उसका लॉक साधारण सें कुछ विशेष था। इस कारण एक बात मन में एकाएक आ गई कि चाबी खो गई है, यह कह दूँ। यह निश्चय कर जेब में हाथ डालकर सामान निकालना, उसमें चाबी ढूँढ़ना आदि नाटक सा किया। फिर कह दिया कि ऐसा लगता है, चाबी खो गई है। उसने कहा कि मुझे दिखाओ। उसने अटैची हाथ में लेकर खोलने का साधारण प्रयास किया, नहीं खुलने पर हाथ में लेकर वजन देखा और बाद में कहा कि चाबी को सँभालकर रखा करो और दूसरे दरवाजे से उतरने लगा।

पीछे चार सीटें छोड़कर दूसरे बंधु श्री कशमीरी लालजी बैठे थे। फ्लाईंग स्क्वैड को देखकर उन्होंने बैग को सीट के नीचे फेंक दिया था। पुलिस मैन ने उतरते समय सीटों के नीचे देखा और उतरते हुए उन्होंने कहा कि भाई साहब, आपका बैग नीचे पड़ा हुआ है, सँभाल लें। इस प्रकार यह घटना दुर्घटना में परिवर्तित होते-होते बची।

कुछ दूर लगभग 15-20 किलोमीटर पर फिर किसी अन्य स्टॉफ ने बस को रोक लिया। मन में ऐसा लगा कि कोई विश्वस्त सूचना इन्हें मिली हुई है कि इस समय साहित्य दिल्ली से चला है। इस पर ड्राइवर ने बस रोककर उस स्टॉफ को कह दिया कि बस चैक हो चुकी है, तब जाकर कहीं छुट्टी हुई। परंतु जब तक सिरसा नहीं पहुँच गया, तब तक मन में संदेह ही रहा। भगवत् कृपा से कोई अशुभ नहीं हुआ। एलनाबाद पहुँचा। सफलतापूर्वक बैठक हुई। अगले दिन सत्याग्रह का उत्साहवर्द्धक दृश्य देखने को मिला।

इस कारण एक बात मन में एकाएक आ गई कि चाबी खो गई है, यह कह दूँ। यह निश्चय कर जेब में हाथ डालकर सामान निकालना, उसमें चाबी ढूँढ़ना आदि नाटक सा किया।

जेलों का वृत्तांत

रोहतक जेल का वृत्तांत

अक्तूबर 1975 में केंद्रीय लोक संघर्ष समिति ने आपात स्थिति के विरोध में देश-व्यापी सत्याग्रह का आह्वान किया और यही चर्चा देश में सर्वत्र चल रही थी। जिला कारागार रोहतक में मीसा में बंद विरोधी राजनैतिक दलों के अपने शीर्षस्थ नेताओं की परस्पर बातचीत का मुख्य विषय भी यही था।

भारतीय जनसंघ के वरिष्ठ नेता डॉ. भाई महावीर युवा तुर्क टोली के श्री रामधन से राष्ट्रीय स्वयंसेवक संघ के इस सत्याग्रह में कूदने की बात कर रहे थे। श्री रामधन का कहना था कि यदि पाँच-सात हजार लोग भी जेलों में आ गए तो सत्याग्रह सफल माना जाएगा। डॉ. भाई महावीर के बार-बार विश्वासपूर्वक कहे गए इन शब्दों का भी मानो उन पर कोई असर नहीं था कि केवल रा. स्वयं सेवक संघ ही इससे कई गुना अधिक कार्यकर्ता जेल में भेजने में समर्थ है।

आखिर 14 नवंबर, 1975 को देशभर में हजारों स्थानों पर सत्याग्रह प्रारंभ हो गया। जेलें भरी जाने लगीं। रोहतक जेल में सोनीपत, जींद व रोहतक जिला के सत्याग्रही जत्थों को रखा गया था। इक्के-दुक्के को छोड़कर शेष सभी सत्याग्रही संघ के स्वयंसेवक थे, जिन्हें इकट्ठा ही इस जेल की बैरक नं. 4 में रखा गया था। तीन जिलों के इन 150 कार्यकर्ताओं में 11 वर्ष की अबोध अवस्था से लेकर 70 वर्ष की प्रौढ़ अवस्था तक के लोग थे।

दूसरी तरफ मीसा में बंद अनेक राष्ट्रीय नेताओं में से अशोक मेहता (संगठन कांग्रेस), सिकंदर बख्त (सं.का.), पीलू मोदी (भालोद), बीजू पटनायक (भालोद), प्रो. समर गुहा (समाजवादी), रामधन (युवा तुर्क) भी इसी जेल में अन्य बैरकों में थे।

इक्के-दुक्के को छोड़कर शेष सभी सत्याग्रही संघ के स्वयंसेवक थे, जिन्हें इकट्ठा ही इस जेल की बैरक नं. 4 में रखा गया था। तीन जिलों के इन 150 कार्यकर्ताओं में 11 वर्ष की अबोध अवस्था से लेकर 70 वर्ष की प्रौढ़ अवस्था तक के लोग थे।

संघ के स्वयंसेवकों से जब इन सभी नेताओं का निकट संपर्क आया तो संघ के बारे में वर्षों से बनी अनेक मिथ्या धारणाएँ समाप्त हुईं और संघ के बारे में आदर एवं सद्भाव का निर्माण हुआ। संघ कार्यकर्ताओं की जिन सर्व सामान्य बातों से ये सभी नेता समान रूप से प्रभावित थे उनका यहाँ उल्लेख करना उचित ही होगा।

रोहतक जेल में जहाँ उपरोक्त मीसा बंदी बुझे-बुझे भविष्य के प्रति मन में अनेक प्रश्न लिए हुए किंकर्तव्यविमूढ़ से समय बिता रहे थे, वहीं पर उत्साह, प्रेरणा, मस्ती तथा देशभक्ति का अनोखा वायुमंडल बनाया सत्याग्रही स्वयं सेवकों के जत्थों ने आँखों में विजय का विश्वास संजोए, नेतृत्व में अटूट

निष्ठा लिये, उज्ज्वल भविष्य के प्रति आस्थावान, अपने पराक्रम से संकट का निवारण कर देश में लोकतंत्र की पुनः स्थापना का संकल्प लिये हुए इन उत्साही कार्यकर्ताओं ने जेल के घुटन और मायूसी भरे वातावरण का कायाकल्प ही कर दिया।

स्वयंसेवकों की निश्चित दिनचर्या (प्रातः 5 बजे जागने से रात्रि 10:30 बजे सोने तक), अनुशासित जीवन, स्नेहपूर्ण व्यवहार एवं सामूहिक पारिवारिक जीवन का इन सभी नेताओं के मन पर विशेष प्रभाव था। अनुशासन के जिस एक उदाहरण ने इन सभी नेताओं को आश्चर्यचकित कर दिया, वह मीसा बंदियों की बैरक में दूरदर्शन की व्यवस्था थी।

कुछ स्वयंसेवक रविवार के दिन चलचित्र देखने वहाँ गए हुए थे। चलचित्र समाप्त होना था, 7 बजे और बैरक नं. 4 में प्रतिदिन सायं को होने वाली संघ की प्रार्थना का समय था 6:30 बजे। 6:25 पर चलचित्र देख रहे एक स्वयंसेवक ने हल्का सा इशारा करने पर कि अपनी प्रार्थना का समय हो गया है, वहाँ बैठे सभी स्वयंसेवक तुरंत चुपचाप उठकर अपनी बैरक की ओर लौट पड़े।

मेडिकल कॉलेज रोहतक के 6 स्वयंसेवक भी (चार एम.बी.बी.एस. पास डॉ. एवं दो एम.बी.बी.एस. के छात्र) सत्याग्रह करके रोहतक जेल में पहुँचे थे। राष्ट्रहित अपना समस्त भविष्य दाँव पर लगाने वाले इन नवयुवकों को देखकर ये सभी राजनेता यह सोचने पर विवश हुए कि सचमुच संघ ने देशभक्त नागरिकों के निर्माण में सफल प्रयास किया है।

जेल में साथ रहने पर तथा स्वयंसेवकों के साथ बातचीत के अनेक अवसरों के बाद इन राजनेताओं की यह धारणा समाप्त हुई कि ये लोग तो केवल निक्कर पहनने और लाठी चलाने वाले हैं। राष्ट्रजीवन से संबंधित विभिन्न विषयों एवं समस्याओं पर ये लोग (जिनमें अध्यापक, प्राध्यापक, अधिवक्ता, डॉक्टर, व्यापारी, स्कूल एवं कॉलेज के छात्र, किसान, मजदूर, आम आदमी आदि) चिंतन करते हैं और इनका समाधान देने का सामर्थ्य भी इनमें हैं।

राष्ट्रहित अपना समस्त भविष्य दाँव पर लगाने वाले इन नवयुवकों को देखकर ये सभी राजनेता यह सोचने पर विवश हुए कि सचमुच संघ ने देशभक्त नागरिकों के निर्माण में सफल प्रयास किया है।

धीरे-धीरे इन राजनेताओं ने जब संघ के स्वयंसेवकों को परखा और इनके कार्यक्रम व व्यवहार को देखा तो इनकी आत्मीयता तथा घनिष्ठता निरंतर बढ़ती गई। जब भी कोई नया सत्याग्रही जत्था आता था या कोई स्वयंसेवक रिहा होकर जाता था तो इन्हें लिवा लाने या विदा देने ये मीसा बंदी जेल की ड्योढी पर पहुँचते थे। अगर किसी राजनेता का दूसरी जेल में स्थानांतरण होता था तो बैरक नं. 4 से विदाई लेना आवश्यक समझा जाता था। स्वयंसेवक तथा राजनेता एक ही परिवार के विभिन्न अंग बन चुके थे।

रोहतक जेल का वृत्तांत (बैरक नं. 4)

'अगर फिर शरारत की तो जेल से बाहर भेज दिए जाओगे', पचास वर्षीय प्राणनाथ दसवीं के विद्यार्थी ललित को स्नेहासिक्त डाँट पिला रहे थे। ऐसी ही अनेकों मस्तियों का घर था रोहतक जेल की बैरक नं. 4। वैसे तो आपातकाल लगते ही अनेक कार्यकर्ता डी.आई.आर. व 107/151 जैसी धाराओं के अंतर्गत बंदी बनाकर रोहतक जेल में रखे गए थे।

यह जमघट चौदह नवंबर से प्रारंभ हुए देशव्यापी सत्याग्रह के बाद से क्रमशः बढ़ने लगा। रोहतक, सोनीपत तथा जींद जिलों के सत्याग्रही कार्यकर्ताओं को रोहतक जेल में लाया जाने लगा। बंदियों की संख्या धीरे-धीरे डेढ़ सौ तक जा पहुँची। सातवीं कक्षा में पढ़ने वाले सोनीपत के ग्यारह वर्षीय रमेश से लेकर बहादुरगढ़ नगर के सत्तर वर्षीय दुलीचंद गौतम तक इस बैरक नं. चार में इकट्ठे आए थे।

बैरक क्र. 4 में केवल पचास बंदियों के लिए ही स्थान था, परंतु मस्ती का आलम ऐसा कि सभी डेढ़ सौ बंदी इसमें घुसे हुए थे और दूसरी जगह जाने का कोई नाम नहीं लेता था। सुबह पाँच बजते ही सब जाग जाते थे। प्रोफेसर सुदर्शन धींगड़ा इस समय कइयों को यम के दूत के रूप में दिखाई देते थे। उनके जिम्मे था–सभी को ठीक समय पर जगाना, सुलाना इत्यादि।

कुंभकर्ण के कुछ वंशज इस बैरक में भी थे और इनमें से दो ने तो बैरक के दोनों कोने हथिया रखे थे। आठ बजे से पहले अगर ये दोनों उठ जाएँ तो बैरक में चर्चा का विषय बन जाता था। उठते ही प्रातः स्मरण, गायत्री मंत्र का पाठ तथा कुछ अन्य प्रार्थनाएँ इत्यादि और फिर शौचादि से निवृत्त हो सभी अपनी निकरें कस लेते थे।

घंटा भर जमकर दौड़, खेलकूद, शारीरिक व्यायाम इत्यादि होते रहते, जो बंदी कुछ बड़ी उम्र के होने के कारण खेलकूद करने में अशक्त थे, वे जेल कंपाउंड में सैर करते थे। अंत में देशभक्तिपूर्ण गीत व संघ की प्रार्थना के साथ यह पाठ समाप्त हो जाता था। छोले व चाय से ज्यादा शक्तिदायक नाश्ता और क्या हो सकता है! नाश्ता या भोजन, बैरक के मैदान में सभी पंक्तिबद्ध होकर बैठ जाते थे। निश्चित टोली नाश्ता, भोजन तथा चाय वितरण का कार्य करती थी।

देशभक्तिपूर्ण गीत व संघ की प्रार्थना के साथ यह पाठ समाप्त हो जाता था। छोले व चाय से ज्यादा शक्तिदायक नाश्ता और क्या हो सकता है!

नाश्ता समाप्त हुआ कि लोग 'बैरक समाचार' की ओर दौड़ते थे। संपादक 'राजेंद्र शर्मा' रात्रि दस बजे बैठकर दिन भर की बैरक की गतिविधियों को कलमबद्ध करते थे और प्रातः ही बैरक के बाहर वह चिपका दिया जाता था।

बैरक में नियम से चलने वाली भाषण माला के सारांश, कार्यकर्ताओं को उत्साह देने वाली अनेक कविताएँ, महापुरुषों के उद्धरण इत्यादि और साथ ही कुछ मिर्च-मसाला भी, यथा बैरक के खाद्य-सामग्री भंडार पर चूहों का हमला, अशोक रंधावा व लक्ष्मण सिंह (सोनीपत) द्वारा कुश्ती में बैरक को चुनौती।

दोपहर 12 बजे भोजन के समय तक तो बैरक का दृश्य ही आनंददायक रहता था। बैरक के कोने में तिरपाल के नीचे चल रहे भोजनालय के बाहर कुछ लोग सब्जी छील रहे हैं, दूसरे कोने में कुश्ती का अखाड़ा जम रहा है। जहाँ-तहाँ तेल मालिश का दौर चल रहा है।

साठ वर्षीय ओंकार प्रसाद (बहादुरगढ़) तेल की शीशी लिए दौरा कर रहे हैं और बारी-बारी से सभी के पास जाकर अपनी सेवाएँ अर्पित कर रहे हैं। 'भय के आगे भूत भागे' या फिर 'ओंकार प्रसाद की मालिश के सामने सारी थकावट भागे'। कुछ लोग समाचार-पत्र (हिंदी व अंग्रेजी का एक-एक अखबार हर रोज मिलता था) पढ़ने में मग्न।

बैरक में सातवीं कक्षा से लेकर एम.बी.बी.एस. तक के विद्यार्थी थे। अपनी पढ़ाई में किसी प्रकार की कमी न आए इसका ध्यान बराबर सभी को रहता था। इस समय बैरक के अंदर ऐसे सभी लोग अपने-अपने अध्ययन में लगते थे।

एक छोटा सा पुस्तकालय भी जेल के अंदर बना लिया था। अनेकों संस्कारप्रद पुस्तकों का यह संग्रह सभी को आकर्षित करता था। अपनी-अपनी पसंद के अनुसार बारी-बारी इन पुस्तकों को सभी पढ़ते रहते थे। कुछ पर कवि बनने का भूत सवार था। अशोक बतरा, सुरेंद्र बंधु, सुभाष आहूजा, रमेश बतरा बगल में नोटबुक दबाए कविता रचने हेतु किसी एकांत स्थान की खोज में दिखलाई पड़ते थे। सुभाष आहूजा की रचित कविता–'जेल में अजब तमाशे देखे मजमे अच्छे खासे देखे' खूब लोकप्रिय हुई।

अशोक बतरा, सुरेंद्र बंधु, सुभाष आहूजा, रमेश बतरा बगल में नोटबुक दबाए कविता रचने हेतु किसी एकांत स्थान की खोज में दिखलाई पड़ते थे। सुभाष आहूजा की रचित कविता— 'जेल में अजब तमाशे देखे मजमे अच्छे खासे देखे' खूब लोकप्रिय हुई।

स्नान की व्यवस्था अति सुंदर थी। बैरक के मैदान में पक्का हौद और उसमें चौबीसो घंटे चलता नल, जो धमा-चौकड़ी मचती कि जेल में होने का अहसास ही भुला जाता। ठीक 12 बजे मंत्रोच्चारण के साथ दोपहर का सामूहिक भोजन करने के बाद अपने-अपने बरतन स्वयं धोते थे और घंटे, डेढ़ घंटे के विश्राम के बाद रामचरित मानस का पाठ और प्रसाद वितरण का कार्यक्रम रहता था।

चाय इत्यादि पीकर सभी जेल के कंपाउंड में खेल-कूद के लिए पहुँच जाते। किसी को सैर पसंद थी तो कुछ ने वालीबॉल में अच्छे हाथ दिखाने शुरू कर दिए थे और यदा-कदा अन्य सजायाफ्ता बंदियों से मैच करके उन्हें वालीबॉल में हरा भी आते थे।

पीलू मोदी भी अकसर वालीबॉल के नेट पर आ जमते और उन्हें खेलते देखकर बरबस हँसी छूटना स्वाभाविक था। घंटी बजती तो सभी बंदी अपनी-अपनी बैरकों को लौट जाते थे। बैरक नं. चार के सभी बंदी अपने-अपने स्थान पर बैठकर भजन, आरती व संघ की प्रार्थना करते थे। रात्रि भोजन और दस बजे तक सभी सो जाते थे।

बैरक में ताश का खेल भी अत्यंत लोकप्रिय हो चला था। दो-तीन चौकड़ियाँ तो मशहूर थीं, जरा समय मिला कि 'सीप' खेलने बैठ जाते थे। इस खेल में अगर किसी भी दल के नौ से कम नंबर आते तो उसे 'खोती' कहते थे। श्री खजान चंद (उचाना मंडी) के साथ इसका विशेष संबंध था। अगर कभी उन्हें खोती हो जाती तो सारी बैरक में शोर पड़ता।

सुबह-शाम दोनों समय सभी की गिनती करने के लिए जेल के कर्मचारी आते थे तो कुछ छोटे सत्याग्रही शरारत करने से बाज नहीं आते थे। रजाई में दुबक गए तो गिनती एक कम हो गई और दुबारा गिनती होने पर एक स्थान से गिनती करवा कर उठे और चुपके से दूसरे स्थान पर जा बैठे तो एक गिनती ज्यादा; कोई दिन ही गया होगा, जब गिनती एक बार में ठीक मिल गई हो।

इसके अलावा बैरक में साप्ताहिक विनोद सभा, अंत्याक्षरी, कविता पाठ, भाषण तथा अन्य कार्यक्रम होते रहते थे। भिन्न-भिन्न विषयों पर विचार-विमर्श, चर्चाएँ भी अलग-अलग ग्रुप में बैठकर करना हर दूसरे दिन का नियम था। तीज, त्योहारों पर विशेष कार्यक्रमों का आयोजन होता था।

पूरे हर्षोल्लास के साथ तथा सुंदर व्यवस्था से ये कार्यक्रम बैरक चार की विशेषता ही थे। दिनांक 8 जनवरी, 1976 को जेल के कंपाउंड में सभी बंदियों ने मनाया–गुरु गोबिंद सिंह का जन्मदिन–जेल अध्यक्ष स्वयं सिख होने के कारण इसमें कुछ विशेष रुचि ले रहे थे। प्रो. राम चंदर मनचंदा ने 'मैं पंजाबी सूरमा जग मैथों डरदै' सुनाकर उनका दिल ही जीत लिया।

13 जनवरी को लोहड़ी के कार्यक्रम में जब सत्याग्रहियों ने अग्नि के चारों ओर थिरकते हुए 'ये देश है वीर जवानों का, अलबेलों का मस्तानों का' भंगड़ा किया तो वहाँ आमंत्रित सभी मीसा बंदी भी झूम उठे।

सभी बंदियों ने मनाया—गुरु गोबिंद सिंह का जन्मदिन—जेल अध्यक्ष स्वयं सिख होने के कारण इसमें कुछ विशेष रुचि ले रहे थे।

23 जनवरी को मनाई गई 'सुभाष जयंती' का रंग तो निराला ही था। बसंत पंचमी पर खेल-कूद प्रतियोगिताएँ आयोजित की गईं, जिसमें म्यूजिकल चेयर रेस में पीलू मोदी महाशय ने तो तीन कुरसियों का कचूमर ही निकाल दिया। मार्च मास में आई होली तो ढोल, मृदंग में ताल देते नाचते-गाते बैरक नं. चार के दीवाने अन्य सभी बैरकों में घूम रहे थे और घूमते-घूमते मीसा बंदियों के

बीच पहुँच गए तो रमेश बतरा ने तान छेड़ दी–'होली है भई होली है, जेल की पहली होली है।'

फरवरी के मध्य में जब जमानतें करवाकर उच्चाधिकारियों द्वारा जेल से बाहर आने का निर्देश मिला तो उस रात्रि को अत्यंत हृदयस्पर्शी एक घंटे का नाटक 'देश के स्वतंत्रता सेनानी' सुभाष आहूजा और रमेश बत्रा के निदेशन में जेल की स्टेज पर सभी कैदियों के सामने मंचित किया गया। सभी कॉस्ट्यूम और पुलिस की वर्दियाँ भी जेलर ने उपलब्ध करवाईं। यह नाटक सत्याग्रहियों पर एक अमिट छाप छोड़ गया।

यह बतलाने की यहाँ आवश्यकता नहीं है कि साप्ताहिक मिलाई के अवसर पर घर के सदस्य या अन्य मित्रगण जो फल, मिठाई इत्यादि दे जाते थे, वह एक कार्यकर्ता को जो खाद्य सामग्री भंडार की देखभाल करता था, उसे सौंप दी जाती। रामायण के बाद प्रसाद रूप में या चाय के समय सभी को समान रूप से यह सामग्री वितरित कर दी जाती थी।

जेल अधिकारियों का व्यवहार सभी सत्याग्रहियों के साथ अत्यंत उदार व स्नेहपूर्ण था। किसी भी कठिनाई के लिए अगर जेल अधिकारियों के पास गए तो उन्होंने प्रयासपूर्वक कठिनाई को दूर करने का प्रयास किया। मीसा बंदियों व अन्य बंदियों के मिलने-जुलने पर कोई रोक नहीं थी, जैसा कि अन्य जेलों में हुआ।

संघर्ष के स्वरूप तथा सफलता-विफलता को लेकर चर्चा अकसर छिड़ी रहती थी। बाहर से जो समाचार आते, उनकी बाल की खाल भी उखाड़ी जाती। उत्साहवर्धक समाचार मिलता तो सभी का मनोबल बढ़ता और कोई अन्य समाचार आता तो सभी का मन आशा-निराशा के झूले में झूलने लगता।

जेल अधिकारियों के पास गए तो उन्होंने प्रयासपूर्वक कठिनाई को दूर करने का प्रयास किया। मीसा बंदियों व अन्य बंदियों के मिलने-जुलने पर कोई रोक नहीं थी, जैसा कि अन्य जेलों में हुआ।

परिवार के सदस्य भी सप्ताह में एक बार मिलने आते तो घर परिवार की कठिनाइयों का सभी को स्मरण करवाकर जेल से शीघ्र बाहर आने के लिए दबाव डालते। कई बार घर की परिस्थितियों को लेकर कुछ सत्याग्रही उदास भी हो जाते तो शास्त्री अमरनाथजी, श्री जसवंत राय एडवोकेट सभी को ढाढ़स बँधाकर 'अपने द्वारा कर्म करो, फल की चिंता न करें, सत्य और न्याय का मार्ग कष्ट का तो है परंतु सफलता अवश्य मिलेगी', ऐसा सभी को समझाते। आवश्यकता पड़ने पर एकाध सत्याग्रही को जमानत करवाकर घर जाने के लिए भी कह दिया गया। प्रायः सभी का आपस में प्रेमपूर्ण व्यवहार था, फिर भी अगर कभी मनमुटाव हो जाता तो उसको भी शीघ्र ही समझा-बुझाकर ठीक कर लिया जाता था।

रोहतक जेल का बाहर के भूमिगत आंदोलन से सजीव संपर्क बना ही हुआ था। पत्रों का आदान-प्रदान मिठाई के डिब्बों, फलों के लिफाफों द्वारा या गुप्तचर विभाग के सदस्यों की आँख बचाकर होता ही था।

भूमिगत साहित्य 'दर्पण', दिल्ली की 'जनवाणी' आदि सामग्री नियमित रूप से जेल में पहुँचती थी। इन सब के अलावा कार्यकर्ताओं का मन व्यक्तिगत बातचीत के द्वारा, भाषणों, चर्चाओं के द्वारा लंबे तथा कठिन संघर्ष के लिए तैयार किया जा रहा था। हर संभव कुर्बानी इस राष्ट्रयज्ञ में देनी होगी, ऐसा मत सभी का धीरे-धीरे बनता जा रहा था।

दृढ़ आस्था और विश्वास के सहारे ही जन-शक्ति अंत में विजय प्राप्त करती है। मार्ग की बाधाओं को हँस-हँसकर सीने पर झेलने वाले वीर ही सफलता की मंजिलें प्राप्त करते हैं। मन के इसी दृढ़ निश्चय को प्रकट करने वाली अनेक घटनाएँ भी इसी रोहतक जेल में घटीं। डॉ. रामलाल (सोनीपत) की कन्या के विवाह की तिथि भी उसी बीच आ गई, जब वे सत्याग्रही के रूप में रोहतक जेल में थे।

घर वालों को कहलवा दिया कि शादी मेरी अनुपस्थिति में ही कर दी जाए; और अगर वर पक्ष बहुत जल्दी में हो तो उन्हें भी आवश्यकता पड़ने पर बता दिया जाए कि और कोई रिश्ता देख लें, अपनी कन्या की शादी जेल से लौटकर कहीं और कर देंगे।

जेल के एक उच्च अधिकारी रोहतक जेल का निरीक्षण करने आए तो बैरक चार से एक प्रतिनिधित्व मंडल उनसे मिलने के लिए बुलाया गया। इसमें एक बारह वर्षीय बालक को देख अधिकारी महोदय ने उत्सुकतावश पूछा कि ऐसे और कितने बालक हैं आपके साथ, जिनकी आयु चौदह वर्ष से कम है।

दस-बारह बालक ऐसे हैं, यह उनको बताया गया। चौदह वर्ष से कम आयु के बच्चों को हम छोड़ सकते हैं, ऐसा उन अधिकारी महोदय ने कहा। बैरक में जब सभी लौटे और छोटे बालकों को सरकार बिना शर्त छोड़ देगी, यह समाचार फैला तो बालकों की यह सारी मंडली इकट्ठी होकर बड़ी बेचैनी से सभी के पास जाकर कहने लगी कि किसी भी शर्त पर हम बाहर नहीं जाएँगे।

'संघर्ष में सफलता मिलेगी तो जेल से बाहर जाएँगे अन्यथा नहीं', ऐसा दृढ़ मत उन सबने व्यक्त किया तो लगा कि लंका विजय पर निकले भगवान् राम द्वारा समुद्र पर बाँधे जा रहे पुल हेतु अनेक गिलहरियाँ अपने गीले शरीर पर रेत के कण लिपटा-लिपटाकर ला रही हों और बड़े पत्थरों के बीच छोटे सुराखों को भरने का कार्य श्रद्धाभाव से करती जा रही हों।

मन के इसी दृढ़ निश्चय को प्रकट करने वाली अनेक घटनाएँ भी इसी रोहतक जेल में घटीं। डॉ. रामलाल (सोनीपत) की कन्या के विवाह की तिथि भी उसी बीच आ गई, जब वे सत्याग्रही के रूप में रोहतक जेल में थे।

फरवरी 1976 के मध्य में विश्वस्त सूत्रों द्वारा रोहतक जेल में सूचना पहुँच गई कि केंद्रीय लोक संघर्ष समिति के निर्णय अनुसार जमानतें करवाकर सभी को शीघ्रातिशीघ्र बाहर आना है।

इस कार्य में भी कुछ समय लगना था। 107/151 के अंतर्गत बंदी सभी कार्यकर्ता दस-बारह दिन में ही जमानतों पर बाहर आ गए। डी.आई.आर. के बंदियों का आखिरी टोला 27 मार्च को ही बरी हो पाया; इस समय केवल दो ओमप्रकाश (दिल्ली), पुरुषोत्तम लाल (जींद) डी.आई.आर. बंदियों को छोड़ शेष बाहर आ गए। इन दिनों में भी रोहतक जेल के अंदर इन सत्याग्रहियों को कुछ बातें समझा दी गईं।

पहली तो यह कि स्कूल, कॉलेज की परीक्षाएँ निकट आ रही थीं। विद्यार्थी वर्ग पहले अपनी परीक्षाओं की तैयारी में जुटेगा और सभी अच्छे अंक लेकर पास हों, यह प्रयत्न करना है; जैसा कि बाद में हुआ भी। सभी विद्यार्थी अपनी-अपनी परीक्षाओं में सफल हुए।

दूसरे जिन अनेकों घनिष्ठ साथियों, कार्यकर्ताओं ने घर की परिस्थितिवश, मन की कमजोरी के कारण या पुलिस से डरकर सत्याग्रह नहीं किया, उनके प्रति मन में कोई गलत भावना न लाकर, उन्हें भी जेल से बाहर निकलने पर संघर्ष में साथ लेकर चलना है। तीसरे, सभी कार्यकर्ताओं को जेल के अंदर ही कोई न कोई जिम्मेवारी सौंप दी गई, जो वे बाहर जाकर सँभालेंगे।

सभी का मन इस बात के लिए तैयार कर लिया गया था कि नेतृत्व जो दिशा-निर्देश देगा, उसके अनुसार एकजुट होकर सभी यह संघर्ष करेंगे। नई उमंग, उत्साह, स्फूर्ति लेकर संघर्ष का अधिक विस्तार करने के लिए बैरक नं. चार की मस्त टोलियाँ धीरे-धीरे अपने-अपने कार्यक्षेत्र में बिखरने लगीं।

फरवरी 1976 के मध्य में विश्वस्त सूत्रों द्वारा रोहतक जेल में सूचना पहुँच गई कि केंद्रीय लोक संघर्ष समिति के निर्णय अनुसार जमानतें करवाकर सभी को शीघ्रातिशीघ्र बाहर आना है।

महेंद्रगढ़ जेल का वृत्तांत

—चौधरी देवीलाल

हरियाणा के भूतपूर्व मुख्यमंत्री चौधरी देवीलाल उन दिनों महेंद्रगढ़ जेल में मीसा के अंतर्गत बंदी थे। प.पू. सरसंघचालक श्रीमान बालासाहब देवरस का जन्मदिन (जो स्वयं उस समय मीसा में पूना जेल में बंद थे) जेलों में व जेलों के बाहर मनाए जाने का निश्चय हुआ था।

महेंद्रगढ़ जेल में मीसा बंदियों द्वारा मनाए गए इस कार्यक्रम की अध्यक्षता की चौ. देवीलाल ने। मुख्य वक्ता थे एक मीसा बंदी श्री श्यामसुंदर खोसला

(रोहतक स्थित 'दी ट्रिब्यून' नामक अंग्रेजी दैनिक के स्टाफ रिपोर्टर)। चौधरी देवीलाल ने अध्यक्ष पद से बोलते हुए कहा कि निःसंदेह वर्तमान संघर्ष में बहुत बड़ा हाथ रा.स्व. संघ का है, जिसका नेतृत्व पूजनीय बालासाहब देवरस कर रहे हैं। परमात्मा से यही निवेदन है कि उन्हें शतायु प्रदान करे, जिससे आगे आने वाले समय में भी देश को उनका मार्गदर्शन मिलता रहे। अन्य सभी मीसा बंदियों से उन्होंने निवेदन किया कि वे भी माननीय बाला साहबजी को उनके 60वें जन्मदिवस पर बधाई संदेश भेजें और उनकी चिरायु की कामना करें।

अंबाला जेल

अंबाला केंद्रीय कारागार हरियाणा राज्य की सबसे बड़ी जेल तो है ही, इस संघर्ष के दौरान सबसे निकृष्ट जेल भी सिद्ध हुई। सामान्यतः किसी भी बंदी या नजरबंद को कोई अतिरिक्त सजा देनी होती तो उसे अंबाला स्थानांतरित कर दिया जाता। वैसे तो जेल-जीवन कष्टदायक होता ही है, किंतु अपनी मनःस्थिति से भी अधिक उस स्थान के अधिकारियों में मानवीयता की कमी उसे कष्टप्रद बना देती है। अंबाला में भी आवास आदि की सुविधाओं की कमी से भी ज्यादा वहाँ के अधिकारियों के व्यवहार के बुरे होने के कारण वह जेल सबसे निकम्मी मानी जाती थी।

मीसा नजरबंदियों के लिए वहाँ प्रारंभ में 3 नं. ब्लॉक दिया गया। दरवाजे तथा खिड़कियों आदि से रहित सोने के लिए पत्थर की बनी पक्की थड़ियों, स्नान एवं शौचगृह के नाम पर पुराने ढंग के कुछ ईंटों के परदे उस ब्लॉक की बैरकों का स्वरूप था।

अंबाला केंद्रीय कारागार हरियाणा राज्य की सबसे बड़ी जेल तो है ही, इस संघर्ष के दौरान सबसे निकृष्ट जेल भी सिद्ध हुई। सामान्यतः किसी भी बंदी या नजरबंद को कोई अतिरिक्त सजा देनी होती तो उसे अंबाला स्थानांतरित कर दिया जाता।

प्रारंभ में 30-32 लोगों के लिए वह ब्लॉक खोला गया था, फिर उसमें 52-53 तक लोग निरंतर रहते आए। बाद में 24 चक्की, 8 चक्की, बी. वार्ड तथा यूरोपियन वार्ड सब मीसा बंदियों के काम आने लगे थे। यद्यपि बंदी आते-जाते रहते थे, तो भी 100 से अधिक नजरबंद उस जेल में सदैव रहे थे।

अंबाला जेल को इस संघर्ष में श्री नानाजी देशमुख, श्री जगन्नाथ राव जोशी, श्री रवि रे, श्री विजयकुमार मल्होत्रा, श्री चाँदराम, मनीराम बागड़ी आदि प्रमुख नेताओं को बंदी रखने का सौभाग्य प्राप्त है।

इन 100 में से आधे के लगभग दिल्ली से तथा शेष हरियाणा के बंदी थे। दलों के अनुसार देखें तो 75 के आस-पास संघ परिवार के व्यक्ति थे, शेष 25-28 अन्य सभी दलों तथा आनंद मार्ग आदि अन्य संस्थाओं से संबद्ध थे।

हरियाणा के अधिकांश नजरबंद ब्लॉक तीन तथा 24 चक्की में थे। अकेले ब्लॉक तीन में 53 नजरबंद थे, जिनमें दिल्ली के श्री विजय कुमार मल्होत्रा, श्री योगेंद्र जैन, डॉ. प्रशांत कुमार, श्री इंद्रमोहन सहगल, श्री रामगोपाल सिसोदिया, श्री सांवलादास गुप्ता आदि थे, तो डॉ. प्रेमचंद जैन (प्रो. अर्थशास्त्र, कुरुक्षेत्र विश्वविद्यालय), श्री सूरजभान संसद् सदस्य, चौधरी इंद्रसिंह संसद् सदस्य, श्री प्रेमसागर (रोहतक विश्वविद्यालय), श्री शिवप्रसाद, श्री उदयसिंह, श्री हुकुम सिंह तथा श्री जगन्नाथ (सभी विधायक), श्री मनोहरलालजी संघचालक रोहतक, श्री रामबिलासजी आदि प्रमुख व्यक्ति थे।

राष्ट्रीय स्वयंसेवक संघ के लोगों का जीवन-यापन का अपना ढंग था। जिसके फलस्वरूप वे स्वयं तो बंदी जीवन की विषमता को उत्साह एवं मस्ती से काट ही रहे थे, अन्य दलों के लोगों को भी अपने साथ मस्ती की रौ में बहा ले जाते। इस संबंध में जहाँ श्री रामबिलास शर्मा एवं डॉ. महेंद्र कुमार रंजन विशेष रूप से उल्लेखनीय हैं; वहीं डॉ. प्रेमचंद जैन, श्री सूरजभान आदि वरिष्ठ व्यक्तियों द्वारा उनकी छोटी-मोटी समस्याओं का समाधान तथा दिशा-निर्देश भी बहुत महत्त्वपूर्ण था।

प्रातःकालीन हवन संध्या एक नियमित कार्यक्रम था। संपूर्ण भारत में चल रहे संघर्ष की, सभी नजरबंदियों एवं उनके परिवारों की मंगलकामना की सफलता प्रभु से की जाती। किसी बंधु के परिवार की छोटी सी घटना, (बच्चे के जन्मदिवस तक) पर सभी एक साथ बैठते, यज्ञ-हवन होता तथा मंगलकामनाएँ होतीं। नवरात्रों के दिनों में अथवा उत्सवों पर यह धार्मिक अनुष्ठान विशेष आयोजन के साथ होता।

विश्वविद्यालय तथा कॉलेजों के प्रबुद्ध प्राध्यापकों का लाभ उठाने के लिए प्राचीन दार्शनिक ग्रंथों (पतंजलि योग दर्शन मीमांसा आदि) पर नित्यप्रति प्रवचन एवं चर्चा का एक अलग कार्यक्रम लिया जाता। इसमें श्री विजयकुमार मल्होत्रा, डॉ. प्रशांत कुमार प्रमुख व्याख्याकार रहते।

जिसके फलस्वरूप वे स्वयं तो बंदी जीवन की विषमता को उत्साह एवं मस्ती से काट ही रहे थे, अन्य दलों के लोगों को भी अपने साथ मस्ती की रौ में बहा ले जाते।

भोजन व्यवस्था के संबंध में शिमला के श्री कृष्णचंद्र शर्मा तथा दिल्ली के श्री तिवारी विशेष उल्लेखनीय हैं, जिन्होंने नित नए स्वादिष्ट व्यंजनों से जीवन में भी उसकी नीरस शुष्कता के स्थान पर आनंद की सृष्टि की।

सायंकालीन विविध राजनैतिक विषयों पर चर्चा स्वयंसेवक सभी बंधुओं को एकसाथ एकत्र करने का मंच था। संघर्ष के भावी स्वरूप, संविधान संशोधन, राजनैतिक दलों का समन्वय, राजनीति में नैतिक मूल्यों की आवश्यकता आदि

विषयों पर विविध विचारधारा के सदस्यों को बोलने के लिए आमंत्रित किया जाता। इस कार्यक्रम ने संघेतर बंधुओं को संघ के निकट लाने में बहुत सहयोग दिया।

अंबाला जेल चिकित्सा तथा पानी-वस्त्र आदि सुविधाओं की दृष्टि से निकृष्ट थी। इस हेतु जेल अधिकारियों तथा राज्य प्रशासन के विरुद्ध एक संघर्ष छेड़ा गया। स्वेच्छा से मुलाकात बंद की गई, ताकि आने वाले संबंधियों को जो अनावश्यक कठिनाइयाँ जेल अधिकारियों के कारण सहनी पड़ती हैं, वे खत्म हों। जेल डॉक्टर का तो बायकॉट किया जाता रहा।

इस संदर्भ में एक घटना विशेष उल्लेखनीय है, गुड़गाँव के एक वृद्ध कार्यकर्ता श्री देवीराम आर्य को खूनी बवासीर का कष्ट शुरू हुआ। उसके व्यक्तिगत तथा वहाँ की संघर्ष समिति के सचिव श्री सूरजभान के बार-बार कहने पर भी जेल डॉक्टर ने कोई विशेष ध्यान नहीं दिया। श्री आर्य कुछ दिनों में ही बिस्तर से लग गए, सूखकर काँटा हो गए, रंग एकदम पीला पड़ गया।

हद हो जाने पर एक दिन श्री सूरजभान ने डॉक्टर को डाँटकर भगा दिया। सभी नजरबंदों द्वारा अनशन करने की धमकी दी गई। बाध्य होकर जेल अधीक्षक को सिविल हस्पताल से डॉक्टर बुलाना पड़ा। उसने उसी क्षण श्री देवीराम आर्य को हस्पताल ले जाने और रक्त दिए जाने की आवश्यकता व्यक्त की। इस सामूहिक लड़ाई के कारण ही उसी क्षण हस्पताल ले जाकर उन्हें रक्त दिया गया और उनकी प्राणरक्षा हो सकी।

जेल से या जेल से बाहर हर संभव तरीके से संपर्क बनाए रखने के प्रयत्न रहते थे। मिलने आने वाले संबंधियों से अत्यंत चोरी-छिपे कुछ-न-कुछ कागजों का आदान-प्रदान कर ही लिया जाता। मास्टर शिवप्रसादजी (विधायक) ने एक बिल्कुल नया ढंग आविष्कृत किया। उनकी पत्नी एवं वे स्वयं अपनी-अपनी ऐनक के खोल अपने साथ लेकर जाते तथा बातें करते-करते सी.आई.डी. के व्यक्ति के सामने ही उनका विनिमय हो जाता था।

संघर्ष समिति के सचिव श्री सूरजभान के बार-बार कहने पर भी जेल डॉक्टर ने कोई विशेष ध्यान नहीं दिया। श्री आर्य कुछ दिनों में ही बिस्तर से लग गए, सूखकर काँटा हो गए, रंग एकदम पीला पड़ गया।

पुस्तकों के पीछे जिल्द में संदेश का कागज एक आम बात हो गई थी। अंबाला के स्थानीय कार्यकर्ता द्वारा कुछ जेल वार्डरों को विश्वास में लेकर भी जेल और बाहर का संपर्क, समाचारों का आदान-प्रदान बराबर किया जाता रहा।

एक बार श्री सिसोदिया को दिल्ली हाईकोर्ट में जाना था, अतः उन्हें एक दिन पहले दिल्ली तिहाड़ जेल में ले जाने की व्यवस्था हुई। श्री विजय कुमार मल्होत्रा ने उनके हाथ श्री मदनलाल खुराना का पत्र भेजा, जिसकी सूचना जेल अधिकारियों को मिल गई। ड्योढ़ी में श्री सिसोदिया की तलाशी ली गई, पत्र

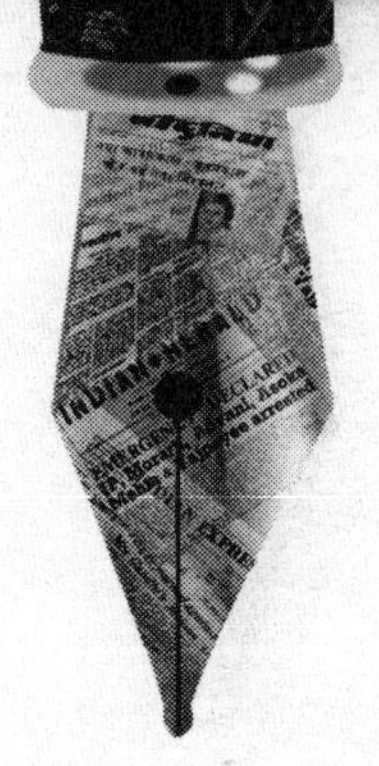

पकड़ा गया और दिल्ली से लौटने पर उन्हें एक अकेली कोठरी में रखकर जेल अधिकारी सभी को आतंकित करना चाहते थे।

परिणामस्वरूप सभी ब्लॉक्स में जोरदार सत्याग्रह हुआ और श्री सिसोदिया को वापस उसी ब्लॉक में लाया गया। किंतु नजरबंदियों को संगठित करने तथा आंदोलन का रूप देने की सजा के रूप में श्री मल्होत्रा को हिसार तथा श्री सूरजभान को मुजफ्फरनगर भेज दिया गया।

डॉक्टर प्रेमचंद जैन को पटना तथा श्री रामबिलास को गया की जेलों में सुदूर बिहार में स्थानांतरित कर दिया गया, आपात स्थिति हटने पर ही वे लोग वहाँ से रिहा होकर अपने घरों में लौटे।

हर तरह के सेंसर के बावजूद पत्रों में सांकेतिक भाषा में बाहर के समाचार अंदर पहुँचते ही रहते थे। श्री प्रेमचंद गोयल का हरियाणा में संगठन की पुनर्व्यवस्था, गुरु दक्षिणाएँ तथा कार्य की प्रगति को एक बाग, फलों के वृक्ष तथा उससे उतरने वाले फल की मात्रा के एक सुंदर रूपक में बाँधकर प्रस्तुत किया गया।

सी.आई.डी. की बुद्धि के दिवालिएपन का उस समय बड़ा हास्यास्पद प्रत्यक्ष उदाहरण देखने को मिला, जब प्रो. प्रेमसागर के तीन वर्ष के बच्चे विश्वास ने पिता के नाम लिखे पत्र की आड़ी-तिरछी रेखाएँ, घर लौट आने के लिए बनाकर भेजीं, रेलगाड़ी की लाइनों तथा गाड़ी की बाल सुलभ आकृति और नींद आने के लिए पिता को भेजा सिरहाने टाँगने के लिए उसकी चित्रकला को कोई गुप्त योजना का अंग मानकर 'इंटरप्रटेशन' के लिए भेज दिया गया।

संस्मरण

प्रेमचंद गोयल का हरियाणा में संगठन की पुनर्व्यवस्था, गुरु दक्षिणाएँ तथा कार्य की प्रगति को एक बाग, फलों के वृक्ष तथा उससे उतरने वाले फल की मात्रा के एक सुंदर रूपक में बाँधकर प्रस्तुत किया गया।

जून 1975 को जब आपातकाल घोषित हुआ तो पुलिस की धड़-पकड़ खूब जोरों पर थी। सब तरफ जुल्म के बादल छाए हुए थे। संघ का सक्रिय कार्यकर्ता होने के कारण 22 जनवरी, 1976 को चौड़ा बाजार थाना करनाल में मुझे बुलाया गया और सारी रात मुझे वहाँ रखा गया। अगले दिन हथकड़ी लगा कर मुझे बुटाना थाना ले जाया गया और वहाँ पर हवालात में डाल दिया गया। कुछ महीने पहले ही मेरी शादी हुई थी, जब मेरे ससुराल वालों को पता चला तो वे घर पहुँचे और मेरी माताजी पर दबाव डाला कि आप बलदेव राज (मुझे) को माफी माँगने के लिए समझाएँ, क्योंकि उसने तो माफी माँगने से इनकार कर दिया है।

लेकिन माताजी ने उन्हें बहादुरी से कहा कि मेरे बेटे ने कोई चोरी या डाका

नहीं डाला, वो माफी किस लिए माँगे। आज भी जब इमरजेंसी की बात चलती है तो मुझे अपनी प्रेरणादायी माँ की याद आ जाती है, जिसने अन्याय के आगे अपने बच्चे का सिर नहीं झुकने दिया।

जेल के अंदर हम नित्य संघ शाखा लगाते थे। जेल में जितना भी समय रहे, वहाँ पर संघ वर्ग की तरह वातावरण बना रखा था। जेल में नित्य प्रातः संघ शाखा, खेल, बौद्धिक चर्चा, अमृत वचन, सुभाषित, गीत और योगासन करते थे। जेल के अंदर संघ के देशभक्ति के गीतों की गूँज रहती थी।

कुछ कट्टर कम्युनिस्ट तथा अन्य पार्टियों के लोग भी हमारे साथ थे। वे हमारे व्यवस्थित कार्यक्रम और व्यवहार कुशलता को देखकर दंग रह गए। वे कहने लगे, हम तो संघ को गाली निकालते थे, लेकिन जेल में आकर पता चला कि संघ तो बहुत अच्छा देशभक्ति वाला संगठन है, जो व्यक्ति के व्यक्तित्व निर्माण का कार्य करता है।

इमरजेंसी में झजा केस बनने के कारण मेरी सरकारी नौकरी चली गई, लेकिन केस इतना झजा था कि कोर्ट में थानेदार, सिपाहियों और गवाहों के बयान आपस में नहीं मिलते थे तो इस पर जज साहब ने उनको खूब फटकार लगाई। लेकिन केस जीतने के बाद जेल से रिहा होकर दोबारा नौकरी प्राप्त की। आज भी जब वो दिन याद आता है तो महसूस होता है कि सत्य तो सत्य ही होता है।

जेल के अधिकारी भी यह महसूस करते थे कि राष्ट्रीय स्वयंसेवक संघ वालों को झूठे केस बनाकर फँसाया गया है। वे हमारे व्यवहार से अति प्रसन्न थे। जेल से रिहा होने के बाद इतने वर्ष बीत जाने पर भी हमारे उनसे अच्छे संबंध बने हुए हैं।

आज भी जब इमरजेंसी के दिनों की याद आती है तो कई संस्मरण याद आ जाते हैं, जो बहुत प्रेरणादायी हैं और जो हमें आज भी शक्ति प्रदान करते हैं।

बलदेव राज कुकरेजा 'केसरी'
सेवानिवृत्त खंड शिक्षा अधिकारी
मकान नं. बी-99, सदर बाजार, करनाल

व्यवहार कुशलता को देखकर दंग रह गए। वे कहने लगे, हम तो संघ को गाली निकालते थे, लेकिन जेल में आकर पता चला कि संघ तो बहुत अच्छा देशभक्ति वाला संगठन है, जो व्यक्ति के व्यक्तित्व निर्माण का कार्य करता है।

आपातकाल की संघर्ष-गाथा का संस्मरण

सन् 1975 के आपातकाल की घटना को चालीस वर्ष व्यतीत हो चुके हैं। उस समय की कुछ स्मृतियाँ अब भी फिल्म की तरह मानस-पटल पर घूमती रहती हैं। आपातकाल की संघर्ष-गाथा में हिंदू कॉलेज रोहतक की भी महत्त्वपूर्ण भूमिका रही है। इस कॉलेज की स्थपाना सन् 1971 में हरियाणा के महानायाक स्व. डॉ. मंगलसैनजी ने की थी। इसमें नियुक्त प्राध्यापक अधिकतर संघ के कार्यकर्ता थे।

आपातकाल की घोषणा के समय वैश्य कॉलेज रोहतक में 'संघ शिक्षा वर्ग' चल रहा था। वर्ग को बीच में ही समाप्त करके संघ के प्रमुख अधिकारी भूमिगत हो गए। संघ कार्यालय पर पुलिस का पहरा बैठा दिया गया। संघ पर प्रतिबंध लग चुका था। नगर के स्वयंसेवक संगठन की योजना की प्रतीक्षा कर रहे थे। इस अंतराल में उन्होंने वैश्य कॉलेज के समीप श्मशान-घाट के प्रांगण में प्रतिदिन बैठने का क्रम प्रारंभ कर दिया। जब गुप्तचर पीछा करते हुए आते तो सब स्वयंसेवक किसी-न-किसी शवयात्रा में शामिल हो जाते थे।

ग्रीष्मावकाश समाप्त हो चुका था। कॉलेज में नियमित पढ़ाई प्रारंभ हो गई थी। शासन कॉलेज के प्राध्यापकों तथा छात्रों पर कड़ी नजर रख रहा था। मुझ पर रोहतक जिला-कार्यवाह का दायित्व था। शासन संघ के प्रमुख कार्यकर्ताओं को पकड़ने का भरसक प्रयास कर रहा था। ऐसी स्थिति में संगठन का आदेश था कि जहाँ तक हो सके, गिरफ्तारी नहीं देनी है। सभी प्राध्यापक परिसर के बाहर भूमिगत रहते थे। फिर भी हम सबको पढ़ाने के लिए आना ही पड़ता था, कहाँ तक बचते! सितंबर के प्रथम सप्ताह में मैं बी.ए. तृतीय वर्ष की कक्षा में व्याख्यान दे रहा था, अकस्मात् ए.एस.आई. तथा तीन पुलिस वाले मुझे गिरफ्तार करने के लिए कक्षा के बाहर खड़े रहे। पीरियड की समाप्ति पर वे मुझे तथा प्रो. हरनाम दासजी अरोड़ा को वारंट दिखाकर पुलिस की जीप में बैठाकर सिटी थाना ले आए।

आपातकाल की घोषणा के समय वैश्य कॉलेज रोहतक में 'संघ शिक्षा वर्ग' चल रहा था। वर्ग को बीच में ही समाप्त करके संघ के प्रमुख अधिकारी भूमिगत हो गए।

वहाँ पर रोहतक नगर संघचालक चंद्रभानजी सिंगला भी बैठे थे। थाने में हमें एक दिन रखा गया। थानेदार ने डी.आई.आर. भारत सुरक्षा कानून के अंतर्गत गिरफ्तारी दिखाई। न्यायाधीश ने हमें रोहतक सेंट्रल जेल में भेज दिया। हमारी बैरक में रोहतक, जींद, सोनीपत के प्रमुख कार्यकर्ता तथा अन्य राजनीतिक दलों के नेता भी थे।

दूसरी बैरक मीसा के बंदियों की थी, जिसमें श्री बीजू पटनायक, सिकंदर

बख्त, डॉ. भाई महावीर, पीलू मोदी तथा प्रो. समर गुहा थे, उनके लिए संघ के कार्यकर्ता आश्चर्य तथा कौतूहल का विषय बन गए थे; क्योंकि हम बैरक में मस्त तथा प्रसन्न रहते थे और उनके मन में निराशा का भाव रहता था। धीरे-धीरे वे सत्संग, खेल, सांस्कृतिक कार्यक्रमों में भाग लेने लगे। उनके साथ हमने स्वतंत्रता-प्राप्ति के समय सरदार पटेल के प्रेरक प्रसंग सुनाए।

इस प्रकार हमारी बंदीगृह की जीवन-यात्रा मस्ती से चल रही थी। जेल में रबर जैसी रोटी तथा दाल को भी हम स्वाद लेकर खाते थे। स्वयंसेवकों के परिवारों से मिठाई, फल आदि आते रहते थे, जिन्हें हम सब बाँटकर खाते थे। जेल में प्रातः जागरण से रात्रि-शयन तक की दिनचर्या सानंद व्यतीत हो रही थी। दोपहर के पश्चात् रामचरितमानस की कथा होती थी। हम सब मिलकर मस्ती में मुगले-आजम फिल्म का गाना गाते थे–

'जब प्यार किया तो डरना क्या,
छुप-छुप कर आहें भरना क्या,
प्यार किया कोई चोरी नहीं की⋯'

होम सिक बंधुओं की ओर इशारा करके गाना गाते थे, वे भी इस गाने से खुश हो जाते थे। दूसरा गाना जेल में प्रसिद्ध हुआ–

'तेरे काँटों से भी प्यार, तेरे फूलों से भी प्यार⋯।'

जेल-अधिकारी हमारी अनुशानप्रियता और मस्ती को देखकर आनंदित होते थे। हमारे लिए कोर्ट में पेशी का दिन मातम तथा कष्ट का होता था। पुलिस हाथों में हथकड़ी डालकर ले जाती थी। सीलन भरी कोठरी में रखती थी। कोठरी में पेशाब की बदबू से सिर चकराने लगता था। हमारी पैरवी शहर के जाने-माने एडवोकेट श्री मुल्कराज सहगल कर रहे थे।

कोर्ट में पुलिस द्वारा लगाए गए आरोपों को मुल्कराज सहगल अपने सटीक तीखे तर्कों से धाराशयी कर देते थे। यहाँ एक मजेदार प्रसंग का उल्लेख आवश्यक प्रतीत होता है। पुलिस भाड़े के झूठे गवाह लाकर हमारे विरुद्ध खड़े करती थी। बहस के दौरान सरकारी वकील ने गवाह से पूछा कि ये लोग महावीर पार्क में क्या कर रहे थे? उसने कहा 'हुजूर! ये तीन लोग सरकार का तख्ता पलट रहे थे।' हमारे विचक्षण वकील ने प्रश्न पूछा कि तख्ता लकड़ी का बना हुआ होगा? गवाह बोला–हाँ, जनाब। वहाँ बैठे सब लोग हंसने लगे तथा न्यायाधीश ने स्मित हास्य के साथ पूछा कि 'क्या लकड़ी के तख्ते से सरकार बदल जाती है?' वह कहने लगा, 'हाँ जनाब'

स्वयंसेवकों के परिवारों से मिठाई, फल आदि आते रहते थे, जिन्हें हम सब बाँटकर खाते थे। जेल में प्रातः जागरण से रात्रि-शयन तक की दिनचर्या सानंद व्यतीत हो रही थी।

तीन महीना लगातार ट्रायल चला। नवंबर के अंतिम सप्ताह में न्यायाधीश ने हमें बाइज्जत बरी कर दिया। जब हम अपने साथियों को जेल में छोड़कर जा रहे थे, तो हमारी आँखों में आँसू थे। इस बीच सत्याग्रह का पहला दौर प्रारंभ हो गया था। हमारे बंदीगृह के समय ही सत्याग्रह का प्रथम जत्था श्री अमीरचंदजी तथा भगवानदासजी बंसल के नेतृत्व में आ चुका था।

जेल से छूटते ही मा. प्रेमजी गोयल ने मुझे हिसार-विभाग कार्यवाह की जिम्मेवारी उर्फ 'सुमन' के नाम से दी। मा. प्रेमजी गोयल, डॉ. बजरंग लालजी हमारे हरियाणा के संघर्ष-नायक थे। सी.आई.डी. हम पर नजर रखती थी। कभी-कभी हमारे कार्यवाहक प्राचार्य श्री ओ.पी. गुप्ता कहते रहते थे, 'व्यासजी, आप अब तो गड़बड़ नहीं कर रहे हो? सी.आई.डी. तुम्हारा पता करके जाती है।' मैं सहज भाव से कहता था कि 'गुप्तजी, हम चुप बैठे हैं।'

आपातकाल के दूसरे चरण में संगठन ने सत्याग्रह की योजना बना ली थी। सत्यागृह का दौर प्रारंभ हुआ। शासन बौखला उठा। रोहतक के विभाग-प्रचारक डॉ. अशोकजी गर्ग (वर्तमान प्रसिद्ध चिकित्सक, कैथल) तथा श्री गणपतिजी (सेवानिवृत्त लाइब्रेरियन) स्वयंसेवकों की बैठक लेकर सत्याग्रह की योजना बनाकर जत्थे को भेजते थे।

प्रो. सुदर्शन कुमार धीगड़ा के नेतृत्व में हिंदू कॉलेज के मेधावी विद्यार्थी श्री रमेश (अब स्वामी परमचैतन्य), श्री सतीश कत्याल ने आपातकाल का विरोध करते हुए सत्याग्रह किया। शासन ने कॉलेज के प्राचार्य प्रो. रामस्नेहीजी को गिरफ्तारी का वारंट जारी कर दिया गया। वे भूमिगत हो गए। अधिकारियों ने योजना बनाई कि मुख्यमंत्री की सभा में काले झंडे दिखाकर सत्याग्रह कराया जाए।

यह जिम्मा डॉ. राजकुमार बहल के नेतृत्व वाले जत्थे को दिया गया। उनके साथ प्रो. रामचंद्र मनचंदा तथा श्री सुभाष डागर असिस्टेंट लाइब्रेरियन थे। तत्कालीन मुख्यमंत्री श्री बनारसी दास गुप्ता को सभा में सत्याग्रहियों ने काले झंडे दिखाए। पुलिस ने इनकी रात भर पिटाई की।

आखिरी सत्याग्रह के जत्थे का नेतृत्व डॉ. अशोक गर्ग ने किया, जो सत्याग्रह योजना की मुख्य धुरी थे। इनके साथ हिंदू कॉलेज का बी.ए. फाइनल का छात्र श्री रविंद्र सक्सेना (वर्तमान सेवानिवृत्त बैंक अधिकारी) भी था। इस प्रकार हिंदू कॉलेज के प्राध्यापकों तथा छात्रों ने हरियाणा में नई चेतना का संचार किया। इस संघर्ष यात्रा में मेडिकल कॉलेज के छात्र भी पीछे नहीं रहे, जिनके नाम इस प्रकार से हैं–

नवंबर के अंतिम सप्ताह में न्यायाधीश ने हमें बाइज जत बरी कर दिया। जब हम अपने साथियों को जेल में छोड़कर जा रहे थे, तो हमारी आँखों में आँसू थे।

डॉ. रमेश चंद्र, डॉ. रमेश बत्रा, डॉ. शिव नारायण चुघ, डॉ. सुनील खेतरपाल और डॉ. दीपचंद्र गर्ग इत्यादि छात्र थे। जिन्होंने सत्याग्रह करके रोहतक में एक नए आदर्श को प्रस्थापित किया कि मेधावी छात्र भी कॅरियर को लात मारकर अन्याय के विरुद्ध संघर्ष कर सकते हैं।

शासन ने हतप्रभ होकर कॉलेज को अपने हाथ में ले लिया। रोहतक के कांग्रेसी भी यही चाहते थे। श्री एस.एच. आनंद, आई.ए.एस., एस.डी.एम. रोहतक को प्रशासक नियुक्त कर दिया गया। कॉलेज प्रबंध समिति के पदाधिकारी एडवोकेट श्री सुंदर लाल सेठी तथा एडवोकेट वी.पी. दुआ को भी जेल में डाल दिया।

श्री एच.एस. आनंद कॉलेज के प्राध्यापकों की योग्यता प्रामाणिकता से प्रभावित थे। वे मन से कॉलेज का हित चाहते थे। स्थानीय कांग्रेसी नेताओं के दबाव में आकर सरकार ने कॉलेज को बंद करने की योजना बना ली थी, पर एस.डी.एम. ने उपायुक्त महोदय को समझाया कि यह जनहित में नहीं है।

इस प्रकार तानाशाही से जूझते हरियाणा में हिंदू कॉलेज की संघर्ष में अहम भूमिका रही।

सीताराम व्यास
(सेवानिवृत्त प्राध्यापक)
उत्तर क्षेत्र कार्यवाह

...लहराता है भगवा हमारा

संस्मरण लिखने में आत्म-स्तुति का भय बना रहता है। इस डर से संस्मरण लिखने से काफी हिचकिचाहट हुई, परंतु आग्रहवश आपके सम्मुख प्रस्तुतकर रहा हूँ।

18 दिसंबर, 1975 सोनीपत रेलवे स्टेशन पर मुझे जिस जत्थे की जिम्मेदारी सौंपी गई थी, उसमें संघ के 11 कार्यकर्ता थे, जो मुख्यतः सायं शाखा के बाल तथा तरुण स्वयंसेवक थे–मैं, ललित बत्रा, महेश, रमेश, विजय, आत्मसिंह, नरेंद्र चराया, नरेंद्र, कृष्ण बत्रा (चिट्टा), श्री ज्ञानचंदजी, रामफल कोहलीजी वरिष्ठ कार्यकर्ता थे।

18 दिसंबर, 1975 से 20 फरवरी, 1976 तक दो मास दो दिन तक हम रोहतक कारागार में बंद थे। कँपकँपाती सर्दियों के दिन। ठंडी रातें। एक ही लंबी बैठक में पत्थरों की सिलों पर हमारे बिस्तर थे। लगभग 100 बंदी उसी

स्थानीय कांग्रेसी नेताओं के दबाव में आकर सरकार ने कॉलेज को बंद करने की योजना बना ली थी, पर एस.डी.एम. ने उपायुक्त महोदय को समझाया कि यह जनहित में नहीं है।

बैठक में एक भरे-पूरे परिवार की तरह रहते थे। समझदार कार्यकर्ताओं के रहते पूरा दिन किसी प्रशिक्षण शिविर जैसा बीतता था। सुबह उठकर प्रातः स्मरण का पाठ, संघ की शाखा, शारीरिक व्यायाम के कार्यक्रम, खेल-कूद, कबड्डी के बाद नाश्ता। फिर स्नान-ध्यान, पढ़ाई, दोपहर भोजन, विश्राम, कथा, सायं शाखा, भ्रमण, रात्रि मनोरंजन सभा और फिर सोना, यह दिनचर्या हम छात्रों के लिए बहुत आनंददायक थी। कम-से-कम मुझे कभी नहीं लगा कि दिन काटे नहीं कट रहे या मन में कुछ कष्ट है। सच कहें तो आनंद-मस्ती के आलम में हमें घर की याद नहीं आती थी।

रोहतक कारागार का भीतरी मैदान और उसके चारों ओर का दस-बारह फुट का रास्ता इतना सुंदर और व्यवस्थित था कि कभी कागज का टुकड़ा भी इधर-उधर नहीं दिखाई दिया। मैं समझता था कि जेल साक्षात् नरक होगी, जहाँ यातनाएँ-ही-यातनाएँ होंगी, परंतु वहाँ तो किसी दिन वसंत पंचमी पर दौड़-कूद प्रतियोगिता हो रही थी, कभी खो-खो के मैच हो रहे थे। शाम को होने वाले वालीबॉल मैच तो जेल की अन्य बैरकों के कैदी भी खेला करते थे।

रोहतक जेल उन दिनों सांस्कृतिक कार्यक्रमों का केंद्र बन गई थी। लोहड़ी उत्सव मुझे नहीं भूलता, जब डॉ. रमेश बत्रा ने एक फिल्मी गीत गाया-जिसमें जैसे ही बंदर आदमी है, बंदर की अगली पंक्ति में 'सिकंदर' शब्द आया, हमारे कार्यक्रम के मुख्य अतिथि श्री सिकंदर बख्त खुशी से उछल पड़े, मानो यह शब्द उनके लिए आया हो।

रात्रि सभा में अनेक नाटक होते थे, जिसके निर्देशक होते थे डॉ. रमेश बत्रा। मुख्य कलाकार होते थे, श्री सुभाष आहूजा तथा गोहाना के राधेश्याम। एक दृश्य में दाढ़ी वाले युवक को रोल, पाँच मिनट बाद फ्रेंच कट दाढ़ी वाले युवक का रोल। इस बीच मैंने इन्हें वास्तव में अपनी दाढ़ी को फ्रेंचकट बनाते देखा, तो मुझे याद है उनका प्रोफेशनल कलाकार जैसा आत्मविश्वास गजब का था।

दाँत न होने के कारण वे 'हरि' को 'हई' बोलते थे। हमें बड़ा मजा आता था। हम आते-जाते यही दोहराया करते थे—'हई से बया हई का याम'।

शाम की सभा या सुबह की सभा में वैद्य गोसाईं जी भजन गाते थे–हरि से बड़ा हरि का नाम। दाँत न होने के कारण वे 'हरि' को 'हई' बोलते थे। हमें बड़ा मजा आता था। हम आते-जाते यही दोहराया करते थे–'हई से बया हई का याम'। और फिर गोसाईंजी सहित सभी हँसकर लोटपोट हो जाते थे। ठहाके तो तब और भी ऊँचे हो जाते थे, जब खाली समय में ताश खेलते वक्त किसी की 'खोती' हो जाती थी। हमारे प्राणजी की खुशी भरी किलकारी 'खोऽऽतीऽऽ' किसी को नहीं भूलती।

एक-दो संस्मरण और याद आ रहे हैं–डॉ. अशोक गर्ग हम सबके प्रेरणाकेंद्र थे। वे एक कविता बड़े जोश से बोला करते थे–'गगन में लहराता है भगवा हमारा'। बड़ी ओजस्वी कविता थी। उनका स्वर भी बहुत बुलंद था, खुलकर बोलते थे, मुझे लय भा गई। मैंने अपने सत्याग्राही जत्थे के बारे में पैरोडी बनाई–'सबसे निराला है जत्था हमारा।'

काले भी हममें, गोरे भी हममें। काले (श्री रामफल कोहली) गोरे (कृष्ण बत्रा, चिट्टा), मोटे भी हममें, छोटे भी हममें। मोटे (ज्ञानचंद), छोटे (ललित बत्रा) एक ही सरदार है इस बैरक में देखो वो सरदार भी है हमारा। रोहतक के एक कार्यकर्ता थे–मदनजी, शायद वे डॉ. मंगलसेनजी के पी.ए. थे। वे दाढ़ी रखते थे। उन पर मैंने एक पैरोडी बनाई थी–'ऐ वतन! ऐ वतन!' की तर्ज पर–

'ऐ मदन! ऐ मदन! हमको तेरी कसम!
तेरी दाढ़ी तो हमको सुहाती नहीं। ऐ मदन...
जिनका चेहरा सपाट, देखो सारा राजपाट
हाथ में उनके है, तेरे हाथ में नहीं।
फखरू ने भी दाढ़ी बढ़ाई नहीं
इंदिराजी को दाढ़ी है, आई नहीं
इसलिए मदनजी! बनना है मंत्री, तो बहुमत को दाढ़ी सुहाती नहीं'

आज सोचता हूँ कि घर से बाहर जेल में बंद रहकर आत्मबल बने रहने का कारण क्या था? यही मस्ती!

मस्ती की याद करें तो याद आता है–हम 100 कैदियों को अपना भोजन तैयार करने के लिए जो तेल मिलता था, उसमें बहुत सारा तो हम सुबह मालिश करने में खपा देते थे। सुबह 8:00 से 10:00 तक बहुत से स्वयंसेवक अपनी पीठ पर तेल लगाकर दूसरे की पीठ से पीठ रगड़कर जो मालिश-युग्म बनाया करते थे, वे यादगार बन गए हैं। उसी समय कुछ पहलवानी और कुश्ती के शौकीन अखाड़े में जोर-आजमाइश किया करते थे। मुझे अपनी सुनील कौशल और लक्ष्मण सिंह की कुश्ती याद आती है।

'गगन में लहराता है भगवा हमारा'। बड़ी ओजस्वी कविता थी। उनका स्वर भी बहुत बुलंद था, खुलकर बोलते थे, मुझे लय भा गई। मैंने अपने सत्याग्राही जत्थे के बारे में पैरोडी बनाई—'सबसे निराला है जत्था हमारा।'

सुनील कौशल के साथ कुश्ती करते समय उन्हें बस यही मलाल रहता था कि वे मुझे नीचे गिरा भी दें तो पीठ नहीं लगा पाते थे। सुनील कौशल और मेरी 100 मीटर की रिकार्ड दौड़ उन दिनों ऐसी सध गई थी कि हम हिंदू कॉलेज सोनीपत की 100 मीटर दौड़ से भी द्वितीय और तृतीय आए थे। पहले कदम में जो एक कदम का फासला बनता, वो अंत तक उतना ही बना रहता। जोर तो दोनों ने ही पूरा लगाया था।

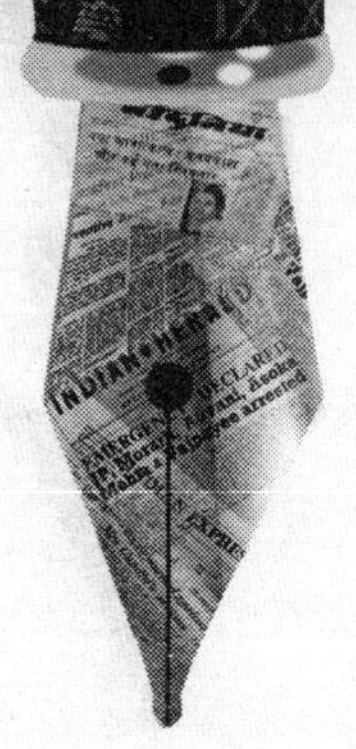

जेल में कुछ लोग हँसने और ठहाका लगाने के लिए याद रहेंगे। रोहतक के रवींद्रजी की हँसी तब भी वैसी ही करारी, खनकती और दूर तक पहुँचती हुई सुनाई देती थी। जहाँ तक उदासी की बात है, इस नाम की कोई चीज हमारे मोहल्ले में नहीं थी। बस एक स्वयंसेवक को एक ही बार उदास देखा था। बात यह थी कि तब ललित बत्रा दसवीं के छात्र थे और कद में बहुत छोटे थे। वे उदास तब हुए जब हथकड़ी उनकी कलाई से बहुत ज्यादा खुली निकली और उनकी कलाई उसमें से आराम से आ-जा सकती थी।

तब हथकड़ी उनके कंधे के पास जाकर बाँधी गई। हम तो हँसे, पर ललित जी उदास थे, जेल की कोई हथकड़ी उनके लिए क्यों नहीं बनी। हम विद्यार्थी रात के समय अपनी परीक्षा की तैयारी करते थे। एक कोने में लाइटें जलती रहती थीं। सुख यह था कि जेल में लाइट नहीं जाती थी। रात के एक-दो बजे हमारे लिए चाय की भी व्यवस्था हो जाती थी। पढ़ाई पूरी करते थे।

यह अलग बात है कि उस वर्ष मुझे तथा नरेंद्र चराया को, जो हिंदू कॉलेज, सोनीपत के छात्र थे, परीक्षा नहीं देने दी गई। मुझे तो रोल नं. भी मिल गया था। पहला पेपर देने गया तो हॉल के दरवाजे पर खड़े चपरासी ने फरमान सुनाया– 'आपका रोल नंबर प्रिंसिपल साहब ने मँगवाया है। रोल नं. गया तो न वापस आया, न मैं लेने गया।'

एक बात प्रश्नचिह्न के रूप में अभी तक मेरे मन-मस्तिष्क पर हावी है और निरुत्तर है। 2 महीने में 4 बार हम पेशी पर सोनीपत आए। सबके घर वाले मिलने आए। मेरे घर से कोई नहीं आया। प्रश्न उठा कि सब के सब इतने निर्मम कैसे हो गए?

घर वापस गया। उनका जो हालचाल जाना तो उन्होंने भी यही प्रश्न मुझसे किया ''तू इतना निर्मम कैसे हो सकता है? 17 दिसंबर को रोहतक हस्पताल में तेरी माँ का बड़ा ऑपरेशन हुआ और 18 को जेल में चल दिया। मुझे घर की बिल्कुल भी परवाह नहीं है?'' स्थिति वास्तव में ही उस दिन ऐसी थी कि मैं अगले जत्थे में जाने के लिए कह सकता था। किंतु न कहने की आदत जो है, सो नहीं कहा और कहना तो आज भी नहीं चाहता था। क्योंकि कहने लगूँ तो अपने ही जख्मों की पपड़ी उतरने लगती है।

हम विद्यार्थी रात के समय अपनी परीक्षा की तैयारी करते थे। एक कोने में लाइटें जलती रहती थीं। सुख यह था कि जेल में लाइट नहीं जाती थी। रात के एक-दो बजे हमारे लिए चाय की भी व्यवस्था हो जाती थी। पढ़ाई पूरी करते थे।

अध्यायः 12

निष्कर्ष

इतिहास की हर बड़ी घटना निष्कर्ष अवश्य देती है। पहला निष्कर्ष अपनी चिंतन-शक्ति, कर्म-शक्ति और संघर्ष-क्षमता का आकलन देता है। दूसरा निष्कर्ष उस बड़ी घटना के जवाबदेह वर्ग को एक चेतावनी देता है कि किसी भी राष्ट्र अथवा समाज में निरंकुशता का चलन लंबी अवधि तक जारी नहीं रह सकता।

स्वाधीनता प्राप्ति के बाद, भारत-चीन युद्ध और दो भारत-पाक युद्ध इस राष्ट्र के इतिहास के अत्यंत महत्त्वपूर्ण घटनाक्रम हैं। इन तीनों युद्धों ने हमें राष्ट्र-रक्षा के मामले में अनेक सबक दिए।

स्वातंत्र्योत्तर काल की चौथी महत्त्वपूर्ण घटना थी 1975 का आपातकाल। इस आपातकाल में देश तीन वर्गों में विभाजित था—एक वर्ग सत्तातंत्र का था। उस तंत्र में आपातकाल के नाम पर न केवल अमानुषिक दमनचक्र चलाया, बल्कि संविधान की आत्मा को भी गहरी खरोंचें देने का प्रयास किया।

निरंकुशता उस काल का मुख्य केंद्रबिंदु था। उस काल में कार्यपालिका, न्यायपालिका, संसद् व मीडिया यानी भारतीय लोकतंत्र के चारों स्तंभों को हिलाने का प्रयास हुआ। यह तथ्य भी उभरा कि यदि जनचेतना सु.प्र. होने लगते तो लोकतंत्र में भी अधिनायकवादी तत्त्व सिर उठा सकते हैं।

निरंकुशता उस काल का मुख्य केंद्रबिंदु था। उस काल में कार्यपालिका, न्यायपालिका, संसद् व मीडिया यानी भारतीय लोकतंत्र के चारों स्तंभों को हिलाने का प्रयास हुआ।

यह भी सिद्ध हुआ कि यदि विकृतियाँ आ जाएँ तो प्रबुद्ध लोगों का समर्थन करना पड़ता है।

उस काल का दूसरा वर्ग उन लोगों एवं दलों का था, जिन्होंने लोकतंत्र की आत्मा एवं संविधान की आत्मा को अक्षुण्ण रखने के लिए राष्ट्रीय स्तर पर ऐसा अहिंसक आंदोलन खड़ा किया कि बाहुबल, धनबल एवं अर्द्धसैनिक बलों का दुरुपयोग करने वाले वर्ग की चूलें हिल गईं। इस वर्ग ने सिद्ध किया कि इस राष्ट्र

में लोकतंत्र की जड़ें इतनी सुदृढ़ हैं कि कोई भी व्यक्ति, दल या संगठन इन्हें चोट नहीं पहुँचा सकता।

तीसरा वर्ग उन लोगों का था, जो या तो तटस्थ रहे या फिर मूक दर्शक बने रहे। इस वर्ग में वामपंथी दल और कुछ ऐसे नेता लोग शामिल थे, जिन्होंने 'आपातकाल' को अनुचित, अवांछित व अवैधानिक मानते हुए भी इसका विरोध नहीं किया। शायद ऐसे वर्ग के लिए दिनकरजी की एक पंक्ति समर्पित थी–'जो तटस्थ हैं, समय लिखेगा, उनका ही इतिहास'।

उस काल में जीवन-मूल्यों का ह्रास सिर्फ राजनैतिक गलियारों तक सीमित नहीं था। जहाँ एक ओर मीडिया में कुछ पत्रकारों एवं समाचार-पत्र समूहों ने स्वतंत्र पत्रकारिता की मर्यादाएँ अक्षुण्ण रखीं, वहाँ एक वर्ग ऐसा भी था, जिसके बारे आपातकाल की समाप्ति के बाद गठित जनता दल सरकार के सूचना एवं प्रसारण मंत्री के रूप में श्री लालकृष्ण आडवाणी ने कहा था, 'आप लोग सिर्फ झुककर चलें, तानाशाह की केवल इतनी इच्छा थी। किंतु कुछ पत्रकारों ने तो उससे भी आगे बढ़कर रेंगना ही शुरू कर दिया था। यह कितने दुर्भाग्य की बात थी।'

आपातकाल के मध्य हुआ संघर्ष यही संदेश देता है कि अभिव्यक्ति की स्वतंत्रता व राष्ट्रीय चेतना किसी भी देश की प्राणवायु होते हैं।

निष्कर्ष यह भी कि सामान्य जन जब भयग्रस्त मनोवृत्ति का शिकार होने लगते हैं, तब तानाशाही प्रवृत्तियों को बल मिलता है। लेकिन जब-जब सामान्य जनता जाग्रत् होती है, भय भागने लगता है और तानाशाही शक्तियाँ वापसी पर विवश हो जाती हैं। ऐसे अवसर पर डॉ. धर्मवीर भारती कृत 'अंधा युग' की पंक्तियाँ याद आती हैं–

'जब कोई भी मनुष्य
अनासक्त होकर
चुनौती देता है इतिहास को
तब नक्षत्रों की
दिशा बदल जाती है।'

आपातकाल की समाप्ति के बाद गठित जनता दल सरकार के सूचना एवं प्रसारण मंत्री के रूप में श्री लालकृष्ण आडवाणी ने कहा था, 'आप लोग सिर्फ झुककर चलें, तानाशाह की केवल इतनी इच्छा थी।

सुनवाइयाँ ठप्प सी हो गई थीं

आपातकाल में हुई ज्यादतियों व अनियमितताओं की जाँच के लिए मोरारजी देसाई सरकार ने 28 मई, 1977 को 'जाँच आयोग' कानून के तहत भारत के एक पूर्व मुख्य न्यायाधीश न्यायमूर्ति जे.सी. शाह की अध्यक्षता में स्थापित किया।

इस आयोग ने 29 दिसंबर, 1977 से अपनी औपचारिक जाँच का सिलसिला शुरू किया। आयोग ने अपनी तीन रिपोर्ट दीं, जिनसे स्पष्ट होता था कि आपातकाल के दिनों में इस देश का शासन तंत्र कैसे काम कर रहा था। दरअसल इस आयोग का मुख्य कार्य जाँच था, न कि अभियोग चलाना। इसलिए अभियुक्तों से सवाल-जवाब करने की अनुमति नहीं दी गई।

लेकिन इस जाँच के मध्य अधिकांश उच्चाधिकारियों व कर्मियों ने जिस तरह के बयान दर्ज कराए, उनसे पता चलता था कि अफसरशाही ने निरंतर दबाव के तहत ही अनुचित व अनियमित आदेशों पर अमल किया। बुलाए जाने के बावजूद श्रीमती गांधी आयोग के समय पेश नहीं हुईं।

आपातकाल के दिनों में इस देश का शासन तंत्र कैसे काम कर रहा था। दरअसल इस आयोग का मुख्य कार्य जाँच था, न कि अभियोग चलाना। इसलिए अभियुक्तों से सवाल-जवाब करने की अनुमति नहीं दी गई।

कानूनी प्रावधानों के अनुसार ऐसा जरूरी भी नहीं था। मगर दिल्ली मजिस्ट्रेट की अदालत में उनके विरुद्ध शाह आयोग की अवमानना का केस अवश्य दर्ज हुआ। आयोग ने 6 अगस्त, 1978 को अपनी तीसरी व अंतिम रिपोर्ट सरकार को सौंप दी, तब श्री एल.पी. सिंह को रिपोर्ट के मद्देनजर आवश्यक कारवाई का दायित्व सौंपा गया।

8 मई, 1979 को संसद् ने एक प्रस्ताव द्वारा दो विशेष अदालतों के गठन का आदेश दिया गया, जिन्हें आपातकाल से जुड़े मुकदमों का शीघ्र निपटान का दायित्व मिला। ऐसे मुकदमों में 'अवैध निर्माण ढहाने, जबरन नसबंदी, अवैध

गिरफ्तारियाँ' आदि के मामले शामिल थे। लेकिन 15 जुलाई, 1979 को देसाई सरकार के पतन के बाद सारी सुनवाइयाँ ठप्प सी हो गई थीं।

1980 में सत्ता में आते ही श्रीमती गांधी ने एल.पी. सिंह कमेटी भंग कर दी। यह भी आदेश दिए गए कि आयोग की रिपोर्ट की सारी प्रतियाँ नष्ट कर दी जाएँ। संयोग से वरिष्ठ सांसद इरा सेत्जियन ने 2010 में अपनी निजी प्रति का संपादन किया और उसे एक पुस्तक 'शाह कमीशन : लॉस्ट एंड रिगेण्ड' का रूप दिया। इस रिपोर्ट में 26 अध्याय थे और यह 530 पृष्ठों पर थी।

यद्यपि संसद् में पारित प्रस्ताव के अनुसार दो विशेष अदालतें गठित की जा चुकी थीं, मगर जनवरी 1980 में श्रीमती गांधी के सत्ता में लौटने के बाद सुप्रीम कोर्ट ने अपने एक निर्देश में विशेष अदालतों को अवैधानिक करार दे दिया था। इसलिए शाह आयोग द्वारा इंगित अधिकारियों व नेताओं के खिलाफ कोई भी कारवाई नहीं हो पाई।

वर्तमान केंद्रीय वित्त मंत्री श्री अरुण जेटली आपातकाल के विरुद्ध मुकदमों की पैरवी के सिलसिले में उन्हीं दिनों प्रकाश में आए। 'इंडियन एक्सप्रेस' की इमारत को ढहाने के सिलसिले में वे 'एक्सप्रेस' के वकील थे। उन्होंने एक युवा वकील के रूप में अपनी विशिष्ट धाक जमा ली थी। 1989 में वी.पी. सिंह सरकार ने उन्हें अतिरिक्त सॉलिसीटर जनरल का पद दिया था। बाद में श्री वाजपेयी मंत्रिमंडल में वे कानून एवं कंपनी कार्य मंत्री और सूचना एवं प्रसारण मंत्री भी रहे। वे 2009 में राज्यसभा में प्रतिपक्ष के नेताए बनाए गए। मोदी सरकार में उनके पास पहले-पहल, वित्त एवं कंपनी कार्य के अलावा सूचना व प्रसारण मंत्रालय और प्रतिरक्षा मंत्रालय का भी दायित्व था। लेकिन बाद में उनके आग्रह पर इन दोनों मंत्रालय का चार्ज उनसे ले लिया गया।

श्रीमती गांधी के सत्ता में लौटने के बाद सुप्रीम कोर्ट ने अपने एक निर्देश में विशेष अदालतों को अवैधानिक करार दे दिया था। इसलिए शाह आयोग द्वारा इंगित अधिकारियों व नेताओं के खिलाफ कोई भी कारवाई नहीं हो पाई।

संदर्भ-सूची

इस ग्रंथ के संकलन में जिन पुस्तकों से तथ्यात्मक सामग्री संकलित की गई, उनकी सूची इस प्रकार है–

- मेरा देश मेरा जीवन–लालकृष्ण आडवाणी
- दी एमरजेंसी–कूमी कपूर
- जानिए जे.पी. कौन?–डॉ. चंद्र त्रिखा
- इन जेल–कुलदीप नैयर
- डिक्लाइन एंड फ्राल और इंदिरा गांधी–मानकेकर
- आल द प्राइम मिनिस्टर ज मैन–जनार्दन ठाकुर
- द जजमेंट–कुलदीप नैयर
- बड़ौदा डायनामाइट कांस्टबरेसी केस–सी.जी.के. रेड्डी
- वारियर्स आफ फोर्थ एस्टेट–बी.जी. वर्गीज
- पी.एम.ओ. डायरी–बी. टंडन
- आपातकालीन संघर्ष गाथा–प्र.ग. सहस्रबुद्धे/माणिक चंद वाजपेयी
- तानाशाही से जूझता हरियाणा–अन्नपूर्णा सागर

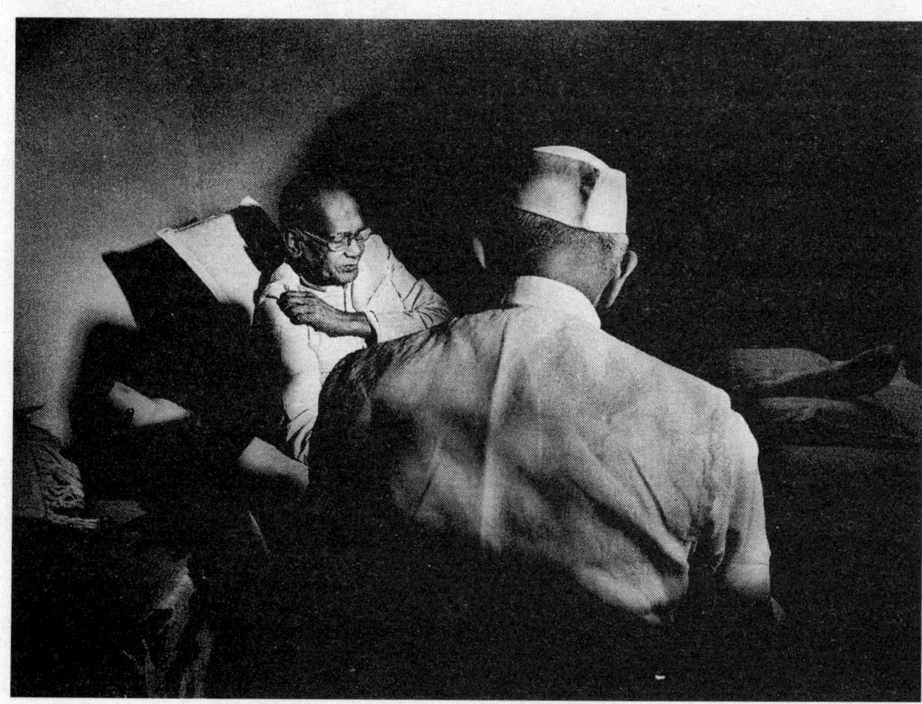